DOCÊNCIA *em* FORMAÇÃO

Saberes Pedagógicos

Coordenação:
Selma Garrido Pimenta

CORTEZ EDITORA
Rua Monte Alegre, 1074 – Perdizes
05014-001 – São Paulo – SP
Tel.: (11) 3864-0111 Fax: (11) 3864-4290
cortez@cortezeditora.com.br
www.cortezeditora.com.br

Direção
José Xavier Cortez

Editor
Amir Piedade

Preparação
Alexandre Soares Santana

Revisão
Auricelia Lima Souza
Gabriel Maretti
Paulo Oliveira

Edição de Arte
Mauricio Rindeika Seolin

Dados Internacionais de Catalogação na Publicação (CIP)
(Câmara Brasileira do Livro, SP, Brasil)

Libâneo, José Carlos
Educação escolar: políticas, estrutura e organização / José Carlos Libâneo, João Ferreira de Oliveira, Mirza Seabra Toschi – 10. ed. rev. e ampl. – São Paulo: Cortez, 2012. – (Coleção docência em formação: saberes pedagógicos / coordenação Selma Garrido Pimenta)

Bibliografia.
ISBN 978-85-249-1860-5

1. Educação – Brasil 2. Educação e Estado – Brasil 3. Escolas – Administração e Organização – Brasil 4. Escolas públicas – Brasil 5. Professores – Formação Profissional I. Oliveira, João Ferreira de. II. Toschi, Mirza Seabra. III. Pimenta, Selma Garrido. IV. Título. V. Série.

12-00672 CDD-371.00981

Índices para catálogo sistemático:

1. Brasil: Educação escolar 371.00981
2. Educação escolar: Brasil 371.00981

Impresso no Brasil – maio de 2023

José Carlos Libâneo
João Ferreira de Oliveira
Mirza Seabra Toschi

Educação escolar: políticas, estrutura e organização

10ª edição revista e ampliada

12ª reimpressão

Sumário

Aos professores

A Cortez Editora tem a satisfação de trazer ao público brasileiro, particularmente aos estudantes e profissionais da área educacional, a Coleção Docência em Formação, destinada a subsidiar a formação inicial de professores e a formação contínua daqueles que estão em exercício da docência.

Resultado de reflexões, pesquisas e experiências de vários professores especialistas de todo o Brasil, a Coleção propõe uma integração entre a produção acadêmica e o trabalho nas escolas. Configura um projeto inédito no mercado editorial brasileiro por abarcar a formação de professores para todos os níveis de escolaridade: **Educação Básica** (incluindo a **Educação Infantil**, o **Ensino Fundamental** e o **Ensino Médio**), a **Educação Superior**, a **Educação de Jovens e Adultos** e a **Educação Profissional**. Completa essa formação com as Problemáticas Transversais e com os Saberes Pedagógicos.

Com mais de 30 anos de experiência e reconhecimento, a Cortez Editora é uma referência no Brasil, nos demais países latino-americanos e em Portugal por causa da coerência de sua linha editorial e da atualidade dos temas que publica, especialmente na área da Educação, entre outras. É com orgulho e satisfação que lança a Coleção Docência em Formação, pois estamos convencidos de que se constitui em novo e valioso impulso e colaboração ao pensamento pedagógico e à valorização do trabalho dos professores na direção de uma escola melhor e mais comprometida com a mudança social.

José Xavier Cortez
Editor

Apresentação da Coleção

A Coleção **Docência em Formação** tem por objetivo oferecer aos professores em processo de formação e aos que já atuam como profissionais da Educação subsídios formativos que levem em conta as novas diretrizes curriculares, buscando atender, de modo criativo e crítico, às transformações introduzidas no sistema nacional de ensino pela Lei de Diretrizes e Bases da Educação Nacional, de 1996. Sem desconhecer a importância desse documento como referência legal, a proposta desta Coleção identifica seus avanços e seus recuos e assume como compromisso maior buscar uma efetiva interferência na realidade educacional por meio do processo de ensino e de aprendizagem, núcleo básico do trabalho docente. Seu propósito é, pois, fornecer aos docentes e alunos das diversas modalidades dos cursos de formação de professores (licenciaturas) e aos docentes em exercício, livros de referência para sua preparação científica, técnica e pedagógica. Os livros contêm subsídios formativos relacionados ao campo dos saberes pedagógicos, bem como ao campo dos saberes relacionados aos conhecimentos especializados das áreas de formação profissional.

A proposta da Coleção parte de uma concepção orgânica e intencional de educação e de formação de seus profissionais, e com clareza do que se pretende formar para atuar no contexto da sociedade brasileira contemporânea, marcada por determinações históricas específicas.

Como bem mostram estudos e pesquisas recentes na área, os professores são profissionais essenciais nos processos de mudanças das sociedades. Se forem deixados à margem, as decisões pedagógicas e curriculares alheias, por mais interessantes que possam parecer, não se efetivam, não gerando efeitos sobre o social. Por isso, é preciso investir na formação e no desenvolvimento profissional dos professores.

Na sociedade contemporânea, as rápidas transformações no mundo do trabalho, o avanço tecnológico configurando a sociedade virtual e os meios de informação e comunicação incidem com bastante força na escola, aumentando os desafios para torná-la uma conquista democrática efetiva. Transformar as escolas em suas práticas e culturas tradicionais e burocráticas que, por intermédio da retenção e da evasão, acentuam a exclusão social, não é tarefa simples nem para poucos. O desafio é educar as crianças e os jovens propiciando-lhes um desenvolvimento humano, cultural, científico e tecnológico, de modo que adquiram condições para fazer frente às exigências do mundo contemporâneo. Tal objetivo exige esforço constante do coletivo da escola – diretores, professores, funcionários e pais de alunos – dos sindicatos, dos governantes e de outros grupos sociais organizados.

Não se ignora que esse desafio precisa ser prioritariamente enfrentado no campo das políticas públicas. Todavia, não é menos certo que os professores são profissionais essenciais na construção dessa nova escola. Nas últimas décadas, diferentes países realizaram grandes investimentos na área da formação e desenvolvimento profissional de professores visando essa finalidade. Os professores contribuem com seus saberes, seus valores, suas experiências nessa complexa tarefa de melhorar a qualidade social da escolarização.

Entendendo que a democratização do ensino passa pelos professores, por sua formação, por sua valorização profissional e por suas condições de trabalho, pesquisadores têm apontado para a importância do investimento no seu desenvolvimento profissional, que envolve formação inicial e continuada, articulada a um processo de valorização identitária e profissional dos professores. Identidade que é *epistemológica*, ou seja, que reconhece a docência como um *campo de conhecimentos específicos* configurados em quatro grandes conjuntos, a saber:

1. conteúdos das diversas áreas do saber e do ensino, ou seja, das ciências humanas e naturais, da cultura e das artes;
2. conteúdos didático-pedagógicos, diretamente relacionados ao campo da prática profissional;
3. conteúdos relacionados a saberes pedagógicos mais amplos do campo teórico da educação;
4. conteúdos ligados à explicitação do sentido da existência humana individual, com sensibilidade pessoal e social.

Vale ressaltar que identidade que é *profissional,* ou seja, a docência, constitui um campo específico de intervenção profissional na prática social. E, como tal, ele deve ser valorizado em seus salários e demais condições de exercício nas escolas.

O desenvolvimento profissional dos professores tem se constituído em objetivo de propostas educacionais que valorizam a sua formação não mais fundamentada na racionalidade técnica, que os considera como meros executores de decisões alheias, mas em uma perspectiva que reconhece sua capacidade de decidir. Ao confrontar suas ações cotidianas com as produções teóricas, impõe-se rever suas práticas e as teorias que as informam, pesquisando a prática e produzindo novos conhecimentos para a teoria e a prática de ensinar. Assim, as transformações das práticas docentes só se efetivam à medida que o professor *amplia sua consciência sobre a própria prática*, a de sala de aula e a da escola como um todo, o que pressupõe os conhecimentos teóricos e críticos sobre a realidade. Tais propostas enfatizam que os professores colaboram para transformar as escolas em termos de gestão, currículos, organização, projetos educacionais, formas de trabalho pedagógico. Reformas gestadas nas instituições, sem tomar os professores como parceiros/autores, não transformam a escola na direção da qualidade social. Em consequência, *valorizar o trabalho docente significa dotar os professores de perspectivas de análise que os ajudem a compreender os contextos histórico, sociais, culturais, organizacionais nos quais se dá sua atividade docente.*

Na sociedade brasileira contemporânea, novas exigências estão postas ao trabalho dos professores. No colapso das antigas certezas morais, cobra-se deles que cumpram funções da família e de outras instâncias sociais; que respondam à necessidade de afeto dos alunos; que resolvam os problemas da violência, das drogas e da indisciplina; que preparem melhor os alunos nos conteúdos das matemáticas, das ciências e da tecnologia tendo em vista colocá-los em melhores condições para enfrentarem a competitividade; que restaurem a importância dos conhecimentos na perda de credibilidade das certezas científicas; que sejam os regeneradores das culturas/identidades perdidas com as desigualdades/diferenças culturais; que gestionem as escolas com economia cada vez mais frugal; que trabalhem coletivamente em escolas com horários cada vez mais fragmentados. Em que pese a importância dessas demandas, não se pode exigir que os professores individualmente considerados façam frente a elas. Espera-se, sim, que coletivamente apontem caminhos institucionais ao seu enfrentamento.

É nesse contexto complexo, contraditório, carregado de conflitos de valor e de interpretações, que se faz necessário ressignificar a identidade do professor. O ensino, atividade característica do professor, é uma prática social complexa, carregada de conflitos de valor e que exige opções éticas e políticas. Ser professor requer saberes e conhecimentos científicos, pedagógicos, educacionais, sensibilidade da experiência, indagação teórica e criatividade para fazer frente às situações únicas, ambíguas, incertas, conflitivas e, por vezes, violentas, das situações de ensino, nos contextos escolares e não escolares. É da natureza da atividade docente proceder à mediação reflexiva e crítica entre as transformações sociais concretas e a formação humana dos alunos, questionando os modos de pensar, sentir, agir e de produzir e distribuir conhecimentos na sociedade.

Problematizando e analisando as situações da prática social de ensinar, o professor incorpora o conhecimento elaborado, das ciências, das artes, da filosofia, da pedagogia e das ciências da educação, como ferramentas para a compreensão e proposição do real.

A Coleção investe, pois, na perspectiva que valoriza a capacidade de decidir dos professores. Assim, discutir os temas que perpassam seu cotidiano nas escolas – projeto pedagógico, autonomia, identidade e profissionalidade dos professores, violência, cultura, religiosidade, a importância do conhecimento e da informação na sociedade contemporânea, a ação coletiva e interdisciplinar, as questões de gênero, o papel do sindicato na formação, entre outros –, articulados aos contextos institucionais, às políticas públicas e confrontados com experiências de outros contextos escolares e com as teorias, é o caminho a que a Coleção **Docência em Formação** se propõe.

Os livros que a compõem apresentam um tratamento teórico-metodológico pautado em três premissas: há uma estreita vinculação entre os conteúdos científicos e os pedagógicos; o conhecimento se produz de forma construtiva e existe uma íntima articulação entre teoria e prática.

Assim, de um lado, impõe-se considerar que a atividade profissional de todo professor possui uma natureza pedagógica, isto é, vincula-se a objetivos educativos de formação humana e a processos metodológicos e organizacionais de transmissão e apropriação de saberes e modos de ação. O trabalho docente está impregnado de intencionalidade, pois visa a formação humana por meio de conteúdos e habilidades de pensamento e ação, implicando escolhas, valores, compromissos éticos. O que significa introduzir objetivos explícitos de natureza conceitual, procedimental e valorativa em relação aos conteúdos da matéria que se ensina; transformar o saber científico ou tecnológico em conteúdos formativos; selecionar e organizar conteúdos de acordo com critérios lógicos e psicológicos em função das características dos alunos e das finalidades do ensino; utilizar métodos e procedimentos de ensino específicos inserindo-se em uma estrutura organizacional em que participa das decisões e das ações coletivas. Por isso, para ensinar, o professor necessita de conhecimentos e práticas que ultrapassem o campo de sua especialidade.

De outro ponto de vista, é preciso levar em conta que todo conteúdo de saber é resultado de um processo de construção de conhecimento. Por isso, dominar conhecimentos não se refere apenas à apropriação de dados objetivos pré-elaborados, produtos prontos do saber acumulado. Mais do que dominar os produtos, interessa que os alunos compreendam que estes são resultantes de um processo de investigação humana. Assim, trabalhar o conhecimento no processo formativo dos alunos significa proceder à mediação entre os significados do saber no mundo atual e aqueles dos contextos nos quais foram produzidos. Significa explicitar os nexos entre a atividade de pesquisa e seus resultados, portanto, instrumentalizar os alunos no próprio processo de pesquisar.

Na formação de professores, os currículos devem configurar a pesquisa como *princípio cognitivo*, investigando com os alunos a realidade escolar, desenvolvendo neles essa atitude investigativa em suas atividades profissionais e assim configurando a pesquisa também como *princípio formativo* na docência.

Além disso, é no âmbito do processo educativo que mais íntima se afirma a relação entre a teoria e a prática. Em sua essência, a educação é uma prática, mas uma prática intrinsecamente intencionalizada pela teoria. Decorre dessa condição a atribuição de um lugar central ao estágio, no processo da formação do professor. Entendendo que o estágio é constituinte de todas as disciplinas percorrendo o processo formativo desde seu início, os livros da Coleção sugerem várias modalidades de articulação direta com as escolas e demais instâncias nas quais os professores atuarão, apresentando formas de estudo, análise e problematização dos saberes nelas praticados. O estágio também pode ser realizado como espaço de projetos interdisciplinares, ampliando a compreensão e o conhecimento da realidade profissional de ensinar. As experiências docentes dos alunos que já atuam no magistério, como também daqueles que participam da formação continuada, devem ser valorizadas como referências importantes para serem discutidas e refletidas nas aulas.

Considerando que a relação entre as instituições formadoras e as escolas pode se constituir em espaço de formação contínua para os professores das escolas assim como para os formadores, os livros sugerem a realização de projetos conjuntos entre ambas. Essa relação com o campo profissional poderá propiciar ao aluno em formação oportunidade para rever e aprimorar sua escolha pelo magistério.

Para subsidiar a formação inicial e continuada dos professores onde quer que se realizem: nos cursos de licenciatura, de pedagogia e de pós-graduação, em universidades, faculdades isoladas, centros universitários e Ensino Médio, a Coleção está estruturada nas seguintes séries:

Educação Infantil: profissionais de creche e pré-escola.

Ensino Fundamental: professores do 1º ao 5º ano e do 6º ao 9º ano.

Ensino Médio: professores do Ensino Médio.

Ensino Superior: professores do Ensino Superior.

Educação Profissional: professores do Ensino Médio e Superior Profissional.

Educação de Jovens e Adultos: professores de jovens e adultos em cursos especiais.

Saberes pedagógicos e formação de professores.

Problemáticas transversais e formação de professores.

Em síntese, a elaboração dos livros da Coleção pauta-se nas seguintes perspectivas: investir no conceito de *desenvolvimento profissional*, superando a visão dicotômica de formação inicial e de formação continuada; investir em sólida formação teórica nos campos que constituem os saberes da docência; considerar a formação voltada para a profissionalidade docente e para a construção da identidade de professor; tomar a pesquisa como componente essencial da/na formação; considerar a prática social concreta da educação como objeto de reflexão/formação ao longo do processo formativo; assumir a visão de totalidade do processo escolar/educacional em sua inserção no contexto sociocultural; valorizar a docência como atividade intelectual, crítica e reflexiva; considerar a ética como fator fundamental na formação e na atuação docente.

São Paulo, 21 de fevereiro de 2012
Selma Garrido Pimenta
Coordenadora

Apresentação à 10ª edição

Apresentação à 10ª edição

Nosso livro *Educação escolar: políticas, estrutura e organização* chega à sua 10ª edição, sete anos após seu lançamento em 2003. Ao se escrever um livro, não se pode prever a recepção que terá, principalmente quando seu conteúdo pretende trazer inovações nas formas convencionais de abordar determinados assuntos. Por isso, é motivo de alegria para nós constatar que professores e alunos aceitaram nossa proposta, em certa medida inovadora, de reunir numa mesma obra quatro áreas de conhecimento necessárias à formação dos educadores: as políticas educacionais, a organização do sistema de ensino, a legislação educacional e a organização e gestão da escola.

Durante longos anos, desde a regulamentação da Lei nº 5.692/1971, a disciplina Estrutura e Funcionamento do Ensino parecia atender às demandas formativas dos cursos de licenciatura em relação aos conhecimentos sobre os sistemas educacionais. Com as reformas curriculares instituídas pelo Ministério da Educação a partir dos anos 1990 e a atuação dos movimentos de educadores em torno da revisão do sistema de formação de educadores, outras disciplinas passaram a compor esse núcleo de conhecimentos. Presentemente, tal como mostrou recente estudo publicado pela Fundação Carlos Chagas, organizado por Bernadete Gatti e Marina M. R. Nunes, os cursos de licenciatura em Língua Portuguesa, Matemática e Ciências Biológicas destinam em suas grades curriculares em torno de 3,5% da carga horária para os conhecimentos sobre os sistemas educacionais, distribuídos entre as disciplinas Estrutura e Funcionamento (2%), Currículo (1,2%) e Gestão (0,3%). Nos cursos de Pedagogia, a carga horária para esses conhecimentos chega a 16%, distribuídos em disciplinas com variadas denominações, como: Estrutura e Funcionamento do Ensino, Planejamento e Políticas Educacionais, Fundamentos da Gestão Escolar, Legislação da Educação Básica, Currículo, Currículo e Avaliação, Projeto Pedagógico, Gestão e Coordenação do Trabalho na Escola, Organização do Trabalho Pedagógico, entre outras. Ao imaginarmos um livro didático que assegurasse as articulações entre o sistema de ensino e o funcionamento das escolas, acreditávamos que a abordagem desse campo de conhecimentos em suas dimensões "macro", "meso" e "micro" faria mais sentido aos estudantes, motivando-os mais para o estudo. Por exemplo, o conhecimento das políticas educacionais estaria diretamente articulado com os objetivos e as formas de funcionamento das escolas.

Sentimo-nos, pois, reconhecidos e estimulados a continuar nossa colaboração com a formação profissional de professores, trazendo agora uma versão revista e atualizada do livro. Com efeito, em 2003, ano em que saiu a 1ª edição, terminava o segundo período do governo Fernando Henrique Cardoso, ao mesmo tempo que eram anunciados os planos de ação do governo Lula, com muito poucos elementos para informar os estudantes sobre as políticas educacionais e diretrizes que estavam por vir. Ao longo do governo

Lula, vários programas foram mantidos, outros reajustados e outros projetos e ações novas surgiram. Desse modo, é com grande satisfação que apresentamos aos professores e estudantes esta 10ª edição inteiramente revista, com as seguintes mudanças: a) atualização do histórico das políticas educacionais a partir de 2003, até o final do segundo período do governo Lula (2010); b) revisão de algumas interpretações do contexto social da globalização, em face de recentes mudanças no funcionamento do capitalismo e das relações internacionais; c) elaboração de um quadro sinótico da legislação educacional em vigor sobre o sistema de ensino, as diretrizes curriculares, a formação de professores etc. Num primeiro momento, cada uma das partes do livro foi revisada pelo seu autor principal; em seguida, o texto passou pela revisão dos três autores, que, em um parágrafo ou outro, contribuíram para a redação final.

Desejamos que nossos colegas formadores de professores e os estudantes futuros professores continuem a usufruir do conteúdo deste livro, especialmente compartilhando conosco nosso principal objetivo: ajudar os estudantes das licenciaturas a ter uma compreensão teórico-crítica dos sistemas de ensino e, com isso, assumir seu papel ativo e colaborativo na transformação cotidiana das escolas em favor da qualidade cognitiva, procedimental e ética das aprendizagens escolares.

Os Autores

Apresentação do livro

Apresentação do livro

Este livro apresenta um conjunto de conteúdos que introduzem os futuros professores no conhecimento teórico e prático dos aspectos sociais e políticos, históricos, legais, pedagógico-curriculares e organizacionais da educação escolar brasileira. Seu objetivo principal consiste em proporcionar aos alunos em processo de formação a compreensão dos contextos mais amplos em que professores exercem suas atividades profissionais e de seu papel na organização da escola. Para isso, propõe uma análise das transformações em curso na sociedade contemporânea e o estudo das políticas educacionais, da organização dos sistemas de ensino, da legislação educacional e do funcionamento interno das escolas, tendo em vista a atuação consciente e crítica dos professores nos processos decisórios concretos referentes aos objetivos e meios de realização da educação e do ensino.

A reestruturação produtiva do capitalismo global e, como decorrência, a tendência internacional de mundialização do capital e de reestruturação da economia vêm impondo mudanças no conceito de qualidade educativa, com forte impacto na organização e na gestão das escolas. As reformas educacionais mundiais expressam essa tendência e identificam as escolas como espaços de mudança, tendo como referência conceitos como autonomia, gestão descentralizada e avaliação.

Por sua vez, o atendimento às necessidades sociais e culturais da população requer uma escola de qualidade social e pedagógica que socialize a cultura, a ciência e a arte como direitos universais.

A pesquisa no âmbito das organizações escolares tem-se centrado, cada vez mais, na ideia de escola como espaço de aprendizagem, isto é, uma organização de trabalho pedagógico caracterizada pela construção coletiva, por parte de seus profissionais, de projetos e práticas, em que a aprendizagem ocorre pela participação ativa nos processos de tomada de decisões. Desse modo, os professores passam a ser considerados agentes criativos e inovadores nas atividades pedagógico-didáticas, curriculares e organizacionais, para a transformação da escola e do sistema escolar. Como membro de uma equipe, ele executa as tarefas específicas da docência, mas também assume as responsabilidades nos processos de gestão e nas atividades conjuntas dos professores no planejamento e na realização do ensino.

O livro está estruturado em uma introdução e quatro partes. A Introdução discute o sistema educacional no Brasil, tendo por base a história da disciplina Estrutura e Funcionamento do Ensino na formação de professores.

A 1ª Parte situa a educação escolar brasileira no contexto das transformações da sociedade contemporânea, ressaltando o impacto da revolução tecnológica e da globalização no campo da educação e as relações entre o neoliberalismo e políticas educacionais correntes. Conclui apresentando os objetivos esperados para a educação escolar de qualidade em uma sociedade socialmente inclusiva.

A 2ª Parte analisa as políticas educacionais, as reformas de ensino e os planos e diretrizes para a educação escolar brasileira, tendo por base uma perspectiva histórico-crítica. Destaca conceitos, reformas e planos fundamentais que ajudam a compreender a estrutura e a organização do sistema de ensino no Brasil. Explicita a trajetória histórica dos principais avanços e impasses na construção da escola pública de qualidade, apresentando e discutindo os projetos e ações educativas em âmbito federal, a política de financiamento da educação e o sistema de avaliação da educação básica e superior.

A 3ª Parte dedica-se a expor detalhadamente a estrutura e a organização do sistema de ensino brasileiro em seus aspectos legais, organizacionais, pedagógicos, curriculares, administrativos e financeiros, considerando sobretudo a LDB (Lei nº 9.394/1996) e a legislação complementar pertinente. Examina, ainda, o papel dos profissionais do magistério e dos movimentos associativos na organização do sistema de ensino e na organização escolar, destacando aspectos do desenvolvimento profissional e da formação.

Finalmente, a 4ª Parte traz elementos para uma análise compreensiva das práticas de organização e de gestão das escolas, na perspectiva que compreende a escola como comunidade educativa e local de trabalho do professor. São apresentados, especialmente, os conceitos de organização, gestão, participação e cultura organizacional, bem como as áreas de atuação da direção e da coordenação pedagógica, destacando as ações e competências profissionais do professor necessárias ao aprimoramento das condições para a aprendizagem dos alunos.

Este livro foi planejado para atender aos cursos de licenciatura destinados aos profissionais docentes que atuarão na educação básica. O planejamento e a produção dos textos foram realizados conjuntamente pelos três autores. No entanto, a 1ª Parte foi escrita preponderantemente por João Ferreira de Oliveira com a colaboração de José Carlos Libâneo, as 2ª e 3ª Partes por Mirza Seabra Toschi com a colaboração de João Ferreira de Oliveira e a 4ª Parte por José Carlos Libâneo.

Os autores são há anos professores em cursos de Pedagogia e nas licenciaturas, nos quais têm ministrado disciplinas como: Didática, Organização do Trabalho Pedagógico, Estrutura e Funcionamento do Ensino, Educação Brasileira e Políticas Educacionais.

Esperamos que o livro venha a ajudar professores e alunos dos cursos de Pedagogia e de licenciatura, bem como gestores dos sistemas de ensino e das escolas, a ampliar sua compreensão crítica da educação brasileira, com base no conhecimento e na discussão de aspectos fundamentais das políticas educacionais e do funcionamento das escolas.

José Carlos Libâneo
João Ferreira de Oliveira
Mirza Seabra Toschi

Introdução

Introdução

Este livro compõe-se de três blocos de temas articulados entre si: a educação escolar no contexto das transformações da sociedade contemporânea; as políticas educacionais, as diretrizes curriculares e a estrutura e organização do ensino; a organização e a gestão de escolas. A perspectiva de análise dos autores é considerar a escola e sua organização como ponto de convergência entre o sistema de ensino e as práticas pedagógicas na sala de aula. Nesse sentido, o livro destina-se a proporcionar aos futuros professores elementos para uma análise crítico-compreensiva dos fatores condicionantes do sistema de ensino em sua relação com as práticas organizativas, pedagógicas e curriculares da escola. Trata-se, portanto, de compreender a escola em sua complexidade e em sua dinâmica, na interseção de seus aspectos externos e internos, para então situar a atuação do professor.

Há duas importantes razões para conhecer e analisar as relações entre o sistema educativo e as escolas. Por um lado, as políticas educacionais e as diretrizes organizacionais e curriculares são portadoras de intencionalidades, ideias, valores, atitudes e práticas que vão influenciar as escolas e seus profissionais na configuração das práticas formativas dos alunos, determinando um tipo de sujeito a ser educado. Por isso, necessitam da análise crítica. Por outro lado, os profissionais das escolas podem aderir ou resistir a tais políticas e diretrizes do sistema escolar, ou então dialogar com elas e formular, colaborativamente, práticas formativas e inovadoras em vista de outro tipo de sujeito a ser educado, com base em uma visão sociocrítica de sociedade. Em um caso e em outro, é preciso conhecer e analisar as formas pelas quais se inter-relacionam as políticas educacionais, a organização e gestão das escolas e as práticas pedagógicas na sala de aula. Não basta, pois, aos professores dominar saberes e competências docentes; compete-lhes enxergar mais longe para tomar consciência das intenções dos formuladores das políticas e diretrizes, das práticas escolares que elas induzem, a fim de se tornarem capazes de participar e atuar nas transformações necessárias da escola.

Tendo em vista a análise crítico-compreensiva dos contextos em que os professores exercem sua atividade e, ao mesmo tempo, o desenvolvimento de conhecimentos e competências para uma ação transformadora no seu local de trabalho, espera-se, com o estudo deste livro, que os alunos possam:

a) conhecer e analisar as políticas educacionais, as reformas do ensino e os planos e diretrizes organizativas e curriculares para o sistema escolar e as escolas, em uma perspectiva histórica;
b) situar o sistema escolar, as escolas e o trabalho do professor no contexto das transformações em curso na sociedade contemporânea;
c) desenvolver conhecimentos e competências para atuarem, de forma eficiente e participativa, nas

práticas de organização e gestão da escola e na transformação dessas práticas.

Esse conjunto de conhecimentos precisa ser estudado e elaborado de modo que venha a captar as contradições entre os aspectos normativos próprios do sistema educacional e a atuação dos sujeitos. Com efeito, as escolas formam um sistema público, implicando princípios, diretrizes e normas organizacionais, pedagógicas e curriculares que orientam a educação nacional. Como todos os brasileiros têm direito à educação básica, há que existir garantias institucionais e legais da realização desse direito que somente o Estado pode assegurar. Entretanto, tais leis, diretrizes e normas estão sujeitas a decisões políticas; ou seja, no embate das forças sociais em movimento na sociedade, os grupos detentores do poder econômico e político dirigem também as decisões educacionais. Em contrapartida, as relações sociais e políticas nunca são harmônicas nem estáveis; ao contrário, são tensas, conflituosas, contraditórias, favorecendo a existência de um espaço para que as escolas e seus profissionais operem com relativa autonomia em face do sistema político dominante. Conclui-se, por um lado, que não se pode ignorar a existência de dispositivos legislativos e organizacionais do sistema de ensino, mas, por outro, que eles podem e devem ser questionados no interesse de um projeto de educação emancipatória. A orientação adotada neste livro é reconhecer a importância das políticas educacionais e das normas legais para o ordenamento político, jurídico, institucional e organizacional do sistema de ensino, mas sempre submetidas a uma avaliação crítica do ponto de vista social e ético, uma vez que as leis devem estar a serviço do bem comum, da democracia, da justiça, da solidariedade, dos interesses dos mais diversos grupos e culturas. Desse modo, o sistema de formação de educadores precisa contribuir significativamente para a existência de sujeitos capazes de participar ativamente no processo de construção de um projeto educacional que assegure educação e ensino de qualidade para todos.

1. Novas realidades sociais, as reformas educativas, a organização e a gestão das escolas

As atuais políticas educacionais e organizativas devem ser compreendidas no quadro mais amplo das transformações econômicas, políticas, culturais e geográficas que caracterizam o mundo contemporâneo. Com efeito, as reformas educativas executadas em vários países do mundo europeu e americano, nos últimos vinte anos, coincidem com a recomposição do sistema capitalista mundial, que incentiva um processo de reestruturação global da economia regido pela doutrina neoliberal. Analistas críticos do neoliberalismo identificam três de seus traços distintivos: mudanças nos processos de produção associadas a avanços científicos e tecnológicos; superioridade do livre funcionamento do mercado na regulação da economia e redução do papel do Estado.

Esses traços afetam a educação de várias formas. A prioridade da educação nos programas econômicos dos países industrializados situa-se no quadro das políticas de ajuste e de estabilização defendidas, no âmbito europeu, pela Organização de Cooperação e Desenvolvimento Econômico (OCDE) e, no âmbito mundial, sobretudo pelo Banco Mundial. As orientações neoliberais postulam ser o desenvolvimento econômico, alimentado pelo desenvolvimento técnico-científico, o fator de garantia do desenvolvimento social. Trata-se de uma visão economicista e tecnocrática que desconsidera as implicações sociais e humanas do desenvolvimento econômico, gerando problemas sociais como desemprego, fome e pobreza, que alargam o contingente de excluídos, e ampliando as desigualdades entre países, classes e grupos sociais. Paralelamente, a associação entre ciência e técnica acaba por propiciar mudanças drásticas nos processos de produção e transformações nas condições de vida e de trabalho em todos os setores da atividade humana. O conhecimento e a informação passam a constituir força produtiva direta, afetando o desenvolvimento econômico. Por conseguinte, os países industrializados precisaram sair na frente para rever o lugar das instituições encarregadas de produzir conhecimento e informação. Com isso, a reforma dos sistemas educativos torna-se prioridade, especialmente nos países em desenvolvimento, tendo em vista o atendimento das necessidades e exigências geradas pela reorganização produtiva no âmbito das instituições capitalistas mundiais. O raciocínio sistematicamente reiterado por agências financeiras internacionais, como o Banco Mundial, é o seguinte: novos tempos requerem nova qualidade educativa, o que implica mudança nos currículos, na gestão educacional, na avaliação dos sistemas e na profissionalização dos professores. A partir daí, os sistemas e as políticas educacionais de cada país precisam introduzir estratégias como descentralização, reorganização curricular, autonomia das escolas, novas formas de gestão e direção das escolas, novas tarefas e responsabilidades dos professores.

A educação brasileira insere-se no contexto dessas orientações. O início do governo Collor em 1990 coincidiu com a realização da Conferência Mundial sobre Educação para Todos, em Jomtien, na Tailândia, promovida pelo Banco Mundial com a participação da Organização das Nações Unidas para a Educação, Ciência e Cultura (Unesco), do Programa das Nações Unidas para o Desenvolvimento (PNUD) e do Fundo das Nações Unidas para a Infância (Unicef), ocasião em que foram estabelecidas prioridades para a educação nos países do Terceiro Mundo, especialmente em relação à universalização do ensino fundamental. As orientações emanadas dessa conferência (Unesco, 1990) foram contempladas no Plano Decenal de Educação para Todos, documento produzido como diretriz educacional do governo Itamar Franco em 1993.

O governo de Fernando Henrique Cardoso (a partir de 1995), em seu plano para a educação, deu sequência ao Plano Decenal, mas escolhendo metas bem pontuais: descentralização da administração das verbas federais, elaboração do currículo básico nacional, educação a distância, avaliação nacional das escolas, incentivo à formação de professores, parâmetros de qualidade para o livro didático, entre outras. Nessa gestão ocorreu, também, a elaboração e a promulgação da LDB (Lei nº 9.394/1996) e a formulação das diretrizes curriculares, normas e resoluções do Conselho Nacional de Educação (CNE) para o ensino superior. No segundo governo FHC (1999-2002), foi mantida a política educacional do período anterior, com pequenas alterações, incluindo a aprovação, pelo Congresso Nacional, do Plano Nacional de Educação (2001-2010).

O primeiro período do governo Lula (2003-2006) pouco acrescentou às políticas formuladas anteriormente, embora se possa dar destaque ao Fundo de Desenvolvimento da Educação Básica (Fundeb). No segundo período desse governo (2007-2010) surgiram algumas iniciativas relevantes no âmbito tanto da educação básica – tais como o aumento dos recursos para a educação, o Índice de Desenvolvimento da Educação (Ideb), o piso salarial dos professores e a aprovação da Emenda Constitucional nº 59, que, entre outras disposições, acaba com a Desvinculação das Receitas da União (DRU) e torna o ensino obrigatório dos 4 aos 17 anos – quanto da educação superior, em que se destacam o Programa Universidade para Todos (ProUni), a Reestruturação e Expansão das Universidades Federais (Reuni), a Universidade Aberta do Brasil (UAB), a rede de formação de professores e a expansão da rede federal de educação tecnológica. No entanto, essas ações acompanharam, no geral, as tendências internacionais de alinhamento à política econômica neoliberal e às orientações dos organismos financeiros internacionais, sobretudo do Banco Mundial e do Fundo Monetário Internacional (FMI).

As políticas e diretrizes educacionais dos últimos vinte anos, com raras exceções, não têm sido capazes de romper a tensão entre intenções declaradas e medidas efetivas. Por um lado, estabelecem-se políticas educativas que expressam intenções de ampliação da margem de autonomia e de participação das escolas e dos professores; por outro, verifica-se a parcimônia do governo nos investimentos, impedindo a efetivação de medidas cada vez mais necessárias a favor, por exemplo, dos salários, da carreira e da formação do professorado, com a alegação de que o enxugamento do Estado requer redução de despesas e do *deficit* público, o que acaba imprimindo uma lógica contábil e economicista ao sistema de ensino. As reformas educativas vêm ocorrendo, assim, em um quadro de ambivalências e contradições que, em alguns países, provoca desconfiança, reservas e, às vezes, ceticismo quanto ao grau de efetividade que pretendem. Esse fato deve-se, certamente, às características do modelo de desenvolvimento econômico adotado, de orientação economicista e tecnocrática, em que as implicações sociais e humanas ficam em segundo plano.

No que se refere aos propósitos deste livro, os pesquisadores e educadores têm expressado um entendimento mais ou menos generalizado de que a formação geral de qualidade dos alunos depende de uma formação de qualidade dos professores. Também nas reformas educativas dos vários países, os professores aparecem como agentes inovadores nos processos pedagógicos, curriculares e organizacionais. Já não são considerados apenas profissionais que atuam em uma sala de aula, mas também membros integrantes de uma equipe docente, realizando tarefas com responsabilidade ampliada no conjunto das atividades escolares. Já não podem ser meros repassadores de informação, mas devem revelar-se investigadores atentos às peculiaridades individuais e socioculturais dos alunos e sensíveis às situações imprevisíveis do ensino, além de participantes ativos e reflexivos na equipe docente, discutindo no grupo suas concepções, práticas e experiências. Esses elementos de um novo profissionalismo do professor levam a postular exigências específicas de formação inicial e continuada.

Nesse quadro de considerações insere-se o conteúdo deste livro, que apresenta, para a formação de professores, um conjunto de conhecimentos que visa prepará-los para o exercício profissional nas escolas e para suas tarefas de cidadãos na sociedade.

Trata-se, assim, de centrar esse programa de estudos na escola como organização de trabalho e, por conseguinte, no professor como agente visível e imediato dos processos de escolarização demarcados institucionalmente. É comum constatar que as expectativas da sociedade acerca dos papéis profissionais do professor são frequentemente cingidas a seu desempenho em sala de aula. É certo que a sala de aula representa o principal espaço de atuação dos professores, mas a prática docente não ocorre apenas ali. Ressalta-se, portanto, a importância de compreender as ligações do espaço escolar com o sistema de ensino e com o sistema social, para articular as práticas pedagógico-didáticas com as demais práticas sociais concorrentes.

2. Breve história dos estudos disciplinares relacionados à estrutura e organização do ensino

Na história do curso de Pedagogia e dos cursos de licenciatura desde, pelo menos, a estruturação do curso de Pedagogia em 1939, sempre esteve presente a preocupação com os aspectos legais e administrativos da escola, agrupados geralmente na disciplina Administração Escolar. No Parecer nº 292/1962, do Conselho Federal de Educação, e na resolução que fixava as matérias pedagógicas da licenciatura consta a disciplina Elementos de Administração Escolar, cujo objetivo era levar o licenciando a conhecer a escola em que iria atuar, seus objetivos, sua estrutura e os principais aspectos de seu funcionamento, além de propiciar uma visão unitária do binômio escola-sociedade. A orientação do parecer era explícita quanto à focalização da escola e suas conexões com a comunidade local e nacional.

Seis anos depois, para adequar os currículos de Pedagogia e das licenciaturas à Lei nº 5.540/1968, foram homologados, respectivamente, os Pareceres nº 252/1969 e nº 672/1969, que incluíram a disciplina Estrutura e Funcionamento do Ensino de 2º Grau, substituindo a disciplina Administração Escolar. Argumentava-se no Parecer nº 672/1969 que, com essa denominação, o aspecto administrativo acabava prevalecendo, sem que se considerassem aspectos específicos referentes à estrutura e funcionamento do ensino. Cabe lembrar que, nessa época, o 2º grau correspondia aos antigos ginasial e colegial, diferentemente da denominação hoje existente. Até 1996, a Lei nº 5.540/1968 e a regulamentação dela decorrente constituíam a legislação básica sobre a disciplina Estrutura e Funcionamento do Ensino nos cursos de Pedagogia e de licenciatura.

Com o movimento de reformulação dos cursos de formação de educadores, no início dos anos 1980, surgiram propostas curriculares alternativas que contemplavam disciplinas com denominações diferentes: Educação Brasileira, Políticas Educacionais, Organização do Trabalho Pedagógico (ou Escolar), cujo conteúdo disciplinar, todavia, foi pouco alterado em relação à Administração Escolar e à Estrutura e Funcionamento do Ensino. Boa parte das instituições formadoras de professores ainda mantém a denominação Estrutura e Funcionamento do Ensino. Qual foi a trajetória dessa disciplina nos currículos dos cursos de licenciatura? Quais são seus fundamentos epistemológicos e filosóficos, seu objeto de estudo, seus objetivos, temas e abordagens? Com que conteúdo tem trabalhado? Que papel tem exercido na formação de professores e especialistas da educação?

2.1. Legislação, objetivos e conteúdos básicos

A denominação Estrutura e Funcionamento do Ensino apareceu pela primeira vez na Resolução nº 2/1969, que fixava o mínimo de conteúdos das disciplinas e a duração do curso de Pedagogia (professores e especialistas), e na Resolução nº 9/1969, que estabelecia o mínimo de conteúdos e a duração dos cursos para a formação pedagógica nas licenciaturas. Conforme esta última resolução, os currículos dos cursos de licenciatura deviam abranger as seguintes matérias pedagógicas: Psicologia da Educação, Didática, Estrutura e Funcionamento do Ensino de 2º Grau e Prática de Ensino, sob a forma de estágio supervisionado. Com a aprovação da Lei nº 5.692/1971, que instituiu o ensino de 1º e 2º graus, a denominação alterou-se para Estrutura e Funcionamento do Ensino de 1º e 2º graus.

Nos cursos de Pedagogia (formação de professores e especialistas), a Resolução nº 2/1969 incluiu os temas sobre estrutura do ensino na parte diversificada do currículo sob três nomenclaturas: Estrutura e Funcionamento do Ensino de 1º Grau, Estrutura e

Funcionamento do Ensino de 2º Grau e Estrutura e Funcionamento do Ensino Superior.

Conforme as ementas da legislação, dois aspectos deveriam ser contemplados nessas disciplinas: a escola e o ensino. No entanto, pouco se alterou em relação aos pareceres anteriores, em que a escola e o ensino eram apresentados como instâncias formais, estáticas, no interior de um sistema educacional racionalmente organizado e de uma sociedade organicamente constituída e funcional. Como analisa Saviani (1987), toma-se emprestado para o conteúdo dessa disciplina o modelo biológico, em que estrutura indica a anatomia do ensino (os órgãos que o constituem, suas características básicas) e funcionamento, sua fisiologia (o modo pelo qual funcionam os diversos órgãos que constituem o ensino). Ou seja, prevaleciam os aspectos legais, as normas constituídas, a descrição dos órgãos e seu funcionamento, bem como a análise de seus componentes administrativos e curriculares, por meio de textos legais: leis, decretos, resoluções, pareceres, indicações e outros.

Atualmente, nos currículos de Pedagogia, a disciplina Estrutura e Funcionamento do Ensino Fundamental e Médio é oferecida, em geral, no segundo ou no terceiro ano, com carga horária anual que varia entre 60 e 128 horas. Nos cursos de formação de licenciandos, a carga horária também varia entre 60 e 128 horas, sendo ministrada com maior frequência nas últimas séries ou semestres.

Os objetivos e conteúdos dessa disciplina assumem, no geral, três abordagens bem distintas: a) predominantemente legalista, formalista e acrítica; b) predominantemente político-ideológica; c) histórico-crítica. É certo que essas abordagens são profundamente influenciadas por contextos e tendências históricas diferentes na produção do conhecimento sobre a educação brasileira e por posicionamentos/formações bastante diversificadas dos professores. As três expressam uma intenção político-ideológica, embora a primeira, sobretudo, advogue certa neutralidade. As denominações utilizadas, portanto, conservam termos históricos reconhecidos no âmbito universitário.

Na *abordagem legalista e formal*, os textos legais e os documentos são apresentados e analisados sistêmica e funcionalmente e, segundo Saviani (1987, p. 134), "acabam por enfatizar o ideal em detrimento do real, tomando o dever-ser pelo ser, a norma pelo fato". Essa abordagem acaba por ater-se à letra, às linhas e ao texto legal e/ou ao documento, tornando o estudo bastante árduo e, às vezes, aversivo. Na *abordagem político-ideológica*, enfatizam-se os chamados textos críticos em detrimento dos textos legais e/ou documentos, sendo o real apresentado já em sua forma político-ideológica. Com isso, o ensino da disciplina acaba por ater-se mais ao contexto, ao espírito e às entrelinhas dos textos legais e/ou documentos do que ao conteúdo dos documentos legais. Na *abordagem histórico-crítica*, parte-se dos textos legais e/ou documentos como referencial para a análise crítica do sistema de ensino e da organização escolar. Os textos "críticos" servem à reflexão e à análise crítica dos documentos da legislação, buscando captar seu espírito e seu contexto. Conforme Saviani (1987, p. 134), nessa abordagem os textos legais e/ou documentos são utilizados juntamente com os textos críticos para confrontar a situação proclamada (ideal) com a situação real. Desse modo, é possível captar as contradições objetivas e os fatores condicionantes da prática educativa, rompendo com a visão ingênua, acrítica, legalista, formal-idealista, reprodutora, parcializada e partidária do processo educativo e tornando o estudo mais fértil, dinâmico, investigativo e crítico-reflexivo.

Do ponto de vista metodológico, Saviani (1987) sugere três etapas no exame crítico da legislação de ensino: a) contato com a lei: análise textual, para captar a estrutura do texto; b) exame das razões manifestas: leitura, por exemplo, da exposição de motivos, dos pareceres, dos relatórios etc.; c) busca das razões reais: implica o exame do contexto (processo histórico/condicionantes socioeconômicos e políticos) e o exame da gênese da lei, isto é, o processo de elaboração da lei, os atores e seus papéis. Também Monteiro (1995), para o desenvolvimento dos conteúdos, aponta a articulação de três elementos: a) visão oficial: conhecimento da legislação educacional, programas e planos de governo; b) visão da realidade: comparação da visão oficial com o que acontece de fato no funcionamento do ensino (cotidiano vivo); c) visão crítica: após conhecimento das anteriores, procede-se à crítica fundamentada, para a geração de novos conhecimentos.

Ainda no tocante à metodologia de ensino, sugeriu-se trabalhar com relatos de pesquisas e/ou com temas-pretexto de investigação. Alguns temas da disciplina (municipalização do ensino, organização formal e informal da escola, financiamento do ensino etc.) deveriam ser trabalhados com o auxílio dos textos legais, dos documentos e dos textos críticos, com base no interesse em elucidar uma situação/questão norteadora de investigação. Nesse caso, pretendia-se aliar ensino e pesquisa, para tornar o processo de ensino--aprendizagem mais dinâmico e reflexivo, além de desenvolver habilidades de investigação. A atividade de ensino, nesse caso, não ficaria restrita à transmissão/assimilação passiva dos conteúdos; ao contrário, o conhecimento seria procurado, investigado e produzido pelos alunos com a orientação e a mediação do professor. A investigação poderia, assim, ir além dos textos legais, dos documentos e dos textos críticos.

2.2. A evolução da disciplina (a transformação do objeto de estudo)

As abordagens identificadas e os aspectos metodológicos de tratamento dos conteúdos estão intimamente relacionados à forma de apreensão do objeto de estudo, uma vez que refletem a trajetória da disciplina. No entanto, se houve uma evolução significativa em suas abordagens ou, ao menos, sua ampliação e diversificação, o mesmo não aconteceu, com clareza, em relação ao objeto de estudo. Qual era e qual é esse objeto?

No percurso de sua constituição como disciplina, a Estrutura e Funcionamento do Ensino passou da ênfase nos aspectos estruturais e formais do ensino para a ênfase nas questões de funcionamento da escola. Além disso, a abordagem mais genérica da escola e do ensino deslocou-se para uma visão mais concreta da escola, no sentido de transformá-la democraticamente. Assim, a perspectiva legalista, descontextualizada e limitada foi sendo modificada em favor da discussão de alternativas para a reconstrução da escola e do sistema educacional brasileiro (Mendonça e Lellis, 1988). Em outras palavras, da visão sistêmica/tecnicista avançou-se para a visão histórico-crítica, em que as políticas para a educação em nível mundial, nacional, estadual e municipal são tratadas com maior intensidade. Afinal, tais políticas definem, em grande parte, a legislação educacional e as práticas escolares e docentes. Esse novo entendimento procurou estabelecer uma reflexão dialética (visão "macro", visão "micro") acerca da organização escolar brasileira, especialmente na relação entre teoria e prática.

Qual deve ser, então, o objeto dessa disciplina: a organização escolar? As políticas educacionais? A legislação educacional? A análise sociopolítica dos documentos legais? A tendência parece ser um tratamento conjunto desses temas lastreado pela leitura histórico-crítica, não se restringindo a uma visão panorâmica do sistema, das políticas, da escola e do ensino, mas, ao contrário, buscando compreender a dinâmica do sistema de ensino e suas relações com a vida real nas escolas. Trata-se, por outras palavras, de assegurar, de forma competente, uma visão "macro" e uma visão "micro" da organização da educação escolar brasileira, a fim de ajudar os professores a conhecer melhor o sistema educacional e a organização escolar em suas relações.

Esse posicionamento aponta para uma reorientação dos estudos das disciplinas denominadas ora Estrutura e Funcionamento, ora Gestão Escolar, ora Organização do Trabalho Escolar, tal como propomos neste livro. Parece-nos, pois, pertinente adotar a denominação Educação Escolar: Políticas, Estrutura e Organização. A ideia norteadora dessa disciplina consiste em apreender as imbricações entre decisões centrais e decisões locais a fim de articular, em torno da escola, as abordagens mais gerais de cunho sociológico, político e econômico e os processos escolares internos de cunho pedagógico, curricular, psicológico e didático.

Bibliografia

BARROSO, João (Org.). *O estudo da escola*. Porto: Porto Editora, 1996.

BRASIL. Conselho Federal de Educação (CFE). Parecer nº 292, de 14 de novembro de 1962. Brasília, DF, 1962.

______. Parecer nº 672, de setembro de 1969. Brasília, DF, 1969.

______. Resolução nº 2, de 12 de maio de 1969. Brasília, DF, 1969.

______. Resolução nº 9, de 10 de outubro de 1969. Brasília, DF, 1969.

______. Ministério da Educação (MEC). Instituto Nacional de Estudos e Pesquisas Educacionais (Inep). *Plano Nacional de Educação*. Brasília, DF: Inep, 2001.

______. MEC; UNESCO. *Plano Decenal de Educação para Todos*. Brasília, DF, 1993.

BRZEZINSKI, Iria. *Pedagogia, pedagogos e formação de professores*. Campinas: Papirus, 1996.

CASTRO, Cláudio de Moura. *Educação brasileira:* consertos e remendos. Rio de Janeiro: Rocco, 1994.

CENTRO DE ESTUDOS EDUCAÇÃO E SOCIEDADE (Cedes). Políticas educacionais na América Latina. *Cadernos Cedes*, Campinas, nº 34, 1994.

CHAUÍ, Marilena. Ventos do progresso: a universidade administrada. In: PRADO JÚNIOR, Bento *et al.* *Descaminhos da educação pós-68*. São Paulo: Brasiliense, 1980. p. 31-50. (Cadernos de debate, 8.)

CUNHA, Luiz A. *O golpe na educação*. 4. ed. Rio de Janeiro: Zahar, 1987.

______. *Educação, Estado e democracia no Brasil*. 2. ed. São Paulo: Cortez; Rio de Janeiro: Eduff; Brasília, DF: Flacso, 1995.

DEMO, Pedro. *Desafios modernos da educação*. Petrópolis: Vozes, 1993.

FREITAG, Bárbara. *Escola, Estado e sociedade*. São Paulo: Edart, 1978.

GARCIA, Walter E. (Org.). *Educação brasileira contemporânea:* organização e funcionamento. 3. ed. São Paulo: McGraw-Hill, 1980.

MELLO, Guiomar N. *Cidadania e competitividade*. São Paulo: Cortez, 1994.

MENDONÇA, Ana Waleska; LELLIS, Isabel Alice O. Da estrutura do ensino à educação brasileira: reflexões sobre uma prática. *Educação e Sociedade*, Campinas, nº 29, 1988.

MONTEIRO, Margarida de Jesus. *Curso de Estrutura e Funcionamento do Ensino*. Goiânia, 1995. Mimeografado.

OLIVEIRA, João Ferreira de; TOSCHI, Mirza Seabra. Considerações sobre o papel da disciplina Estrutura e Funcionamento do Ensino na formação de professores. *Inter-Ação*-Revista da Faculdade de Educação da UFG, Goiânia, nº 20, jan./dez. 1996.

OLIVEIRA, Romualdo Portela de (Org.). *Política educacional*: impasses e alternativas. São Paulo: Cortez, 1995.

SAVIANI, Demerval. *Educação:* do senso comum à consciência filosófica. 8. ed. São Paulo: Cortez; Campinas: Autores Associados, 1987.

UNESCO. *Declaração mundial sobre educação para todos:* satisfação das necessidades básicas de aprendizagem. Jomtien (Tailândia): Conferência Mundial sobre Educação para Todos, 1990.

1ª Parte

A educação escolar no contexto das transformações da sociedade contemporânea

A educação escolar no contexto das transformações da sociedade contemporânea

Como instituição socioeducativa, a escola vem sendo questionada sobre seu papel ante as transformações econômicas, políticas, sociais e culturais do mundo contemporâneo. Tais transformações decorrem, sobretudo, dos avanços tecnológicos, da reestruturação do sistema de produção e desenvolvimento, da compreensão do papel do Estado, das modificações nele operadas e das mudanças no sistema financeiro, na organização do trabalho e nos hábitos de consumo. Esse conjunto de transformações está sendo chamado, em geral, de globalização.

Globalização, portanto, designa uma gama de fatores econômicos, sociais, políticos e culturais que expressam o espírito da época e a etapa de desenvolvimento do capitalismo em que o mundo se encontra atualmente. Esse termo sugere a ideia de movimentação intensa, ou seja, de que as pessoas estão em meio a acelerado processo de integração e reestruturação capitalista. Exatamente por isso, há quem diga que globalização é um conceito ou uma construção ideológica. De acordo com os estudiosos do assunto, nesse conceito esconde-se a ideologia neoliberal, segundo a qual, para garantir seu desenvolvimento, a um país basta liberalizar a economia e suprimir formas superadas e degradadas de intervenção social, de modo que a economia por si mesma se defina e seja criado, assim, um sistema mundial autorregulado (Touraine, 1996).

Os acontecimentos do mundo atual afetam a educação escolar de várias maneiras. Vejamos algumas:

a) exigem novo tipo de trabalhador, mais flexível e polivalente, o que provoca certa valorização da educação formadora de novas habilidades cognitivas e competências sociais e pessoais;
b) levam o capitalismo a estabelecer, para a escola, finalidades mais compatíveis com os interesses do mercado;
c) modificam os objetivos e as prioridades da escola;
d) produzem modificações nos interesses, necessidades e valores escolares;
e) forçam a escola a mudar suas práticas por causa do avanço tecnológico dos meios de comunicação e da introdução da informática;
f) induzem alteração na atitude do professor e no trabalho docente, uma vez que os meios de comunicação e os demais recursos tecnológicos são muito motivadores.

A importância que adquirem, nessa nova realidade mundial, a ciência e a inovação tecnológica tem levado os estudiosos a denominar a sociedade atual de *sociedade do conhecimento, sociedade técnico-informacional* ou *sociedade tecnológica*, o que significa que o conhecimento, o saber e a ciência assumem um papel muito mais destacado do que anteriormente. Na atualidade, as pessoas aprendem na fábrica, na televisão, na rua, nos centros de informação, nos vídeos, no computador, e cada vez mais se ampliam os espaços de aprendizagem.

A instituição escolar, portanto, já não é considerada o único meio ou o meio mais eficiente e ágil de socialização dos conhecimentos técnico-científicos e de desenvolvimento de habilidades cognitivas e competências sociais requeridas para a vida prática.

A tensão em que a escola se encontra não significa, no entanto, seu fim como instituição socioeducativa ou o início de um processo de desescolarização da sociedade. Indica, antes, o início de um processo de reestruturação dos sistemas educativos e da instituição tal como a conhecemos. A escola de hoje precisa não apenas conviver com outras modalidades de educação não formal, informal e profissional, mas também articular-se e integrar-se a elas, a fim de formar cidadãos mais preparados e qualificados para um novo tempo. Para isso, o ensino escolar deve contribuir para:

a) formar indivíduos capazes de pensar e aprender permanentemente (capacitação permanente) em um contexto de avanço das tecnologias de produção e de modificação da organização do trabalho, das relações contratuais capital-trabalho e dos tipos de emprego;
b) prover formação global que constitua um patamar para atender à necessidade de maior e melhor qualificação profissional, de preparação tecnológica e de desenvolvimento de atitudes e disposições para a vida numa sociedade técnico-informacional;
c) desenvolver conhecimentos, capacidades e qualidades para o exercício autônomo, consciente e crítico da cidadania;
d) formar cidadãos éticos e solidários.

Pensar o papel da escola nos dias atuais implica, portanto, levar em conta questões sumamente relevantes. A primeira e, talvez, a mais importante é que as transformações mencionadas representam uma reavaliação que o sistema capitalista faz de seus objetivos. O capitalismo, para manter sua hegemonia, reorganiza suas formas de produção e consumo e elimina fronteiras comerciais para integrar mundialmente a economia. Trata-se, portanto, de mudanças com o objetivo de fortalecê-lo, o que significa fortalecer as nações ricas e submeter os países mais pobres à dependência, como consumidores. Essas alterações nos rumos do capitalismo dão-se, no entanto, no momento em que o cenário mundial, em todos os aspectos, é bastante diversificado. A onda da *globalização* ou *mundialização* e da *revolução tecnológica* encontra os países (centrais e periféricos, desenvolvidos e subdesenvolvidos) em diferentes realidades e desafios, entre os quais o de implementar políticas econômicas e sociais que atendam aos interesses hegemônicos, industriais e comerciais de conglomerados financeiros e de países ou regiões ricas, tais como Estados Unidos, Japão, União Europeia e China.

Dentre essas políticas, destaca-se a educacional. Os países ricos realizaram suas reformas educacionais, que, na maior parte dos casos, submeteram a escolarização às exigências da produção e do mercado. Os organismos multilaterais vinculados ao capitalismo, por sua vez, trataram de traçar uma política educacional aos países pobres. A princípio, o interesse desses organismos esteve voltado quase exclusivamente para a otimização dos sistemas escolares, no intuito de atender às demandas da globalização, entre as quais uma escola provedora de educação que correspondesse à intelectualização do processo produtivo e formadora de consumidores. Atualmente, além de empenhar-se na reformulação do papel do Estado na educação, esses mesmos organismos estão preocupados com a exclusão, a segregação e a marginalização social das populações pobres, em razão de essas condições constituírem, em parte, fatores impeditivos para o desenvolvimento do capitalismo, ou melhor, serem uma ameaça à estabilidade e à ordem nos países ricos. O fato é que a globalização tem provocado um quadro dramático de desemprego e exclusão social que tende a intensificar-se, sobretudo nos países pobres, caso não ocorram ações que ponham a economia a serviço da sociedade, com a finalidade de gerar maior justiça social.

Tais medidas, no âmbito da educação, têm sido viabilizadas pelas chamadas reformas neoliberais impostas pelas corporações e pelas instituições financeiras internacionais, como o FMI, a Organização Mundial do Comércio (OMC) e o Banco Mundial ou Banco Internacional de Reconstrução e Desenvolvimento (Bird). Os documentos que propõem tais reformas, em geral, sustentam-se na ideia do *mercado como princípio fundador, unificador e autorregulador da sociedade global competitiva.* Alguns deles tentam convencer, ainda, de que o livre mercado é capaz de resolver todas as mazelas sociais. Pura ilusão! O mercado não tem esse poder invisível. Na verdade, ele opera por exclusão, ao mesmo tempo que busca o lucro a qualquer preço.

Ao fazer um balanço provisório do neoliberalismo, Perry Anderson (1995, p. 23) afirma:

> *Economicamente, o neoliberalismo fracassou, não conseguindo nenhuma revitalização básica do capitalismo avançado. Socialmente, ao contrário, o neoliberalismo conseguiu muitos dos seus objetivos, criando sociedades marcadamente mais desiguais, embora não tão desestatizadas como queria.*

Política e ideologicamente, todavia, o neoliberalismo alcançou êxito num grau com o qual seus fundadores provavelmente jamais sonharam, disseminando a simples ideia de que não há alternativas para os seus princípios, que todos, seja confessando ou negando, têm de adaptar-se a suas normas.

Nesse contexto, o Brasil vem implementando, desde os anos 90 do século XX, suas políticas econômicas e educacionais de ajuste, ou seja, diretrizes e medidas pelas quais o país se moderniza, adquire as condições de inserção no mundo globalizado e, assim, se ajusta às exigências de globalização da economia. De todo modo, faz-se presente, em todas essas políticas, o discurso da modernização educativa, da diversificação, da flexibilidade, da competitividade, da produtividade, da eficiência e da qualidade dos sistemas educativos, da escola e do ensino.

Nesta parte do livro, serão apresentados os elementos constitutivos da realidade contemporânea, bem como as implicações e desafios apresentados por ela. Para facilitar a apreensão dessa complexa problemática, faremos estudo pormenorizado dos aspectos mais significativos da realidade atual. Temos o intuito de reunir os elementos críticos que possibilitem o estabelecimento de objetivos para uma educação escolar pública e democrática, que leve em conta as exigências do mundo contemporâneo, tendo em vista a construção de uma sociedade mais justa, igualitária e sustentável.

Capítulo I

As transformações técnico-científicas, econômicas e políticas

As transformações técnico-científicas, econômicas e políticas

1. Revolução tecnológica: impactos e perspectivas

Inicialmente, buscaremos compreender em que consistem as transformações técnico-científicas. Os estudiosos do assunto mencionam essas transformações com diferentes denominações, tais como *terceira Revolução Industrial*, *revolução científica e técnica*, *revolução informacional*, *revolução informática*, *era digital*, *sociedade técnico-informacional*, *sociedade do conhecimento* ou, simplesmente, *revolução tecnológica*.

Boa parte dos autores levam a crer que as mudanças econômicas, sociais, políticas, culturais e educacionais decorrem, sobretudo, da aceleração das transformações técnico-científicas. Em outras palavras, os acontecimentos no campo da economia e da política – como a globalização dos mercados, a produção flexível, o desemprego estrutural, também chamado de desemprego tecnológico, a necessidade de elevação da qualificação dos trabalhadores, a centralidade do conhecimento e da educação – teriam como elemento desencadeador as transformações técnico-científicas. A ciência e a técnica estariam, portanto, assumindo o papel de força produtiva em lugar dos trabalhadores, já que seu uso, cada vez mais intenso, faria crescer a produção e diminuiria significativamente o trabalho humano.

Verifica-se, nessa compreensão, um determinismo tecnológico que não corresponde inteiramente à realidade. É preciso considerar que as transformações técnico-científicas resultam da ação humana concreta, ou seja, de interesses econômicos conflitantes que se manifestam no Estado e no mercado, polos complementares do jogo capitalista. Essas transformações refletem a diversidade e os contrastes da sociedade e, em decorrência, o empreendimento do capital para controlar e explorar as capacidades materiais e humanas de produção da riqueza, tendo em vista sua autovalorização.

Todavia, embora existam algumas diferenças na compreensão do fenômeno da acelerada transformação técnico-científica, percebe-se que todos os termos utilizados para definir a realidade atual apontam para o fato de estar em curso radical revolução da técnica e da ciência e de essa revolução ser responsável por amplas modificações da produção, dos serviços, do consumo e das relações sociais.

1.1. Uma tríade revolucionária: a energia termonuclear, a microbiologia e a microeletrônica

Para compreender mais concretamente as transformações técnico-científicas, é preciso considerar os aspectos ou pilares fundamentais da revolução tecnológica. Tal revolução está assentada em uma tríade revolucionária: a microeletrônica, a microbiologia e a energia termonuclear (Shaff, 1990). Essa tríade aponta, em grande parte, os caminhos do conhecimento e as perspectivas do desenvolvimento da humanidade.

A *revolução tecnológica* ou *terceira Revolução Industrial* é marcada, entre outras, pela energia termonuclear, assim como a primeira Revolução Industrial é lembrada pela descoberta e utilização da energia a vapor e a segunda Revolução Industrial, pela energia elétrica, como mostra o quadro "Revoluções científicas e tecnológicas da modernidade", a seguir. A energia termonuclear é responsável pelos avanços da conquista espacial, além de constituir potencialmente importante fonte alternativa de energia. Seu uso no século XX, no entanto, esteve em grande parte a serviço da moderna técnica de guerra, trazendo graves consequências e grandes riscos para a vida humana e do planeta.

Quadro 1 – Revoluções científicas e tecnológicas da modernidade (do século XVIII ao início do século XXI)

Primeira Revolução Científica e Tecnológica
(início na segunda metade do século XVIII)

- Nasce na Inglaterra, vinculada ao processo de industrialização, substituindo a produção artesanal pela fabril.
- Caracteriza-se pela evolução da tecnologia aplicada à produção de mercadorias, pela utilização do ferro como matéria-prima, pela invenção do tear e pela substituição da força humana pela energia e máquina a vapor, criando as condições objetivas de passagem de uma sociedade agrária para uma sociedade industrial.
- Impõe o controle de tempo, a disciplina, a fiscalização e a concentração dos trabalhadores no processo de produção.
- Amplia a divisão do trabalho e faz surgir o trabalho assalariado e o proletariado.
- Aumenta a concentração do capital e seu domínio sobre o trabalho; o trabalho subordina-se formal e concretamente ao capital.
- Demanda qualificação simples (trabalho simples), o que leva o trabalhador a perder o saber mais global sobre o trabalho.

Segunda Revolução Científica e Tecnológica (início na segunda metade do século XIX)

- Caracteriza-se pelo surgimento do aço, da energia elétrica, do petróleo e da indústria química e pelo desenvolvimento dos meios de transporte e de comunicação.
- Fornece as condições objetivas para um sistema de produção em massa e para a ampliação do trabalho assalariado.
- Aumenta a organização e a gerência do trabalho no processo de produção por meio da administração científica do trabalho (proposta por Taylor e Ford): racionalização do trabalho para aumento da produção, eliminação dos desperdícios, controle dos tempos e movimentos dos trabalhadores na linha de montagem.
- Ocasiona a fragmentação, a hierarquização, a individualização e a especialização de tarefas (linha de montagem).
- Intensifica ainda mais a divisão técnica do trabalho, ao mesmo tempo que promove sua padronização e desqualificação.
- Faz surgir as escolas industriais e profissionalizantes (escolas técnicas), bem como o operário-padrão.

Terceira Revolução Científica e Tecnológica (início na segunda metade do século XX)

- Tem por base, sobretudo, a microeletrônica, a cibernética, a tecnotrônica, a microbiologia, a biotecnologia, a engenharia genética, as novas formas de energia, a robótica, a informática, a química fina, a produção de sintéticos, as fibras ópticas, os *chips*.
- Acelera e aperfeiçoa os meios de transporte e as comunicações (revolução informacional).
- Aumenta a velocidade e a descontinuidade do processo tecnológico, da escala de produção, da organização do processo produtivo, da centralização do capital, da organização do processo de trabalho e da qualificação dos trabalhadores.
- Transforma a ciência e a tecnologia em matérias-primas por excelência.
- Organiza a produção de forma automática, autocontrolável e autoajustável mediante processos informatizados, robotizados por meio de sistema eletrônico.
- Torna a gestão e a organização do trabalho mais flexíveis e integradas globalmente.
- Favorece a criação de uma economia baseada no acesso a serviços, informações, bens intangíveis, experiências etc.

A *revolução da microbiologia* é responsável, também, por grandes avanços e perigos para a vida humana e do planeta. De um lado, o conhecimento genético dos seres vivos permite a produção de plantas e animais melhorados para o combate à fome e à desnutrição, o desenvolvimento de meios contraceptivos no auxílio ao planejamento familiar e ao combate da explosão demográfica e a luta pela eliminação de doenças congênitas (síndrome de Down, esclerose múltipla, diabetes, doenças mentais etc.). De outro lado, há a produção artificial de seres humanos, a clonagem, bem como a criação de vírus artificiais e a possibilidade de guerras bacteriológicas.

O estudo de células-tronco – encontradas, sobretudo, em células embrionárias e em vários locais do corpo (tais como cordão umbilical, medula óssea, sangue, fígado, placenta, líquido amniótico), tendo em vista, especialmente, a recuperação de tecidos danificados por doenças e traumas – vem constituindo uma das áreas mais significativas em termos de revolução da microbiologia.

A *revolução da microeletrônica,* por sua vez, é a que mais facilmente pode ser sentida e percebida. Estamos rodeados de suas manifestações no cotidiano, mediante: a) objetos de uso pessoal, como agendas eletrônicas, calculadoras, relógios de quartzo etc.; b) utensílios domésticos, como geladeiras, televisores, vídeos, aparelhos de som, máquinas de lavar roupa e louça, forno micro-ondas, fax, telefone celular, entre outros; c) serviços gerais, como terminais bancários de autoatendimento, jogos eletrônicos, virtuais ou tridimensionais, balanças digitais, caixas eletrônicos e outros. Já é possível perceber, também, que essas manifestações, bem como a permanente introdução de artefatos tecnológicos no cotidiano de vida das pessoas, vêm promovendo alterações nas necessidades, nos hábitos, nos costumes, na formação de habilidades cognitivas e até na compreensão da realidade (realidade virtual).

A vedete dessa revolução é, certamente, o computador. Para muitos, ele constitui a maior invenção do século, já que seu fascínio, aperfeiçoamento e utilização (diferentemente do automóvel, da televisão, do telefone, do avião) não parecem ter limites. São potencialmente infindáveis as aplicações do computador em diferentes campos da atividade humana: lazer, educação, saúde, agricultura, indústria, comércio, pesquisa, transporte, telecomunicação, informação etc. Em todos esses campos, começa a fluir uma *cultura digital* pela qual todos se sentem fascinados ou pressionados a dela participar e adquirir seus produtos, sob pena de tornarem-se obsoletos ou serem excluídos das atividades que realizam. O computador tem, ainda, em seu favor o fato de ter-se tornado sinônimo de modernização, eficiência e aumento da produtividade em um mundo cada vez mais competitivo e globalizado, fazendo existir a compreensão de que é imperioso informatizar.

Todavia, os campos atingidos com maior intensidade pela revolução da microeletrônica (especialmente pela informatização), com grandes reflexos econômicos, sociais e culturais, são três: a agricultura, a indústria e o comércio, com destaque para o setor de serviços.

No mundo inteiro, vem decrescendo o trabalho humano na agricultura, em razão do processo de "tecnologização" e da modernização da produção. A agricultura conta cada vez mais com diferentes formas de energia, de maquinário (tratores, colheitadeiras etc.), com aviões, telefonia rural, computadores, informações meteorológicas, estudos do solo e de mercado, sementes selecionadas, acompanhamento técnico-científico da produção, entre outros. Por isso, os trabalhadores do campo tornam-se, em grande parte, desnecessários ao processo de produção capitalista, sendo substituídos pela ciência e pela técnica. Assim, enquanto a revolução tecnológica cria as condições para o aumento da produção de alimentos e para grande diminuição do trabalho manual-assalariado, agrava-se o problema do desemprego no campo, como demonstra o Movimento dos Sem-Terra (MST) no Brasil.

A liberação do trabalho humano na agricultura, portanto, não tem servido, em geral, para a melhoria da qualidade de vida dos indivíduos, ou seja, para a eliminação da fome e para o aproveitamento do tempo livre em atividades humanizadoras, e sim para a exclusão e a expulsão dos trabalhadores do campo. Em muitos casos, ampliam-se os focos de tensão em razão das ocupações de terra (demandas por reforma agrária) e da intensificação do processo de marginalização, pelo aviltamento dos salários e pelas precárias condições de trabalho e de vida urbana (que têm produzido anomalias no campo, como furtos, suicídios, abandono da família, prostituição, banalização da violência etc.).

No âmbito da indústria, as modificações do processo de produção são ainda mais intensas. A microeletrônica é responsável pela informatização e automação das fábricas, especialmente da indústria automobilística. Com as novas formas e técnicas de gestão, de produção, de venda e de organização do trabalho (como o toyotismo, os métodos *just in time* e *kan ban*), a microeletrônica permite: a) o aumento da produção em tempo menor; b) a eliminação de postos de trabalho; c) maior flexibilidade e, ao mesmo tempo, maior controle do processo de produção e do trabalho; d) o barateamento e a melhoria da qualidade dos produtos e serviços. Provavelmente, o maior efeito dessa revolução seja a crescente eliminação do trabalho humano na produção e nos serviços pelo uso da robótica e da informatização, o qual leva ao aumento do desemprego estrutural, à dualização crescente do mercado de trabalho (incluídos/excluídos) e à intensificação da desintegração social e da demanda por talento e capacidades para o desenvolvimento de atividades que exigem maior qualificação.

Por sua vez, o impacto da revolução da microeletrônica no setor de serviços (comércio, corretoras de valores, hospitais, profissões liberais e outros) é um tanto singular. Por meio da informatização e da adoção de novas tecnologias e formas de gerenciamento, o setor está modernizando-se. Na realidade, está em curso uma tendência mundial (nos países desenvolvidos ou em fase de desenvolvimento) de crescimento do setor de serviços ou de aumento da geração de riqueza, em detrimento da agricultura e da indústria, que passam por um processo de enxugamento e retração.

O crescimento do setor de serviços associa-se: a) à transferência da riqueza gerada com ganhos de produtividade na agricultura e na indústria; b) ao aumento do consumo, especialmente em períodos de estabilização da inflação e ampliação do poder de compra; c) à generalização da competição; d) à terceirização patrocinada pelas empresas, ou melhor, à contratação de serviços de terceiros para áreas como faxina, vigilância, advocacia, contabilidade etc.; e) à diminuição do emprego na agricultura e na indústria, o que leva muitas pessoas a tentar um negócio próprio na economia formal ou informal; f) ao aumento da demanda por serviços em áreas como lazer e educação.

A tendência mundial de crescimento do setor, no entanto, não significa uma absorção total dos desempregados da agricultura e da indústria. Os postos de trabalho reorganizados ou criados nesse setor não conseguem atender ao contingente de desempregados gerado pelos outros setores. É preciso considerar, ainda, que no setor de serviços também se vem alterando o perfil de qualificação dos trabalhadores, em razão das reformulações das atividades e da incorporação das novas tecnologias, formas e técnicas de organização do trabalho.

1.2. Um destaque: a revolução informacional

Além da tríade revolucionária apontada, é preciso destacar as características e as implicações da revolução informacional emergente. Essa revolução tem por base um espantoso e contínuo avanço das telecomunicações, dos meios de comunicação (mídias) e das novas tecnologias da informação. Tais avanços tornam o mundo pequeno e interconectado por vários meios, sugerindo-nos a ideia de que se vive em uma *aldeia global*. As informações circulam de maneira a encurtar distâncias e reduzir o tempo, o que se deve à multiplicação dos meios, dos modos e da velocidade com que são propagadas ou acessadas atualmente.

A internet (a super-rede mundial de computadores) é uma das estrelas principais desta fase da revolução informacional, pois interliga milhões de computadores, ou melhor, de usuários a um imenso e crescente banco de informações, permitindo-lhes navegar pelo mundo por meio do microcomputador. As informações disponíveis dizem respeito a praticamente todos os temas de interesse, o que fascina cada vez mais pessoas. O uso da internet no Brasil, apesar da permanente expansão, ainda é bastante restrito, o que tem gerado ampla exclusão digital.

Com maior ou menor acesso, no entanto, as novas tecnologias da informação e os diferentes meios de comunicação – por exemplo, o rádio, o jornal, a revista, a televisão, o computador, o telefone, o fax e outros – estão presentes nos espaços sociais ou incorporados ao cotidiano de vida das pessoas, de maneira a modificar hábitos, costumes e necessidades. Os meios de comunicação, melhor dizendo, as mídias exercem cada vez mais um papel de mediação e de tradução da realidade social. A seu modo – um modo editado e, por vezes, manejado –, elas contam o que acontece no mundo, fazendo que grande parte da realidade seja percebida de modo virtual.

As mídias também vêm sentindo o impacto da revolução da microeletrônica e do processo de informatização. As alternativas eletrônicas de comunicação e as versões eletrônicas dos antigos meios promoveram, no final do século XX, uma revolução no interior da revolução dos meios de comunicação; dito de outro modo, houve verdadeira revolução informacional nas mídias. A televisão é, nesse sentido, um dos veículos mais ágeis. Além de tratar as notícias e as informações no momento em que se dão, conseguiu alargar suas opções na área de transmissão a cabo ou por assinatura. Ensaia, ainda, experimentos de interatividade, em que é possível obter um *feedback* dos telespectadores mediante enquetes, respostas, debates, conversas, registro, recebimento de informações via computador doméstico, telefone etc.

De maneira geral, os veículos jornalísticos informatizam-se e distribuem as informações por diferentes meios (telefone, fibras ópticas, satélites etc.), criando redes de informação *on-line* (comunicação instantânea) que conseguem juntar texto, som e imagem.

Dando sequência ao que foi começado pela televisão a cabo, a informatização das mídias tende a diversificar e diferenciar os leitores/usuários como um universo segmentado e complexo, em razão das demandas específicas e da tendência à individualização, indicativas de um período de afirmação das singularidades e de florescimento das diferenças ou, ainda, de intensificação do processo de individualização.

Caracterizam ainda a revolução informacional:

a) o surgimento de nova linguagem comunicacional, uma vez que circulam e se tornam comuns termos como realidade virtual, ciberespaço, hipermídia, correio eletrônico, Orkut, Facebook, Twitter e outros, expressando as novas realidades e possibilidades informacionais. Já é comum também a utilização de uma linguagem digital, sobretudo entre os jovens, para expressar sentimentos e situações de vida;
b) os diferentes mecanismos de informação digital (comunicação instantânea), de acesso à informação, de pesquisa e de ligação entre matérias sempre atualizadas e qualificadas;
c) as novas possibilidades de entretenimento e de educação (TV educativa, educação a distância, vídeos, *softwares* etc.);
d) o acúmulo de informações e as infindáveis condições de armazenamento.

Uma característica importante da revolução informacional diz respeito ao papel central da informação na sociedade pós-mercantil ou pós-industrial e a seu tratamento (Lojkine, 1995). Essa nova sociedade tem como aspectos marcantes a organização eficaz da produção e o tratamento da informação. São características já claramente observadas, por exemplo, nos países desenvolvidos, nos quais é crescente a interpenetração entre a informação e o mundo da produção e do mercado. Novos laços estão sendo tecidos entre produção material e serviços, saberes e habilidades. A informação, do ponto de vista capitalista, constitui um bem econômico (uma mercadoria). Sua produção, tratamento, circulação e mesmo aquisição tornaram-se fundamentais para a ampliação do poder e da competitividade no mundo globalizado. Investir em informação ou adquirir informação qualificada passou a ser, então, condição determinante para o aumento da eficácia e da eficiência no mundo dos negócios.

A revolução informacional está, portanto, na base de nova forma de divisão social e exclusão: de um lado, os que têm o monopólio do pensamento, ou melhor, da informação; de outro, os excluídos desse exercício. Por isso, o acesso ao mundo informacional consiste cada vez mais em uma troca entre proprietários privados que acessam a informação atual, verdadeira e criadora de modo flexível (Lojkine, 1995), a fim de se capacitarem para a tomada de decisões. A informação de livre circulação, isto é, a que circula no espaço público, é, em geral, tratada e midiatizada pelos *mass media*, que exercem, em grande parte, um papel de entretenimento e doutrinação das massas. Essa informação de massa é, portanto, dominada pelo mercado capitalista, que a torna insignificante e pobre de conteúdo, mas determinante na criação das condições objetivas atuais de formação de uma cultura de massa mundial e de globalização do capital, como veremos adiante. A globalização só se tornou possível graças exatamente a um sistema global, muito integrado pelas telecomunicações instantâneas.

Desse modo, a evidente utilização elitista e tecnocrática da informação e das novas tecnologias a ela relacionadas impõe o desafio de perceber as potencialidades contraditórias e libertadoras da revolução informacional, bem como as condições e estratégias de luta pela democratização da informação no contexto de uma sociedade cada vez mais globalizada, o que supõe também democratizar a política de comunicações, como no caso da concessão de canais de rádio e TV.

2. Globalização e exclusão social

A palavra globalização está na moda. No entanto, diferentemente da moda passageira, ela parece ter vindo para ficar. Tem sido usada para designar uma gama de fatores econômicos, sociais, políticos e culturais que expressam o espírito e a etapa de desenvolvimento do capitalismo em que o mundo se encontra atualmente. Trata-se, portanto, de palavra de difícil conceituação, em razão da amplitude e complexidade da realidade que tenta definir. Por isso, não é possível discorrer aqui, extensa e profundamente, sobre toda a problemática envolvida; exporemos então os aspectos mais gerais e significativos do tema. O quadro a seguir traz alguns elementos básicos que nos auxiliarão nessa compreensão.

Quadro 2 – Capitalismo: aspectos gerais

Conceituação

Denominação do modo de produção em que o capital, sob suas diferentes formas, é o principal meio de produção. Tem como princípio organizador a relação entre trabalho assalariado e capital e como contradição básica a relação entre produção social e apropriação privada.

Origem (do século XV ao XVIII)

- Difusão das transações monetárias no interior do feudalismo.
- Crescimento do capital mercantil e do comércio exterior – mercantilismo.

Características

- Apropriação, por parte do capitalista, do valor produzido pelo trabalhador para além do trabalho necessário à subsistência (mais-valia);
- produção para venda;
- existência de um mercado em que a força de trabalho é comprada e vendida livremente; exploração do trabalho vivo na produção e no mercado (controle do trabalho);
- mediação universal das trocas pelo uso do dinheiro;
- controle, por parte do capitalista, do processo de produção e das decisões financeiras;
- concorrência entre capitais (luta por mercados), forçando o capitalista a adotar novas técnicas e práticas científico-tecnológicas em busca do crescimento e do lucro. Por isso, o capitalismo torna-se tecnológica e organizacionalmente dinâmico;
- tendência à concentração de capital nas grandes empresas (monopólios, cartéis e conglomerados/corporações).

Periodização

O amadurecimento das contradições internas do capitalismo (como as que se observam entre forças produtivas e relações de produção) dá origem a etapas, fases ou estágios de adaptação. As diferenças entre as etapas do capitalismo verificam-se, sobretudo, no grau em que a produção, em sentido amplo, está socializada. *Grosso modo*, apresentam-se quatro etapas:

a) Capitalismo concorrencial – século XVIII e início do século XIX

- Etapa chamada também de primeira Revolução Industrial, fase industrial, capitalismo competitivo, fase do capital mercantil;
- surgimento das máquinas movidas a energia (a vapor e, depois, elétrica) e promoção de rápido crescimento, que se faz acompanhar de progresso técnico;
- nascimento da economia política (com A. Smith e D. Ricardo) e da ideologia do *laissez-faire* (concorrência generalizada, com a eliminação do Estado na regulação e controle do mercado, do trabalho e do comércio);
- divisão do trabalho coordenada ou orientada pelos mercados em que as mercadorias são vendidas (importação/exportação).

b) Capitalismo monopolista – século XIX e início do século XX

- Etapa chamada também de imperialismo, capitalismo dos monopólios, segunda Revolução Industrial;
- abandono do *laissez-faire*, com a consequente intervenção nas atividades econômicas e sua regulação;
- consolidação dos Estados nacionais;
- criação de mecanismos de absorção do excedente para manutenção do crescimento;
- início da negociação coletiva;
- produção/consumo de massas (fordismo) e elevadas despesas estatais;
- domínio da maquinaria no processo de trabalho/desqualificação do trabalho;
- produção mais socializada e concentração do capital;
- trabalhador coletivo/trabalho parcelar e integrado;
- substituição da concorrência entre capitais industriais pelos monopólios (aumento do lucro das empresas monopolistas);
- sistema de crédito orientando a divisão social do trabalho. O juro como forma predominante de apropriação da mais-valia, sendo a compensação para quem detém o capital;
- fascismo e nazismo compreendidos, em parte, como resultado da tendência do capitalismo monopolista/estatismo conservador. Esses regimes organizam a vida social de maneira totalitária, com o apoio da burguesia e/ou da classe média. São regimes militares, nacionalistas e antidemocráticos.

c) Capitalismo monopolista de Estado – século XX (pós-Segunda Guerra Mundial)

- Etapa chamada também de Estado benfeitor, Estado beneficiário, Estado de bem-estar social, capitalismo de Estado, neoliberalismo social-democrata;
- papel do Estado articulado ao sistema de crédito e aos mercados, na coordenação da divisão social do trabalho;

- planejamento macroeconômico (economia planificada) e políticas de distribuição de renda e pleno emprego;
- maior socialização das forças produtivas;
- Estado empresário, regulador e interventor;
- produção de bens e serviços pelo setor público;
- intervenção do Estado em favor dos monopólios (fusão entre Estado e capital monopolista).

d) Capitalismo concorrencial global – século XX (início da década de 1980)

- Etapa chamada também de pós-capitalismo, economia de mercado, capitalismo flexível, neoliberalismo de mercado, terceira Revolução Industrial;
- Estado mínimo e economia de mercado; desregulamentação e privatização;
- acumulação flexível do capital, da produção, do trabalho e do mercado;
- sistema financeiro autônomo dos Estados nacionais;
- mudanças técnico-científicas aceleradas;
- ordem econômica determinada pelas corporações mundiais, pelas transnacionais, pelas instituições financeiras internacionais e pelos países centrais;
- globalização/integração da produção, do capital, dos mercados e do trabalho.

2.1. Aceleração, integração e reestruturação capitalista

O capitalismo lançou-se, no final do século XX, em um acelerado processo de reestruturação e integração econômica, o qual compreende o progresso técnico-científico em áreas como telecomunicações e informática, a privatização de amplos setores de bens e serviços produzidos pelo Estado, a busca de eficiência e de competitividade e a desregulamentação do comércio entre países, com a destruição das fronteiras nacionais e a procura pela completa liberdade de trânsito para pessoas, mercadorias e capitais, em uma espécie de mercado universal. Esse processo de aceleração, integração e reestruturação capitalista vem sendo chamado de globalização, ou melhor, de mundialização.

Dito de outro modo, a globalização pode ser entendida como uma estratégia de enfrentamento da crise do capitalismo e de constituição de nova ordem econômica mundial.

Não é possível precisar a data em que surgiu a globalização. Na verdade, o modo de produção capitalista sempre experimentou ciclos de internacionalização e de mundialização do capital. Entretanto, os traços, os aspectos e as características principais dessa etapa do capitalismo são bastante diferenciados e tornaram-se mais visíveis a partir da década de 1980, com o discurso e o projeto neoliberal, que criaram as condições para o impulso e a efetivação da globalização.

A globalização é visível, por exemplo, no processo de entrelaçamento da economia mundial, por meio de mercados comuns ou blocos econômicos, como a União Europeia (UE), o Acordo de Livre-Comércio da América do Norte (Nafta), o Mercado Comum do Sul (Mercosul), entre outros, e na deflagração da abertura econômica e da competição internacional por diferentes elementos atuais da cadeia de produção e de consumo: capital de investimento, matéria-prima, mão de obra qualificada, tecnologia, informação e mercado sofisticado. Tais elementos estão cada vez mais globalizados.

A globalização pressupõe, por isso, a submissão a uma racionalidade econômica baseada no mercado global competitivo e autorregulável. Essa racionalidade exclui a regulação do mercado pelo Estado, já que entende que aquele tende a equilibrar-se e autorregular-se segundo a lei natural da oferta e da procura. Com o objetivo de adotar tal racionalidade, os países chamados subdesenvolvidos ou em desenvolvimento devem, portanto, promover completa desregulamentação ou desmonte dos mecanismos de proteção e segurança da economia nacional, em conformidade com o receituário neoliberal.

Essa batalha competitiva imposta, em parte, pela globalização não significa, no entanto, que esteja em curso um processo de desestruturação e desorganização do capitalismo; ao contrário, "*o capitalismo está se tornando cada vez mais organizado através da dispersão, da mobilidade geográfica e das respostas flexíveis nos mercados de trabalho, nos processos de trabalho e nos mercados de consumo, tudo acompanhado por pesadas doses de inovação tecnológica, de produto e institucional*" (Harvey, 1992, p. 150-51). No âmbito político-institucional, como veremos adiante, assiste-se à globalização do poder por meio da formação de um Estado global que tem por finalidade consolidar e sustentar a nova ordem econômica e política mundial.

Todavia, a globalização é mais fortemente sentida e percebida em manifestações como:

a) produtos, capitais e tecnologias sem identidade nacional;
b) automação, informatização e terceirização da produção;
c) implementação de programas de qualidade total e produtividade (processos de reengenharia em vista de maior racionalidade econômica);
d) demissões, desemprego, subemprego;
e) recessão, desemprego estrutural, exclusão e crise social;
f) diminuição dos salários e do poder sindical; eliminação de direitos trabalhistas e flexibilização dos contratos de trabalho;
g) desqualificação do Estado (como promotor do desenvolvimento econômico e social) e minimização das políticas públicas.

2.2. Globalização dos mercados: inclusão ou exclusão?

Embora o termo globalização possa sugerir a ideia de inclusão de todos os países, regiões e pessoas que se adequarem aos novos padrões de desenvolvimento capitalista, o que se percebe, de modo geral, é a lógica de exclusão da maioria (pessoas, países e regiões), que ocorre porque essa etapa do capitalismo é orientada pela ideologia do mercado livre. Rompendo fronteiras e enfraquecendo governos, faz que os mercados se unifiquem e se dispersem, ao mesmo tempo que impõe a lógica da exclusão, observada no mundo da produção, do comércio, do consumo, da cultura, do trabalho e das finanças.

A marca mais distintiva dessa transformação do capitalismo no final do século XX e início do século XXI é a chamada *acumulação flexível do capital*, que ocorre em um sistema integrado. Ela se caracteriza pela flexibilidade dos processos de trabalho e dos mercados de produtos e de consumo, inaugurando novo modo de acumulação. Evidencia-se, nesse processo, a dispersão da produção e do trabalho, ao mesmo tempo que se verifica a desregulamentação e a monopolização da produção – ou seja, esta se dá em uma pluralidade de lugares, mas com controle único (Harvey, 1992).

Esse processo ocorre, em grande parte, graças à atuação das corporações mundiais ou transnacionais, como Mitsubishi, Coca-Cola, Unilever, Nestlé, PepsiCo, Texaco, BP, Honda, France Telecom, General Motors, Ford, Volkswagen, Renault, Shell e outras, que atuam praticamente em todos os países. Os funcionários, prédios, máquinas e laboratórios dessas empresas estão, na maior parte das vezes, em unidades fora do país de origem, assim como seu faturamento. Essa dispersão geográfica da produção, no entanto, não tem impedido a migração de trabalhadores qualificados para os países centrais ou desenvolvidos, nos quais, em geral, se encontram as sedes das corporações mundiais.

As corporações procuram no mundo (dispersão geográfica) as condições para investimento na produção e na comercialização de mercadorias (busca de mercados), em razão do aumento da competitividade e do estreitamento da margem de lucro. O resultado dessas transferências de operações é a perda de identidade nacional das mercadorias, do capital e das tecnologias, com a consequente criação de um sistema de produção global que universaliza necessidades, gostos, hábitos, desejos e prazeres. Assim, o mundo transforma-se cada vez mais em uma fábrica e em um *shopping center* global (Rattner, 1995).

Como características da produção global flexível, percebe-se, entre outras: a aceleração do ritmo da inovação do produto; a exploração dos mercados sofisticados e de pequena escala – produção de pequenas quantidades; a introdução de novas tecnologias e novas formas organizacionais; o aumento do poder corporativo; as fusões corporativas; a aceleração do tempo de giro da produção e a redução do tempo de giro no consumo – diminuição do tempo de uso do produto por causa de sua menor durabilidade; a criação de novas necessidades de consumo por meio da propaganda; o consumo individualizado e adequado às exigências do cliente (Harvey, 1992).

A flexibilidade global da produção, ocasionada pela revolução tecnológica e pela globalização econômica, também alcança o mercado de trabalho. O trabalho desformaliza-se, dispersa-se, espalha-se, dessindicaliza-se, diversifica-se e torna-se cada vez mais escasso, apesar de seu caráter ainda altamente nacional, criando uma tensão básica no novo processo produtivo: de um lado, as demandas por elevação da qualificação do trabalhador, em razão da organização mais horizontal do trabalho, das múltiplas tarefas, da necessidade de treinamento e aprendizagem permanente, da ênfase na corresponsabilidade do trabalhador; de outro, a criação de regimes e contratos mais flexíveis (redução do emprego regular, trabalho em tempo parcial, temporário ou subcontratado, partilha do trabalho), o estabelecimento de política salarial flexível, o crescimento da economia informal (novas estratégias de sobrevivência), o aumento do emprego no setor de serviços e de atividades autônomas, o retrocesso do poder sindical, o desemprego estrutural e/ou tecnológico, entre outros (Altvater, 1995). Portanto, essa etapa do capitalismo, especialmente no tocante à flexibilização e desregulamentação do trabalho, consegue acirrar duas contradições básicas: *educação-exploração no novo processo produtivo e inclusão-exclusão social no processo de globalização.* Essas contradições do contexto atual não deixam antever sua síntese, ou melhor, sua resolução no interior do capitalismo.

Essa situação do mercado de trabalho, portanto, é extremamente complexa, sobretudo porque já é forte sua dependência do movimento do mercado mundial. Segundo Altvater (1995, p. 70), as tendências em curso apontam um retrocesso da lógica do trabalho em favor da lógica do mercado; nesta lógica, "*são experimentadas adequações das formas de emprego, dos períodos e horários de trabalho, da organização do trabalho e do sistema e nível de salários às restrições exteriores da concorrência internacional*". A globalização da produção passa a redefinir a geografia do mercado de trabalho mundial. As corporações mundiais buscam lugares, condições de produção e de consumo favoráveis às elevadas taxas de lucro, especialmente mão de obra qualificada e barata, mercado consumidor emergente, pouca ou nenhuma regulamentação do Estado para as relações de trabalho e fraca presença do movimento sindical.

Essas manifestações do processo de globalização, bem como as transformações econômicas associadas à revolução tecnológica, levam a crer que o ser humano parece estar condenado a acabar, em grande parte, com o trabalho manual e assalariado. Por isso, já se apresenta o desafio de pensar uma sociedade em que não prevalecerá essa forma e relação de trabalho, ou melhor, em que será cada vez mais crescente a ampliação da produtividade, o desaparecimento do trabalho assalariado (sobretudo na indústria e na agricultura) e a demanda por qualificação nova e mais elevada. As questões que se impõem, então, são: o que fazer com as pessoas estruturalmente desempregadas (massas humanas excluídas e descartáveis para o sistema atual de produção)? Como redistribuir renda nacional em um tempo-espaço em que se apregoa e se implementa a minimização do Estado (como instrumento de equalização), a perda de substância real das democracias, a ampliação do mercado (como instrumento unificador e autorregulador da sociedade global competitiva) e a obsessão com o crescimento econômico acordado com os interesses de acumulação do capital? Eis algo que interessa a todos e deve ser debatido pelo conjunto da sociedade e, especialmente, pelos governos.

A globalização do sistema financeiro é outra das marcas típicas do processo de globalização da economia. Ela se expressa na crescente expansão dos fluxos financeiros internacionais, isto é, na livre circulação do capital, sobretudo nos países chamados emergentes, periféricos ou em desenvolvimento. Grandes somas de recursos atualmente existentes no mundo encontram-se em posse dos bancos, das corporações, das organizações e dos investidores internacionais, os quais, por sua vez, se tornam cada vez mais livres para realizar transações no mercado financeiro internacional, a fim de buscar formas de aplicações lucrativas em países que se abrem ao capital externo. Isso acontece porque o capital financeiro percorre virtualmente o mundo por meio dos computadores, procurando as melhores condições geopolíticas para sua reprodução, ou melhor, para a geração de altas taxas de lucro, como também para resguardar-se de desequilíbrios econômicos e fugir dos impostos.

A globalização financeira tem ocorrido, em grande parte, graças ao projeto dos donos do capital de tornar o sistema financeiro autônomo em relação aos Estados nacionais, evidentemente com a ajuda do programa do neoliberalismo de mercado. Tal empreendimento materializa-se atualmente na abertura econômica, com a desregulamentação, a não intermediação e o desbloqueio (fim das restrições legais), os quais permitem ao capital financeiro cruzar as fronteiras e circular livre e desimpedido.

A autonomização da esfera financeira facilita a circulação do capital apátrida (dinheiro sem Estado). Trata-se de dinheiro gerando dinheiro sem passar pelos processos de produção de mercadorias e comercialização das mercadorias produzidas, de uma lucratividade financeira advinda puramente da compra e venda de papéis. Nesse sentido, Assmann (1993) afirma ser absurdo o predomínio do capital financeiro especulativo sobre o produtivo (que é de apenas 7% a 9% do capital total); há dias em que apenas 5% dos bilhões de dólares que mudam de titularidade nas quatro maiores bolsas do mundo têm que ver diretamente com a circulação de bens e serviços.

A mobilidade do capital deixa os governos fragilizados e gera grande instabilidade nas economias dos países emergentes e até nas dos desenvolvidos. As economias nacionais tornam-se cada vez mais dependentes dos movimentos financeiros internacionais, o que pode ser percebido nas políticas monetárias e cambiais adotadas e impostas à população em nome do ajuste econômico e da reforma do Estado. A instabilidade econômica está, portanto, associada, entre outros aspectos, à luta por alocação de recursos internacionais, luta essa que tem atraído mais o dinheiro volátil (capital especulativo) do que o capital para investimento (capital produtivo). Em geral, o capital financeiro especulativo, sem pátria, traz permanente tensão às economias nacionais dos países emergentes, que se tornam reféns desse tipo de capital.

2.3. Globalização do poder: o Estado global e a nova ordem econômica mundial

A globalização também ocorre no âmbito do poder. Atualmente já é possível perceber com maior clareza os arranjos e a configuração da nova ordem econômica e política mundial. Tal configuração deve-se, sobretudo, ao avanço do neoliberalismo de mercado, à queda do socialismo real, no final da década de 1980, ao desmonte da ordem econômica constituída pelos Estados nacionais, a partir da Segunda Guerra Mundial, e à globalização do sistema de mercado, mediante a globalização do capital.

A abertura econômica e a crescente limitação dos poderes dos Estados nacionais têm como extensão a ampliação da autonomia do mercado mundial, a interdependência econômica e o aumento do poder transnacional. O poder decisório do capital transnacional não é desconcentrado e desarticulado, como pode parecer em um primeiro momento; ao contrário, é cada vez mais articulado e concentrado.

De um lado, o poder global concentra-se, crescentemente, nas forças de mercado, ou seja, nos grandes grupos financeiros e industriais (corporações), que, em combinação com o Estado, definem as estratégias de desenvolvimento, incluindo as reestruturações econômicas e os ajustes político-financeiros.

De outro lado, o poder de decisão ocorre nas instâncias mundiais de concentração do poder econômico, político e militar, como a Organização das Nações Unidas (ONU), o grupo dos oito países mais ricos ou poderosos (G8), a Organização do Tratado do Atlântico Norte (Otan), o Fundo Monetário Internacional (FMI), o Banco Mundial (Bird), o Acordo Geral de Tarifas e Comércio (Gatt), a Organização de Cooperação e Desenvolvimento Econômico (OCDE) e a Organização Mundial do Comércio (OMC). Além dessas instâncias, é preciso considerar o papel socioideológico desempenhado por outras organizações mundiais, como a Organização da ONU para a Educação, Ciência e Cultura (Unesco), a Organização Mundial de Saúde (OMS), a Organização Internacional do Trabalho (OIT) e as organizações não governamentais (ONGs). Há, em geral, perfeita simbiose entre os interesses das corporações transnacionais e a

Além do G8, cabe destacar o crescente papel do G20 a partir dos anos 2000. *"O Grupo dos 20 (ou G20) é um grupo formado pelos ministros de finanças e chefes dos bancos centrais das 19 maiores economias do mundo mais a União Europeia. Foi criado em 1999, após as sucessivas crises financeiras da década de 1990. Visa a favorecer a negociação internacional, integrando o princípio de um diálogo ampliado, levando em conta o peso econômico crescente de alguns países, que juntos compreendem 85% do produto nacional bruto mundial, 80% do comércio mundial (incluindo o comércio intra-UE) e dois terços da população mundial. O G20 é um fórum de cooperação e de consulta sobre assuntos do sistema financeiro internacional. Trata sobre estudos, opiniões, e promove a discussão entre os principais países emergentes no mercado industrial e de questões de política relacionadas com a promoção da estabilidade financeira internacional"* (<http://pt.wikipedia.org/wiki/G20_maiores_economias>. Acesso em: 16 jul. 2010).

tomada de decisão nas instâncias superiores de concentração do poder mundial, sobretudo naquelas que tratam dos assuntos econômicos e militares.

As corporações transnacionais e as instâncias superiores de concentração de poder são cada vez mais constituintes, ordenadoras e controladoras da nova ordem mundial. Com poder de deliberação no campo econômico, político e militar mundial, impõem e monitoram as políticas de ajustes do projeto sociopolítico-econômico do neoliberalismo de mercado, ou melhor, dos interesses da burguesia mundial.

Cabe esclarecer que a Rússia passou a integrar oficialmente o antigo G7 em 1997. Ressalte-se ainda o crescente papel da China na constituição do poder global.

Os países ricos desempenham um papel ativo na criação e sustentação dessa sociedade política global, com especial destaque para a posição determinante do grupo dos oito países mais ricos ou poderosos do mundo (G8: Estados Unidos, Canadá, Japão, Alemanha, Inglaterra, França, Itália e Rússia) nas instâncias superiores do poder mundial, como mostra o esquema proposto por Steffan (1995, p. 518).

Esquema 1 – O Estado global (segundo Steffan, 1995)

Embora ocorram conflitos por causa de interesses divergentes, as decisões do G8, no tocante à nova ordem econômica mundial, correspondem à cota de poder de cada país no interior do Estado global. Desse modo, essas potências mundiais têm conseguido:

a) atender aos interesses do capital transnacional;
b) controlar os riscos da sociedade global;
c) instalar um sistema de rápida advertência aos mercados emergentes de países do Terceiro Mundo;
d) impor uma hierarquia de poder transnacional;
e) implementar as políticas neoliberais nos países pobres ou em desenvolvimento e disseminar a visão de mundo neoliberal, isto é, de uma sociedade regida pelo livre mercado.

3. Neoliberalismo: o mercado como princípio fundador, unificador e autorregulador da sociedade

É possível dizer que o capitalismo/liberalismo vem assumindo duas posições clássicas que se revezam: uma concorrencial e outra estatizante, muito embora seja comum encontrar classificações que apresentam quatro etapas de desenvolvimento, como vimos na síntese de estudo sobre o capitalismo.

As duas posições ou macrotendências (a concorrencial e a estatizante) vêm orientando historicamente os projetos de sociedade capitalista-liberal, de educação e de seleção dos indivíduos. A primeira delas, a concorrencial, cuja preocupação central é a liberdade econômica (economia de mercado autorregulável), define-se nas seguintes características: a livre concorrência e o fortalecimento da iniciativa privada com a competitividade, a eficiência e a qualidade de serviços e produtos; a sociedade aberta e a educação para o desenvolvimento econômico, em atendimento às demandas e exigências do mercado; a formação das elites intelectuais; a seleção dos melhores, baseada em critérios naturais de aptidões e capacidades. A segunda tendência, a estatizante, apresenta características cuja preocupação central é de conteúdo igualitarista-social, com o objetivo de: efetivar uma economia de mercado planejada e administrada pelo Estado; promover políticas públicas de bem-estar social (capitalismo social); permitir o desenvolvimento mais igualitário das aptidões e capacidades, sobretudo por meio da educação e da seleção dos indivíduos baseada em critérios mais naturais.

O desenvolvimento histórico das duas macrotendências leva-nos, ainda, a perceber a existência de dois paradigmas diferenciados de condução de projetos de modernização capitalista-liberal: o *paradigma da liberdade econômica, da eficiência e da qualidade* e o *paradigma da igualdade*. Alternando-se conforme o estágio de desenvolvimento e de adaptação, ambos têm impulsionado e sustentado ideologicamente determinados processos de modernização. De modo geral, percebe-se que o paradigma da liberdade econômica, da eficiência e da qualidade tem prevalecido nos momentos em que o capitalismo/liberalismo é mais concorrencial, ao passo que o paradigma da igualdade tem sido mais hegemônico nos momentos em que o capitalismo/liberalismo é mais estatizante-democrático.

Dessa forma, com o auxílio dos dois paradigmas, o liberalismo tem demonstrado capacidade de adaptar-se, incorporar críticas e mudar de significado em cada momento (tempo e espaço) próprio do desenvolvimento do capitalismo, expressando sempre uma visão de mundo que ordene e mantenha a sociedade capitalista como uma realidade definitiva que se aperfeiçoa para o bem comum.

Um exemplo dessa capacidade de adaptação pode ser encontrada na chamada terceira via, idealizada pelo sociólogo britânico Anthony Giddens. "*A terceira via é uma corrente da ideologia social-democrata. É também conhecida como social-democracia contemporânea. Este pensamento defende um Estado necessário, em que sua interferência não seja, nem máxima, como no socialismo, nem mínima, como ocorre no liberalismo. Mas que a atuação estatal seja adequada à conjuntura vivida pelo país. Esta teoria também defende a responsabilidade fiscal dos governantes, o combate à miséria, carga tributária proporcional à renda, com o Estado sendo o responsável pela segurança, saúde, educação, previdência etc. Algumas figuras políticas como Bill Clinton, Barack Obama, Zapatero, José Sócrates, Tony Blair – conhecido também como o corifeu da terceira via –, Gordon Brown, Gerhard Schröder e Fernando Henrique Cardoso são exemplos da terceira via*" (<http://pt.wikipedia.org/wiki/Terceira_via>. Acesso em: 16 jul. 2010).

Embora pareçam antagônicos em alguns momentos históricos, os dois paradigmas têm basicamente a mesma origem e, na essência, semelhantes germes constitutivos. Os germes constitutivos do paradigma da liberdade econômica, da eficiência e da qualidade são percebidos com maior visibilidade no Iluminismo, no liberalismo clássico (com J. Locke e A. Smith), no liberalismo conservador e no positivismo, enquanto os constitutivos do paradigma da igualdade estão mais presentes no Iluminismo, no liberalismo clássico (com J. J. Rousseau) e na Revolução Francesa.

Há, no entanto, uma percepção mais clara dos dois paradigmas quando se voltam os olhos para as condições objetivas do mundo após a Segunda Guerra Mundial. Nesse contexto, o capitalismo monopolista de Estado, com seu social-liberalismo ou Estado de bem-estar social, tem como dimensão discursiva o paradigma da igualdade, e o capitalismo concorrencial global, com seu neoliberalismo de mercado, tem como discurso o paradigma da liberdade econômica, da eficiência e da qualidade.

No período entre as guerras mundiais, em que surge a expressão neoliberalismo, duas tendências liberais estavam presentes: uma que aparece como reação ao liberalismo conservador e ao positivismo (e assimila teses socialistas) e outra fiel ao liberalismo de J. Locke e A. Smith, com pinceladas do conservadorismo, do autoritarismo e do elitismo (liberalismo conservador/positivismo). É possível notar que essas duas perspectivas se opõem na adoção de ações políticas, econômicas, sociais e culturais para obter hegemonia na condução de um projeto de modernização capitalista.

A primeira tendência, o novo liberalismo/social-liberalismo, que tem J. Dewey (1859-1952) e M. Keynes (1883-1946) como maiores expoentes, assume a hegemonia ideológica da sociedade capitalista da Segunda Guerra Mundial até a primeira metade da década de 1970, quando, então, começa a esgotar-se. A segunda, o neoliberalismo de mercado (conservador e elitista), cujo maior expoente é F. A. Hayek, sai de seu estado de hibernação para dar novo fôlego e soluções à crise mundial da década de 1970, alcançando seu ponto mais alto nos governos de Ronald Reagan (EUA) e Margaret Thatcher (Inglaterra).

Vale ressaltar, todavia, dois aspectos fundamentais: primeiro, o neoliberalismo teorizado por Hayek não significa o fim do novo liberalismo/social-liberalismo de Keynes e Dewey ou mesmo uma negação de todos os fundamentos do liberalismo clássico, e sim uma nova, grande e complexa rearticulação do liberalismo, imposta pela nova ordem econômica e política mundial; segundo, é comum, atualmente, o uso da expressão neoliberalismo em referência ao liberalismo de Keynes e Dewey ou ao neoliberalismo de Hayek e de organismos internacionais como ONU, FMI e Banco Mundial. Pode-se falar, então, do estabelecimento de uma dicotomia neoliberal, sobretudo no campo das ideias, a partir da Segunda Guerra Mundial.

O esquema abaixo sintetiza os aspectos centrais considerados.

Esquema 2 – Macrotendências do capitalismo/liberalismo

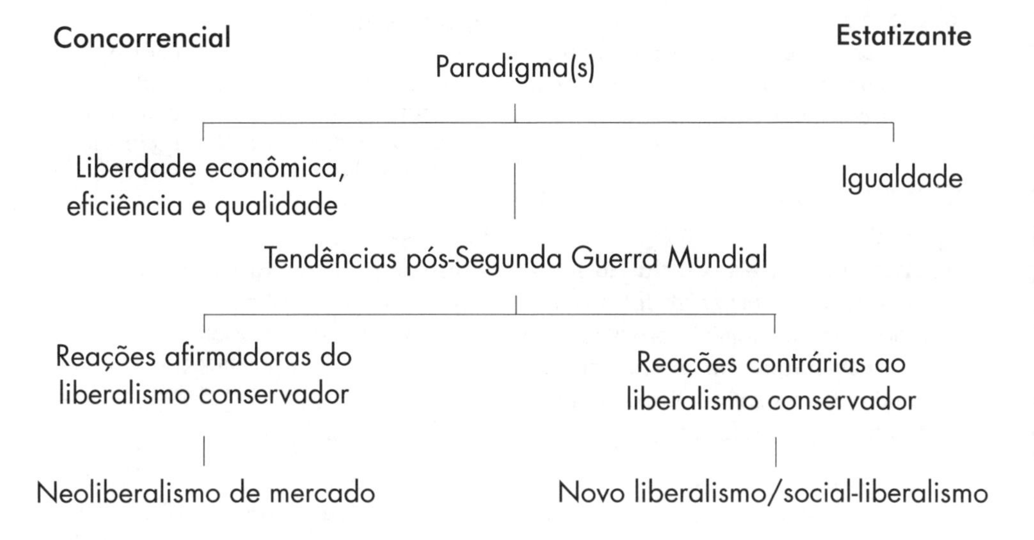

O quadro seguinte procura, com base em algumas categorias fundamentais (por exemplo, economia, Estado, democracia), caracterizar os dois paradigmas básicos identificados em projetos de modernização do capitalismo/liberalismo. É preciso ressaltar, no entanto, que há uma tensão histórica permanente entre os dois paradigmas, ou melhor, entre os dois projetos de modernização liberal-capitalista, o que pode não ficar evidenciado visualmente.

Quadro 3 – Liberalismo/capitalismo: projetos de modernização

Social-liberalismo/Novo liberalismo	Neoliberalismo de mercado
Paradigma da igualdade de oportunidades	Paradigma da liberdade econômica, da eficiência e da qualidade
Tendência capitalista-liberal estatizante e democrática que imprime um projeto de modernização caracterizado por:	Tendência capitalista-liberal concorrencial e elitista-conservadora que imprime um projeto de modernização caracterizado por:
a) Economia • economia de mercado planejada e administrada pelo Estado; economia mais coletivista/socializada;	a) Economia • economia de mercado autorregulável: livre concorrência; fortalecimento da iniciativa privada, com ênfase na competitividade, na eficiência e na qualidade de serviços e produtos;
b) Estado • Estado de bem-estar social: interventor, regulador, organizador e planejador da economia; provedor do pleno emprego e do crescimento, da educação, da saúde, da assistência aos desempregados etc.;	b) Estado • Estado minimalista, com três funções: policiamento, justiça e defesa nacional; projeto de desestatização, desregulamentação e privatização; desqualificação dos serviços e das políticas públicas;
c) Democracia • ideal de democracia direta (Rousseau): governo do povo, pelo povo e por intermédio do povo; democracia político-social (participação política e democratização da sociedade); democracia substancial (refere-se ao conteúdo da forma de governo);	c) Democracia • ideal de democracia indireta (Tocqueville: governo representativo); ênfase na democracia política: democracia formal (refere-se à forma de governo);
d) Educação • ênfase na escola única, pública, gratuita, laica, universal e obrigatória; democrático-popular; formação para a cidadania; planificação dos sistemas de ensino;	d) Educação • ênfase no ensino privado, na escola diferenciada/dual e na formação das elites intelectuais; formação para o atendimento das demandas/exigências do mercado;

e) Seleção dos indivíduos • seleção das capacidades, baseadas em critérios naturais de aptidão e inteligência; desenvolvimento igualitário;	e) Seleção dos indivíduos • seleção dos melhores, baseada em critérios naturais de aptidão e inteligência; elitismo psicocultural (seletividade meritocrática);
f) Direito • ênfase no direito público, na justiça social, na propriedade coletiva; a lei como instrumento da igualdade formal/real;	f) Direito • ênfase no direito privado, na propriedade privada; na lei como instrumento da igualdade formal;
g) Governo • governo democrático, coletivista, igualitarista;	g) Governo • governo limitado;
h) Princípios • ênfase na igualdade de oportunidades, na democracia popular, na justiça social, na ética comunitária e na equidade social.	h) Princípios • ênfase na liberdade, na propriedade, na individualidade (direitos naturais), na economia de mercado autorregulá-

3.1. O paradigma da igualdade

O paradigma da igualdade (na ótica liberal), ou melhor, da igualdade de oportunidades, não surge de uma hora para outra. Nasce com o ideal de isonomia dos gregos, reaparece com vigor revolucionário no Iluminismo, é assumido como questão central no pensamento de Rousseau, como princípio básico na corrente democrática da Revolução Francesa e como meta a ser alcançada pela ação governamental do novo liberalismo/social-liberalismo, após a Segunda Guerra Mundial.

A tradição liberal democrática, igualitarista, desde cedo adotou o estatismo como forma de assegurar a existência da sociedade livre, mediante certa igualdade nas condições materiais de existência. Há a tentativa de conceder a todos os indivíduos as mesmas oportunidades e, se possível, idênticas condições de desenvolvimento. Acredita-se que a democracia política só seja exequível com algum nível de democracia social, econômica e cultural.

O ideal democrático-igualitarista só se efetivou mais concretamente com a fase do capitalismo monopolista de Estado (novo liberalismo/social-liberalismo), sobretudo no período que vai de 1945 a 1973 (fordismo e keynesianismo). Trata-se de período embalado por certa fé no paradigma da igualdade.

No âmbito da economia, assiste-se ao crescimento e ao fortalecimento do Estado, com o objetivo de intervenção, planejamento, coordenação e participação na esfera econômica. Nesse sentido, o Estado desempenha funções múltiplas: regula os monopólios e intervém quando preciso; executa o planejamento macroeconômico em busca da economia planificada; coordena a divisão social do trabalho e as políticas de renda e de pleno emprego, para ampliar a socialização das forças produtivas; e, também, participa da esfera econômica, com a produção de bens e serviços.

A sustentação política desse modelo econômico dá-se por meio do novo liberalismo/social-liberalismo ou Estado de bem-estar social. O ideal é a constituição de uma sociedade democrática, moderna e científica que efetivamente garanta a liberdade, a igualdade de oportunidades, o desenvolvimento individual e a segurança dos cidadãos e de seus bens. A fórmula política é a democracia da representação, em que o povo escolhe pelo sufrágio universal os que exercerão o poder. Essa fórmula só se sustenta, no entanto, com uma moral solidária e agregadora entre os cidadãos da democracia e se houver certa socialização da economia que forneça as condições materiais de existência.

A modernização econômica capitalista pós-Segunda Guerra Mundial, que requer maior socialização do consumo para o desenvolvimento econômico, depositou maior confiança na educação em vista das mudanças na economia e no mercado de trabalho. A formação de sistemas nacionais de ensino e a expansão do ensino, nesse período, surgiram por decorrência. A igualdade de acesso tem sido perseguida em todos os graus e modalidades de ensino.

Os defensores do liberalismo social acreditavam que, por meio da universalização do ensino, seria possível estabelecer as condições de instituição da sociedade democrática, moderna, científica, industrial e plenamente desenvolvida. A ampliação quantitativa do acesso à educação garantiria a igualdade de oportunidades, o máximo do desenvolvimento individual e a adaptação social de cada um conforme sua inteligência e capacidade. Desse modo, havendo uma base social que tornasse a sociedade mais homogênea e democratizasse igualmente todas as oportunidades, a seleção dos indivíduos e seu julgamento social ocorreriam naturalmente.

Embora o capitalismo ocorra tardiamente no Brasil – sobretudo a partir da Revolução de 30, com o processo de industrialização e urbanização –, é possível perceber, no contexto da era Vargas (1930-1945) e depois com a ideologia do desenvolvimentismo e do nacionalismo populista (1945-1964), as marcas do movimento mundial do capitalismo monopolista de Estado e do social-liberalismo/novo liberalismo. Nesse momento da vida nacional, sucede a tentativa de transformar a sociedade tradicional e arcaico-rural em uma sociedade moderna e urbano-industrial.

O Estado brasileiro, no período de 1930-1964, expandiu-se a fim de nacionalizar e desenvolver a economia brasileira, particularmente a industrialização, por meio da substituição das importações. Passou também a adotar programas de educação e de saúde pública, de assistência à agricultura, de regulação dos preços, de seguros sociais e outros. Criou ainda uma legislação trabalhista que fez concessões ao proletariado, assegurando direitos sociais como salário mínimo, férias remuneradas e aviso prévio. De maneira geral, no período populista ampliaram-se os direitos sociais, econômicos e políticos dos cidadãos, em que pesem os sinuosos caminhos de constituição da democracia no país nesse período.

3.2. O paradigma da liberdade econômica, da eficiência e da qualidade

O paradigma da liberdade econômica, da eficiência e da qualidade teve sua origem, a rigor, na gênese do modo de produção capitalista e, consequentemente, no modo de vida liberal-burguês. O processo produtivo capitalista, desde seu início, acentuou a relevância da iniciativa privada no sistema produtor de mercadorias, em contraposição ao modo de produção feudal e à excessiva interferência, regulamentação e centralização exercidas pelo Estado absolutista no setor econômico. O modo de produção capitalista requereu, inicialmente, um mercado livre (autorregulável) em uma sociedade aberta, em que prevaleceria a livre competição. Já nesse momento, eficiência e qualidade de produtos e serviços eram indicadas como germes ou critérios para reger a concorrência do mercado e definir o grau de competitividade de cada empresa.

Atualmente, as profundas mudanças no capitalismo mundial – sobretudo nas duas últimas décadas –, que recriam o mercado global sobre novas bases, impõem o paradigma da liberdade econômica, da eficiência e da qualidade como mecanismo balizador da competitividade que deve prevalecer em uma sociedade aberta. Eficiência e qualidade são condições para a sobrevivência e a lucratividade no mercado competitivo. Por isso, o paradigma em questão vem afirmando-se no mundo da produção, do mercado e do consumo, sendo perseguido por todos os que querem tornar-se competitivos, seja qual for a área.

O paradigma da liberdade econômica, da eficiência e da qualidade vem servindo também para reordenar a ação do Estado, limitando, quase sempre, seu raio de ação em termos de políticas públicas. É o caso, por exemplo, da educação. Se, após a Segunda Guerra Mundial, o objetivo era certa igualdade, com a universalização do ensino em todos os graus, agora se fala em universalização do ensino fundamental. Se, na década de 1950, utilizou-se o discurso da igualdade para expansão do ensino, em atendimento a determinada modernização econômica, agora se faz uso do discurso da eficiência e da qualidade para conter a expansão educacional pública e gratuita, sobretudo no ensino superior, tendo como fim outro projeto de modernização econômica. Como se julga o Estado falido e incompetente para gerir a educação, resolve-se transferi-la para a iniciativa privada, que, *naturalmente*, busca a eficiência e a qualidade.

Igualdade de acesso ou universalização do ensino em todos os níveis e qualidade de ensino ou universalização da qualidade aparecem como antíteses. Não é possível ampliar os índices de escolarização e dar condições de permanência na escola e na universidade com o mesmo nível de qualidade e eficiência, em razão da diversidade e das condições existentes no contexto atual. Seria preciso, então, hierarquizar e nivelar por cima, ou seja, pela excelência, tornando o sistema de ensino competitivo.

Todavia, a necessidade de criar uma cultura tecnológica para a expansão do capital, além da requalificação dos trabalhadores e da ampliação do mercado de consumo, tem realçado a importância da universalização do ensino fundamental com base em três princípios: eficiência, equidade e qualidade. Tais princípios aparecem claramente, por exemplo, no documento *Satisfação das necessidades básicas de aprendizagem: uma visão para o decênio de 1990* e na *Declaração Mundial sobre Educação para Todos*, da Conferência de Jomtien, na Tailândia (de 5 a 9 de março de 1990), nos documentos da Unesco *Transformação produtiva com equidade* (1990) e *Educação e conhecimento: eixo da transformação produtiva com equidade* (1992) e ainda no *Plano Decenal de Educação para Todos,* documento do Ministério da Educação de junho de 1990. Parece haver uma junção entre os dois paradigmas capitalista-liberais no tocante ao ensino fundamental, com o fim de atender às demandas e às necessidades dessa nova fase do projeto de modernização capitalista.

Organismos multilaterais – por exemplo, Banco Mundial, Unesco, Comissão Econômica para a América Latina (Cepal) – e nacionais – Federação das Indústrias do Estado de São Paulo (Fiesp), Confederação Nacional da Indústria (CNI), Ministério da Educação (MEC), Instituto Nacional de Estudos e Pesquisas Educacionais (Inep), Ministério do Trabalho (MTB), entre outros – difundiram em seus documentos de orientação das políticas de educação, especialmente no decurso da década de 1990, a nova agenda e a nova linguagem da articulação da educação e da produção do conhecimento com o novo processo produtivo. A expansão da educação e do conhecimento, necessária ao capital e à sociedade tecnológica globalizada, apoia-se em conceitos como modernização, diversidade, flexibilidade, competitividade, excelência, desempenho, *ranking*, eficiência, descentralização, integração, autonomia, equidade etc. Esses conceitos e valores encontram fundamentação sobretudo na ótica da esfera privada, tendo a ver com a lógica empresarial e com a nova ordem econômica mundial.

As mudanças no âmbito da produção, em razão do avanço da ciência e da tecnologia, têm gerado uma situação de competitividade no mercado mundial. Instalou-se, como vimos anteriormente, novo paradigma produtivo em nível mundial, o qual implica profundas mudanças na produção, na aprendizagem, na difusão do conhecimento e na qualidade dos recursos humanos. A competitividade instalada e requerida pelo capital transnacional passa, cada vez mais, pelo desenvolvimento do conhecimento e pela formação de recursos humanos, atribuindo papel central à educação. Nesse sentido, a orientação do Banco Mundial

(1995) tem sido *educar para produzir mais e melhor*. Para o banco, o investimento em educação, em uma sociedade de livre mercado, permite o aumento da produtividade e do crescimento econômico, como se evidencia em países do Sudeste Asiático como Indonésia, Singapura, Malásia e Tailândia.

Os defensores do neoliberalismo de mercado no campo da educação julgam que a expansão educacional ocorrida a partir da Segunda Guerra Mundial, embalada pelo paradigma da igualdade, conseguiu promover certa mobilidade social por algum tempo, mas pouco contribuiu para o desenvolvimento econômico. Houve, também, crescente perda da qualidade de ensino, demonstrada, por exemplo, em altas taxas de reprovação e evasão. Outrossim, a capacitação instituída no pós-guerra não acompanhou os avanços do sistema produtor de mercadorias, ficando, desse modo, obsoleta e burocrática. Os arautos desse neoliberalismo afirmam, então, que o sistema de educação se encontra isolado, o que dificulta o avanço da capacitação e da aquisição dos novos conhecimentos científico-tecnológicos.

3.3. Neoliberalismo e educação: reformas e políticas educacionais de ajuste

A reorganização do capitalismo mundial para a globalização da economia assim como o discurso do neoliberalismo de mercado e das mudanças técnico-científicas trouxeram novas exigências, agendas, ações e discurso ao setor educacional, sobretudo a partir da década de 1980. Esse novo momento evidencia a crise de um modelo societário capitalista-liberal estatizante e democrático-igualitarista que direcionou, de certa forma, o projeto de modernização a partir da Segunda Guerra Mundial.

Neste tópico, procuraremos evidenciar e analisar essa nova configuração estrutural e educacional por meio da percepção histórico-crítica de dois paradigmas de modernização capitalista-liberal: o paradigma da liberdade econômica, da eficiência e da qualidade e o paradigma da igualdade. Atualmente, as exigências feitas pelo novo sistema produtivo ao setor educacional realçam a tensão entre esses dois paradigmas, sobretudo no que diz respeito à efetivação de uma educação de qualidade para todos.

Como já ressaltamos, o paradigma da liberdade econômica, da eficiência e da qualidade explicita-se mais concretamente no neoliberalismo de mercado. Este, por sua vez, tem como maiores defensores os *liberistas*, ou seja, os liberais que acreditam que sem a liberdade de mercado (economia autorregulável) as demais liberdades não podem ser asseguradas. Para os liberistas, o fim do socialismo real, no final da década de 1980, representa a vitória do capitalismo e, consequentemente, a supremacia da sociedade aberta regida pelas leis de mercado. A economia de mercado autorregulável deve, portanto, expandir-se e generalizar-se. O mercado deve ser o princípio fundador, unificador e autorregulador da nova ordem econômica e política mundial.

Os elementos de constituição dessa nova ordem mundial e desse novo tempo podem ser encontrados no âmbito da economia, da política e da educação. Como já tratamos das transformações econômicas anteriormente, limitar-nos-emos, a seguir, a considerar mais alguns elementos no âmbito da política e da educação que informam sobre o neoliberalismo de mercado e seu programa educacional. O quadro abaixo antecipa, resumidamente, referências básicas sobre o neoliberalismo de mercado.

Quadro 4 - Neoliberalismo de mercado

Conceituação

Denominação de uma corrente doutrinária do liberalismo que se opõe ao social-liberalismo e/ou novo liberalismo (modelo econômico keynesiano) e retoma algumas das posições do liberalismo clássico e do liberalismo conservador, preconizando a minimização do Estado, a economia com plena liberação das forças de mercado e a liberdade de iniciativa econômica.

Origem

O termo neoliberalismo surgiu nas décadas de 1930/1940, no contexto da recessão iniciada com a quebra da Bolsa de Nova York, em 1929, e da Segunda Guerra Mundial (1939-1945). Reapareceu como programa de governo em meados da década de 1970, na Inglaterra (governo Thatcher), e no início da década de 1980, nos Estados Unidos (governo Reagan). Seu ressurgimento deveu-se à crise do modelo econômico keynesiano de Estado de bem-estar social ou Estado de serviços. Tal modelo tornara-se hegemônico a partir do término da Segunda Guerra Mundial, defendendo a intervenção do Estado na economia com a finalidade de gerar democracia, soberania, pleno emprego, justiça social, igualdade de oportunidades e a construção de uma ética comunitária solidária. Desde os governos de Thatcher e Reagan, as ideias e propostas do neoliberalismo de mercado passaram a influenciar a política econômica mundial, em razão, sobretudo, de sua adoção e imposição pelos organismos financeiros internacionais, como o FMI e o Bird.

Pensadores

Ludwig von Mises; Friedrich von Hayek; Milton Friedman.

Características

Critica o paternalismo estatal e a crescente estatização e regulação social que atuam sobre as liberdades fundamentais do indivíduo por meio de interferências arbitrárias (governo ilimitado), pondo em risco a liberdade política, econômica e social (Hayek). A liberdade econômica é considerada condição para a existência das demais liberdades, como a política, a individual, a religiosa etc. Desse modo, o mercado é tido como princípio fundador, autounificador e autorregulador da sociedade.

Defende a economia de mercado dinamizada pela empresa privada, ou melhor, a liberdade total do mercado, e ainda o governo limitado, o Estado mínimo e a sociedade aberta, concorrencial/competitiva. Opõe-se radicalmente às políticas estatais de universalidade, igualdade e gratuidade dos serviços sociais, como saúde, seguridade social, educação.

Traços mais evidentes do projeto sociopolítico-econômico do neoliberalismo de mercado:

- desregulamentação estatal e privatização de bens e serviços;
- abertura externa;
- liberação de preços;
- prevalência da iniciativa privada;
- redução das despesas e do *deficit* públicos;
- flexibilização das relações trabalhistas e desformalização e informalização nos mercados de trabalho;
- corte dos gastos sociais, eliminando programas e reduzindo benefícios;
- supressão dos direitos sociais;
- programas de descentralização com incentivo aos processos de privatização;
- cobrança dos serviços públicos e remercantilização dos benefícios sociais;
- arrocho salarial/queda do salário real.

No terreno *político*, os governos Reagan (Partido Republicano), nos Estados Unidos, e Thatcher (Partido Conservador), na Inglaterra, demarcaram a virada para o neoliberalismo de mercado. Houve, nesse momento, uma rejeição do liberalismo social-democrata de tendência igualitarista e estatizante, promotor do Estado de bem-estar social. O papel do Estado foi posto em segundo plano, ao mesmo tempo que se priorizou o livre curso das leis de mercado por meio da valorização da iniciativa privada. Na Inglaterra, por exemplo, a revolução neoliberal privatizou bens e serviços e procurou banir a herança intervencionista. Para Thatcher, o ideal da revolução neoliberal era produzir um capitalismo popular, ou seja, fazer de cada cidadão um proprietário e, portanto, um capitalista. A privatização de estatais na Inglaterra, segundo a Dama de Ferro, seria um bom exemplo do capitalismo popular, pois permitiu que mais da metade dos trabalhadores pudessem adquirir ações das empresas em que trabalhavam, por ocasião da sua privatização.

Essa orientação exerceu e continua a exercer forte influência sobre os países do Terceiro Mundo, especialmente na América Latina, apesar de seu fracasso ter sido demonstrado, já há algum tempo, nos países em que nasceu. É o que se verificou com a queda de Thatcher e com a alteração que George Bush imprimiu ao programa republicano de Reagan.

O conflito, no entanto, continuou. O fracasso dessa política neoliberal acentuou-se nos Estados Unidos com a eleição de Bill Clinton (mediante um programa social-democrata) e, na Inglaterra, com a eleição de Tony Blair, do Partido Trabalhista. Na América Latina, por sua vez, assimilou-se a ideia de que os países que conseguiram juntar liberalismo e democracia representativa são hoje países desenvolvidos, pois viveram as transformações econômicas aliadas a transformações políticas. A sugestão oferecida, portanto, é que os países subdesenvolvidos voltem às tradições liberais para encontrar o próprio desenvolvimento econômico. Exemplos da adoção dessa orientação multiplicaram-se na América Latina: Chile, México, Argentina, Brasil e outros.

O neoliberalismo de mercado, ao menos conceitualmente, luta contra o estatismo, ou seja, contra o Estado máximo, contra o planejamento econômico, contra a regulamentação da economia e contra o chamado protecionismo, ao mesmo tempo que se enraíza no mercado mundial, direcionando a construção da nova ordem internacional. Assim, essa nova ordem postula a liberação total do mercado e a transferência de todas as áreas e serviços do Estado para a iniciativa privada.

Aos governos dos países ricos (com suas multinacionais, corporações, conglomerados e organizações) interessa um mundo sem fronteiras (ao menos, sem as dos países subdesenvolvidos ou em desenvolvimento), mediante a modernização da economia, a abertura dos mercados ao capital transnacional, a integração econômica, a não intervenção dos Estados na economia (com sua consequente diminuição), a saída dos Estados do setor de produção (por sua privatização), a diminuição do *deficit* público e a diminuição de gastos do fundo público em políticas públicas e sociais.

O capital parece ter vida própria e globaliza-se de forma natural e espontânea, indicando os caminhos para o progresso e o desenvolvimento de todos os países. Vários organismos multilaterais (ONU, Banco Mundial, FMI, OMC, Unesco, Cepal e outros) e, por consequência, nacionais orientam e impõem as políticas governamentais para os fins desejados pelo capital transnacional. Dissemina-se o discurso de integração dos países subdesenvolvidos à economia mundial, como forma de tornarem-se desenvolvidos e serem salvos de um futuro catastrófico não demarcado pelos estágios do capitalismo avançado.

O capital, portanto, quer expandir-se, mas necessita da segurança e das condições ideais de exploração, expansão e acumulação. O neoliberalismo requer uma democracia política (democracia burguesa da representação) orientada para os objetivos do capital transnacional; portanto, que mantenha as condições do livre jogo das forças do mercado, ao mesmo tempo que difunde a ideia de que esse tipo de economia tende naturalmente a beneficiar a todos sem distinção, embora esteja ocorrendo exatamente o contrário.

A crença na mão invisível do mercado, no entanto, não consegue recriar a natureza revolucionária que havia no liberalismo nascente (liberalismo clássico). Constata-se – em lugar daquela confiança na racionalidade natural das leis de mercado, que conduziria todos rumo ao progresso – um abandono das forças de mercado, sem significado e rumo definidos. A democracia é tida, apenas, como método, ou melhor, como meio de garantir a liberdade econômica. Trata-se, portanto, de democracia restrita e sem finalidades coletivas e sociais de construção de uma sociedade mais justa, humana e solidária.

No tocante à *educação*, a orientação política do neoliberalismo de mercado evidencia, ideologicamente, um discurso de crise e de fracasso da escola pública, como decorrência da incapacidade administrativa e financeira de o Estado gerir o bem comum. A necessidade de reestruturação da escola pública advoga a primazia da iniciativa privada, regida pelas leis de mercado. Desse modo, o papel do Estado é relegado a segundo plano, ao mesmo tempo que se valorizam os métodos e o papel da iniciativa privada no desenvolvimento e no progresso individual e social.

O Estado, na perspectiva neoliberal de mercado, vem desobrigando-se paulatinamente da educação pública. Nessa metamorfose, deixa de demonstrar até mesmo o interesse na implementação da escola única – diferenciada, liberal-burguesa –, que destaca, mesmo que ideologicamente, os princípios de universalidade, gratuidade, laicidade e obrigatoriedade do ensino.

Contraditoriamente, no entanto, vem-se discutindo cada vez mais o problema da requalificação permanente dos trabalhadores, aliada a uma formação escolar básica, única, geral, abrangente e abstrata. Esse tema surge porque a nova ordem capitalista constitui um modelo diferente de exploração, baseado em novas formas de organizar a produção e em novas tecnologias. As relações entre capital e trabalho e entre trabalho e educação alteram-se profundamente, acirrando a contradição entre educar e explorar, como vimos anteriormente na questão da globalização da produção, do consumo e do trabalho.

O modelo de exploração anterior, que exigia um trabalhador fragmentado, rotativo – para executar tarefas repetidas – e treinado rapidamente pela empresa, cede lugar, em boa medida, a um modelo de exploração que requer um novo trabalhador, com habilidades de comunicação, abstração, visão de conjunto, integração e flexibilidade, para acompanhar o próprio avanço científico-tecnológico da empresa, o qual se dá por força dos padrões de competitividade seletivos exigidos no mercado global. Essas novas competências e habilidades não podem ser desenvolvidas a curto prazo e nem pela empresa. Por isso, a educação básica, ou melhor, a educação fundamental ganha centralidade nas políticas educacionais, sobretudo nos países subdesenvolvidos. Ela tem como função primordial desenvolver as novas habilidades cognitivas (inteligência instrumentalizadora) e as competências sociais necessárias à adaptação do indivíduo ao novo paradigma produtivo, além de formar o consumidor competente, exigente, sofisticado.

As orientações do Banco Mundial para o ensino básico e superior são extremamente representativas deste novo momento. Elas refletem a tendência da nova ordem econômica mundial, o avanço das tecnologias e da globalização, as quais requerem indivíduos com habilidades intelectuais mais diversificadas e flexíveis, sobretudo quanto à adaptabilidade às funções que surgem constantemente. A solução consiste em desenvolver um ensino mais eficiente, de qualidade e capaz de oferecer uma formação geral mais sofisticada, em lugar de treinamento para o trabalho. No entanto, a instituição também estimula o aumento da competitividade, a descentralização e a privatização do ensino, eliminando a gratuidade (sobretudo nas universidades públicas), bem como a seleção pautada cada vez mais pelo desempenho (seleção natural das capacidades).

O Banco Mundial requer que a educação escolar esteja articulada ao novo paradigma produtivo, para assegurar o acesso aos novos códigos da modernidade capitalista. É necessário que a educação, a capacitação e a investigação avancem em direção a um enfoque sistêmico, como se constata, por exemplo, nos últimos relatórios dessa instituição e nas recomendações do Promedila (V Reunião do Comitê Regional Intergovernamental do Projeto da Educação: América Latina e Caribe – 1990), além de outros documentos internacionais e nacionais já citados.

O *enfoque sistêmico*, assim como a *administração eficiente* e a *tecnologia educacional*, está na base do movimento pela qualidade total. A busca da eficiência (economia de recursos), da eficácia (adequação do produto), enfim, da excelência e da qualidade total, para levar o sistema de ensino a corresponder às necessidades do mundo atual, apresenta como solução o enfoque sistêmico (que procura otimizar o todo). Trata-se de usar o procedimento correto-racional, científico. A abordagem sistêmica permite fazer o diagnóstico para evidenciar os problemas, implementar o planejamento (considerando as condições do ambiente), selecionar os meios, elaborar os objetivos operacionais, controlar o processo, avaliar o produto por meio de técnicas adequadas e retroalimentar o sistema.

A administração eficiente e a tecnologia educacional são complementares ao enfoque sistêmico. A administração eficiente busca a racionalização do trabalho, bem como o controle do processo produtivo e o aumento da produtividade, ao passo que a tecnologia educacional se preocupa com o método científico, para obter eficiência, eficácia e qualidade no processo pedagógico – todos os componentes educacionais (objetivos, administração, estrutura, meios de ensino, custos, tecnologias e outros) devem ser considerados. Manifesta-se, desse modo, a tentativa de vincular a educação ao novo paradigma produtivo, na ótica do que se denomina *neotecnicismo.* Há a volta ao discurso do racionalismo econômico, do gerenciamento/administração privado/a como modelo para o setor público e do capital humano (formação de recursos humanos).

Essa nova abordagem da educação apoia-se em um conceito positivista de ciência neutra e objetiva. Conhecer, nessa perspectiva, significa observar, descrever, medir, explicar e prever os fatos livre de julgamentos de valor ou ideologias. Só é verdadeiro o que é verificável. O número designa a essência dos objetos, *a coisa em si*; portanto, a ciência deve ser numérica, precisa e rigorosa. Desse modo, enquanto o novo paradigma produtivo põe em relevo a questão da *qualidade*, a abordagem positivista fornece a concepção e o instrumental necessários à *avaliação* do sistema de ensino e dos indivíduos. A certeza, a exatidão e a utilidade do conhecimento são os critérios da cientificidade e da racionalidade instrumental positivista postos à disposição do novo paradigma produtivo e da forma sistêmica e eficiente de reorganizar a educação, de maneira que apontem o ideal de um progressivo melhoramento das condições de vida e da harmonização social.

Nesse mesmo contexto, encontram-se as universidades públicas ameaçadas e em permanente crise. Faltam recursos de toda ordem para garantir sua funcionalidade. O discurso neoliberal de mercado questiona até mesmo a relevância social delas, ao mesmo tempo que vincula sua autonomia à questão do autofinanciamento e da privatização, como única forma de sair da crise e alcançar competitividade, racionalidade, qualidade e eficiência. Restaria às universidades, como estratégia de sobrevivência, a opção de atrelar-se ao novo processo produtivo, com o objetivo de gerar conhecimentos científico-tecnológicos necessários à competitividade das empresas no mercado global e formar profissionais mais adaptados às condições de vida profissional presentes neste novo tempo.

A adaptação das universidades ao novo paradigma produtivo passa, então, por essa ótica economicista, pela adoção da filosofia da qualidade total (neotecnicismo) aplicada ao ensino superior. Postulam-se a legitimidade social e a eficácia total das universidades, que podem ser obtidas com sua inserção na busca da qualidade total, já que se vive na era da excelência. As universidades devem, então, agregar novos valores a seus serviços, ao mesmo tempo que redescobrem sua natureza, missão e identidade. Podem ser úteis, se corresponderem aos desafios do mundo atual: à satisfação dos clientes, à produtividade, à redução dos custos, à otimização dos resultados, à criatividade, à inovação e à sobrevivência pela competitividade. Pretende-se, portanto, que elas assimilem a ótica de funcionamento, os princípios e os objetivos de qualidade total (já vivenciados na indústria e no comércio). Essa nova cultura institucional levaria as universidades a buscar constantemente a qualidade total dos serviços, bem como formar profissionais capazes de corresponder às sempre novas necessidades do mercado.

Diante do exposto, verifica-se que a nova configuração estrutural e educacional, no plano mundial, impõe novos desafios e novo discurso ao setor educacional. A lógica do capitalismo concorrencial global e do paradigma da liberdade econômica, da eficiência e da qualidade encaminha, de forma avassaladora, o novo modelo societário e as novas reformulações necessárias no setor educacional. A compreensão histórica dos germes constitutivos da lógica capitalista-liberal revela, por sua vez, seu caráter conservador-elitista. Daí a necessidade de considerar a nova onda de forma histórico-crítica, a fim de apreender a direção política e as reais possibilidades de democratização da sociedade e da educação. Essa tarefa está associada à urgente necessidade de uma reestruturação educativa capaz de corresponder aos desafios impostos pela sociedade tecnológica à escola e ao campo da educação em geral.

Capítulo II

A educação escolar pública e democrática no contexto atual: um desafio fundamental

A educação escolar pública e democrática no contexto atual: um desafio fundamental

1. Impactos e perspectivas da revolução tecnológica, da globalização e do neoliberalismo no campo da educação

A televisão, o vídeo, a parabólica e o computador já começam a fazer parte do cotidiano de muitas escolas particulares e públicas, assim como a educação a distância, a internet, os CD-ROMs educativos/interativos e outros recursos de multimídia. Essa equipação eletrônico-educativa está associada a certa ansiedade e corrida produzidas pela revolução tecnológica e pelas demandas e finalidades diversas de políticas educacionais em intenso processo de transformações técnico-científicas, econômicas, sociais, culturais e políticas pelas quais passam as sociedades contemporâneas.

A equipação eletrônica da escola constitui, todavia, apenas a ponta do *iceberg* que a revolução tecnológica representa para o campo educacional. É preciso mergulhar e ir mais fundo nas razões, impactos e perspectivas dessa revolução para a educação e, especialmente, para a escola, de modo que se possam avaliar as políticas educacionais que incluem a equipação eletrônica ou a propagação dos multimeios didáticos.

Torna-se cada vez mais evidente o fato de que a revolução tecnológica está favorecendo o surgimento de uma nova sociedade, marcada pela técnica, pela informação e pelo conhecimento, como vimos anteriormente; dito de outro modo, de uma sociedade técnico-informacional ou sociedade do conhecimento. Esta se caracteriza ainda por novo paradigma de produção e desenvolvimento, que tem como elemento básico a centralidade do conhecimento e da educação.

Essa centralidade ocorre porque educação e conhecimento passam a ser, do ponto de vista do capitalismo globalizado, força motriz e eixos da transformação produtiva e do desenvolvimento econômico. São, portanto, bens econômicos necessários à transformação da produção, à ampliação do potencial científico-tecnológico e ao aumento do lucro e do poder de competição em um mercado concorrencial que se pretende livre e globalizado. Tornam-se claras, assim, as conexões educação-conhecimento e desenvolvimento-desempenho econômico. A educação constitui um problema econômico na visão neoliberal, já que é o elemento central desse novo padrão de desenvolvimento.

No novo processo de produção, em que estão presentes as novas tecnologias e as novas ou mais flexíveis e eficientes formas de organização da produção, não há praticamente lugar para o trabalhador desqualificado, com dificuldades de aprendizagem permanentes, incapaz de assimilar novas tecnologias, tarefas e procedimentos de trabalho, sem autonomia e sem iniciativa, especializado em um ofício e que não sabe trabalhar em equipe – enfim, para o trabalhador que, embora saiba realizar determinada tarefa, não é capaz de verbalizar o que sabe fazer. A desqualificação passou a significar exclusão do novo processo produtivo. Por isso, há lugar, no novo sistema produtivo, para o trabalhador cada vez mais polivalente, flexível, versátil, qualificado intelectual e tecnologicamente e capaz de submeter-se a um contínuo processo de aprendizagem.

Verifica-se, então, que o novo processo de trabalho requer flexibilidade funcional e novo perfil de qualificação da força de trabalho. Há, em consequência, crescente demanda por qualificação nova e mais elevada do trabalhador, assim como por educação de maior nível, mais flexível, mais polivalente e promotora de novas habilidades cognitivas e competências sociais e pessoais, além de bom domínio de linguagem oral e escrita, conhecimentos científicos básicos e de iniciação/alfabetização nas linguagens da informática (Paiva, 1993). Isso ocorre simultaneamente ao aumento da produtividade, da eficiência e da qualidade de serviços e produtos, com constante redução dos postos de trabalho e do emprego da força de trabalho humana.

Parte do que foi exposto neste tópico pode ser exemplificado no esquema a seguir, que apresenta as múltiplas conexões e determinações entre tecnologia, novo paradigma de produção e desenvolvimento, educação de qualidade e elevação da qualificação.

Esquema 3 – Conexões e determinações entre tecnologia, novo paradigma de produção e desenvolvimento, educação de qualidade e elevação da qualificação

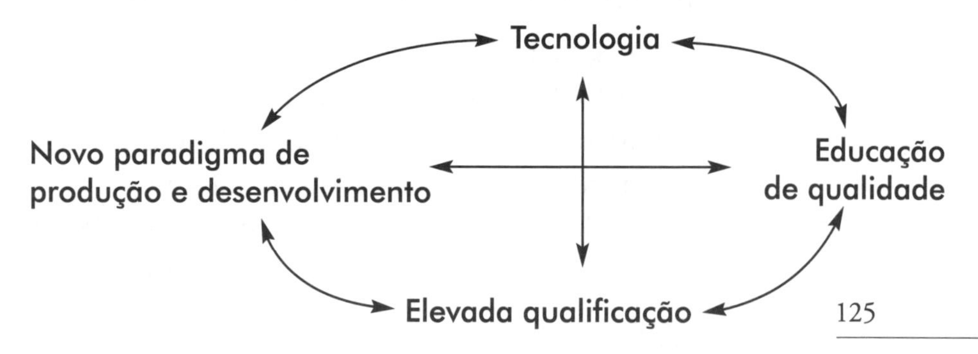

Na ótica economicista e mercadológica, presente na atual reestruturação produtiva do capitalismo, o desafio essencial da educação consiste na capacitação da mão de obra e na requalificação dos trabalhadores, para satisfazer as exigências do sistema produtivo e formar o consumidor exigente e sofisticado para um mercado diversificado, sofisticado e competitivo. Trata-se, portanto, de preparar trabalhadores/consumidores para os novos estilos de consumo e de vida moderna. O cidadão eficiente e competente, nessa ótica, é aquele capaz de consumir com eficiência e sofisticação e competir com seus talentos e habilidades no mercado de trabalho.

Por isso, no campo da educação, existe um projeto de elevação da qualidade de ensino nos sistemas educativos (e nas escolas), com o objetivo de garantir as condições de promoção da competitividade, da eficiência e da produtividade demandadas e exigidas pelo mercado. Obviamente, trata-se de um critério mercadológico de ensino expresso no conceito de qualidade total.

No âmbito dos sistemas de ensino e das escolas, procura-se reproduzir a lógica da competição e as regras do mercado, com a formação de um *mercado educacional*. Busca-se a eficiência pedagógica por meio da instalação de uma pedagogia da concorrência, da eficiência e dos resultados (da produtividade). Essa pedagogia tem sido levada a efeito, em geral, mediante:

a) a adoção de mecanismos de flexibilização e diversificação dos sistemas de ensino e das escolas;
b) a atenção à eficiência, à qualidade, ao desempenho e às necessidades básicas da aprendizagem;
c) a avaliação constante dos resultados (do desempenho) obtidos pelos alunos, resultados esses que

comprovam a atuação eficaz e de qualidade do trabalho desenvolvido na escola;

d) o estabelecimento de *rankings* dos sistemas de ensino e das escolas públicas ou privadas, que são classificadas/desclassificadas;

e) a criação de condições para que se possa aumentar a competição entre escolas e encorajar os pais a participar da vida escolar e escolher entre várias escolas;

f) a ênfase sobre a gestão e a organização escolar, com a adoção de programas gerenciais de qualidade total;

g) a valorização de algumas disciplinas – Matemática e Ciências – por causa da competitividade tecnológica mundial, que tende a privilegiá-las;

h) o estabelecimento de formas inovadoras de treinamento de professores, tais como educação a distância;

i) a descentralização administrativa e do financiamento, bem como do repasse de recursos, em conformidade com a avaliação do desempenho;

j) a valorização da iniciativa privada e do estabelecimento de parcerias com o empresariado;

k) o repasse das funções do Estado para a comunidade e para as empresas.

Quando se consideram as possíveis contradições desse projeto com a melhoria da qualidade de ensino e com a qualificação profissional, em decorrência da revolução tecnológica e do novo paradigma produtivo, pode-se concordar que as perspectivas para o campo educacional não indicam a construção de uma educação democrática, equalizadora, formadora e distribuidora de cidadania. Em vez de um projeto educacional para a inclusão social e para a produção da igualdade, adota-se

Em relação às políticas implementadas no Brasil, especialmente nos governos Collor e Fernando Henrique Cardoso, Abicalil (1996, p. 22) afirma que se configurou *"a política da seletividade consagrada e da transformação da escola num instrumento submetido às mesmas regras de mercado"*, em que prevaleceu *"a competitividade e a produtividade, segundo critérios empresariais"*.

uma lógica da competição em que a equidade, ou melhor, a mobilidade social é pensada sob o enfoque estrito do desempenho individual (Costa, 1994).

Parece inegável que a revolução tecnológica e as demais mudanças globais promovam a crescente intelectualização do trabalho, a generalização de conhecimentos e habilidades e a demanda acentuada por educação de qualidade ou mais teórica. Isso, no entanto, não implica que o projeto educacional deva ser por força competitivo e seletivo socialmente, até porque ele tem servido basicamente à criação de um mercado educacional, à ampliação da esfera privada no campo da educação e à reprodução ou autovalorização do capital.

A universalização do ensino e a melhoria de sua qualidade, a elevação da escolaridade, a preparação tecnológica e a formação geral, abstrata, abrangente e polivalente dos trabalhadores são fundamentais para toda a sociedade, especialmente quando se tem em vista, no mínimo, a garantia da igualdade de oportunidades. Nesse sentido, os impactos da revolução tecnológica no campo da educação podem e devem ser absorvidos, de modo que gerem perspectivas democráticas de construção de uma sociedade moderna, justa e solidária, o que, evidentemente, não deve significar a aniquilação da diversidade e das singularidades dos sujeitos. Em uma sociedade de conhecimento e de aprendizagem, é preciso dotar os sujeitos sociais de competências e habilidades para a participação na vida social, econômica e cultural, a fim de não ensejar novas formas de divisão social, mas, sim, a construção de uma sociedade democrática na forma e no conteúdo.

2. Objetivos para uma educação pública de qualidade diante dos desafios da sociedade contemporânea

Diante dos desafios da sociedade contemporânea e, especialmente, do ensino no Brasil, que objetivos educacionais devem ser estabelecidos para uma educação pública de qualidade? Que diretrizes e pressupostos fundamentais devem guiar a prática educativa, a fim de construir uma sociedade democrática e igualitária? Que cidadão se quer formar? Que preparação os alunos precisam ter para a vida produtiva em uma sociedade técnico-informacional? Não é tarefa fácil responder a essas questões, sobretudo porque, como vimos, o quadro econômico, político, social e educacional é bastante complexo e contraditório. As ideias a seguir sugerem pontos para a discussão de alguns elementos norteadores do trabalho docente.

As transformações gerais da sociedade atual apontam a inevitabilidade de compreender o país no contexto da globalização, da revolução tecnológica e da ideologia de livre mercado (neoliberalismo). A globalização é uma tendência internacional do capitalismo que, com o projeto neoliberal, impõe aos países periféricos a economia de mercado global sem restrições, a competição ilimitada e a minimização do Estado na área econômica e social. O resultado mais perverso desse empreendimento tem sido o aumento do desemprego e da exclusão social em diferentes regiões e países. Todavia, tendência não é destino nem obstáculo intransponível. A inserção do Brasil nesse quadro econômico precisa dar-se sem comprometimento da soberania. O progresso, a riqueza e os benefícios advindos dessas transformações não podem ser usufruídos apenas por pequena parcela da sociedade. Com efeito, ao lado dos avanços científicos e tecnológicos – com o aumento dos bens de consumo, do bem-estar, da difusão cultural –, há a fome, o desemprego, a doença, a falta de moradia, o analfabetismo das letras e das tecnologias. Não se pode, por isso, negar o progresso técnico, o avanço do conhecimento, os novos processos educativos e de qualificação ou simplesmente permanecer no plano da resistência ou achar que as demandas feitas aos sistemas educativos e à escola seriam parte de uma conjuração dos neoconservadores. Trata-se, antes, de disputar concretamente o controle do progresso técnico, do avanço do conhecimento e da qualificação, arrancá-lo da esfera privada e da lógica da exclusão e submetê-lo ao controle democrático da esfera pública, para potencializar a satisfação das necessidades humanas (Frigotto, 1995).

As opções do país devem basear-se em várias instâncias da sociedade civil e do Estado. O controle do Estado pela sociedade civil organizada torna-se fundamental para o estabelecimento de um projeto nacional de desenvolvimento econômico e social autônomo e solidário. É preciso definir claramente o papel do Estado e recuperar seu poder de ação em áreas que interessem a toda a sociedade, de modo que não permaneçam à mercê dos organismos financeiros internacionais e das entidades supranacionais.

Diante da globalização econômica, da transformação dos meios de produção e do avanço acelerado da ciência e da tecnologia, a educação escolar precisa oferecer respostas concretas à sociedade, formando quadros profissionais para o desenvolvimento e para a geração de riqueza que sejam capazes, também, de participar criticamente desse processo. Em relação às tarefas dos sistemas de ensino, mais uma vez há que reconhecer a urgência da elevação dos níveis científico, cultural e técnico da população, mediante a universalização efetiva da escolarização básica e a melhoria da qualidade de ensino.

Conclui-se dessas considerações que os eixos norteadores das ações não significam a supervalorização da competitividade, do individualismo, da liberdade excessiva, da qualidade econômica e da eficiência para poucos com a exclusão da maioria, mas o incremento da solidariedade social, da igualdade, da democracia e da *qualidade social*. Apresenta-se, assim, a enorme tarefa de integrar e desenvolver o Brasil em uma economia global competitiva, sem perder a soberania, sem sacrificar sua cultura, seus valores, sem marginalizar os pobres. Ou seja, o grande desafio é incluir, nos padrões de vida digna, os milhões de indivíduos excluídos e sem condições básicas para se constituírem cidadãos participantes de uma sociedade em permanente mutação.

No âmbito da educação escolar, o ensino público de qualidade para todos é necessidade e desafio fundamental. Há, atualmente, claro reconhecimento mundial e social de sua importância para o mundo do trabalho, para o desempenho da economia e para o desenvolvimento técnico-científico. Tal reconhecimento tem sido transformado em reformas e em políticas educacionais em vários países. O Brasil tem experimentado, desde o início da década de 1990, amplo processo de ajuste do sistema educativo. Todavia, esse reconhecimento e esse empreendimento, especialmente no governo de Fernando Henrique Cardoso (1995-2002), deram-se de acordo com uma lógica economicista, cujo projeto educativo teve como objetivo adequar a educação escolar às novas demandas e exigências do mercado. Nesse sentido, a educação assumiu a perspectiva de mercadoria ou serviço que se compra, e não de um direito universal, o que a leva a tornar-se competitiva, fragmentada, dualizada e seletiva social e culturalmente.

Em todas as reformas educativas, a partir da década de 1980, a questão da qualidade aparece como tema central. Na realidade, a educação busca novo paradigma, que estabelece o problema da qualidade, uma pedagogia da qualidade. Mas esta não pode ser tratada nos parâmetros da qualidade economicista. A escola não é empresa. O aluno não é cliente da escola, mas parte dela. É sujeito que aprende, que constrói seu saber, que direciona seu projeto de vida (Silva, 1995). Além disso, a escola implica formação voltada para a cidadania, para a formação de valores – valorização da vida humana em todas as dimensões. Isso significa que a instituição escolar não produz mercadorias, não pode pautar-se pelo "zero defeito", ou seja, pela perfeição. Ela lida com pessoas, valores, tradições, crenças, opções. Não se pode pensar em "falha zero", objetivo da qualidade total nas empresas. Escola não é fábrica, mas formação humana. Ela não pode ignorar o contexto político e econômico; no entanto, não pode estar subordinada ao modelo econômico e a serviço dele.

Devemos inferir, portanto, que a educação de qualidade é aquela mediante a qual a escola promove, para todos, o domínio dos conhecimentos e o desenvolvimento de capacidades cognitivas e afetivas indispensáveis ao atendimento de necessidades individuais e sociais dos alunos, bem como a inserção no mundo e a constituição da cidadania também como poder de participação, tendo em vista a construção de uma sociedade mais justa e igualitária. Qualidade é, pois, conceito implícito à educação e ao ensino.

A educação deve ser entendida como fator de realização da cidadania, com padrões de qualidade da oferta e do produto, na luta contra a superação das desigualdades sociais e da exclusão social. Nesse sentido, a articulação da escola com o mundo do trabalho torna-se a possibilidade de realização da cidadania, pela incorporação de conhecimentos, de habilidades técnicas, de novas formas de solidariedade social, de vinculação entre trabalho pedagógico e lutas sociais pela democratização do Estado.

No contexto da sociedade contemporânea, a educação pública tem tríplice responsabilidade: ser agente de mudanças, capaz de gerar conhecimentos e desenvolver a ciência e a tecnologia; trabalhar a tradição e os valores nacionais ante a pressão mundial de descaracterização da soberania das nações periféricas; preparar cidadãos capazes de entender o mundo, seu país, sua realidade e de transformá-los positivamente.

Essas responsabilidades indicam, complementarmente, três objetivos fundamentais que devem servir de base para a construção de uma educação pública de qualidade no contexto atual: preparação para o processo produtivo e para a vida em uma sociedade técnico-informacional, formação para a cidadania crítica e participativa e formação ética.

A *preparação para o processo produtivo e para a vida em uma sociedade técnico-informacional* envolve a necessidade de a escola preparar para o mundo do trabalho e para formas alternativas de trabalho, tendo em vista a flexibilização que caracteriza o processo produtivo contemporâneo e a adaptação dos trabalhadores às complexas condições de exercício de sua profissão. Isso implica que a educação escolar deverá centrar-se:

- na formação geral, cultural e científica que permita a diversidade/integração de conhecimentos básicos da ciência contemporânea e de habilidades técnicas que fundamentam os novos processos sociais e cognitivos;
- na preparação tecnológica e no desenvolvimento de saberes, habilidades e atitudes básicas que caracterizam o processo de escolarização, incluindo as qualificações do novo processo produtivo, como compreensão da totalidade do processo de produção e capacidade de tomar decisões, fazer análises globalizantes, interpretar informações de toda natureza, pensar estrategicamente e desenvolver flexibilidade intelectual;
- no desenvolvimento de capacidades cognitivas e operativas encaminhadas para um pensamento autônomo, crítico e criativo. Tal desenvolvimento está intimamente relacionado à autossocioconstrução do conhecimento, com a ajuda pedagógica do professor.

A *formação para a cidadania crítica e participativa* diz respeito a cidadãos-trabalhadores capazes de interferir criticamente na realidade para transformá-la, e não apenas para integrar o mercado de trabalho. A escola deve continuar investindo para que se tornem críticos e se engajem na luta pela justiça social. Deve ainda entender que cabe aos alunos empenhar-se, como cidadãos críticos, na mudança da realidade em que vivem e no processo de desenvolvimento nacional e que é função da escola capacitá-los para desempenharem esse papel. Cidadania hoje significa, usando expressão do educador italiano Mário Manacorda (1989), *dirigir ou controlar aqueles que dirigem*, e, para que isso ocorra, o aluno precisa ter as condições básicas para situar-se competente e criticamente no sistema produtivo. Nesse sentido, a preparação para a vida social é exigência fundamental, especialmente porque um dos pontos fortes da chamada sociedade pós-moderna é a emergência de movimentos localizados, baseados em interesses comunitários mais restritos, no bairro, na região, nos pequenos grupos, organizados em associações civis, entidades não governamentais etc. A preparação para a vida social é exigência educativa para viabilizar o controle não estatal sobre o Estado, mediante o fortalecimento da esfera pública não estatal. Constata-se que muitos movimentos sociais atuais tendem a dispensar a intermediação político-partidária para a conquista de seus objetivos, seja por inoperância deste canal, seja pela hostilidade com que setores da opinião pública encaram os políticos profissionais. É preciso aliar a atuação dos movimentos localizados não governamentais com as formas convencionais de representação política. Daí a necessidade de a escola preocupar-se com o desenvolvimento de competências sociais como relações grupais e intergrupais, processos democráticos e eficazes de tomada de decisões, capacidades sociocomunicativas, de iniciativa, liderança, responsabilidade, solução de problemas etc.

A formação ética é um dos pontos fortes da escola do presente e do futuro. Trata-se de formar valores e atitudes diante do mundo da política e da economia, do consumismo, do individualismo, do sexo, da droga, da depredação ambiental, da violência e, também, das formas de exploração que se mantêm no capitalismo contemporâneo. Segundo Habermas (1987), é possível reabilitar a sociedade no âmbito da esfera pública, de modo que as pessoas possam participar das decisões não por imposição, mas por uma disposição de dialogar e buscar consenso com base na racionalidade das ações expressa em normas jurídicas compartilhadas. A emancipação objetiva de todas as formas de dominação torna-se possível se os indivíduos desenvolverem capacidades de aprendizagem alicerçadas em uma prática comunicativa. A escola pode auxiliar no desenvolvimento de competências comunicativas que possibilitarão diálogo e consenso baseados na razão crítica.

Para que os indivíduos possam compartilhar de uma situação comunicativa ideal, recomenda-se:

- investimento na capacidade do indivíduo de situar-se em relação aos outros, de estabelecer relações entre objetos, pessoas e ideias;
- desenvolvimento da autonomia, isto é, indivíduos capazes de reconhecer nas regras e normas sociais o resultado do acordo mútuo, do respeito ao outro e da reciprocidade;
- formação de indivíduos capazes de ser interlocutores competentes, de expressar suas ideias, desejos e vontades de forma cognitiva e verbal, incluindo a perspectiva do outro (nível de informações, de intenções etc.);
- capacidade de dialogar.

Bibliografia

ABICALIL, Carlos Augusto. A educação no contexto atual: reflexões sobre o ensino de 1º e 2º graus. *Educação em Revista*-Revista do Sintego, Goiânia, 1996.

ALTVATER, Elmar. Sociedade e trabalho: conceitos e sujeitos históricos. In: ______. *Liberalismo e socialismo*. São Paulo: Ed. da Unesp, 1995.

ANDERSON, Perry. Balanço do neoliberalismo. In: SADER, Emir (Org.). *Pós-neoliberalismo*: as políticas sociais e o Estado democrático. Rio de Janeiro: Paz e Terra, 1995.

ASSMANN, Hugo. Pedagogia da qualidade em debate. *Educação e Sociedade*, Campinas, nº 46, p. 476-502, dez. 1993.

BANCO MUNDIAL. *La enseñanza superior*: las lecciones derivadas de la experiencia. Washington: Banco Mundial, 1995.

COSTA, Márcio da. Crise do Estado e crise da educação: influência neoliberal e reforma educacional. *Educação e Sociedade*, Campinas, nº 49, p. 501-23, ago. 1994.

FRIGOTTO, Gaudêncio. *Educação e a crise do capitalismo real*. São Paulo: Cortez, 1995.

HABERMAS, Jürgen. A nova intransparência: a crise do Estado de bem-estar social e o esgotamento das energias utópicas. *Novos Estudos Cebrap*, Rio de Janeiro, nº 18, p. 103-15, 1987.

HARVEY, David. *Condição pós-moderna*. São Paulo: Loyola, 1992.

LOJKINE, Jean. *A revolução informacional*. Tradução de José Paulo Netto. São Paulo: Cortez, 1995.

MERQUIOR, José G. *O liberalismo*: antigo e moderno. 2. ed. Rio de Janeiro: Nova Fronteira, 1991.

OLIVEIRA, João Ferreira. *Liberalismo, educação e vestibular*: movimentos e tendências de seleção para o ingresso no ensino superior no Brasil a partir de 1990. Dissertação de mestrado – Faculdade de Educação, Universidade Federal de Goiás, Goiânia, 1994.

PAIVA, Vanilda P. O novo paradigma de desenvolvimento: educação, cidadania e trabalho. *Educação e Sociedade*, Campinas, nº 45, p. 309-26, ago. 1993.

______. Inovação tecnológica e qualificação. *Educação e Sociedade*, Campinas, nº 50, p. 70-92, abr. 1995.

RATTNER, Henrique. Globalização: em direção a um mundo só? *Em aberto*, Brasília, DF, nº 65, p. 19-30, jan./mar. 1995.

SHAFF, Adam. *A revolução informática*. São Paulo: Brasiliense, 1990.

SILVA, Rinalva C. *Educação e qualidade*. Piracicaba: Ed. Unimep, 1995.

STEFFAN, Heinz D. Globalización y educación en América Latina. *Educação e Sociedade*, Campinas, nº 52, p. 37-52, dez. 1995.

Leituras complementares

AFONSO, Alerindo Janela. *Políticas educativas e avaliação educacional*. Braga, Portugal: Universidade do Minho, 1998, p. 77-172.

AMIN, Samir. *Os desafios da mundialização*. Tradução de Ana Barradas. Lisboa: Dinossauro, 2000, p. 63-164.

ANTUNES, Ricardo. *Os sentidos do trabalho*: ensaio sobre a afirmação e a negação do trabalho. 3. ed. São Paulo: Boitempo, 2000.

ARRIGHI, Giovanni. *O longo século XX*: dinheiro, poder e as origens de nosso tempo. Tradução de Vera Ribeiro. Rio de Janeiro: Contraponto; São Paulo: Ed. da Unesp, 1996, p. 1-26.

BOURDIEU, Pierre. *Contrafogos*: táticas para enfrentar a invasão neoliberal. Tradução de Lucy Magalhães. Rio de Janeiro: Jorge Zahar, 1998.

CHESNAIS, François. *A mundialização do capital*. Tradução de Silvana Finzi Foá. São Paulo: Xamã, 1996.

DOURADO, L. F.; OLIVEIRA, J. F. de; SANTOS, C. A. et. al. *A qualidade da educação*: conceitos e definições. Brasília, DF: Inep, 2007. (Série Documental. Textos para discussão, 24.)

FERNÁNDEZ ENGUITA, Mariano. *A face oculta da escola*: educação e trabalho no capitalismo. Tradução de Tomaz Tadeu da Silva. Porto Alegre: Artes Médicas, 1989.

FRIGOTTO, Gaudêncio. *Educação e a crise do capitalismo real*. São Paulo: Cortez, 1995.

GREIDER, William. *O mundo na corda bamba*: como entender o *crash* global. Tradução de Lauro Machado Coelho. São Paulo: Geração, 1997.

KURZ, Robert. *Os últimos combates*. Petrópolis: Vozes, 1997.

MANACORDA, Mario Alighiero. *História da educação*: da Antiguidade aos nossos dias. Tradução de Gaetano Lo Monaco. São Paulo: Cortez; Campinas: Autores Associados, 1989.

MORIN, Edgar. *A cabeça benfeita*: repensar a reforma – repensar o pensamento. Tradução de Eloá Jacobina. Rio de Janeiro: Bertrand Brasil, 2000.

OFFE, Claus. *Capitalismo desorganizado*. Tradução de Wanda Caldereira Brant e outros. São Paulo: Brasiliense, 1994.

OLIVEIRA, Dalila Andrade. *Educação básica*: gestão do trabalho e da pobreza. Petrópolis: Vozes, 2000.

OLIVEIRA, Francisco de. *Os direitos do antivalor*: a economia política da hegemonia imperfeita. Petrópolis: Vozes, 1998.

OZGA, Jenny. *Investigação sobre políticas educacionais*: terreno de contestação. Tradução de Isabel Margarida Maia. Porto: Porto Editora, 2000.

PARO, Vitor Henrique. *Administração escolar*: introdução crítica. 7. ed. São Paulo: Cortez, 1996.

PRZEWORSKI, Adam. *Capitalismo e social-democracia*. Tradução de Laura Teixeira Motta. São Paulo: Companhia das Letras, 1989.

RIFKIN, Jeremy. *O fim dos empregos*: o declínio inevitável dos níveis dos empregos e a redução da força global de trabalho. Tradução de Ruth Gabriela Bahr. São Paulo: Makron Books, 1995.

SANTOS, Milton. *Técnica, espaço, tempo*: globalização e meio técnico-científico informacional. São Paulo: Hucitec, 1997.

2ª Parte

As políticas educacionais, as reformas de ensino e os planos e diretrizes: a construção da escola pública

As políticas educacionais, as reformas de ensino e os planos e diretrizes: a construção da escola pública

Esta 2ª Parte traz elementos para a análise compreensiva das políticas educacionais em seus aspectos sociopolíticos e históricos. Trata ainda das reformas educacionais e dos planos de educação e apresenta o arcabouço da política educacional brasileira dos anos 90 do século XX ao primeiro decênio do século XXI. Discorre sobre as reformas dos governos FHC (1995-2002) e Lula (2003-2010), sobre os avanços e impasses na construção da escola pública desde a LDB de 1996 e sobre as mudanças nessa LDB até o ano de 2010. No final do capítulo, são analisados aspectos da avaliação em escala da educação básica implementada pelo Ministério da Educação e das mudanças na formação profissional dos docentes, incluindo as ações de educação a distância.

Capítulo I

Elementos para uma análise crítico-compreensiva das políticas educacionais: aspectos sociopolíticos e históricos

Elementos para uma análise crítico-compreensiva das políticas educacionais: aspectos sociopolíticos e históricos

As reformas educacionais levadas a efeito em diversos países da Europa e da América nas décadas de 1980 e 1990 apresentam pontos em comum, tais como a gestão da educação, o financiamento, o currículo, a avaliação e a formação e profissionalização dos professores. Análises mais pontuais mostram características peculiares que, historicamente, marcaram as políticas da educação básica e da educação superior no Brasil, tais como a questão da centralização e da descentralização, as relações entre o público e o privado, entre a quantidade e a qualidade. No contexto atual, isso pode ser observado nos inúmeros deslocamentos de prioridades, resultantes de nova forma de pensar a sociedade, o Estado e a gestão da educação (Gracindo, 1997).

As consequências da inversão de prioridades estariam, por exemplo, no abandono da exigência de democratização do acesso de todos à escola básica e da permanência nela em nome da qualidade do ensino, a qual, aferida por critérios quantitativos, leva à diminuição dos índices de evasão e repetência sem, no entanto, conseguir assegurar a todas as crianças e jovens uma aprendizagem escolar sólida e duradoura.

Outra consequência diz respeito ao descompromisso do Estado ao descentralizar as ações educativas para a atuação da comunidade, desobrigando-se de manter políticas públicas, especialmente as sociais, e repassando encargos para outras instâncias administrativas institucionais, porém sem poder decisório. Exemplos disso são as ações assumidas pelo voluntariado em questões de responsabilidade do Estado. A ênfase sobre as questões da qualidade do ensino revela, contraditoriamente, certo desprezo pelas questões políticas e sociais que condicionam o sucesso do aluno e a obtenção da cidadania, bem como responsabiliza o professor pelo fracasso escolar. Além disso, nas políticas educacionais dos anos 1990, a argumentação de que a esfera privada é detentora de maior eficiência enfraqueceu os serviços públicos e levou à privatização desenfreada de serviços educacionais, principalmente na educação superior.

Essas são algumas das características das reformas educacionais nos anos 90 do século XX. Uma análise histórica das políticas educacionais possibilitará identificar esses elementos de análise nos diferentes momentos da história da educação brasileira. Como procuraremos demonstrar neste capítulo, a história da estrutura e da organização do sistema de ensino no Brasil pode ser feita com base em pares conceituais, díades, que expressam as tensões econômicas, políticas, sociais e educacionais de cada período: centralização/descentralização; qualidade/quantidade; público/privado.

1. A história da estrutura e da organização do sistema de ensino no Brasil

A história da estrutura e da organização do ensino no Brasil reflete as condições socioeconômicas do país, mas revela, sobretudo, o panorama político de determinados períodos históricos.

A partir da década de 1980, por exemplo, o panorama socioeconômico brasileiro indicava uma tendência neoconservadora para a minimização do Estado, que se afastava de seu papel de provedor dos serviços públicos, como saúde e educação. Na década de 1990, esse modelo instalou-se e, no primeiro decênio do século XXI, ainda não foi superado. Paradoxalmente, as alterações da organização do trabalho, resultantes, em grande parte, dos avanços tecnológicos, solicitam da escola um trabalhador mais qualificado para as novas funções no processo de produção e de serviços. Ausentando-se o Estado de suas responsabilidades com educação pública, como e onde formar, então, o trabalhador? As constantes críticas ao desempenho do poder público remetem ao setor privado, apontado como o mais competente para essa tarefa. Apresenta-se uma questão crucial para o entendimento do papel social da escola: é sua função formar especificamente para o trabalho ou ela constitui espaço de formação do cidadão partícipe da vida social?

O teórico Hayek (1990), considerado o pai do neoliberalismo, contrapõe-se à ingerência estatal na educação. Sua referência, porém, são os países em que a educação básica já foi universalizada e as condições sociais são mais favoráveis, em razão de anterior consolidação do Estado de bem-estar social. Mas como pensar a atuação

Usaremos neste estudo a sigla de Banco Mundial, ou seja, BM. Vale lembrar que Banco Mundial, ou Bird, é diferente de BID, sigla de outro organismo, o Banco Interamericano de Desenvolvimento.

do Estado no Brasil, país considerado periférico, com grandes desigualdades sociais, perversa concentração de renda, baixo índice de escolaridade, escola básica não universalizada? Certamente, para países com estas condições socioeconômicas, a receita deveria ser outra.

Organismos financiadores dos países terceiro-mundistas, como o Banco Internacional de Reconstrução e Desenvolvimento, também chamado Banco Mundial (BM), sugerem a garantia de educação básica mantida pelo Estado, isto é, gratuita, o que não significa, todavia, que ela seja ministrada em escolas públicas. Os neoliberais criticam o fato de a escola pública manter o monopólio do ensino gratuito. Sugerem que o Estado dê aos pais vales-escolas ou cheques com o valor necessário para manter o estudo dos filhos, cabendo ao mercado de escolas públicas e particulares disputar esses subsídios. Assim, as escolas públicas não receberiam recursos do Estado, mas manter-se-iam com o recebimento desses valores em condições iguais às das particulares, alterando-se, assim, o conceito de instituição "pública". Trata-se da implementação da política de *livre escolha*, uma das propostas mais caras ao ideário neoliberal.

Os defensores de posições neoconservadoras alegam que países mais pobres, como o Brasil, devem dar primazia à educação básica (leia-se ensino fundamental), o que significa menor aporte de recursos para a educação infantil e para o ensino médio e superior. Também, no caso do ensino superior, o Estado financiaria o aluno que não pudesse pagar seus estudos, e este devolveria os valores do empréstimo depois de formado.

O estudo *Primary Education*, de 1996, patrocinado pelo BM, diz que a educação escolar básica *"é o pilar do crescimento econômico e do desenvolvimento social e o principal meio de promover o bem-estar das pessoas"* (Netz, 1996, p. 41-2). A média de escolaridade dos trabalhadores no Brasil é de aproximadamente 4 anos, contra 7,5 anos no Chile, 8,7 anos na Argentina e 11 anos na França. Há a preocupação dos empresários brasileiros em ampliar essa média, não só para *"promover o bem-estar das pessoas"*, como diz o documento do BM, mas também para oferecer ao mercado uma mão de obra mais qualificada. Um fabricante de armas gaúcho declarou que *"os processos de produção estão cada vez mais sofisticados. (...) Não podemos deixar equipamentos de 500 mil, 1 milhão de dólares, nas mãos de operários sem qualificação"* (Netz, 1996, p. 44).

Como se pode observar, não é possível discutir educação e ensino sem fazer referência a questões econômicas, políticas e sociais. Daí a escolha da década de 1930, começo do processo de industrialização do país, para iniciarmos o estudo sobre o processo de organização do ensino no Brasil.

Os acontecimentos políticos, econômicos e sociais da década de 1930 imprimiram novo perfil à sociedade brasileira. A quebra da Bolsa de Nova York, em 1929, mergulhou o Brasil na crise do café, mas em contrapartida encaminhou o país para o desenvolvimento industrial, por meio da adoção do modelo econômico de substituição das importações, alterando assim o comando da nação, que passou da elite agrária aos novos industriais.

De 1930 a 1937, motivada pela industrialização emergente e pelo fortalecimento do Estado-nação, a educação ganhou importância e foram efetuadas ações governamentais com a perspectiva de organizar, em plano nacional, a educação escolar. A intensificação do capitalismo industrial alterou as aspirações sociais em relação à educação, uma vez que nele eram exigidas condições mínimas para concorrer no mercado, diferentemente da estrutura oligárquica rural, na qual a necessidade de instrução não era sentida nem pela população nem pelos poderes constituídos (Romanelli, 1987).

A complexidade do período histórico que abrange desde a década de 1930 até o momento atual e sua repercussão na evolução da educação escolar no país requerem, para apropriada compreensão, a utilização de outras categorias além das econômicas e políticas. Vamos, pois, a partir de agora, analisar a história da estrutura e da organização da educação brasileira com base em pares conceituais que acompanharam historicamente o debate da democratização do ensino no Brasil, permeando os diferentes períodos e alternando-se em importância, de acordo com o momento histórico.

2. Centralização/descentralização na organização da educação brasileira

A Revolução de 1930 representou a consolidação do capitalismo industrial no Brasil e foi determinante para o consequente aparecimento de novas exigências educacionais. Nos dez primeiros anos que se seguiram, houve um desenvolvimento do ensino jamais registrado no país. Em vinte anos, o número de escolas primárias dobrou e o de secundárias quase quadruplicou. As escolas técnicas multiplicaram-se – de 1933 a 1945, passaram de 133 para 1.368, e o número de matrículas, de 15 mil para 65 mil (Aranha, 1989).

As antigas escolas primárias correspondem aos quatro anos iniciais do ensino fundamental, e as secundárias (primeiro ciclo) aos anos finais do mesmo nível de ensino.

Em 1930 foi criado o Ministério da Educação e Saúde Pública (Mesp). A reforma elaborada por Francisco Campos, ministro da Educação, atingiu a estrutura do ensino, levando o Estado nacional a exercer ação mais objetiva sobre a educação mediante o oferecimento de uma estrutura mais orgânica aos ensinos secundário, comercial e superior.

De 1937 a 1945 vigorou o Estado Novo, período da ditadura de Getúlio Vargas, em que a questão do poder se tornou central. Aliás, o poder é categoria essencial para compreender o processo de centralização ou descentralização na problemática da organização do ensino. O chileno Juan Casassus, ao escrever sobre o processo de descentralização em países da América Latina (incluindo o Brasil), observa que a base de todos os enfoques da descentralização ou da centralização se encontra na questão do poder na sociedade. Diz ele: "*A centralização ou descentralização tratam da forma pela qual se encontra organizada a sociedade, como se assegura a coesão social e como se dá o fluxo de poder na sociedade civil, na sociedade militar e no Estado, explorando aspectos como os partidos políticos e a administração*" (1995, p. 38). Por tratar-se de um processo de distribuição, redistribuição ou reordenamento do poder na sociedade, no qual uns diminuem o poder em benefício de outros, a questão reflete o tipo de diálogo social que prevalece e o tipo de negociação que se faz para assegurar a estabilidade e a coesão social – daí sua relação com o processo conflituoso de democratização da educação nacional.

Os anos 1930 a 1945 no Brasil são identificados como um período centralizador da organização da educação. Com a Reforma Francisco Campos, iniciada em 1931, o Estado organizou a educação escolar no plano nacional, especialmente nos níveis secundário e universitário e na modalidade do ensino comercial, deixando em segundo plano o ensino primário e a formação dos professores. Esta atitude, à primeira vista voltada para a descentralização – como definia a Constituição de 1891, ao instituir a União como responsável pela educação superior e secundária e repassar aos estados a responsabilidade da educação elementar e profissional –, na realidade revelava o desapreço pela educação elementar.

Nesse período, educadores católicos e liberais passaram a envolver-se na elaboração da proposta educacional da primeira fase do governo Vargas, sob a alegação de que o governo não possuía uma proposta educacional. Tão logo, porém, Francisco Campos tomou posse no recém-criado Ministério da Educação e Saúde Pública, impôs a todo o país as diretrizes traçadas pelo Mesp.

Já na Constituição Federal de 1934, em meio a disputas ideológicas entre católicos e liberais, foi incluída boa parte da proposta educacional destes inscrita no *Manifesto dos Pioneiros da Educação Nova* (1932) por uma escola pública única, laica, obrigatória e gratuita, fortalecendo a mobilização e as iniciativas da sociedade civil em torno da questão da educação. Com a Constituição de 1937, que consolidou a ditadura de Getúlio Vargas, o debate sobre pedagogia e política educacional passou a ser restrito à sociedade política, em clara demonstração de que a questão do poder estava mesmo presente no processo de centralização ou descentralização.

O escolanovista Anísio Teixeira foi ardoroso defensor da descentralização por meio do mecanismo de municipalização. A seu ver, a descentralização educacional

Escolanovismo refere-se ao movimento de mudanças na educação tradicional que enfatizava o uso de métodos ativos de ensino-aprendizagem, "deu importância substancial à liberdade da criança e ao interesse do educando, adotou métodos de trabalho em grupo e incentivou a prática de trabalhos manuais nas escolas; além disso, valorizou os estudos de psicologia experimental e, finalmente, procurou colocar a criança (e não mais o professor) no centro do processo educacional" (Ghiraldelli Jr., 1990, p. 25).

contribuiria para a democracia e para a sociedade industrial, moderna e plenamente desenvolvida. Assim, a municipalização do ensino primário constituiria uma reforma política, e não mera reforma administrativa ou pedagógica. Enquanto os liberais, grupo em que se incluíam os escolanovistas, desejavam mudanças qualitativas e quantitativas na rede pública de ensino, católicos e integralistas desaprovavam alterações qualitativas modernizantes e democráticas. Essa situação conferia um caráter contraditório à educação escolar. Tinha início, então, um sistema que – embora sofresse pressão social por um ensino mais democrático numérica e qualitativamente falando – estava sob o controle das elites no poder, as quais buscavam deter a pressão popular e manter a educação escolar em seu formato elitista e conservador. O resultado foi um sistema de ensino que se expandia, mas controlado pelas elites, com o Estado agindo mais pelas pressões do momento e de maneira improvisada do que buscando delinear uma política nacional de educação, em que o objetivo fosse tornar universal e gratuita a escola elementar (Romanelli, 1987).

Os católicos conservadores opunham-se à política de laicização da escola pública, conseguindo acrescentar à Constituição Federal de 1934 o ensino religioso. Por força dessa mesma Constituição, o Estado passou a fiscalizar e regulamentar as instituições de ensino público e particular.

As leis orgânicas editadas entre 1942 e 1946 – a chamada Reforma Capanema, que recebeu o nome do então ministro da Educação – reafirmaram a centralização da década de 1930, com o Estado desobrigando-se de manter e expandir o ensino público, ao mesmo tempo, porém, que decretava as reformas de ensino

O Senai e o Senac foram criados como um sistema paralelo ao oficial a fim de preparar a mão de obra que as empresas requeriam à época. O sistema educacional não possuía a infraestrutura necessária ao ensino profissional em larga escala e a classe média não tinha interesse nessa modalidade de ensino, a qual, por essa razão, foi objeto da atuação das indústrias e, depois, dos setores comerciais.

industrial, comercial e secundário e criava, em 1942, o Serviço Nacional de Aprendizagem Industrial (Senai).

A lei orgânica do ensino primário e as do ensino normal e agrícola foram promulgadas em 1946, assim como a criação do Serviço Nacional de Aprendizagem Comercial (Senac). A partir de então, as esquerdas e os partidos progressistas retomaram o debate pedagógico a fim de democratizar e melhorar o ensino, apesar da centralização federal do sistema educacional não só na administração, mas também no aspecto pedagógico, ao fixar currículos, programas e metodologias de ensino (Jardim, 1988).

O debate realizado durante a votação da primeira Lei de Diretrizes e Bases da Educação Nacional (LDB), exigência da Constituição Federal de 1946, envolveu a sociedade civil, e a lei resultante, nº 4.024, de 20 de dezembro de 1961, instituiu a descentralização, ao determinar que cada estado organizasse seu sistema de ensino. Porém, o momento democrático que o país vivia não combinava com o centralismo das ditaduras e durou pouco. Em 1964, o golpe dos militares provocou novamente o fortalecimento do Executivo e a centralização das decisões no âmbito das políticas educacionais.

Embora a Lei nº 5.692, de 11 de agosto de 1971 (Brasil, 1971), prescrevesse a transferência gradativa do ensino de 1º grau (ensino fundamental) para os municípios, a concentração dos recursos no âmbito federal assim como as medidas administrativas centralizadoras tornaram estados e municípios extremamente dependentes das decisões da União. A fragilidade do Legislativo, nesse período, impedia mais ainda a participação da sociedade, uma vez que esse poder era o mais próximo da sociedade civil.

Conforme Casassus (1995), o processo de descentralização coincidiu com a universalização da cobertura escolar, isto é, iniciou-se quando se passou da preocupação quantitativa para a busca da qualidade na educação. Paradoxalmente, a descentralização adveio quando o Estado se esquivou de sua responsabilidade com o ensino, fato que, segundo esse autor, foi perceptível na América Latina a partir do fim dos anos 1970. Há ainda, na atualidade, um discurso corrente nos meios oficiais de que a questão quantitativa está resolvida, escondendo o fato de que os dados estatísticos são frequentemente maquiados, as salas de aula estão superlotadas e a qualidade das aprendizagens deixa a desejar. Em contrapartida, a centralização mantém-se no que o autor chama de *alma do processo educativo* – quer dizer, a centralização, especialmente a dos currículos, tem lógica diferente da administrativa. Com aquela se pretende garantir a integridade social almejada, o que facilitará a mobilidade dos indivíduos, tanto no território nacional como na escala social.

No fim da década de 1970 e início da de 1980, esgotava-se a ditadura militar e iniciava-se um processo de retomada da democracia e reconquista dos espaços políticos que a sociedade civil brasileira havia perdido. A reorganização e o fortalecimento da sociedade civil, aliados à proposta dos partidos políticos progressistas de pedagogias e políticas educacionais cada vez mais sistematizadas e claras, fizeram com que o Estado brasileiro reconhecesse a falência da política educacional, especialmente a profissionalizante, como evidencia a promulgação da Lei nº 7.044/1982, que acabou com a profissionalização compulsória em nível de 2º grau (ensino médio).

O debate acerca da qualidade, no Brasil, iniciou-se após a ampliação da cobertura do atendimento escolar. Reconhece-se que, durante o período militar, particularmente com o prolongamento da duração da escolaridade obrigatória, se estendeu o atendimento ao ensino de 1º grau (ensino fundamental), embora muito da qualidade do ensino ministrado tenha sido perdido.

Segundo Cunha (1995), a contenção do setor educacional público constituiu condição de sucesso do setor privado. Apesar disso, foi possível a criação de uma rede de escolas públicas que atendia, com qualidade variável, parte da sociedade, o que levou as famílias de classe média a optar pela escola particular, mesmo com sacrifícios financeiros, como forma de garantir educação de melhor qualidade aos filhos.

O descontentamento com a deterioração da gestão das redes públicas, o rebaixamento salarial dos professores, a elevação das despesas escolares pela ampliação da escolaridade sem aumento dos recursos, os inúmeros casos de desvio de recursos, além de abrirem portas à iniciativa privada, levaram a sociedade civil a propor soluções que se tornaram ações políticas concretas por ocasião das eleições de 1982. Foi nesse contexto que intelectuais de esquerda passaram a ocupar cargos na administração pública, em vários estados brasileiros, em virtude da vitória do Partido do Movimento Democrático Brasileiro (PMDB), o principal partido de oposição aos militares. Embora a transição democrática tenha tido início nos municípios em 1977, neles não se observaram as mudanças ocorridas nos estados. Esse fato leva Cunha a afirmar que a precedência política da democratização da educação se localiza nos níveis mais elevados do Estado. Assim, as mudanças democráticas, para serem efetivas, devem ocorrer dos níveis federal e estadual para o municipal.

As principais alterações realizadas pelos novos administradores oposicionistas tiveram como meta a descentralização da administração, com formas de gestão democrática da escola, com participação de professores, funcionários, alunos e seus pais e também com eleição direta de diretores. Outro ponto foi a suspensão de taxas escolares, a criação de escolas de tempo integral, a organização sindical dos professores.

A retomada da discussão sobre a municipalização do ensino com o apoio dos privatistas, aliada à busca da escola privada por pais (em boa parte, para evitar as greves nas escolas públicas), reforçou a tese da privatização do ensino e diminuiu o suporte popular à escola pública.

A modernização educativa e a qualidade do ensino, nos anos 1990, assumiram conotação distinta ao se vincularem à proposta neoconservadora que inclui a qualidade da formação do trabalhador como exigência do mercado competitivo em época de globalização econômica. O novo discurso da modernização e da qualidade, de certa forma, impõe limites ao discurso da universalização, da ampliação quantitativa do ensino, pois traz ao debate o tema da eficiência, excluindo os ineficientes, e adota o critério da competência.

A política educacional adotada com a eleição de Fernando Henrique Cardoso para a Presidência da República, concebida de acordo com a proposta do neoliberalismo, assumiu dimensões tanto centralizadoras como descentralizadoras. A descentralização, nesse caso, não apareceu como resultado de maior participação da sociedade, uma vez que as ações realizadas não foram fruto de consultas aos diversos setores sociais, tais como pesquisadores, professores de ensino superior e da educação básica, sindicatos, associações e outros, mas surgiram das propostas preparadas para a campanha eleitoral.

No primeiro ano de governo (1995), assumiu-se o ensino fundamental como prioridade e foram definidos cinco pontos para as ações: currículo nacional, livros didáticos melhores e distribuídos mais cedo, aporte de *kits* eletrônicos para as escolas, avaliação externa, recursos financeiros enviados diretamente às instituições escolares. Em 1996, considerado o Ano da Educação, a política incluiu a instauração da TV Escola, cursos para os professores de Ciências, formação para os trabalhadores, reformas no ensino profissionalizante e a convocação da sociedade para contribuir com a educação no país. Dessas ações, a única orientada para a descentralização foi a destinação dos recursos financeiros diretamente para as escolas – ressaltando-se que, no primeiro ano, a merenda escolar foi garantida com eles e, em seguida, os reparos nas instalações físicas das instituições, com recursos do Fundo Nacional do Desenvolvimento da Educação (FNDE), advindos do salário-educação. As demais ações caracterizaram-se por certo tipo de centralismo entendido até como antidemocrático, uma vez que não ocorreram discussões com a sociedade – como as relativas à avaliação da educação básica e da superior, à instauração da TV Escola e aos *kits* eletrônicos nas escolas – e se procurou estabelecer mecanismos de controle do trabalho do professor. A política de escolha e de distribuição do livro didático poderia ter recebido preciosa colaboração de professores, especialistas e pesquisadores da área.

O centralismo apresentou-se mais nitidamente na formação dos parâmetros curriculares nacionais (PCN), os quais, embora tenham contado com a participação da sociedade civil em um dos momentos de sua discussão, pecaram por ignorar a universidade e as pesquisas sobre currículo e não contemplaram, desde o início de sua elaboração, o debate com a sociedade educacional. A ampla utilização da mídia no processo de adoção dos PCN trouxe aprovação para o governo, apesar da manutenção de uma política mais centralizadora, especialmente na *alma do processo educativo.*

Paiva (1986) observa que a questão centralização/descentralização deve ser remetida à história da própria formação social brasileira e às tendências econômico-sociais presentes em cada período histórico. Assim, descentralização e democratização da educação escolar no Brasil não podem ser discutidas independentemente do modo pelo qual é concebido o exercício do poder político no país.

Uma das formas de descentralização política é a municipalização, que consiste em atribuir aos municípios a responsabilidade de oferecimento da educação elementar. Conforme já mencionado, a municipalização foi proposta por Anísio Teixeira, na década de 1930, para o estabelecimento do ensino primário de quatro anos de duração, não como reforma administrativa, mas com o caráter de reforma política, uma vez que isso significaria reconhecer a maioridade dos municípios e discutir a necessidade de democratização e de descentralização do exercício do poder político no país.

A Lei nº 5.692/1971, editada durante a ditadura militar, repassou arbitrariamente a tarefa da gestão do ensino de 1º grau (ensino fundamental) aos governos municipais, sem oferecer ao menos as condições financeiras e técnicas para tal e em uma situação constitucional que nem sequer reconhecia a existência administrativa dos municípios. Somente com a Constituição Federal de 1988 o município se legitimou como instância administrativa e a responsabilidade do ensino fundamental lhe foi repassada prioritariamente.

A Constituição ou uma lei, porém, não conseguem sozinhas e rapidamente descentralizar o ensino e fortalecer o município. Essa é tarefa política de longo prazo, associada às formas de fazer política no país e às questões de concepção do poder. Descentralização faz-se com espírito de colaboração, e a tradição política brasileira é de competição, de medição de forças. As categorias centralização/descentralização estão vinculadas à questão do exercício do poder político, mesmo porque, desde o final do século XX, a descentralização vem atrelada aos interesses neoliberais de diminuir gastos sociais do Estado. Isso ficou evidente após a promulgação da Lei nº 9.394/1996 – Lei de Diretrizes e Bases da Educação Nacional (LDB) –, que centraliza no âmbito federal as decisões sobre currículo e avaliação e atribui à sociedade responsabilidades que deveriam ser do Estado, tal como ocorreu, por exemplo, com o trabalho voluntário na escola. Os Projetos Família na Escola e Amigos da Escola e a descentralização de responsabilidades do ensino fundamental em direção aos municípios são outros exemplos concretos de uma política que centraliza o poder e descentraliza as responsabilidades.

Lançado em agosto de 1999 pela Rede Globo, o Projeto Amigos da Escola foi desenvolvido em parceria com o programa governamental Comunidade Solidária e destinava-se a incentivar a participação da comunidade nas escolas da rede pública de ensino fundamental por meio do trabalho voluntário e de parcerias entre a escola e grupos organizados da sociedade.

3. O debate qualidade/quantidade na educação brasileira

O debate qualidade/quantidade na educação brasileira começou muito cedo. Ainda no século XIX, na transição do Império para a República, apareceram dois movimentos sociais os quais Nagle (1974) denominou *Entusiasmo pela Educação* e *Otimismo Pedagógico*. O movimento Entusiasmo pela Educação revelava preocupação de caráter quantitativo, ao propor a expansão da rede escolar e a alfabetização da população que vivia um processo de urbanização decorrente do crescimento econômico. A adoção do trabalho assalariado, aliada a outras questões de modernização do país, fez com que a escolarização aparecesse como fator promotor da ascensão social. Já o Otimismo Pedagógico caracterizou-se pela ênfase nos aspectos qualitativos da educação nacional, pregando a melhoria das condições didáticas e pedagógicas das escolas. Este movimento surgiu nos anos 1920 e alcançou o apogeu nos anos 30 do século XX.

Entre 1930 e 1937, o debate político incorporava diferentes projetos educacionais. Os liberais, que preconizavam o desenvolvimento urbano-industrial em bases democráticas, desejavam mudanças qualitativas e quantitativas na rede de ensino público, ao proporem a escola única fundamentada nos princípios de laicidade, gratuidade, obrigatoriedade e coeducação. Alegando que os liberais destruíam os princípios da liberdade de ensino e retiravam das famílias a educação dos filhos, os católicos aproximaram-se das teses dos integralistas, defensores do nazismo e do fascismo europeus, e com estes desaprovavam as alterações qualitativas modernizantes e democráticas objetivadas pelos primeiros, além de acusá-los de defender propostas comunistas.

Ensino propedêutico refere-se àquele que não objetiva a habilitação profissional, a terminalidade, mas busca a preparação para a continuidade dos estudos.

Durante o Estado Novo, regime ditatorial de Vargas que durou de 1937 a 1945, oficializou-se o dualismo educacional: ensino secundário para as elites e ensino profissionalizante para as classes populares. As leis orgânicas ditadas nesse período, por meio de exames rígidos e seletivos, tornavam o ensino antidemocrático, ao dificultarem ou impedirem o acesso das classes populares não só ao ensino propedêutico, de nível médio, como também ao ensino superior.

O processo de democratização do país foi retomado com a deposição de Vargas em 1945. A industrialização crescente, especialmente nos anos 1950 e 1960, levou à adoção da política de *educação para o desenvolvimento*, com claro incentivo ao ensino técnico-profissional. O golpe de 1964 atrelou a educação ao mercado de trabalho, incentivando a profissionalização na escola média a fim de conter as aspirações ao ensino superior. A Lei nº 5.692, de 11 de agosto de 1971, ampliou a escolaridade mínima para oito anos (ensino de 1º grau) e tornou profissionalizante, obrigatoriamente, o ensino de 2º grau. A evolução quantitativa do 1º grau – 100% na primeira fase do 1º grau (1ª a 4ª séries) e 700% em suas últimas séries em apenas dez anos – não foi acompanhada de melhora qualitativa. Ao contrário, a expansão da oferta de vagas, nos diversos níveis de ensino, teve como consequência o comprometimento da qualidade dos serviços prestados, em razão da crescente degradação das condições de exercício do magistério e da desvalorização do professor.

"A expansão das oportunidades, nos vinte anos de ditadura militar, foi feita através de um padrão perverso",

sublinha Azevedo (1994, p. 461). A ampliação das vagas deu-se pela redução da jornada escolar, pelo aumento do número de turnos, pela multiplicação de classes multisseriadas e unidocentes, pelo achatamento dos salários dos professores e pela absorção de professores leigos. O trabalho precoce e o empobrecimento da população, aliados às condições precárias de oferecimento do ensino, levaram à baixa qualidade do processo, com altos índices de reprovação.

Atualmente, o país está sendo vítima dessa política. O atraso técnico-científico e cultural brasileiro impede sua inserção no novo reordenamento mundial. A escolaridade básica e a qualidade do ensino são necessidades da produção flexível, e a educação básica falha constitui fator que tolhe a competitividade internacional do Brasil.

Para Azevedo (1994), o problema é que as propostas neoliberais e os conteúdos da ideia de qualidade esvaziam-se de condicionamentos políticos e tornam-se questão técnica, restringindo o conceito de qualidade à otimização do desempenho do sistema e às parcerias com o setor privado no que tange às estratégias da política educacional. A qualidade do ensino consiste em desenvolver o espírito de iniciativa, a autonomia para tomar decisões, a capacidade de resolver problemas com criatividade e competência crítica – visando, porém, atender aos interesses dos grandes blocos econômicos internacionais. A questão é, antes, ético-política, uma vez que se processa na discussão dos direitos de cidadania para os excluídos. Por isso, ensino de qualidade para todos constitui, mais do que nunca, dever do Estado em uma sociedade que se quer mais justa e democrática.

Na reflexão e no debate sobre a qualidade da educação e do ensino, os educadores têm caracterizado o termo "qualidade" com os adjetivos social e cidadã – isto é, qualidade social, qualidade cidadã –, para diferenciar o sentido que as políticas oficiais dão ao termo. Qualidade social da educação significa não apenas diminuição da evasão e da repetência, como entendem os neoliberais, mas refere-se à condição de exercício da cidadania que a escola deve promover. Ser cidadão significa ser partícipe da vida social e política do país, e a escola constitui espaço privilegiado para esse aprendizado, e não apenas para ensinar a ler, escrever e contar, habilidades importantes, mas insuficientes para a promoção da cidadania. Além disso, a qualidade social da educação precisa considerar tanto os fatores externos (sociais, econômicos, culturais, institucionais, legais) quanto os fatores intraescolares, que afetam o processo de ensino-aprendizagem, articulados em função da universalização de uma educação básica de qualidade para todos.

4. O embate entre defensores da escola pública e privatistas na educação brasileira

Compreender a educação pública no Brasil supõe conhecer como se deram, historicamente, os embates entre os defensores da escola pública e as forças privatistas, presentes ao longo da história educacional brasileira.

A gênese da educação brasileira ocorreu com a vinda dos jesuítas, que iniciaram a instauração, no ideário educacional, dos princípios da doutrina religiosa católica, a educação diferenciada pelos sexos e a responsabilidade da família com a educação. Esses princípios, a partir da década de 1920, chocavam-se com os princípios liberais dos escolanovistas que publicaram, em 1932, o *Manifesto dos Pioneiros da Educação Nova*, propondo novas bases pedagógicas e a reformulação da política educacional.

A Constituição de 1934 absorveu apenas parte dessas propostas, atribuindo papel relevante ao Estado no controle e na promoção da educação pública. Essa Constituição instituiu o ensino primário obrigatório e gratuito, criou o concurso público para o magistério, conferiu ao Estado o poder fiscalizador e regulador de instituições de ensino públicas e particulares e fixou percentuais mínimos para a educação.

Os católicos, porém, não foram totalmente tirados de cena. A educação religiosa tornou-se obrigatória na escola pública, contrariando o princípio liberal da laicidade, os estabelecimentos privados foram reconhecidos e legitimou-se o papel educativo da família e a liberdade de os pais escolherem a melhor escola para seus filhos, o que mais tarde foi usado como argumento a favor da destinação de recursos financeiros públicos também para as escolas privadas.

Imposta pelo Estado Novo, a Carta Constitucional de 1937 atenuou o dever do Estado como educador, instituindo-o como subsidiário, para preencher lacunas ou deficiências da educação particular. Em vez de consolidar o ensino público e gratuito como tarefa do Estado, a Carta de 1937 reforçou o dualismo educacional que provê os ricos com escolas particulares e públicas de ensino propedêutico e confere aos pobres a condição de usufruir da escola pública mediante a opção pelo ensino profissionalizante.

Com a promulgação das leis orgânicas – a chamada Reforma Capanema – entre 1942 e 1946, foram desenvolvidos empreendimentos particulares no ensino profissionalizante, com o objetivo de preparar melhor a mão de obra em uma fase de expansão da indústria, por causa das restrições às importações no período da Segunda Guerra Mundial. O Senai foi organizado e dirigido pelos industriais, e o Senac, pelos comerciantes. Atualmente, essas duas instituições têm peso significativo no ensino profissional oferecido no país, embora em ritmo decrescente a partir do final dos anos 1980, diante do crescimento do atendimento público gratuito. Nos primeiros anos do século XXI passaram a atuar, também, em cursos tecnológicos de nível superior e em programas de educação a distância.

Quando o anteprojeto da primeira LDB iniciou sua tramitação em 1948, a maioria das escolas particulares de nível secundário estava nas mãos dos católicos, atendendo à classe privilegiada. Alegando que o projeto determinava o monopólio estatal da educação, os católicos defendiam a liberdade do ensino e o direito da família de escolher o tipo de educação a ser oferecida aos filhos. Na verdade, essa questão impedia a democratização da educação pública, ao incorporar no texto legal a cooperação financeira para as escolas privadas em uma sociedade em que mais da metade da população não tinha acesso à escolarização.

Opondo-se a essa postura elitista, os liberais, apoiados por intelectuais, estudantes e sindicalistas, iniciaram campanha em defesa da escola pública que culminou, em 1959, com o *Manifesto dos Educadores*. Este propunha o uso dos recursos públicos unicamente nas escolas públicas e a fiscalização estatal para as escolas privadas.

A expansão da escola privada foi mais intensa após o golpe militar de 1964, que instaurou a ditadura militar e beneficiou grandemente a iniciativa privada, especialmente no ensino superior.

Durante o processo de elaboração da Constituição de 1988, verificou-se novamente o confronto entre publicistas e privatistas. No entanto, os privatistas apresentavam novas feições, uma vez que passaram a ser compostos não apenas de grupos religiosos católicos, mas também de protestantes e empresários do ensino. Ideologicamente, atacavam o ensino público, caracterizado como ineficiente e fracassado, contrastando-o com a suposta excelência da iniciativa privada, mas ocultando os mecanismos de apoio governamental à rede privada, tais como imunidade fiscal sobre bens, serviços e rendas, garantia de pagamento das mensalidades escolares e bolsas de estudo. Esses mecanismos mantiveram-se mesmo após a promulgação da Constituição Federal de 1988.

Como que reforçando as disparidades entre uma e outra rede, o descompromisso estatal com a educação pública deteriorou os salários dos professores e as condições de trabalho, o que gerou greves e mobilizações. A preferência pela escola particular ampliou-se por sua aparência de melhor organização e eficácia. Muitas famílias fizeram sacrifícios em muitos gastos para propiciar um ensino supostamente de melhor qualidade em uma escola particular.

A análise de que a escola privada é superior à pública não se sustenta, em geral, por não haver homogeneidade em nenhuma das redes – há boas e más escolas em ambas –, como demonstram as análises do Sistema de Avaliação da Educação Básica (Saeb). Além disso, é nas escolas públicas que se encontram os segmentos economicamente menos favorecidos da sociedade. Conforme o Censo Escolar da Educação Básica de 2010 (Tabela 1 e Gráfico 1):

Desde os anos 1990 vêm sendo criados e aplicados exames em âmbito federal, entre os quais se destacam o Sistema de Avaliação da Educação Básica – Saeb (1994), o Exame Nacional do Ensino Médio – Enem (1998), o Exame Nacional de Certificação de Competências de Jovens e Adultos – Encceja (2002), a Prova Brasil (2005), a Provinha Brasil (2007), o Índice de Desenvolvimento da Educação Básica – Ideb (2007) e o Exame Nacional de Ingresso na Carreira Docente (2010).

> *Nos 194.939 estabelecimentos de educação básica do país estão matriculados 51.549.889 alunos, sendo que 43.989.507 (85,4%) estão em escolas públicas e 7.560.382 (14,6%) em escolas da rede privada. As redes municipais são responsáveis por quase metade das matrículas – 46,0% –, o equivalente a 23.722.411 alunos, seguida pela rede estadual, que atende a 38,9% do total, o equivalente a 20.031.988. A rede federal, com 235.108 matrículas, participa com 0,5% do total (Brasil. MEC/Inep, 2010, p. 3-4).*

Por esses dados, fica clara a importância da educação pública no país e para a democratização da sociedade, uma vez que ela desempenha papel significativo no processo de inclusão social.

Tabela 1 - Número de matrículas na Educação Básica por Dependência Administrativa - Brasil 2002-2010

Ano	Matrícula na Educação Básica					
	Total Geral	Pública				Privada
		Total	Federal	Estadual	Municipal	
2002	56.203.383	49.019.486	185.981	24.661.545	24.171.960	7.183.897
2003	55.317.747	48.369.509	105.469	23.528.267	24.735.773	6.948.238
2004	56.174.997	49.196.394	96.087	24.172.326	24.927.981	6.978.603
2005	56.471.622	49.040.519	182.499	23.571.777	25.286.243	7.431.103
2006	55.942.047	48.595.844	177.121	23.175.567	25.243.156	7.346.203
2007	53.028.928	46.643.406	185.095	21.927.300	24.531.011	6.385.522
2008	53.232.868	46.131.825	197.532	21.433.441	24.500.852	7.101.043
2009	52.580.452	45.270.710	217.738	20.737.663	24.315.309	7.309.742
2010	51.549.889	43.989.507	235.108	20.031.988	23.722.411	7.560.382

Fonte: MEC/Inep/DEED
Notas: 1) Não inclui matrículas em turmas de atendimento complementar.
2) O mesmo aluno pode ter mais de uma matrícula.

Gráfico 1 - Evolução do número de matrículas na Educação Básica por Dependência Administrativa
Brasil - 2002 a 2010

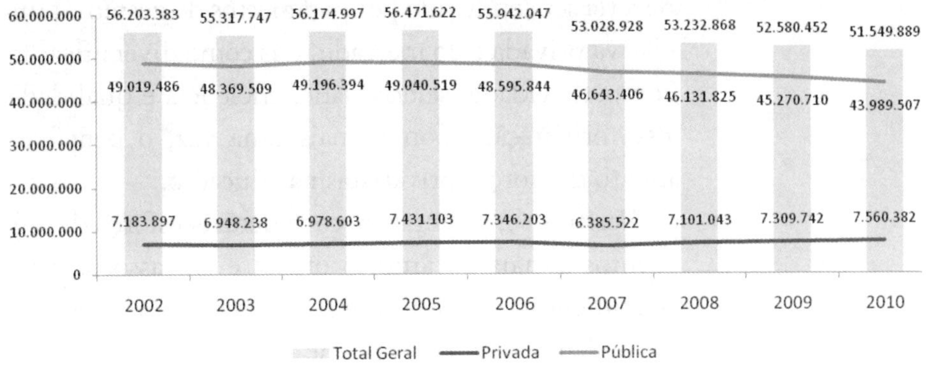

60.000.000
50.000.000
40.000.000
30.000.000
20.000.000
10.000.000
0

56.203.383 55.317.747 56.174.997 56.471.622 55.942.047 53.028.928 53.232.868 52.580.452 51.549.889

49.019.486 48.369.509 49.196.394 49.040.519 48.595.844 46.643.406 46.131.825 45.270.710 43.989.507

7.183.897 6.948.238 6.978.603 7.431.103 7.346.203 6.385.522 7.101.043 7.309.742 7.560.382

2002 2003 2004 2005 2006 2007 2008 2009 2010

Total Geral —Privada —Pública

Fonte: Brasil (2010).

A partir de meados da década de 1980, com a crise econômica internacional e o desemprego estrutural que levaram ao arrocho salarial, a classe média, pressionada pelo custo de vida, buscou retirar do orçamento familiar o gasto com mensalidades escolares e foi à procura da escola pública. A inadimplência cresceu nas escolas particulares e nova ofensiva apresentou-se: a ideia do público não estatal. Público passou a ser entendido como tudo o que se faz na sociedade e nela interfere. Nessa perspectiva, haveria o público estatal e o público privado, definindo a gratuidade do ensino apenas em estabelecimentos oficiais, como assegura o art. 206 da Constituição Federal de 1988.

Essa concepção deve-se à política neoliberal, que prega o Estado mínimo, incluindo até mesmo a privatização ou a minimização da oferta de serviços sociais.

Na educação básica, orientado até mesmo por organismos internacionais como o Banco Mundial, o Estado deveria atender o ensino público, uma vez que esse nível de educação é considerado imprescindível na organização do trabalho. Tal atendimento, no entanto, deveria ser conduzido por parâmetros de gestão da iniciativa privada e do mercado, tais como diversificação, competitividade, seletividade, eficiência e qualidade. Essa orientação aponta, mais uma vez, o beneficiamento das forças privatistas na educação.

Verifica-se, no entanto, considerável esforço de segmentos sociais no âmbito oficial e em associações e movimentos de educadores, sobretudo a partir da segunda metade da década de 2000, em favor da retomada do protagonismo do Estado na área educacional. Nesse sentido, cumpre destacar a criação do Fundo de Manutenção e Desenvolvimento da Educação Básica e de Valorização dos Profissionais da Educação (Fundeb), em 2007; a Emenda Constitucional nº 59, que torna obrigatório o ensino de 4 a 17 anos; as iniciativas que visam ao aumento dos investimentos públicos na educação; a expansão da oferta de educação superior por meio das universidades federais; a ampliação da educação profissional e tecnológica mediante a criação de institutos federais de educação, ciência e tecnologia.

Capítulo II

As reformas educacionais e os planos de educação

As reformas educacionais e os planos de educação

A elaboração de um plano de educação pressupõe algumas razões e demandas que o exijam. Isso significa que deve ser constatada a existência de determinado problema para, então, buscar soluções para ele, formular uma política e um plano de implementação. Ocorre que um problema nacional, como problema governamental, só existe com uma percepção coletiva. Não basta, assim, somente algumas pessoas terem consciência do problema; é preciso que existam pressões sociais coletivas para que determinado aspecto da realidade seja considerado problema. "Somente quando essa consciência se generaliza e se difunde amplamente na sociedade é que se pode falar de um problema em termos nacionais e de governo", *assinala Azanha (1998, p. 70). Essas circunstâncias permeiam o histórico das reformas educacionais.*

1. Breve histórico das reformas educacionais

O caráter elitista da educação brasileira fez com que a questão educacional se tornasse um problema apenas com o início do processo de industrialização, na década de 1920. As reivindicações dos diferentes movimentos sociais pela ampliação do atendimento escolar, o Entusiasmo pela Educação, geraram as condições para que, em 1932, um grupo de educadores lançasse um manifesto ao povo e ao governo. Conhecido como *Manifesto dos Pioneiros da Educação Nova*, esse documento pode ser considerado a primeira tentativa de elaboração de um plano de educação para o país, sendo *"a mais nítida e expressiva tomada de consciência da educação como um problema nacional"* (Azanha, 1998).

Estaria, nos dias de hoje, existindo novamente essa consciência nacional, pela presença constante, nos diferentes discursos, da importância da educação em um mundo competitivo, em uma sociedade em que o conhecimento é fundamental e o fantasma do desemprego só pode ser afugentado com melhor qualificação e mais anos de escolarização? Lamentavelmente, a priorização da educação tem estado presente mais no discurso que nas ações.

Saviani (1998) destaca as diferentes racionalidades existentes nas muitas tentativas de elaboração e implementação de um plano nacional de educação no Brasil. Segundo ele, na primeira tentativa, a dos escolanovistas em 1932, houve a introdução da racionalidade científica na educação. Com o Estado Novo, imposto por Vargas em 1937, a racionalidade estava presente no controle político-ideológico por meio da política educacional. Na primeira LDB, Lei nº 4.024/1961, o Plano Nacional de Educação era *"instrumento de distribuição de recursos para os diferentes níveis de ensino"* (Azanha, 1998). Após 1964, com a ditadura militar, vigorava a racionalidade tecnocrática na educação, e na Nova República, iniciada com Sarney em 1985, propunha-se a racionalidade democrática. Nas reformas educacionais de meados dos anos 1990, existia na área educacional a racionalidade financeira, com preocupações sobre custo-benefício, eficácia na execução e excelência do produto, preocupações provenientes do ambiente empresarial – ressurgindo, dessa forma, a teoria do capital humano com outras roupagens.

O *Manifesto dos Pioneiros da Educação Nova* tencionava a reformulação da política educacional com base pedagógica renovada. Foi redigido em atenção ao pedido de Vargas, na IV Conferência Nacional de Educação (1931), para que os intelectuais ali presentes contribuíssem para a elaboração de uma proposta educacional, que seu governo não possuía. Em linhas gerais, o manifesto defendia uma escola pública obrigatória, laica e gratuita, que eliminasse o espírito livresco da educação em vigor e adquirisse aspecto mais prático, profissionalizante, aberta a todas as classes sociais, a fim de construir cientificamente o país, na perspectiva da racionalidade científica.

A Constituição Federal de 1934 absorveu parte do conteúdo do manifesto, definindo como principal função do Conselho Nacional de Educação a elaboração do Plano Nacional de Educação. O documento foi elaborado e, segundo Saviani (1998), coincidia com o significado da Lei de Diretrizes e Bases da Educação, uma vez que compreendia o ensino de todos os graus e ramos, comuns e especializados, para todo o território nacional, e sua execução deveria ser coordenada e fiscalizada pela União. Tal plano não foi implementado em virtude do golpe de 1937, que manteve Vargas no poder até 1945.

A intenção de Gustavo Capanema, ministro da Educação no governo Vargas, era elaborar inicialmente uma lei geral de ensino, para depois propor um plano de educação com o objetivo de orientar e controlar (racionalidade de controle político-ideológico) as ações educativas no país. Contudo, nenhum dos dois foi concretizado.

De 1946 a 1964, duas tendências entraram em conflito: a do nacionalismo desenvolvimentista como atribuição do Estado e a dos privatistas, que pregavam a liberdade do ensino. Ambas marcaram presença na Lei de Diretrizes e Bases (LDB) aprovada em 1961, a primeira que se referia à distribuição de recursos públicos, dos quais as escolas privadas queriam participar.

Na análise de Azanha (1998), o primeiro Plano Nacional de Educação, de 1962, teve suas coordenadas estabelecidas pela LDB de 1961. O plano, que sofreu duas revisões (em 1965, em razão da lei que estabeleceu o salário-educação, e em 1966, criando os ginásios orientados para o trabalho), constituía um conjunto de metas qualitativas e quantitativas a ser alcançadas em oito anos, além de estabelecer os critérios para aplicação dos recursos destinados à educação. Esse plano, de iniciativa do MEC e aprovado pelo Conselho Federal de Educação, não constituiu, porém, uma lei que determinasse os objetivos e as metas da educação no país.

Os planos que sucederam o de 1962 revelaram-se mais tentativas frustradas do que planos efetivos de educação, uma vez que as coordenadas de ação do setor eram obstaculizadas pela falta de integração entre os diferentes ministérios, especialmente em razão do fato de a educação nunca ter sido prioridade governamental, a não ser nos discursos, e da descontinuidade administrativa que tem caracterizado os sucessivos governos.

Vale salientar, todavia, que os planos até então existentes se ligavam aos pressupostos definidos na LDB, diferentemente do ocorrido após a promulgação da Constituição de 1988, que determina a instituição do Plano Nacional de Educação por lei, sendo, portanto, autônomo em relação ao que estabelece a nova LDB.

Com os militares no poder, de 1964 a 1985, a concepção tecnicista de educação tornou a ideia de um plano nacional em instrumento de racionalidade tecnocrática, uma vez que o Ministério da Educação se subordinava ao do Planejamento (Saviani, 1998).

O Plano Nacional de Desenvolvimento da Nova República pretendia que a realidade educacional brasileira fosse organizada pelo Plano de Educação para Todos, o qual foi desconsiderado, em razão da existência de práticas de privilégio no repasse de recursos, com objetivos clientelistas.

Em 1990, no início do governo Collor, teve início a discussão internacional sobre um plano decenal para os nove países mais populosos do Terceiro Mundo. Proposto pela Organização das Nações Unidas para a Educação, a Ciência e a Cultura (Unesco), pelo Fundo das Nações Unidas para a Infância (Unicef), pelo Programa das Nações Unidas para o Desenvolvimento (PNUD) e pelo Banco Mundial, o Plano Decenal de Educação para Todos foi editado em 1993 e não saiu do papel, sendo abandonado com a posse de Fernando Henrique Cardoso, em 1995. Com o projeto de reformar toda a educação brasileira, este governo, cujo término se deu em 2002, apresentou seu Plano Nacional de Educação como continuidade do Plano Decenal de 1993 (art. 87, § 1º, da Lei nº 9.394/1996).

Brasil, Índia, Bangladesh, Indonésia, Tailândia, Egito, México, Nigéria, Paquistão. Tais países possuem mais da metade da população mundial e, consequentemente, mais da metade dos problemas do mundo, especialmente os educacionais.

Embora a nova LDB expresse, em seu art. 9º, que a União deve incumbir-se de elaborar o Plano Nacional de Educação (PNE) em colaboração com os estados, o Distrito Federal e os municípios, o plano do Ministério da Educação foi elaborado pelo Instituto Nacional de Estudos e Pesquisas Educacionais (Inep) e teve apenas alguns interlocutores privilegiados, como o Conselho

Nacional de Educação e os presidentes do Conselho Nacional de Secretários de Educação (Consed) e da União Nacional dos Dirigentes Municipais de Educação (Undime). Esse projeto deu entrada na Câmara dos Deputados em 12 de fevereiro de 1998.

Porém, esse não foi o único projeto de lei relativo ao PNE que deu entrada no Congresso Nacional. Com antecedência de dois dias – no dia 10 de fevereiro –, foi protocolado na Câmara dos Deputados o PNE da sociedade brasileira, construído pela sociedade civil e consolidado na plenária de encerramento do Congresso Nacional da Educação (Coned II), que ocorreu em Belo Horizonte em novembro de 1997. Com a cooperação de parte do corpo político, a própria sociedade civil – por meio de entidades científicas, acadêmicas, sindicais e estudantis, de âmbito nacional e local –, em sua tarefa inédita de construção do Plano Nacional de Educação, pretendia resgatar o método democrático de participação da sociedade na criação de leis no país, em colaboração com seus representantes parlamentares.

O relatório da Associação Nacional de Pós-Graduação e Pesquisa em Educação (Anped), que analisou o projeto de PNE do MEC/Inep, fez considerações críticas sobre a dissociação entre o ensino médio e a educação profissionalizante, entre outros tópicos, e também avaliou negativamente a não ampliação do percentual de recursos financeiros a ser usados na manutenção e no desenvolvimento do ensino em dez anos. Por sua vez, o PNE da sociedade brasileira propunha utilizar 10% do produto interno bruto (PIB) para os gastos públicos com educação, de forma que revertesse o histórico processo de exclusão social a que a educação está submetida, especialmente a destinada às classes subalternas.

Havia diferenças substanciais entre as duas propostas, que foram discutidas e votadas nas casas legislativas do Congresso Nacional, a Câmara dos Deputados e o Senado Federal. Pela data de entrada, o projeto formulado pela sociedade brasileira teve preferência na discussão, e o projeto do MEC/Inep teve de entrar como apêndice na discussão do primeiro. A realização das eleições de 1998 (para presidente da República, governador, senador, deputado federal e deputado estadual) impediu o início da discussão do projeto de lei. A discussão prolongou-se por mais algum tempo, e o projeto foi aprovado apenas em janeiro de 2001.

2. Plano Nacional de Educação (PNE) 2001-2010: histórico e análise geral

O PNE, criado para estabelecer políticas e metas para dez anos, foi aprovado pelo Congresso Nacional pela Lei nº 10.172, de 9 de janeiro de 2001, tendo sua vigência encerrada ao fim do ano de 2010. Conforme esse plano, os estados, o Distrito Federal e os municípios deveriam elaborar planos decenais correspondentes para adequação às especificidades locais, o que efetivamente não ocorreu em vários estados e municípios.

Entre as razões para a elaboração do PNE, figurava a premência de haver um plano de Estado, ou seja, um projeto de educação que tivesse duração e vigência independentes dos governos no poder, garantindo a continuidade das políticas públicas para a educação.

Este foi o primeiro PNE submetido à aprovação do Congresso Nacional, por exigência legal inscrita tanto na Constituição Federal de 1988 (art. 214) como na LDB nº 9.394/1996 (art. 87, § 1º). A CF/1988, em seu art. 214, expressa o desejo da nação brasileira de um plano nacional de educação, de duração plurianual, que leve à erradicação do analfabetismo, à universalização do atendimento escolar, à melhoria da qualidade do ensino, à formação para o trabalho e à promoção humanística, científica e tecnológica do país. A LDB nº 9.394, de 1996, em seu artigo 9º, estabelece que a União deve incumbir-se de elaborar o Plano Nacional de Educação, em colaboração com os estados, o Distrito Federal e os municípios.

O PNE 2001-2010 resultou da discussão, nas duas casas legislativas federais (Câmara e Senado), de dois projetos de lei, o do MEC e o de entidades e movimentos da sociedade civil. A existência de duas propostas de plano evidenciava o conflito de interesses entre os diversos segmentos sociais. As diferenças entre elas faziam-se ver no diagnóstico dos problemas, na identificação das necessidades educacionais a atender e, como não poderia deixar de ser, no montante de recursos financeiros a ser destinados à execução do plano. O projeto do MEC propunha a aplicação de 5,5% do PIB e o da sociedade brasileira, 10%. A versão aprovada ficou em 7%, valor que acabou sendo vetado pelo presidente da República.

O trecho a seguir faz uma síntese histórica do processo de elaboração, votação e sanção presidencial do PNE de 2001.

> *O ano de 1997 foi dedicado à sua formulação. Dois projetos foram apresentados à Câmara dos Deputados: o de nº 4.155/98, subscrito pelo Deputado Ivan Valente e outros, que encaminhava a proposta do II Coned, e o de nº 4.173/98, elaborado pelo MEC e apresentado pelo governo*

federal. Seguiram-se três anos, 1998, 1999 e 2000, de tramitação legislativa no Congresso Nacional. Ali, um amplo e intenso programa de debates foi instaurado, emendas foram apresentadas, sugestões, encaminhadas. O estudo das diversas contribuições levou o relator, deputado Nelson Marchezan, a apresentar um substitutivo, que, depois de duas revisões e novas emendas, foi aprovado pela Comissão de Educação, Cultura e Desporto. Requerimento assinado pelos líderes de todos os partidos políticos fez com que o projeto fosse encaminhado ao plenário da Câmara dos Deputados, para análise e votação em regime de urgência. Uma sessão plenária foi transformada em Comissão Geral, para ouvir especialistas e debater amplamente o projeto naquele plenário. Seguiu-se sua aprovação e encaminhamento ao Senado Federal. Este aprovou sem alterações o projeto encaminhado pela Câmara dos Deputados, sendo enviado ao presidente da República, para sanção. Em 9 de janeiro de 2001, o presidente sancionou a lei que institui o PNE, com vetos a nove metas, propostos pelo Ministério da Fazenda e do Planejamento, Orçamento e Gestão, que ainda não foram submetidos à votação do Congresso Nacional.

Disponível em: <http://www.inep.gov.br/download/cibec/2001/titulos_avulsos/miolo_PNE.pdf>. A lei completa e todo o plano podem ser encontrados em: <http://www.planalto.gov.br/ccivil_03/leis/leis_2001/l10172.htm>. Acesso em: jun. 2010.

O PNE 2001-2010 teve os seguintes objetivos:

a) a elevação global do nível de escolaridade da população;
b) a melhoria da qualidade de ensino em todos os níveis;
c) a redução das desigualdades sociais e regionais no tocante ao acesso à escola pública e à permanência, com sucesso, nela;
d) a democratização da gestão do ensino público nos estabelecimentos oficiais, obedecendo aos princípios da participação dos profissionais da educação na elaboração do projeto pedagógico da escola e da participação da comunidade escolar e local em conselhos escolares e equivalentes.

A lei previa que o PNE deveria ser avaliado periodicamente pelo Poder Legislativo e acompanhado pela sociedade civil organizada, o que também ficou a desejar, pois foram poucas e fragmentadas as iniciativas do Legislativo, do Ministério da Educação ou do Conselho Nacional de Educação nessa direção. O plano trouxe metas que se referiam a todos os níveis e modalidades de educação; todavia, não se realizou uma avaliação efetiva para observar o cumprimento ou não dessas metas.

As metas que tiveram vetos do presidente da República foram justamente as referentes aos recursos financeiros, com destaque à que vinculava percentuais ao PIB para manutenção e desenvolvimento do ensino. Foram, assim, vetados os artigos referentes à: a) ampliação da Bolsa-Escola para 50% das crianças até 6 anos; b) ampliação do número de vagas no ensino público superior; c) criação de um fundo da educação superior; d) ampliação do Programa de Crédito Educativo; e) triplicação, em dez anos, do financiamento público à pesquisa científica e tecnológica; f) garantia de recursos do Tesouro para pagamento de aposentados e pensionistas do ensino público federal.

Apesar de a lei que aprovou o PNE ter estabelecido, em seu art. 5º, que os Planos Plurianuais (PPAs) da União, dos estados, do Distrito Federal e dos municípios deveriam ser elaborados para dar suporte às metas constantes no PNE, muitas metas não foram atingidas em decorrência da escassez de recursos. Esses vetos então impediram, de certa forma, que a lei fosse eficaz na obtenção de melhorias na manutenção e desenvolvimento do ensino, tornando o plano mais uma carta de intenções.

O deputado Ivan Valente (PSOL-SP), autor da primeira proposta do PNE 2001, avalia que o plano aprovado pelo Congresso em 2001 ficou muito aquém dos anseios dos movimentos em defesa do ensino público, mas, apesar dos vetos presidenciais, apresentou avanços diante da conjuntura daquele momento. Lamenta, entretanto, que

> *o plano chega ao fim de sua vigência sem se tornar uma referência para as políticas públicas da União, estados e municípios. Ao longo desses dez anos, o texto foi relegado a segundo plano, sujeitado a programas pontuais e ações de governo, enfraquecido naquela que deveria ser a sua principal característica: um plano de Estado de médio e longo prazo, capaz de articular a construção de um projeto de educação nacional.*

Esta observação pode ser encontrada em: <http://www.sindutemg.org.br/novosite/conteudo.php?MENU=1&LISTA=detalhe&ID=453>. Acesso em: jun. 2010.

Ao longo dos anos de 2009 e 2010, foi constituída a Conferência Nacional de Educação (Conae), que, entre outras atribuições, foi a responsável pela mobilização do campo da educação para a elaboração do PNE 2011-2020. Nas seções seguintes poder-se-á verificar o que o PNE encerrado em 2010 representou para a política brasileira e que metas foram inseridas no PNE 2011-2020.

Esta observação pode ser encontrada em: <http://www.sindutemg.org.br/novosite/conteudo.php?MENU=1&LISTA=detalhe&ID=453>. Acesso em: jun. 2010.

3. Políticas educacionais no governo Fernando Henrique Cardoso (1995-2002)

O pano de fundo da reforma educacional brasileira, no contexto das transformações sociais ocorridas no mundo por volta dos anos 80 do século XX, começou a delinear-se nos anos 1990 com o governo de Fernando Collor (1990-1992), que deu início à abertura do mercado brasileiro com o objetivo de inserir o país em âmbito mundial, subordinando-o ao capital financeiro internacional. Essa tendência manteve-se ao longo dos governos seguintes de Itamar Franco (1993-1994) e Fernando Henrique Cardoso (1995-1998; 1999-2002). A atrelagem financeira ao mercado globalizado refletiu-se nas demais dimensões da vida social, como as políticas públicas de cunho social e, entre elas, a educação.

Com a posse de Fernando Henrique Cardoso, em 1995, iniciou-se o processo de concretização da política educacional conforme às diretrizes de agentes financeiros multilaterais, como o Banco Mundial, cujas orientações se fizeram presentes na reforma educacional brasileira.

A reforma educacional brasileira em curso teve início com um elenco amplo de ações, porém sem aumento de recursos financeiros para manutenção e desenvolvimento do ensino. A centralização dos recursos em nível federal, no Fundo de Manutenção e Desenvolvimento do Ensino Fundamental e de Valorização do Magistério (Fundef), possibilitou melhoria relativa nas áreas mais pobres do país, no entanto provocou perda do padrão educacional em centros maiores.

No primeiro mandato, o presidente eleito apresentou um programa denominado *Acorda Brasil: Está na Hora da Escola*, no qual se destacaram cinco pontos: a) distribuição de verbas diretamente para as escolas; b) melhoria da qualidade dos livros didáticos; c) formação de professores por meio da educação a distância; d) reforma curricular (estabelecimento de parâmetros curriculares nacionais – PCN – e diretrizes curriculares nacionais – DCN); e) avaliação das escolas. Observam-se nesses pontos os mesmos itens das reformas ocorridas no plano internacional, uma vez que eles cumprem orientações de organismos multilaterais: financiamento, formação de professores, currículo, avaliação e gestão.

Diferentemente das políticas educacionais anteriores, que faziam reformas em alguns pontos da educação escolar, o governo Fernando Henrique Cardoso elaborou políticas e programas com articulação entre as alterações que ocorriam em vários âmbitos, graus e níveis de ensino. Analistas e pesquisadores educacionais chegavam a enfrentar dificuldades para acompanhar todas as ações, que aconteciam em ritmo acelerado, ignorando as considerações das entidades organizadas e das pesquisas educacionais realizadas nas universidades.

A ampla e muitas vezes exagerada divulgação de ações gerou a convicção de que a educação estava finalmente mudando. Porém, resultados negativos do Sistema de Avaliação Nacional do Ensino Fundamental (Saeb) começaram a minar o otimismo criado: a falta de vagas para milhares de crianças produziu desconfiança quanto ao que fora propagado, e a não melhoria das condições salariais levou os professores à síndrome da desistência. Em que pese tudo isso, agregado à séria crise econômica e ao medo do desemprego, ocorreu a reeleição do presidente, de sorte que a mesma política educacional teve continuidade até 2002. Nas eleições presidenciais desse ano, pela primeira vez na história do país, a sociedade brasileira elegeu um presidente com origens nas camadas mais pobres da nação: Luiz Inácio Lula da Silva. Fundador do Partido dos Trabalhadores (PT), o pernambucano Lula, como ficou conhecido, ascendeu ao poder com a proposta educacional denominada *Uma Escola do Tamanho do Brasil*, na

O país contabilizou, em 1998, a existência de 2,7 milhões de crianças entre 7 e 14 anos fora da escola. Porém, dados de 2008 do PNAD/IBGE dão conta de que 97,9% das crianças entre 7 e 14 anos estão na escola, e na faixa etária de 15 a 17 anos a taxa de frequência é de 84,1%. Isso evidencia melhora nos indicadores, mas muito ainda há por fazer.

Sobre esta síndrome, cf. a pesquisa realizada pela Confederação Nacional dos Trabalhadores em Educação (CNTE), em parceria com a Universidade de Brasília: CODO, Wanderley (Coord.). Educação: carinho e trabalho. Burnout, a síndrome da desistência do educador, que pode levar à falência da educação. Brasília, DF: CNTE: UnB; Petrópolis: Vozes, 1999.

perspectiva de que a educação seria tratada como prioridade de governo e como ação relevante na transformação da realidade econômica e social do povo brasileiro.

4. Políticas educacionais do primeiro governo de Luiz Inácio Lula da Silva (2003-2006)

Por sua vez, no início de 2007, o MEC lançou o Plano de Desenvolvimento da Educação (PDE), com o intuito de melhorar a qualidade da educação no país em todos os níveis e modalidades, mas tendo a educação básica como prioridade. O PDE traz um diagnóstico sobre o ensino público, bem como ações, programas e metas. A esse respeito, consultar: <http://www.mec.gov.br>. Acesso em: 31 maio 2011.

Uma Escola do Tamanho do Brasil foi o nome do programa para educação do governo que assumiu o país para um mandato de quatro anos, de 2003 a 2006. O fato de, pela primeira vez, o presidente brasileiro vir das camadas populares sinalizava que o país poderia começar a tecer nova história. A educação seria uma área que deveria contar com diferenças de tratamento em relação ao passado próximo e distante, tal como evidenciava a justificativa do programa: *"Pensar a educação como uma ação relevante na transformação da realidade econômica e social do povo brasileiro é pensar numa Escola do Tamanho do Brasil"* (PT, 2002, p. 7).

Considerando a educação como condição para a cidadania, o governo Lula mostrou-se determinado a reverter o processo de municipalização predatória da escola pública, propondo novo marco de solidariedade entre os entes federativos para garantir a universalização da educação básica, na perspectiva de elevar a média de escolaridade dos brasileiros e resgatar a qualidade do ensino em todos os níveis.

Para garantir a educação como direito, o projeto de educação do governo Lula obedeceria a três diretrizes gerais: a) democratização do acesso e garantia de permanência; b) qualidade social da educação; c) instauração do regime de colaboração e da democratização da gestão. Vejamos cada uma dessas diretrizes, tal como consta no documento.

1) *Democratização do acesso e garantia de permanência.* Democratizar não significa apenas construir novas escolas. Apesar de importante, só isso não garante o atendimento, verdade válida especialmente na zona rural. É preciso ampliar o atendimento e assegurar a utilização de todas as alternativas para garantir o acesso e a permanência, articulando até mesmo os serviços de transporte escolar.
   Para institucionalizar o esforço de todos em prol da democratização do acesso à escola e da garantia de permanência nela, buscar-se-ia a construção de um sistema nacional articulado de educação, de sorte que Estado e sociedade, de forma organizada, autônoma e permanente, pudessem, por meio de uma gestão democrática e participativa, atingir os objetivos propostos.

Veja-se que este é o tema da Conae para o próximo Plano Nacional de Educação, que visa sobretudo construir um sistema nacional articulado de educação. Alguns estudiosos lamentaram o fato de o governo federal ter realizado a Conae só em 2009, ou seja, no penúltimo ano do governo Lula (2003-2010).

2) *Qualidade social da educação.* A qualidade social traduz-se na oferta de educação escolar e de outras modalidades de formação para todos, com padrões de excelência e de adequação aos interesses da maioria da população. Tem como consequência a inclusão social, por meio da qual todos os brasileiros se tornam aptos ao questionamento, à problematização, à tomada de decisões, buscando soluções coletivas possíveis e necessárias à resolução dos problemas de cada um e da comunidade onde se vive e trabalha (PT, 2002, p. 10).
   O conceito de qualidade social que permearia a política educacional do primeiro mandato do governo Lula seria definido pela comunidade escolar, pelos

especialistas e estudiosos, pelos trabalhadores e todos os demais segmentos sociais envolvidos no processo formativo. Nessa perspectiva, seria repensada a organização dos tempos e dos espaços das escolas, como a estrutura seriada, de forma a evitar a exclusão, que tem levado à repetência e à evasão. Também se faria com que a prática social e a experiência de vida dos alunos fossem incluídas como elementos fundamentais na organização do conhecimento e da cultura. A valorização profissional dos docentes dar-se-ia junto com a valorização do projeto político das escolas, uma vez que o projeto da escola passaria a ser referência para a progressão funcional baseada na experiência e no desempenho dos compromissos desse projeto. Seria incentivada a criação de centros de formação permanente e de aperfeiçoamento dos profissionais da educação, por estados ou região, articulados com as universidades e com os sistemas de educação básica. Incentivar-se-ia também a publicação de trabalhos, pesquisas, análises e descrições de experiências pedagógicas bem-sucedidas de autoria dos profissionais da educação básica.

Essa proposta para regulamentar o regime de colaboração não chegou a ser enviada ao Congresso Nacional durante o governo Lula (2003-2010), e nem mesmo a de uma lei de responsabilidade educacional. Ambas as propostas, no entanto, continuam presentes no debate educacional brasileiro.

3) *Regime de colaboração e gestão democrática.* Para cumprir os dispositivos da LDB em vigor, que estabelece o regime de colaboração entre as esferas administrativas, o governo Lula encaminharia proposta de lei complementar para regulamentar a cooperação entre as esferas de administração e instituir as instâncias democráticas de articulação. Buscar-se-ia também reverter o atual processo de municipalização predatória da educação. Foram apresentadas no programa de educação algumas propostas:

a) instituir o sistema nacional de educação, normativo e deliberativo, para articular as ações educacionais da União, dos estados e dos municípios;
b) criar o Fórum Nacional de Educação para propor, avaliar e acompanhar a execução do Plano Nacional de Educação e de seus similares em cada esfera administrativa;

Em dezembro de 2010, o governo Lula encaminhou ao Congresso uma proposta de Plano Nacional de Educação em que cria o Fórum Nacional de Educação, cuja incumbência é acompanhar e avaliar esse plano.

c) fortalecer os fóruns, os conselhos e as instâncias da educação, buscando, sempre que possível, ações integradas que evitem a fragmentação e a dispersão de recursos e esforços;
d) estimular a instalação de processos constituintes escolares, bem como do orçamento participativo, nas esferas do governo e nas unidades escolares;
e) estabelecer normas de aplicação dos recursos federais, estaduais e municipais, com base na definição de um custo-qualidade por aluno;
f) instituir o Fundo de Manutenção e Desenvolvimento da Educação Básica (Fundeb).

Após o encerramento do primeiro governo Lula (2003-2006), verificou-se que algumas metas de seu programa foram atingidas, como o Fundeb e a definição do custo-qualidade por aluno, enquanto outras estavam em via de realização, como o sistema nacional articulado de educação, proposto para o novo Plano Nacional de Educação, e o Fórum Nacional de Educação.

O MEC instituiu o Fórum Nacional de Educação (FNE) por meio da Portaria nº 1.407, de 14 de dezembro de 2010. A portaria está disponível em: <www.abruem.org.br/imagens/gerenciador/6/files/fne.pdf>. Acesso em: 31 maio 2011.

Este fórum foi reivindicado pela Conae em 2010, embora já tivesse sido previsto desde as primeiras versões da LDB.

Vejamos como essas propostas se desenvolveram no segundo governo Lula.

5. Programa de educação do segundo governo Luiz Inácio Lula da Silva (2007-2010): Plano de Desenvolvimento da Educação (PDE)

Este plano está disponível em: <http://www.sigplan.gov.br/download/avisos/001-mensagempresidencial_internet.pdf> (acesso em: 31 maio 2011). Nele é que são apresentados a Agenda Social, o Plano de Desenvolvimento da Educação (PDE) e o Programa de Aceleração do Crescimento (PAC).

O Brasil já teve quatro Planos Plurianuais (PPAs) depois de 1988. O primeiro foi elaborado para o período de 1996 a 1999 (Plano Brasil em Ação), o segundo para o período 2000-2003 (Plano Avança Brasil), o terceiro para 2004-2007 (Plano Brasil de Todos) e o quarto para 2008-2011, em que é abordado o desenvolvimento com inclusão social e educação de qualidade.

O Plano de Desenvolvimento da Educação (PDE) foi apresentado em abril de 2007 pelo ministro da Educação, Fernando Haddad, como um plano de Estado e não de partido ou governo. Esse plano compõe o Plano Plurianual (PPA) 2008-2011. No PPA, previsto no art. 165 da Constituição Federal de 1988 e regulamentado pelo Decreto nº 2.829, de 29 de outubro de 1998, são estabelecidas as medidas, gastos e objetivos a ser seguidos pelos governos num período de quatro anos. O PPA 2008-2011 foi sancionado pelo presidente da República por meio da Lei nº 11.653, de 7 de abril de 2008.

O PDE reúne um conjunto de iniciativas articuladas sob a abordagem do sistema educativo nacional, cuja prioridade é a melhoria da qualidade da educação básica, passando por investimentos na educação profissional e na educação superior, pois se entende que os diferentes níveis de ensino estão ligados, direta ou indiretamente. Com uma proposta de ações sistêmicas, articuladas, o PDE visa mobilizar a sociedade para a importância da educação, envolvendo pais, alunos, professores e gestores em iniciativas que busquem o sucesso e a permanência do aluno na escola (Brasil. MP, 2007, p. 16).

O PDE organiza-se em quatro eixos de ação: educação básica, ensino superior, alfabetização e educação continuada e ensino profissional e tecnológico. O trecho a seguir foi retirado do PPA 2008-2011 (Brasil. MP, 2007, p. 17-8):

> *1.* ***Educação básica*** *– tendo como objetivo prioritário a melhoria da qualidade da educação básica pública medida pelo Índice de Desenvolvimento da Educação Básica (Ideb), enfrentando os problemas de rendimento, frequência e permanência do aluno na escola, a partir da mobilização social em torno do* ***Programa Compromisso Todos pela Educação****. Inclui ações visando à melhoria da gestão escolar, da qualidade do ensino e do fluxo escolar, valorização e qualificação de professores e profissionais da educação, inclusão digital e apoio ao aluno e à escola;*
> *2.* ***Alfabetização e educação continuada*** *– tendo como objetivo reduzir a taxa de analfabetismo e o número absoluto de analfabetos, com foco nos jovens e adultos de 15 anos ou mais, com prioridade para os municípios que apresentam taxa de analfabetismo superior a 35%. O* ***Programa Brasil Alfabetizado*** *tem por meta atender 1,5 milhão de alfabetizandos por ano, assegurando a oportunidade de continuidade dos estudos para os jovens e adultos acima de 15 anos de idade egressos das turmas de alfabetização de adultos;*
> *3.* ***Ensino profissional e tecnológico*** *– com o objetivo principal de ampliar a rede de ensino profissional e tecnológico do país, de modo que todos os municípios tenham, pelo menos, uma escola oferecendo educação profissional. A expansão da oferta da educação profissional e tecnológica se dará prioritariamente em cidades-polo, respeitando as*

vocações econômicas locais e regionais e reforçando a articulação da escola pública, em especial o ensino médio e a educação de jovens e adultos, com a educação profissional em todas as modalidades e níveis;

*4. **Ensino superior** – com o objetivo de ampliar e democratizar o acesso ao ensino superior no país por meio da ampliação das vagas nas instituições federais de ensino superior e da oferta de bolsas do **Programa Universidade para Todos** (ProUni), articulado ao Financiamento Estudantil (Fies). Com a ação de apoio à **Reestruturação e Expansão das Universidades Federais** (Reuni), as universidades apresentarão planos de expansão da oferta para atender à meta de dobrar o número de alunos nas Instituições Federais de Ensino (Ifes) no Brasil em dez anos. O **ProUni** será ampliado, oferecendo cem mil novas bolsas por ano e permitindo o financiamento de 100% das bolsas parciais do ProUni por meio do Fies. Com a implementação do PDE, os recursos alocados pelo governo federal à educação sofrerão um acréscimo nas despesas discricionárias de cerca de 150% até 2011 em relação a 2007, saltando de 9 bilhões (2007) para 22,5 bilhões (2011). A União aplicará, em educação, no período do PPA, cerca de 26,8% das receitas oriundas de impostos, representando aproximadamente 35,7 bilhões a mais do que o mínimo constitucional exigido.*

Saviani (2009) faz uma crítica ao PDE, mostrando inicialmente que as inúmeras ações a ele agregadas após seu lançamento não deixavam claros os mecanismos de controle de sua execução, o que tornaria possível burlar os resultados, impedindo a aferição correta e realista do efetivo resultado delas. Comparando o PNE 2001 com o PDE, observa que este último reproduz muitas ações do PNE e não constitui um plano, e sim um conjunto de ações que, embora presentes no PNE, não se articulam organicamente com ele. Essas inúmeras ações podem levar o MEC a perder o foco do PDE, que é melhorar a qualidade do ensino. Todavia, segundo esse autor, o PDE tem de positivo três programas que buscam enfrentar o problema qualitativo da educação básica: o Ideb, a Provinha Brasil e o Piso do Magistério.

A Provinha Brasil é uma avaliação diagnóstica do nível de alfabetização das crianças matriculadas no segundo ano de escolarização das escolas públicas brasileiras. Essa avaliação ocorre em duas etapas, uma no início e a outra ao término do ano letivo. A aplicação em períodos distintos possibilita aos professores e gestores educacionais a realização de um diagnóstico mais preciso, que permita conhecer o que foi agregado na aprendizagem das crianças em termos de habilidades de leitura no período avaliado (disponível em: <http://provinhabrasil.inep.gov.br/index.php?option=com_content&view=article&id=30&Itemid=35>. Acesso em: dez. 2010).

Por fim, Saviani (2009) avalia que efetivas mudanças na educação necessitam de ações de impacto. Para isso, propõe dobrar o percentual do PIB para a educação, chegando aos 8%, tais como fizeram e fazem há vários anos os países que têm sucesso na educação escolar, como os Estados Unidos, o Canadá, a Noruega, a Suécia e a Coreia do Sul. Trata-se de importante requisito para que o Brasil supere as condições que ainda mantêm a desigualdade social.

6. Plano de Metas Compromisso Todos pela Educação

O debate sobre a qualidade da educação básica tem estado na pauta das políticas e práticas educacionais. No âmbito governamental, o Decreto nº 6.094, de 24 de abril de 2007, dispôs sobre o Plano de Metas Compromisso Todos pela Educação, implementado pela União Federal em regime de colaboração com municípios, Distrito Federal e estados, e a participação das famílias e da comunidade, mediante programas e ações de assistência técnica e financeira, visando à mobilização social pela melhoria da qualidade da educação básica. Em seu art. 2º são definidas as diretrizes do plano:

Art. 2º – A participação da União no Compromisso será pautada pela realização direta, quando couber, ou, nos demais casos, pelo incentivo e apoio à implementação, por municípios, Distrito Federal, estados e respectivos sistemas de ensino, das seguintes diretrizes:

I – estabelecer como foco a aprendizagem, apontando resultados concretos a atingir;

II – alfabetizar as crianças até, no máximo, os 8 anos de idade, aferindo os resultados por exame periódico específico;

III – acompanhar cada aluno da rede individualmente, mediante registro de sua frequência e de seu desempenho em avaliações, que devem ser realizadas periodicamente;

IV – combater a repetência, dadas as especificidades de cada rede, pela adoção de práticas como aulas de reforço no contraturno, estudos de recuperação e progressão parcial;

V – combater a evasão pelo acompanhamento individual das razões da não frequência do educando e sua superação;

VI – matricular o aluno na escola mais próxima de sua residência;

VII – ampliar as possibilidades de permanência do educando sob responsabilidade da escola para além da jornada regular;

VIII – valorizar a formação ética, artística e a educação física;

IX – garantir o acesso e permanência das pessoas com necessidades educacionais especiais nas classes comuns do ensino regular, fortalecendo a inclusão educacional nas escolas públicas;

X – promover a educação infantil;

XI – manter programa de alfabetização de jovens e adultos;

XII – instituir programa próprio ou em regime de colaboração para formação inicial e continuada de profissionais da educação;

XIII – implantar plano de carreira, cargos e salários para os profissionais da educação, privilegiando o mérito, a formação e a avaliação do desempenho;

XIV – valorizar o mérito do trabalhador da educação, representado pelo desempenho eficiente no trabalho, dedicação, assiduidade, pontualidade, responsabilidade, realização de projetos e trabalhos especializados, cursos de atualização e desenvolvimento profissional;

XV – dar consequência ao período probatório, tornando o professor efetivo estável após avaliação, de preferência externa ao sistema educacional local;

XVI – envolver todos os professores na discussão e elaboração do projeto político-pedagógico, respeitadas as especificidades de cada escola;

XVII – incorporar ao núcleo gestor da escola coordenadores pedagógicos que acompanhem as dificuldades enfrentadas pelo professor;

XVIII – fixar regras claras, considerados mérito e desempenho, para nomeação e exoneração de diretor de escola;

XIX – divulgar na escola e na comunidade os dados relativos à área da educação, com ênfase no Índice de Desenvolvimento da Educação Básica (Ideb), referido no art. 3º;

XX – acompanhar e avaliar, com participação da comunidade e do Conselho de Educação, as políticas públicas na área de educação e garantir condições, sobretudo institucionais, de continuidade das ações efetivas, preservando a memória daquelas realizadas;

XXI – zelar pela transparência da gestão pública na área da educação, garantindo o funcionamento efetivo, autônomo e articulado dos conselhos de controle social;

XXII – promover a gestão participativa na rede de ensino;

XXIII – elaborar plano de educação e instalar Conselho de Educação, quando inexistentes;

XXIV – integrar os programas da área da educação com os de outras áreas como saúde, esporte, assistência social, cultura, dentre outras, com vista ao fortalecimento da identidade do educando com sua escola;

XXV – fomentar e apoiar os conselhos escolares, envolvendo as famílias dos educandos, com as atribuições, dentre outras, de zelar pela manutenção da escola e pelo monitoramento das ações e consecução das metas do compromisso;

XXVI – transformar a escola num espaço comunitário e manter ou recuperar aqueles espaços e equipamentos públicos da cidade que possam ser utilizados pela comunidade escolar;
XXVII – firmar parcerias externas à comunidade escolar, visando à melhoria da infraestrutura da escola ou à promoção de projetos socioculturais e ações educativas;
XXVIII – organizar um comitê local do Compromisso, com representantes das associações de empresários, trabalhadores, sociedade civil, Ministério Público, Conselho Tutelar e dirigentes do sistema educacional público, encarregado da mobilização da sociedade e do acompanhamento das metas de evolução do Ideb.

Vale a pena navegar no site da campanha e conhecer seus focos, estratégias e conquistas. O endereço é: <http://www.campanhaeducacao.org.br>. Acesso em: 31 maio 2011.

Em que pese a importância deste decreto de 2007, a luta pelo direito de um ensino público de qualidade na educação básica tem sido mais explícita a partir das reformas educacionais da década de 1990.

Em 1999, surgiu a Campanha Nacional pelo Direito à Educação, impulsionada por organizações da sociedade civil que participariam da Cúpula Mundial de Educação em Dacar (Senegal), em 2000. O objetivo era somar diferentes forças políticas, priorizando ações de mobilização, pressão política e comunicação.

Atualmente, essa campanha

é considerada a articulação mais ampla e plural no campo da educação básica no Brasil, constituindo-se como uma rede que articula mais de 200 grupos e entidades distribuídas por todo o país, incluindo movimentos sociais, sindicatos, organizações não governamentais nacionais e internacionais, fundações, grupos universitários, estudantis, juvenis e comunitários, além de centenas de cidadãos que acreditam na construção de um país justo e sustentável por meio da oferta de uma educação pública de qualidade.

disponível em : <http://www.campanhaeducacao.org.br>. Acesso em: 31 maio 2011.

O propósito da Campanha Nacional pelo Direito à Educação é garantir o acesso de todas as crianças, adolescentes, jovens e adultos à educação pública, gratuita e de qualidade. Para tanto, elege como focos:

a) a construção de um sistema nacional de ensino democrático e capaz de promover acesso equitativo à educação de qualidade;
b) financiamento público adequado para atender a padrões mínimos de qualidade estabelecidos em lei;
c) a valorização das e dos profissionais de educação, o que inclui formação inicial e continuada de qualidade, remuneração digna, plano de cargos e salários, processos de seleção públicos e transparentes;
d) gestão democrática, com a adoção e o fortalecimento de práticas transparentes de acompanhamento e controle social da definição e execução das políticas educacionais em todos os seus processos, instâncias e níveis (municipais, estaduais e federal);
e) a determinação de processos participativos de avaliação, abrangendo todos os atores dedicados ao cotidiano e às políticas educacionais.

Em setembro de 2006, surgiu o movimento Todos pela Educação, financiado exclusivamente pela iniciativa privada. Ele congrega a sociedade civil organizada, educadores e gestores públicos que têm como objetivo contribuir para que o Brasil garanta a todas as crianças e jovens o direito à educação básica de qualidade.

Em relação a esse movimento, Saviani (2009) adverte que *"é preciso cautela para não cair na ingenuidade de acreditar, sem reservas, nas boas intenções que agora, finalmente, teriam se apoderado de nossas elites econômicas e políticas"* (p. 43), uma vez que, *"ao criticar os gastos*

O teor completo da carta pode ser lido no seguinte endereço eletrônico: <http://www.andifes.org.br/>. Acesso em: set. 2010.

Academia Brasileira de Ciências (ABC), Associação Brasileira dos Reitores das Universidades Estaduais e Municipais (Abruem), Associação Nacional dos Dirigentes das Instituições Federais de Ensino Superior (Andifes), Associação Nacional de Política e Administração da Educação (Anpae), Associação Nacional de Pós-Graduação e Pesquisa em Educação (Anped), Associação Nacional de Pós-Graduandos (ANPG), Campanha Nacional pelo Direito à Educação, Central Única dos Trabalhadores (CUT), Centro de Estudos e Pesquisa em Educação, Cultura e Ação Comunitária (Cenpec), Centro de Estudos Educação e Sociedade (Cedes), Confederação Nacional dos Trabalhadores de Estabelecimento de Ensino (Contee), Confederação Nacional dos Trabalhadores em Educação (CNTE), Confederação Nacional dos Trabalhadores na Agricultura (Contag), Conferência Nacional dos Bispos do Brasil (CNBB), Conselho Nacional de Educação (CNE), Conselho Nacional dos Secretários de Educação (Consed), Fórum Nacional dos Conselhos Estaduais de Educação, Fundo das Nações Unidas para a Infância (Unicef), Ordem dos Advogados do Brasil (OAB), Organização das Nações Unidas para a Educação, a Ciência e a Cultura (Unesco), Sociedade Brasileira de Educação Matemática (SBEM), Sociedade Brasileira para o Progresso da Ciência (SBPC), Todos pela Educação, União Brasileira dos Estudantes Secundaristas (Ubes), União Nacional dos Conselhos Municipais de Educação (Uncme), União Nacional dos Dirigentes Municipais de Educação (Undime), União Nacional dos Estudantes (UNE).

públicos e propor o enxugamento do tamanho do Estado, eles {as elites} estão inviabilizando qualquer possibilidade de ampliação dos investimentos públicos em educação" (p. 44). Veja-se, por exemplo, a resistência delas ao financiamento público na educação superior, justamente no nível em que devem ser formados os professores para haver educação de qualidade. Continuando em sua análise, o mesmo autor chama essa pedagogia proposta pelos empresários de "pedagogia de resultados", pois o que realmente pretendem é ajustar os processos formativos escolares à demanda de suas empresas.

Na campanha eleitoral para a eleição de novo presidente da República, em 2010, foi elaborada a Carta-Compromisso *Pela Garantia do Direito à Educação de Qualidade,* assinada por 27 instituições e entidades e entregue aos candidatos a cargos executivos e legislativos nas eleições daquele ano no dia 31 de agosto de 2010. A intenção era exigir desses candidatos que afirmassem seu comprometimento com políticas públicas para a educação.

A carta-compromisso conta com sete medidas gerais, a saber:

1) inclusão, até o ano de 2016, de todas as crianças e adolescentes de 4 a 17 anos na escola;
2) universalização do atendimento da demanda por creche, nos próximos dez anos;
3) superação do analfabetismo, especialmente em meio à população com mais de quinze anos de idade;
4) promoção da aprendizagem ao longo da vida para toda criança, adolescente, jovem e adulto;

5) garantia de que, até o ano de 2014, todas as crianças brasileiras com até oito anos de idade estejam alfabetizadas;
6) estabelecimento de padrões mínimos de qualidade para todas as escolas brasileiras, reduzindo os níveis de desigualdade na educação;
7) ampliação das matrículas no ensino profissionalizante e superior.

Com base nas medidas gerais e na criação de um sistema nacional de educação, as 27 entidades proponentes pedem dos futuros governantes quatro compromissos, que devem ser transformados em leis e políticas públicas:

1) ampliação adequada do financiamento da educação pública;
2) implementação de ações concretas para a valorização dos profissionais da educação;
3) promoção da gestão democrática nas escolas;
4) aperfeiçoamento das políticas de avaliação e regulação.

A carta-compromisso sustenta, ainda, que o sistema nacional de educação deve ser estruturado sobre três pilares: 1) a elaboração do Plano Nacional de Educação (PNE), que deverá provocar a construção articulada de planos estaduais e municipais de educação; 2) o estabelecimento de regime de colaboração legalmente constituído entre os entes federados; 3) a implementação de Lei de Responsabilidade Educacional, tal como aprovou a Conae de 2010. Entende que

> *o primeiro pilar determina as metas a serem alcançadas nos próximos dez anos (2011-2020) para a educação brasileira, em consonância com as deliberações da Conae (2010). O segundo estabelece o compromisso legal de cada*

um dos níveis da Federação para alcançar essas metas e demais compromissos educacionais. O terceiro pilar institui as consequências legais inerentes ao não cumprimento das respectivas responsabilidades pelos entes federados.

O documento *O Brasil em 2022*: as metas do centenário, da Secretaria de Assuntos Estratégicos, vinculada à Presidência da República, também traz como metas: erradicar o analfabetismo; universalizar o atendimento escolar de 4 a 17 anos; atingir as metas de qualidade na educação de países desenvolvidos; interiorizar a rede federal de educação para todas as microrregiões; atingir a marca de dez milhões de universitários (disponível em: <http://www.sae.gov.br>. Acesso em: 8 set. 2010).

Durante a campanha presidencial de 2010, também os reitores das universidades federais brasileiras lançaram o seguinte manifesto de apoio à continuidade da proposta do governo Lula:

Manifesto de reitores das universidades federais à nação brasileira

Da pré-escola ao pós-doutoramento – ciclo completo educacional e acadêmico de formação das pessoas na busca pelo crescimento pessoal e profissional – consideramos que o Brasil encontrou o rumo nos últimos anos, graças a políticas, aumento orçamentário, ações e programas implementados pelo governo Lula com a participação decisiva e direta de seus ministros, os quais reconhecemos, destacando o nome do ministro Fernando Haddad.

Aliás, de forma mais ampla, assistimos a um crescimento muito significativo do país em vários domínios: ocorreu a redução marcante da miséria e da pobreza; promoveu-se a inclusão social de milhões de brasileiros, com a geração de empregos e renda; cresceu a autoestima da população, a confiança e a credibilidade internacional, num claro reconhecimento de que este é um país sério, solidário, de paz e de povo trabalhador. Caminhamos a passos largos para alcançar patamares mais elevados no cenário global, como uma nação livre e soberana que não se submete aos ditames e aos interesses de países ou organizações estrangeiras.

Este período do governo Lula ficará registrado na história como aquele em que mais se investiu em educação pública: foram criadas e consolidadas 14 novas universidades federais; instituiu-se a Universidade Aberta do Brasil; foram construídos mais de cem campi universitários pelo interior do país; e ocorreu a criação e a ampliação, sem precedentes históricos, de escolas técnicas e institutos federais. Através do ProUni, possibilitou-se o acesso ao ensino superior a mais de 700 mil jovens. Com a implantação do Reuni, estamos recuperando nossas universidades federais, de norte a sul e de leste a oeste. No geral, estamos dobrando de tamanho nossas instituições e criando milhares de novos cursos, com investimentos crescentes em infraestrutura e contratação, por concurso público, de profissionais qualificados. Essas políticas devem continuar para consolidar os programas atuais e, inclusive, serem ampliadas no plano federal, exigindo-se que os estados e municípios também cumpram com suas responsabilidades sociais e constitucionais, colocando a educação como uma prioridade central de seus governos.

Por tudo isso e na dimensão de nossas responsabilidades enquanto educadores, dirigentes universitários e cidadãos que desejam ver o país continuar avançando sem retrocessos, dirigimo-nos à sociedade brasileira para afirmar, com convicção, que estamos no rumo certo e que devemos continuar lutando e exigindo dos próximos governantes a continuidade das políticas e investimentos na educação em todos os níveis, assim como na ciência, na tecnologia e na inovação, de que o Brasil tanto precisa para se inserir, de uma forma ainda mais decisiva, neste mundo contemporâneo em constantes transformações.

Finalizamos este manifesto prestando o nosso reconhecimento e a nossa gratidão ao presidente Lula por tudo que fez pelo país, em especial no que se refere às políticas para educação, ciência e tecnologia. Ele também foi incansável em afirmar, sempre, que recurso aplicado em educação não é gasto, mas sim investimento no futuro do país. Foi exemplo, ainda, ao receber em reunião anual, durante os seus oito anos de mandato, os reitores das universidades federais para debater políticas e ações para o setor, encaminhando soluções concretas, inclusive, relativas à autonomia universitária.

7. Programa de educação do governo Dilma Rousseff (2011-2014): educação de qualidade, ciência e tecnologia para construir uma sociedade do conhecimento

Dilma Rousseff é a primeira mulher eleita para presidente no Brasil, tendo tomado posse em 1º de janeiro de 2011. Foi ministra de Minas e Energia do governo Lula, como também ministra da Casa Civil. Antes disso, exerceu vários cargos públicos no Estado do Rio Grande do Sul. Durante toda a campanha presidencial, disse que daria continuidade ao programa de educação do governo Lula.

Na parte dedicada à educação no programa de governo e em entrevistas divulgadas na campanha eleitoral, a atual presidente manifestou sua intenção de dar continuidade ao Plano de Desenvolvimento da Educação (PDE) e efetivar algumas ações mais pontuais, como a criação de cursos universitários no interior, a ampliação da oferta de creches e pré-escolas, a elevação dos recursos para a educação, o aumento da oferta de cursos técnicos e a valorização dos professores.

A seguir, um trecho com as propostas para a educação tal como se encontram no programa oficial.

> *28. O governo Lula tomou importantes iniciativas para a educação brasileira. Criou o Fundo de Desenvolvimento da Educação Básica e Valorização do Magistério (Fundeb), ampliando a participação da União no financiamento da educação, desde a creche até o ensino médio e a universidade e com o apoio aos estados e municípios, quando foi o caso.*
>
> *Retomou a garantia de 18% do orçamento para a educação, pondo fim à DRU e assegurando o direito de acesso à*

escola para todos os brasileiros entre 4 e 17 anos. Fez da educação para pessoas com deficiência uma política de Estado. Dobrou o número de escolas técnicas e criou institutos federais tecnológicos. Com vistas à melhoria da qualidade da educação básica, estabeleceu o piso salarial nacional e programas de formação continuada. Ainda assim, esses avanços precisam ser acompanhados nacionalmente de melhorias na qualidade da educação.
29. No ensino superior estarão funcionando, até o fim do ano, 16 novas universidades públicas e 131 novos campi. *Por meio do ProUni, foram criadas oportunidades para que mais de 500 mil jovens de baixa renda pudessem ter acesso ao ensino superior.*
30. Os investimentos do governo em ciência e tecnologia explicam o 130º lugar que o Brasil passou a ocupar na produção científica mundial.
31. Mas a educação exige urgência. Urgência para preparar os milhões de cientistas e técnicos que o desenvolvimento do país já está exigindo. Mas principalmente urgência para constituir uma cidadania que possa tomar em suas mãos o desenvolvimento econômico, político e cultural do país.
32. A sociedade que se está constituindo é uma sociedade do conhecimento. Para alcançá-la e garantir condições de competitividade global, será necessário:
a) erradicação do analfabetismo no país;
b) garantir a qualidade da educação básica brasileira;
c) promover a inclusão digital, com banda larga, produção de material pedagógico digitalizado e formação de professores em todas as escolas públicas e privadas no campo e na cidade;
d) expandir o orçamento da educação, ciência e tecnologia e melhorar a eficiência do gasto;
e) consolidar a expansão da educação profissional por meio da rede de institutos federais de educação, ciência e tecnologia;
f) tornar os espaços educacionais lugares de produção e difusão da cultura;

g) construir o sistema nacional articulado de educação, de modo a redesenhar o pacto federativo e os mecanismos de gestão;
h) aprofundar o processo de expansão das universidades públicas e garantir a qualidade do conjunto de ensino privado;
i) ampliar programas de bolsas de estudos que garantam a formação de quadros em centros de excelência no exterior, capazes de atrair estudantes, professores e pesquisadores estrangeiros para o Brasil;
j) dar prosseguimento ao diálogo com a comunidade científica, como fator fundamental para definir as prioridades da pesquisa no país;
k) fortalecimento da política de educação do campo e ampliação das unidades escolares, assegurando a educação integral e a profissionalização (PT, 2010).

A esse respeito, cf.: <http://www.presidencia.gov.br/diretrizes-de-governo>. Acesso em: 4 jan. 2011.

Além desses pontos apresentados ainda no período de campanha política, encontra-se, entre as 13 diretrizes do governo da presidenta Dilma Rousseff, a sétima diretriz: "*Garantir educação para igualdade social, a cidadania e o desenvolvimento*".

Será garantido aos brasileiros – em especial aos jovens – acesso a escola de qualidade que combine ensino de qualidade e capacitação profissional. O governo cuidará da pré-escola à pós-graduação, disponibilizando mais verba para estimular pesquisas e fortalecer o ensino superior. O programa ProUni será mantido e potencializado, permitindo que mais estudantes de baixa renda ingressem na universidade. O projeto de construção das instituições federais de educação tecnológica (Ifets) será ampliado e as cidades-polo com mais de 50 mil habitantes terão, pelo menos, uma escola técnica.
O governo federal assumirá a responsabilidade da criação de 6 mil creches e pré-escolas e 10 mil quadras esportivas cobertas. Além disso, haverá uma ampla mobilização envolvendo poderes públicos e sociedade civil para que o analfabetismo seja erradicado.

8. O PNE para a próxima década

A Lei nº 10.172, de 9 de janeiro de 2001, que aprovou o Plano Nacional de Educação, previa em seu art. 1º que sua duração seria de dez anos, ou seja, de 2001 a 2010. A discussão sobre o novo PNE começou em 2009, ainda no governo Lula, quando foram realizadas conferências municipais, estaduais e regionais prévias de educação, antecedendo a Conferência Nacional de Educação (Conae), realizada em Brasília de 28 de abril a 1º de maio de 2010. O documento final da Conae faz o seguinte registro:

Este documento final está disponível em: <http://conae.mec.gov.br/images/stories/pdf/pdf/documento_final.pdf>. Acesso em: 31 maio 2011.

> *A Conae mobilizou cerca de 3,5 milhões de brasileiros e brasileiras, contando com a participação de 450 mil delegados e delegadas nas etapas municipal, intermunicipal, estadual e nacional, envolvendo em torno de 2% da população do país. Essas vozes se fizeram representadas por meio dos/as delegados/as eleitos/as em seus estados, presentes na etapa nacional* (Conae, 2010, p. 10).

O tema central da conferência foi: "Construindo um sistema nacional articulado de educação: Plano Nacional de Educação, suas diretrizes e estratégias de ação". Reproduzindo o sumário já inscrito em documentos das conferências municipais e estaduais, o documento final está dividido em seis eixos temáticos: I) Papel do Estado na garantia do direito à educação de qualidade: organização e regulação da educação nacional; II) Qualidade da educação, gestão democrática e avaliação; III) Democratização do acesso, permanência e sucesso escolar; IV) Formação e valorização dos/das profissionais da educação; V) Financiamento da educação e controle social; VI) Justiça social, educação e trabalho: inclusão, diversidade e igualdade.

No dia 15 de dezembro de 2010, o ministro da Educação, Fernando Haddad, apresentou projeto de lei contendo o novo PNE para o período de 2011 a 2020. Uma vez aprovado, esse projeto servirá como diretriz para todas as políticas educacionais do país. A proposta é composta de 12 artigos e um anexo com 20 metas para a educação. Cada meta traz um conjunto de estratégias para sua consecução. O foco, segundo o ministro, é a valorização do magistério e a qualidade da educação. No projeto de lei destaca-se a proposição de realização de pelo menos duas Conferências Nacionais de Educação até o fim da década e, ainda, a criação do Fórum Nacional de Educação, que articulará e coordenará as conferências.

Conforme o projeto de lei, as metas propostas para o PNE de 2011-2020 são as seguintes:

> ***Meta 1:*** *Universalizar, até 2016, o atendimento escolar da população de 4 e 5 anos e ampliar, até 2020, a oferta de educação infantil, de forma a atender a 50% da população de até 3 anos.*
> ***Meta 2:*** *Universalizar o ensino fundamental de nove anos para toda população de 6 a 14 anos.*
> ***Meta 3:*** *Universalizar, até 2016, o atendimento escolar para toda a população de 15 a 17 anos e elevar, até 2020, a taxa líquida de matrículas no ensino médio para 85%, nesta faixa etária.*
> ***Meta 4:*** *Universalizar, para a população de 4 a 17 anos, o atendimento escolar aos estudantes com deficiência, transtornos globais do desenvolvimento e altas habilidades ou superdotação na rede regular de ensino.*
> ***Meta 5:*** *Alfabetizar todas as crianças até, no máximo, os 8 anos de idade.*
> ***Meta 6:*** *Oferecer educação em tempo integral em 50% das escolas públicas de educação básica.*

Meta 7: *Atingir as seguintes médias nacionais para o Índice de Desenvolvimento da Educação Básica (Ideb):*

Ideb	2011	2013	2015	2017	2019	2021
Anos iniciais do ensino fundamental	4,6	4,9	5,2	5,5	5,7	6,0
Anos finais do ensino fundamental	3,9	4,4	4,7	5,0	5,2	5,5
Ensino médio	3,7	3,9	4,3	4,7	5,0	5,2

Meta 8: *Elevar a escolaridade média da população de 18 a 24 anos de modo a alcançar mínimo de 12 anos de estudo para as populações do campo, da região de menor escolaridade no país e dos 25% mais pobres, bem como igualar a escolaridade média entre negros e não negros, com vistas à redução da desigualdade educacional.*

Meta 9: *Elevar a taxa de alfabetização da população com 15 anos ou mais para 93,5% até 2015 e erradicar, até 2020, o analfabetismo absoluto e reduzir em 50% a taxa de analfabetismo funcional.*

Meta 10: *Oferecer, no mínimo, 25% das matrículas de educação de jovens e adultos na forma integrada à educação profissional nos anos finais do ensino fundamental e no ensino médio.*

Meta 11: *Duplicar as matrículas da educação profissional técnica de nível médio, assegurando a qualidade da oferta.*

Meta 12: *Elevar a taxa bruta de matrícula na educação superior para 50% e a taxa líquida para 33% da população de 18 a 24 anos, assegurando a qualidade da oferta.*

Meta 13: *Elevar a qualidade da educação superior pela ampliação da atuação de mestres e doutores nas instituições de educação superior para 75%, no mínimo, do corpo docente em efetivo exercício, sendo, do total, 35% doutores.*

Meta 14: *Elevar gradualmente o número de matrículas na pós-graduação* stricto sensu *de modo a atingir a titulação anual de 60 mil mestres e 25 mil doutores.*

Meta 15: *Garantir, em regime de colaboração entre a União, os estados, o Distrito Federal e os municípios, que* *todos os professores da educação básica possuam formação específica de nível superior, obtida em curso de licenciatura na área de conhecimento em que atuam.*

Meta 16: *Formar 50% dos professores da educação básica em nível de pós-graduação* lato *e* stricto sensu, *garantir a todos formação continuada em sua área de atuação.*

Meta 17: *Valorizar o magistério público da educação básica a fim de aproximar o rendimento médio do profissional do magistério com mais de 11 anos de escolaridade do rendimento médio dos demais profissionais com escolaridade equivalente.*

Meta 18: *Assegurar, no prazo de dois anos, a existência de planos de carreira para os profissionais do magistério em todos os sistemas de ensino.*

Meta 19: *Garantir, mediante lei específica aprovada no âmbito dos estados, do Distrito Federal e dos municípios, a nomeação comissionada de diretores de escola vinculada a critérios técnicos de mérito e desempenho e à participação da comunidade escolar.*

Meta 20: *Ampliar progressivamente o investimento público em educação até atingir, no mínimo, o patamar de 7% do produto interno bruto do país.*

Uma das questões mais cruciais que envolvem os planos educacionais diz respeito ao percentual dos recursos públicos a serem aplicados na educação. A proposta para o PNE de 2011-2020 restabelece o índice de 7%, vetado no primeiro PNE pelo presidente Cardoso – e ainda aquém do que a Conae de 2010 estabeleceu, ou seja, 10% do PIB.

Boa parte dos educadores brasileiros compartilha com Saviani (2007) o entendimento de que o aumento imediato do montante de recursos destinados à educação é condição preliminar indispensável, embora não suficiente, para o enfrentamento dos problemas da educação brasileira, os quais, hoje, dizem respeito especialmente à qualidade do ensino. A ampliação do investimento público em educação poderá, no entanto, ser pouco eficaz se não houver controle rigoroso sobre a rubrica "gastos com educação", pois estados e municípios costumam debitar nessa rubrica despesas que nada têm a ver com educação e ensino. Da mesma forma, com frequência a legislação estabelece metas sem que se designe a fonte de recursos e a responsabilidade de cada ente da Federação em seu cumprimento.

À época de aprovação do PNE 2001, o percentual de investimento público em educação no Brasil estava em torno de 4,7% e teve crescimento nos anos seguintes, apesar do veto presidencial. A Tabela 2, a seguir, mostra os índices tanto em relação à esfera de governo como em relação aos níveis de ensino, até 2007.

Tabela 2 – Estimativa do percentual do investimento total em educação, por esfera de governo, em relação ao produto interno bruto (PIB): Brasil, 2000-2007

Ano	Percentual do Investimento Público em Relação ao PIB			
	Total	Esfera de Governo		
		União	Estados e Distrito Federal	Municípios
2000	4,7	0,9	2,0	1,8
2001	4,8	0,9	2,0	1,8
2002	4,8	0,9	2,1	1,8
2003	4,6	0,9	1,9	1,8
2004	4,5	0,8	1,9	1,9
2005	4,5	0,8	1,8	1,9
2006	5,0	0,9	2,2	2,0
2007	5,1	0,9	2,1	2,0

Fonte: Inep/MEC. Tabela elaborada pela DTDIE/Inep.

Ano	Percentual do Investimento Público em Relação ao PIB						
	Total	Níveis de Ensino					
		Educação Básica	Educação Infantil	Ensino Fundamental		Ensino Médio	Educação Terciária
				De 1ª a 4ª Séries ou Anos Iniciais	De 5ª a 8ª Séries ou Anos Finais		
2000	4,7	3,7	0,4	1,5	1,2	0,6	0,9
2001	4,8	3,8	0,4	1,4	1,3	0,7	0,9
2002	4,8	3,8	0,4	1,7	1,3	0,5	1,0
2003	4,6	3,7	0,4	1,5	1,2	0,6	0,9
2004	4,5	3,6	0,4	1,5	1,3	0,5	0,8
2005	4,5	3,7	0,4	1,5	1,3	0,5	0,9
2006	5,0	4,2	0,4	1,6	1,5	0,7	0,8
2007	5,1	4,3	0,5	1,6	1,5	0,7	0,8

Fonte: Inep/MEC. Tabela elaborada pela DTDIE/Inep.

O documento final da Conae de 2010, que traz as conclusões das conferências municipais, estaduais, regionais e nacional, atesta a definição do percentual de 7% do PIB para uso na educação, devendo chegar a 10% em 2014. Eis o que diz um trecho do documento:

> *c) Ampliar o investimento em educação pública em relação ao PIB, na proporção de, no mínimo, 1% ao ano, de forma a atingir, no mínimo, 7% do PIB até 2011 e, no mínimo, 10% do PIB até 2014, respeitando a vinculação de receitas à educação definidas e incluindo, de forma adequada, todos os tributos (impostos, taxas e contribuições)* (Conae, 2010, p. 112).

Essa ampliação até 2014 significará um aumento de quase o dobro do que era aplicado em 2006 e 2007.

Em relação às metas propostas, há que considerar as referentes à valorização do trabalho dos professores (metas 17 e 18), principalmente no que diz respeito à elevação de salários, à definição da carreira do magistério e à formação profissional. Embora o documento nada mencione sobre as formas de assegurar a qualidade de ensino nas salas de aula, especialmente no que tange aos aspectos pedagógico-didáticos, a valorização dos profissionais do ensino será um passo importante para alcançar a qualidade das aprendizagens dos alunos.

9. Emenda Constitucional nº 59, de 11 de novembro de 2009

A Constituição Federal de 1988 foi promulgada em 5 de outubro do mesmo ano. Ela tem 245 artigos e mais 70 artigos no Ato das Disposições Constitucionais Transitórias. A Seção I do Capítulo III, destinada à educação, inclui os artigos de número 204 a 214.

Porém, como uma lei acompanha o dinamismo existente no corpo social, já em 1992 a Constituição recebeu a primeira Emenda Constitucional (EC). As ECs permitem mudar pontos, cabeças de artigos, incisos, parágrafos, temas, sem necessidade de convocar nova Constituinte. É uma forma legal e legítima de alterar a Constituição Federal. As ECs devem ser aprovadas no Senado e na Câmara dos Deputados, em dois turnos, em votação nominal, por três quintos dos votos dos membros de cada casa legislativa. A CF/1988 já possui mais de 60 emendas, sendo a primeira de 1992 e a última de 2010.

A Emenda Constitucional nº 59, de 11 de novembro de 2009, ampliou a obrigatoriedade do ensino gratuito, instituiu a colaboração entre os sistemas de ensino, alterou a distribuição dos recursos públicos e vinculou-os ao produto interno bruto e acabou com a incidência da Desvinculação das Receitas da União (DRU) sobre a educação, impedindo que os recursos destinados à manutenção e desenvolvimento do ensino (MDE) fossem destinados a outros fins.

No Quadro 5, a seguir, podem-se visualizar as mudanças efetuadas na CF/1988 em vários de seus artigos, parágrafos e incisos.

Quadro 5 – O que mudou na CF/1988 depois da EC nº 59

Como era antes (na versão de 1988 e emendas posteriores)	Como ficou depois da EC Nº 59/2009
Art. 208. O dever do Estado com a educação será efetivado mediante a garantia de: I – ensino fundamental, obrigatório e gratuito, inclusive para os que a ele não tiveram acesso na idade própria; II – progressiva extensão da obrigatoriedade e gratuidade ao ensino médio; VII – atendimento ao educando, no ensino fundamental, através de programas suplementares de material didático-escolar, transporte, alimentação e assistência à saúde.	Art. 1º. Os incisos I e VII do art. 208 da Constituição Federal passam a vigorar com as seguintes alterações: Art. 208. I – educação básica obrigatória e gratuita dos 4 (quatro) aos 17 (dezessete) anos de idade, assegurada inclusive sua oferta gratuita para todos os que a ela não tiveram acesso na idade própria; VII – atendimento ao educando, em todas as etapas da educação básica, por meio de programas suplementares de material didático-escolar, transporte, alimentação e assistência à saúde.
Art. 211. A União, os estados, o Distrito Federal e os municípios organizarão em regime de colaboração seus sistemas de ensino.	Art. 2º. O § 4º do art. 211 da Constituição Federal passa a vigorar com a seguinte redação: Art. 211.

§ 4º Na organização de seus sistemas de ensino, os estados e os municípios definirão formas de colaboração, de modo a assegurar a universalização do ensino obrigatório.	§ 4º Na organização de seus sistemas de ensino, a União, os estados, o Distrito Federal e os municípios definirão formas de colaboração, de modo a assegurar a universalização do ensino obrigatório.
Art. 212. A União aplicará, anualmente, nunca menos de dezoito, e os estados, o Distrito Federal e os municípios vinte e cinco por cento, no mínimo, da receita resultante de impostos, compreendida a proveniente de transferências, na manutenção e desenvolvimento do ensino. § 3º – A distribuição dos recursos públicos assegurará prioridade ao atendimento das necessidades do ensino obrigatório, nos termos do plano nacional de educação.	Art. 3º. O § 3º do art. 212 da Constituição Federal passa a vigorar com a seguinte redação: § 3º A distribuição dos recursos públicos assegurará prioridade ao atendimento das necessidades do ensino obrigatório, no que se refere à universalização, garantia de padrão de qualidade e equidade, nos termos do plano nacional de educação.
Art. 214. A lei estabelecerá o plano nacional de educação, de duração plurianual, visando à articulação e ao desenvolvimento do ensino em seus diversos níveis e à integração das ações do poder público que conduzam a: VI – estabelecimento de meta de aplicação de recursos públicos em educação como proporção do produto interno bruto.	Art. 4º. O *caput* do art. 214 da Constituição Federal passa a vigorar com a seguinte redação, acrescido do inciso VI: Art. 214. A lei estabelecerá o plano nacional de educação, de duração decenal, com o objetivo de articular o sistema nacional de educação em regime de colaboração e definir diretrizes, objetivos, metas e estratégias de implementação para assegurar a manutenção e desenvolvimento do ensino em seus diversos níveis, etapas e modalidades por meio de ações integradas dos poderes públicos das diferentes esferas federativas que conduzam a: VI – estabelecimento de meta de aplicação de recursos públicos em educação como proporção do produto interno bruto.

Art. 76. É desvinculado de órgão, fundo ou despesa, até 31 de dezembro de 2011, 20% (vinte por cento) da arrecadação da União de impostos, contribuições sociais e de intervenção no domínio econômico, já instituídos ou que vierem a ser criados até a referida data, seus adicionais e respectivos acréscimos legais. § 1º O disposto no *caput* deste artigo não reduzirá a base de cálculo das transferências a estados, Distrito Federal e municípios na forma dos arts. 153, § 5º; 157, I; 158, I e II; e 159, I, a e b; e II, da Constituição, bem como a base de cálculo das destinações a que se refere o art. 159, I, c, da Constituição. § 2º Excetua-se da desvinculação de que trata o *caput* deste artigo a arrecadação da contribuição social do salário-educação a que se refere o art. 212, § 5º, da Constituição.	Art. 5º. O art. 76 do Ato das Disposições Constitucionais Transitórias passa a vigorar acrescido do seguinte § 3º: Art. 76. É desvinculado de órgão, fundo ou despesa, até 31 de dezembro de 2011, 20% (vinte por cento) da arrecadação da União de impostos, contribuições sociais e de intervenção no domínio econômico, já instituídos ou que vierem a ser criados até a referida data, seus adicionais e respectivos acréscimos legais. § 3º Para efeito do cálculo dos recursos para manutenção e desenvolvimento do ensino de que trata o art. 212 da Constituição, o percentual referido no *caput* deste artigo será de 12,5% (doze inteiros e cinco décimos por cento) no exercício de 2009, 5% (cinco por cento) no exercício de 2010 e nulo no exercício de 2011.
	Art. 6º. *O disposto no inciso I do art. 208 da Constituição Federal* deverá ser implementado progressivamente, até 2016, nos termos do Plano Nacional de Educação, com apoio técnico e financeiro da União.

Aspecto especialmente relevante da EC nº 59 foi o fim da incidência da Desvinculação de Recursos da União (DRU). A DRU é um fundo de investimentos criado pelo governo para dar maior flexibilidade à alocação dos recursos públicos; ou seja, permite-se que o governo possa retirar legalmente do orçamento anual até 20% de recursos para gastar como queira. Acabar com a incidência da DRU sobre a educação significa que, de agora em diante, a educação mantém a totalidade dos recursos que lhe são destinados por lei.

A DRU estava em vigor desde 1993, véspera do Plano Real, quando o governo da época instituiu o Fundo Social de Emergência. Em 1997, transformou-se em Fundo de Estabilização Fiscal (FEF) e, a partir de 2000, na DRU propriamente dita. A redução da DRU foi ocorrendo gradualmente, ou seja, foi a 12,5% em 2009, 5% em 2010 e será nula em 2011. Assim, o MEC contará com 20% a mais em seu orçamento, que em 2010 foi de R$ 41 bilhões, metade dos quais pertencente ao Fundo Nacional para o Desenvolvimento da Educação (FNDE). Com o fim da DRU, o MEC passará a contar com cerca de R$ 9 bilhões a mais em seu orçamento anual. Nestes mais de 15 anos, estima-se que essa desvinculação tirou da educação cerca de R$ 90 bilhões, ou seja, cerca de quatro orçamentos anuais do MEC.

10. As alterações na LDB nº 9.394/1996

A LDB, Lei nº 9.394, de 20 de dezembro de 1996, começou a ser alterada já no ano seguinte à sua publicação. Em 1997, o art. 33, que tratava do ensino religioso, sofreu modificações. São apresentadas, a seguir, as mudanças legais efetuadas em 27 artigos da LDB, além dos que foram revogados. Considerando que ela possuía 86 artigos no total, constata-se que quase um terço deles sofreu alterações substanciais. Há quem

Qualquer legislação pode ser acessada neste *site*, atualizado diariamente: <http://www.presidencia.gov.br/>.

considere que a lei deve ser revista em todo seu conteúdo. Sabe-se, porém, que uma revisão legal dessa magnitude pode levar muito tempo, com prejuízos para a ordenação legal da educação.

Artigos da Lei nº 9.394/1996 alterados por novas leis:

Do direito à educação e do dever de educar

Art. 4º. O dever do Estado com educação escolar pública será efetivado mediante a garantia de:
II – universalização do ensino médio gratuito; *(Redação dada pela Lei nº 12.061, de 2009.)*
X – vaga na escola pública de educação infantil ou de ensino fundamental mais próxima de sua residência a toda criança a partir do dia em que completar 4 (quatro) anos de idade. *(Incluído pela Lei nº 11.700, de 2008.)*

Art. 6º. É dever dos pais ou responsáveis efetuar a matrícula dos menores, a partir dos 6 anos de idade, no ensino fundamental. *(Redação dada pela Lei nº 11.114, de 2005.)*

Da organização da educação nacional

Art. 10. Os estados incumbir-se-ão de:
VI – assegurar o ensino fundamental e oferecer, com prioridade, o ensino médio a todos que o demandarem, respeitado o disposto no art. 38 desta Lei; *(Redação dada pela Lei nº 12.061, de 2009.)*
VII – assumir o transporte escolar dos alunos da rede estadual. *(Incluído pela Lei nº 10.709, de 31/7/2003.)*

Art. 11. Os municípios incumbir-se-ão de:
VI – assumir o transporte escolar dos alunos da rede municipal. *(Incluído pela Lei nº 10.709, de 31/7/2003.)*

Art. 12. Os estabelecimentos de ensino, respeitadas as normas comuns e as do seu sistema de ensino, terão a incumbência de:

VII – informar pai e mãe, conviventes ou não com seus filhos, e, se for o caso, os responsáveis legais, sobre a frequência e rendimento dos alunos, bem como sobre a execução da proposta pedagógica da escola; *(Redação dada pela Lei nº 12.013, de 2009.)*

VIII – notificar ao conselho tutelar do município, ao juiz competente da comarca e ao respectivo representante do Ministério Público a relação dos alunos que apresentem quantidade de faltas acima de cinquenta por cento do percentual permitido em lei. *(Incluído pela Lei nº 10.287, de 2001.)*

Art. 20. As instituições privadas de ensino se enquadrarão nas seguintes categorias:

II – comunitárias, assim entendidas as que são instituídas por grupos de pessoas físicas ou por uma ou mais pessoas jurídicas, inclusive cooperativas educacionais, sem fins lucrativos, que incluam na sua entidade mantenedora representantes da comunidade; *(Redação dada pela Lei nº 12.020, de 2009.)*

Disposições gerais da educação básica

Art. 26. Os currículos do ensino fundamental e médio devem ter uma base nacional comum, a ser complementada, em cada sistema de ensino e estabelecimento escolar, por uma parte diversificada, exigida pelas características regionais e locais da sociedade, da cultura, da economia e da clientela.

§ 3º A educação física, integrada à proposta pedagógica da escola, é componente curricular obrigatório da educação básica, sendo sua prática facultativa ao aluno: *(Redação dada pela Lei nº 10.793, de 1/12/2003.)*

I – que cumpra jornada de trabalho igual ou superior a seis horas; *(Incluído pela Lei nº 10.793, de 1/12/2003.)*

II – maior de trinta anos de idade; *(Incluído pela Lei nº 10.793, de 1/12/2003.)*

III – que estiver prestando serviço militar inicial ou que, em situação similar, estiver obrigado à prática da educação física; *(Incluído pela Lei nº 10.793, de 1/12/2003.)*

IV – amparado pelo Decreto-Lei nº 1.044, de 21 de outubro de 1969; *(Incluído pela Lei nº 10.793, de 1/12/2003.)*

V – (VETADO) *(Incluído pela Lei nº 10.793, de 1/12/2003.)*

VI – que tenha prole. *(Incluído pela Lei nº 10.793, de 1/12/2003.)*

§ 6º A música deverá ser conteúdo obrigatório, mas não exclusivo, do componente curricular de que trata o § 2º deste artigo. *(Incluído pela Lei nº 11.769, de 2008.)*

Art. 26-A. Nos estabelecimentos de ensino fundamental e de ensino médio, públicos e privados, torna-se obrigatório o estudo da história e cultura afro-brasileira e indígena. *(Redação dada pela Lei nº 11.645, de 2008.)*

§ 1º O conteúdo programático a que se refere este artigo incluirá diversos aspectos da história e da cultura que caracterizam a formação da população brasileira, a partir desses dois grupos étnicos, tais como o estudo da história da África e dos africanos, a luta dos negros e dos povos indígenas no Brasil, a cultura negra e indígena brasileira e o negro e o índio na formação da sociedade nacional, resgatando as suas contribuições nas áreas social, econômica e política, pertinentes à história do Brasil. *(Redação dada pela Lei nº 11.645, de 2008.)*

§ 2º Os conteúdos referentes à história e cultura afro-brasileira e dos povos indígenas brasileiros serão ministrados no âmbito de todo o currículo escolar, em especial nas áreas de educação artística e de literatura e história brasileiras. *(Redação dada pela Lei nº 11.645, de 2008.)*

Do ensino fundamental

Art. 32. O ensino fundamental obrigatório, com duração de 9 (nove) anos, gratuito na escola pública, iniciando-se aos 6 (seis) anos de idade, terá por objetivo a formação básica do cidadão, mediante: *(Redação dada pela Lei nº 11.274, de 2006.)*

§ 5º O currículo do ensino fundamental incluirá, obrigatoriamente, conteúdo que trate dos direitos das crianças e dos adolescentes, tendo como diretriz a Lei nº 8.069, de 13 de julho de 1990, que institui o Estatuto da Criança e do Adolescente, observada a produção e distribuição de material didático adequado. *(Incluído pela Lei nº 11.525, de 2007.)*

Art. 33. O ensino religioso, de matrícula facultativa, é parte integrante da formação básica do cidadão e constitui disciplina dos horários normais das escolas públicas de ensino fundamental, assegurado o respeito à diversidade cultural religiosa do Brasil, vedadas quaisquer formas de proselitismo. *(Redação dada pela Lei nº 9.475, de 22/7/1997.)*

Do ensino médio e profissional

Art. 36. O currículo do ensino médio observará o disposto na Seção I deste capítulo e as seguintes diretrizes:

IV – serão incluídas a Filosofia e a Sociologia como disciplinas obrigatórias em todas as séries do ensino médio. *(Incluído pela Lei nº 11.684, de 2008.)*

Da educação profissional técnica de nível médio *(Incluído pela Lei nº 11.741, de 2008.)*

Art. 36-A. Sem prejuízo do disposto na Seção IV deste capítulo, o ensino médio, atendida a formação geral do educando, poderá prepará-lo para o exercício de profissões técnicas. *(Incluído pela Lei nº 11.741, de 2008.)*

Parágrafo único. A preparação geral para o trabalho e, facultativamente, a habilitação profissional poderão ser desenvolvidas nos próprios estabelecimentos de ensino médio ou em cooperação com instituições especializadas em educação profissional. *(Incluído pela Lei nº 11.741, de 2008.)*

Art. 36-B. A educação profissional técnica de nível médio será desenvolvida nas seguintes formas: *(Incluído pela Lei nº 11.741, de 2008.)*

I – articulada com o ensino médio; *(Incluído pela Lei nº 11.741, de 2008.)*

II – subsequente, em cursos destinados a quem já tenha concluído o ensino médio. *(Incluído pela Lei nº 11.741, de 2008.)*

Parágrafo único. A educação profissional técnica de nível médio deverá observar: *(Incluído pela Lei nº 11.741, de 2008.)*

I – os objetivos e definições contidos nas diretrizes curriculares nacionais estabelecidas pelo Conselho

Nacional de Educação; *(Incluído pela Lei nº 11.741, de 2008.)*

II – as normas complementares dos respectivos sistemas de ensino; *(Incluído pela Lei nº 11.741, de 2008.)*

III – as exigências de cada instituição de ensino, nos termos de seu projeto pedagógico. *(Incluído pela Lei nº 11.741, de 2008.)*

Art. 36-C. A educação profissional técnica de nível médio articulada, prevista no inciso I do *caput* do art. 36-B desta lei, será desenvolvida de forma: *(Incluído pela Lei nº 11.741, de 2008.)*

I – integrada, oferecida somente a quem já tenha concluído o ensino fundamental, sendo o curso planejado de modo a conduzir o aluno à habilitação profissional técnica de nível médio, na mesma instituição de ensino, efetuando-se matrícula única para cada aluno; *(Incluído pela Lei nº 11.741, de 2008.)*

II – concomitante, oferecida a quem ingresse no ensino médio ou já o esteja cursando, efetuando-se matrículas distintas para cada curso, e podendo ocorrer: *(Incluído pela Lei nº 11.741, de 2008.)*

a) na mesma instituição de ensino, aproveitando-se as oportunidades educacionais disponíveis; *(Incluído pela Lei nº 11.741, de 2008.)*

b) em instituições de ensino distintas, aproveitando-se as oportunidades educacionais disponíveis; *(Incluído pela Lei nº 11.741, de 2008.)*

c) em instituições de ensino distintas, mediante convênios de intercomplementaridade, visando ao planejamento e ao desenvolvimento de projeto pedagógico unificado. *(Incluído pela Lei nº 11.741, de 2008.)*

Art. 36-D. Os diplomas de cursos de educação profissional técnica de nível médio, quando registrados, terão validade nacional e habilitarão ao prosseguimento de estudos na educação superior. *(Incluído pela Lei nº 11.741, de 2008.)*

Parágrafo único. Os cursos de educação profissional técnica de nível médio, nas formas articulada concomitante e subsequente, quando estruturados e organizados em etapas com terminalidade, possibilitarão a obtenção de certificados de qualificação para o trabalho após a conclusão, com aproveitamento, de cada etapa que caracterize uma qualificação para o trabalho. *(Incluído pela Lei nº 11.741, de 2008.)*

Da educação de jovens e adultos

Art. 37. A educação de jovens e adultos será destinada àqueles que não tiveram acesso ou continuidade de estudos no ensino fundamental e médio na idade própria.

§ 3º A educação de jovens e adultos deverá articular-se, preferencialmente, com a educação profissional, na forma do regulamento. *(Incluído pela Lei nº 11.741, de 2008.)*

Da educação profissional e tecnológica *(Redação dada pela Lei nº 11.741, de 2008.)*

Da educação profissional e tecnológica

Art. 39. A educação profissional e tecnológica, no cumprimento dos objetivos da educação nacional, integra-se aos diferentes níveis e modalidades de educação e às dimensões do trabalho, da ciência e da tecnologia. *(Redação dada pela Lei nº 11.741, de 2008.)*

§ 1º Os cursos de educação profissional e tecnológica poderão ser organizados por eixos tecnológicos, possibilitando a construção de diferentes itinerários formativos, observadas as normas do respectivo sistema e nível de ensino. *(Incluído pela Lei nº 11.741, de 2008.)*

§ 2º A educação profissional e tecnológica abrangerá os seguintes cursos: *(Incluído pela Lei nº 11.741, de 2008.)*

I – de formação inicial e continuada ou qualificação profissional; *(Incluído pela Lei nº 11.741, de 2008.)*

II – de educação profissional técnica de nível médio; *(Incluído pela Lei nº 11.741, de 2008.)*

III – de educação profissional tecnológica de graduação e pós-graduação. *(Incluído pela Lei nº 11.741, de 2008.)*

§ 3º Os cursos de educação profissional tecnológica de graduação e pós-graduação organizar-se-ão, no que concerne a objetivos, características e duração, de acordo com as diretrizes curriculares nacionais estabelecidas pelo Conselho Nacional de Educação. *(Incluído pela Lei nº 11.741, de 2008.)*

Art. 40. A educação profissional será desenvolvida em articulação com o ensino regular ou por diferentes estratégias de educação continuada, em instituições especializadas ou no ambiente de trabalho. *(Regulamento.)*

Art. 41. O conhecimento adquirido na educação profissional e tecnológica, inclusive no trabalho, poderá ser objeto de avaliação, reconhecimento e certificação para prosseguimento ou conclusão de estudos. *(Redação dada pela Lei nº 11.741, de 2008.)*

Art. 42. As instituições de educação profissional e tecnológica, além dos seus cursos regulares, oferecerão cursos especiais, abertos à comunidade, condicionada a matrícula à capacidade de aproveitamento e não necessariamente ao nível de escolaridade. *(Redação dada pela Lei nº 11.741, de 2008.)*

Da educação superior

Art. 44. A educação superior abrangerá os seguintes cursos e programas:

I – cursos sequenciais por campo de saber, de diferentes níveis de abrangência, abertos a candidatos que atendam aos requisitos estabelecidos pelas instituições de ensino, desde que tenham concluído o ensino médio ou equivalente; *(Redação dada pela Lei nº 11.632, de 2007.)*

Parágrafo único. Os resultados do processo seletivo referido no inciso II do *caput* deste artigo serão tornados públicos pelas instituições de ensino superior, sendo obrigatória a divulgação da relação nominal dos classificados, a respectiva ordem de classificação, bem como do cronograma das chamadas para matrícula, de acordo com os critérios para preenchimento das vagas constantes do respectivo edital. *(Incluído pela Lei nº 11.331, de 2006.)*

Dos profissionais da educação

Art. 61. Consideram-se profissionais da educação escolar básica os que, nela estando em efetivo exercício e tendo sido formados em cursos reconhecidos, são: *(Redação dada pela Lei nº 12.014, de 2009.)*

I – professores habilitados em nível médio ou superior para a docência na educação infantil e nos ensinos fundamental e médio; *(Redação dada pela Lei nº 12.014, de 2009.)*

II – trabalhadores em educação portadores de diploma de Pedagogia, com habilitação em administração, planejamento, supervisão, inspeção e orientação educacional, bem como com títulos de mestrado ou doutorado nas mesmas áreas; *(Redação dada pela Lei nº 12.014, de 2009.)*
III – trabalhadores em educação, portadores de diploma de curso técnico ou superior em área pedagógica ou afim. *(Incluído pela Lei nº 12.014, de 2009.)*
Parágrafo único. A formação dos profissionais da educação, de modo a atender às especificidades do exercício de suas atividades, bem como aos objetivos das diferentes etapas e modalidades da educação básica, terá como fundamentos: *(Incluído pela Lei nº 12.014, de 2009.)*
I – a presença de sólida formação básica, que propicie o conhecimento dos fundamentos científicos e sociais de suas competências de trabalho; *(Incluído pela Lei nº 12.014, de 2009.)*
II – a associação entre teorias e práticas, mediante estágios supervisionados e capacitação em serviço; *(Incluído pela Lei nº 12.014, de 2009.)*
III – o aproveitamento da formação e experiências anteriores, em instituições de ensino e em outras atividades. *(Incluído pela Lei nº 12.014, de 2009.)*
Art. 62. A formação de docentes para atuar na educação básica far-se-á em nível superior, em curso de licenciatura, de graduação plena, em universidades e institutos superiores de educação, admitida, como formação mínima para o exercício do magistério na educação infantil e nas quatro primeiras séries do ensino fundamental, a oferecida em nível médio, na modalidade normal. *(Regulamento.)*

§ 1º A União, o Distrito Federal, os estados e os municípios, em regime de colaboração, deverão promover a formação inicial, a continuada e a capacitação dos profissionais de magistério. *(Incluído pela Lei nº 12.056, de 2009.)*

§ 2º A formação continuada e a capacitação dos profissionais de magistério poderão utilizar recursos e tecnologias de educação a distância. *(Incluído pela Lei nº 12.056, de 2009.)*

§ 3º A formação inicial de profissionais de magistério dará preferência ao ensino presencial, subsidiariamente fazendo uso de recursos e tecnologias de educação a distância. *(Incluído pela Lei nº 12.056, de 2009.)*

Art. 67. Os sistemas de ensino promoverão a valorização dos profissionais da educação, assegurando-lhes, inclusive nos termos dos estatutos e dos planos de carreira do magistério público:

§ 2º Para os efeitos do disposto no § 5º do art. 40 e no § 8º do art. 201 da Constituição Federal, são consideradas funções de magistério as exercidas por professores e especialistas em educação no desempenho de atividades educativas, quando exercidas em estabelecimento de educação básica em seus diversos níveis e modalidades, incluídas, além do exercício da docência, as de direção de unidade escolar e as de coordenação e assessoramento pedagógico. *(Incluído pela Lei nº 11.301, de 2006.)*

Disposições gerais

Art. 79-B. O calendário escolar incluirá o dia 20 de novembro como Dia Nacional da Consciência Negra. *(Incluído pela Lei nº 10.639, de 9/1/2003.)*

Art. 82. Os sistemas de ensino estabelecerão as normas de realização de estágio em sua jurisdição, observada a lei federal sobre a matéria. *(Redação dada pela Lei nº 11.788, de 2008.)*

Art. 87. É instituída a Década da Educação, a iniciar-se um ano a partir da publicação desta lei.

§ 2º O poder público deverá recensear os educandos no ensino fundamental, com especial atenção para o grupo de 6 (seis) a 14 (quatorze) anos de idade e de 15 (quinze) a 16 (dezesseis) anos de idade. *(Redação dada pela Lei nº 11.274, de 2006.)*

§ 3º O Distrito Federal, cada estado e município, e, supletivamente, a União, devem: *(Redação dada pela Lei nº 11.330, de 2006.)*

I – matricular todos os educandos a partir dos 6 (seis) anos de idade no ensino fundamental; *(Redação dada pela Lei nº 11.274, de 2006.)*

Capítulo III

A construção da escola pública: avanços e impasses

A construção da escola pública: avanços e impasses

*O termo escola (*scholé*, em grego;* schola*, em latim) significava, entre outras coisas, lazer, tempo livre, ocupação do tempo com estudo livre e prazeroso. Na língua latina, o termo passou a significar também os seguidores de um mestre, a instituição ou lugar de formação, ensino e aprendizagem. Embora a tradição greco-romana desvalorizasse o trabalho manual e a formação profissional – o que justifica a compreensão do termo escola como lugar do ócio, do não trabalho –, foi o ideal grego de educação que forneceu as bases das instituições escolares ocidentais, à medida que a escola se ia constituindo como instituição de aprendizagem organizada, dirigida para um objetivo. Já na educação grega antiga, para os "homens livres", surgiram instituições educativas com características de escola como treino para atividades práticas cotidianas, como espaço de instrução e treinamento militar, baseadas em ideais de perfeição física, bravura, coragem, nobreza de caráter, obediência às leis e, mais tarde, no desenvolvimento da razão. Na Idade Média, o ensino ocorria principalmente nos mosteiros, para a formação religiosa dos clérigos e dos leigos. Com o desenvolvimento do comércio na idade moderna e consolidação das cidades, surgiu a necessidade de aprender a ler, escrever e contar. A nova classe, a burguesia, propagou outro tipo de escola, com professores leigos nomeados pelo Estado e com o ensino voltado para as coisas práticas da vida, isto é, para os interesses da nova classe que emergia – do que se conclui que a escola atende historicamente a interesses de quem a controla.*

No Brasil, as primeiras escolas foram criadas pelos jesuítas, que aqui chegaram em 1549. Os colégios jesuíticos eram missionários, isto é, pretendiam formar sacerdotes para atuar na nova terra e também buscavam catequizar e instruir o índio. Eram igualmente usados para formar jovens que realizariam estudos superiores na Europa. Em outras palavras, dedicavam-se à educação da elite nacional.

Apenas no século XVIII, primeiramente na Alemanha e na França, iniciou-se a educação pública estatal, sem que houvesse, porém, interesse em atender aos filhos dos trabalhadores. Nos Estados Unidos ela foi inaugurada no século XIX, e no Brasil, no final do século XIX e nas primeiras décadas do século XX, quando principiou o processo de industrialização no país.

As diretrizes do processo de escolarização centravam-se no atendimento às indústrias, que requeriam trabalhadores instrumentalizados na leitura, na escrita e nos cálculos. Hoje, a necessidade mercadológica da formação escolar faz-se sentir, em pleno vigor, com o processo de informatização do mundo do trabalho. Já não basta ler, escrever e contar. O mundo capitalista quer trabalhadores conhecedores das funções do computador.

A escola é uma organização socialmente construída. Conforme Lima (1992), *"a escola constitui um empreendimento humano, uma organização histórica, política e culturalmente marcada"*. Assim, uma compreensão verdadeira da escola depende da referência a determinado período histórico e das lentes usadas para olhá-la. Sua forma atual – controlada pelo Estado – foi construída pela conquista do ensino realizado no lar e do ensino promovido pela Igreja.

Numa perspectiva crítica, a escola é vista como uma organização política, ideológica e cultural em que indivíduos e grupos de diferentes interesses, preferências, crenças, valores e percepções da realidade mobilizam poderes e elaboram processos de negociação, pactos e enfrentamentos. Vale destacar, todavia, que ela não é o único espaço em que ocorre a educação. Esta já existia antes mesmo da existência da escola. A vida social implica a vivência da educação pelo convívio, pela interação entre as pessoas, pela socialização das práticas, hábitos e valores que produzem a vida humana em sociedade.

Como prática social, a educação é fenômeno essencialmente humano e, portanto, tem historicidade. A prática educativa envolve a presença de sujeitos que ensinam e aprendem ao mesmo tempo, de conteúdos (objetos de conhecimento a ser apreendidos), objetivos, métodos e técnicas coerentes com os objetivos desejados. Desse modo, ela pode configurar-se na articulação de aspectos contraditórios, como opressão e democracia, intolerância e paciência, autoritarismo e respeito, conservadorismo e transformação, sem nunca ser, porém, neutra.

1. As modalidades de educação

Como prática social que faz parte do contexto geral da sociedade, a educação assume diferentes modalidades. Conforme descreve Libâneo (1998), há uma educação não intencional, informal, que se refere às influências do meio natural e social sobre o homem e interfere em sua relação com o meio social. Como exemplos dessa modalidade educativa, podem-se citar os costumes, a religião, as leis, os fatos físicos (p. ex. o clima), as ideias vigentes na sociedade, o tipo de governo, as práticas das famílias etc. Tais fatores ou atos, nem sempre conscientemente intencionais, não institucionais, não planejados, assistemáticos, envolvem tudo o que impregna a vida social, como o ambiente e as relações socioculturais, e atuam sobre a formação das pessoas. Esses elementos estão presentes também nos atos educativos intencionais.

Há, ainda, a prática educativa intencional, que se divide em educação não formal e educação formal. A prática educativa não formal diz respeito às atividades intencionais em que há relações pedagógicas com pouca sistematização ou estruturação, como ocorre nos movimentos sociais, nos meios de comunicação de massa, nos locais de lazer como clubes, cinemas, museus. Apesar da característica de baixa sistematização das intenções, a educação não formal intercambia frequentemente com a educação formal. Esta se caracteriza por ser institucional, ter objetivos explícitos, conteúdos, métodos de ensino, procedimentos didáticos, possibilitando até mesmo antecipação de resultados. Tal modalidade educativa não ocorre apenas na escola, local típico desse tipo de educação, mas também em locais em que a educação for intencional, estruturada, organizada, sistematizada. Como exemplos, há a educação de adultos, a educação sindical, profissional, ainda que ocorram fora da escola.

Resumindo:

- A educação informal, também chamada de não intencional, refere-se às influências do meio humano, social, ecológico, físico e cultural às quais o homem está exposto.

- A educação não formal é intencional, ocorre fora da escola, porém é pouco estruturada e sistematizada.
- A educação formal é também intencional e ocorre ou não em instâncias de educação escolar, apresentando objetivos educativos explicitados. É claramente sistemática e organizada.

Uma modalidade não é mais importante do que a outra, uma vez que se interpenetram. Todas ocorrem na vida dos indivíduos e, precisamente pela importância das práticas educativas informais, há a necessidade da educação intencional, sobretudo a formal, escolarizada, a fim de alcançar objetivos preestabelecidos.

2. A educação escolar

A escola, em sua forma atual, surgiu com o nascimento da sociedade industrial e com a constituição do Estado nacional, para suplantar a educação que ocorria na família e na Igreja. Ganhou corpo com base na crença do progresso, sendo beneficiária da educação dos homens e da ampliação da cultura.

Na Alemanha do século XVII, em decorrência da expansão do protestantismo, as escolas buscavam universalizar o ensino elementar a fim de instruir o povo para a leitura da Bíblia. Na França, no mesmo período, as escolas públicas visavam à instrução religiosa, à disciplina e ao ensino de trabalhos manuais, tornando-se agências de formação de empregados para o comércio e a indústria. Essa tendência provocou o início da ruptura com o ensino ministrado pelos jesuítas, o qual tinha caráter escolástico, com ênfase no latim, na retórica e no estudo dos clássicos. Os jesuítas resistiram à revolução científica em curso na Europa.

No século XVIII, das revoluções burguesas e do Iluminismo, ocorreram as primeiras tentativas de universalização do ensino sob a responsabilidade estatal. No século seguinte, com a urbanização acelerada e o desenvolvimento do capitalismo industrial, a maior complexidade do trabalho exigia melhor qualificação da mão de obra, fazendo com que o Estado interviesse na educação para estabelecer a escola elementar universal, leiga, gratuita e obrigatória ante a exigência do novo quadro técnico-industrial. Ela passou a ser elemento de homogeneização cultural e de contribuição para o exercício da cidadania, enfim, uma instituição cheia de poderes. A ideia de escola pública e obrigatória para todos data dos séculos XVIII e XIX; em quase 300 anos, inúmeros estudiosos tentaram entender e explicar a organização social capitalista e essa sua importante instituição.

A consolidação do capitalismo reforçou a convicção de que a educação podia ser mecanismo de controle social. Ela foi recomendada pelos teóricos da economia política liberal do século XVIII como forma de tornar o povo ordeiro, obediente aos superiores. Adam Smith justificava a necessidade de educação em consequência da divisão do trabalho. Para ele, o Estado deveria impor a toda a população certos aprendizados mínimos: leitura, escrita, cálculo, rudimentos de geometria e de mecânica. Tudo deveria ser dado em doses homeopáticas, conforme as necessidades do capital.

3. Diferentes concepções de educação escolar

As concepções de educação escolar referem-se a determinados modos de compreender as modalidades de educação, as funções sociais e pedagógicas da escola, os objetivos educativos, as dimensões da educação, os objetivos de aprendizagem, o currículo, os conteúdos e a metodologia de ensino, as formas de organização e gestão. Sendo a escola uma instituição social, é necessário sempre considerar que as concepções estão vinculadas a necessidades e demandas do contexto econômico, político, social e cultural de uma sociedade e a interesses de grupos sociais. A dependência da escola em relação à dinâmica social leva a ressaltar, na formação de professores, a importância da determinação de seus objetivos e funções, pois disso decorrem as políticas educacionais, as formas de conceber o funcionamento da escola, as orientações para a formação de professores, as orientações curriculares e as formas de avaliação no âmbito tanto do sistema de ensino quanto da aprendizagem.

Uma das primeiras iniciativas de classificação das concepções de educação foi realizada por Dermeval Saviani, ao identificar na história da educação brasileira cinco tendências (Saviani, 1983; 2008), descritas a seguir. A *tendência humanista tradicional* abrange a pedagogia católica – cuja presença no Brasil vem desde os jesuítas – e outras correntes formuladas entre os séculos XVI e XIX, nas quais se destacam as ideias de Comênio e Herbart. Essa concepção representa o que se conhece como pedagogia tradicional, centrada no conhecimento, na formação intelectual, na autoridade do professor. A *tendência humanista moderna* abrange várias correntes originadas na filosofia com base nas visões de homem voltadas para a existência humana, a vida e a atividade, resultando numa pedagogia centrada na criança. Ela surge na segunda metade do século XIX, na Europa e, depois, nos Estados Unidos com John Dewey, inspirando por volta dos anos 20 do século XX, no Brasil, o movimento da Escola Nova, que atinge seu apogeu na década de 1960, quando se difundem também as ideias de Jean Piaget. A *tendência tecnicista* foi introduzida por volta de 1968 na política educacional do regime militar, dando ao ensino brasileiro uma orientação sistêmica e tecnicista, baseada em princípios positivistas como racionalidade, eficiência e produtividade, com forte peso na formação técnica e no ensino profissionalizante. Duas leis são representativas dessa orientação, a Lei nº 5.540/1970 e a Lei nº 5.692/1971. A *tendência crítico-reprodutivista,* identificada em boa parte como posição crítica ao tecnicismo, reúne teorias concebidas no contexto da educação europeia, ganhando muita notoriedade no Brasil por propiciar uma análise crítica da educação na sociedade capitalista. Essa tendência apresentou-se em três teorias: a) teoria do sistema de ensino como violência simbólica, formulada por Bourdieu e Passeron; b) teoria da escola como aparelho ideológico de Estado, de Althusser; c) teoria da escola dualista, formulada por Baudelot e Establet. Saviani reconhece o mérito dessas teorias em destacar a relação entre a educação e o processo de dominação na sociedade de classes, mas considera-as "reprodutivistas", no sentido de terem restringido a educação ao papel de replicadora das relações sociais capitalistas de produção, desconsiderando sua capacidade de, contraditoriamente, contribuir para a transformação da realidade. Finalmente, a *tendência dialética* surge como uma concepção que supera as demais, destacando as possibilidades transformadoras da educação em meio às contradições da sociedade capitalista. A favor dessa posição, o autor ressalta a necessidade de a classe trabalhadora apropriar-se, por meio da educação e da escola, do saber sistematizado, potencializando sua capacidade de organização, reivindicação e pressão. Decorreram dessa tendência a pedagogia histórico-crítica, formulada pelo próprio Dermeval Saviani, e a pedagogia crítico-social dos conteúdos, de José Carlos Libâneo, ambas surgidas por volta de 1979.

Outro estudo sobre as tendências pedagógicas no Brasil foi elaborado por Libâneo (2010), que dividiu as pedagogias modernas entre liberais e progressistas. Às pedagogias de cunho liberal aglutinou a pedagogia tradicional, a pedagogia renovada e o tecnicismo educacional; às pedagogias de cunho crítico-progressista associou a pedagogia libertadora (iniciada com Paulo Freire), a pedagogia libertária e a pedagogia crítico-social dos conteúdos. A classificação de Libâneo buscou traduzir as tendências formuladas no estudo anterior de Saviani numa linguagem pedagógico-didática, com base nas práticas de ensino efetivamente operadas nas escolas.

LIBÂNEO, José Carlos. *Democratização da escola pública: a pedagogia crítico-social dos conteúdos*. São Paulo: Loyola, 2010 (1ª edição: 1985).

Os dois estudos mencionados situam-se no âmbito das pedagogias modernas ou clássicas. Numa direção diferente, começou a difundir-se na Europa e nos Estados Unidos, entre os anos 1980 e 1990, um pensamento crítico em relação à educação "moderna" provindo da renovação, na Inglaterra, dos estudos em sociologia da educação, de certa forma também associada a ideias "pós-modernas". No Brasil, no início dos anos 1990, desenvolveu-se a sociologia crítica do currículo (Lopes e Macedo, 2002), influenciada por autores europeus (M. Young, entre outros), norte-americanos (M. Apple e H. Giroux, entre outros), com contribuições da teoria crítica da Escola de Frankfurt e da teoria sociológica francesa (Foucault, Derrida, Deleuze, Morin, entre outros). No final dessa década, alguns estudos em teoria crítica do currículo passaram a incorporar enfoques pós-modernos, formando uma perspectiva de compreensão da educação sob múltiplos olhares, frequentemente com forte tom relativista e em confronto com muitas proposições das pedagogias modernas, incluindo as progressistas. Já por volta do ano 2000, em meio ao debate em torno da globalização e hibridização cultural, surgiu o tema do interculturalismo, com a questão cultural impregnando fortemente o discurso e a prática pedagógica.

Entre os temas que demarcam hoje a crítica às pedagogias modernas estão a relativização do papel do conhecimento sistematizado na educação, a ideia dos sujeitos como produtores de conhecimento dentro de sua própria cultura, a rejeição à ideia de uma cultura dominante e a formas de homogeneização e dominação cultural, a eliminação de fronteiras entre os saberes por meio da interdisciplinaridade, a valorização da identidade cultural mediante a consideração da diversidade e da interculturalidade. Em face desses posicionamentos, alguns defensores das pedagogias modernas adotam atitudes de confronto, enquanto outros buscam possibilidades de reavaliação de princípios pedagógicos modernos, incorporando ao menos parte das elaborações da teoria curricular crítica e do pensamento pós-moderno.

As tendências relacionadas às funções da escola apresentam-se hoje bastante difusas, no âmbito tanto da investigação quanto da prática escolar. Contra um modelo de escola tradicional, geralmente criticado pela maioria dos educadores e intelectuais, desenvolveu-se a ideia da escola compreensiva, baseada na reivindicação da obrigatoriedade escolar, da igualdade de oportunidades, da integração social junto com a individualização. As concepções de escola, ao menos desde a segunda metade do século XX, têm girado em torno da ideia de um ensino comum a todos e, ao mesmo tempo, têm-se diferenciado conforme as características individuais, sociais e culturais dos alunos. A ligação da pedagogia com a psicologia e a sociologia fez destacar as diferenças específicas de linguagem, de aprendizagem, de motivos, em virtude da origem social dos alunos, levando a postulações legítimas de integrar na escolarização exigências cognitivas e os processos sociointegrativos e individualizantes. Há indícios, no entanto, de que essa tendência não deu conta de conciliar tais demandas com a garantia de sólida formação cultural e científica por meio de formas eficientes de organização do processo de aprendizagem. Aos poucos, as missões sociais foram sobrepujando a missão pedagógica.

No âmbito da prática escolar, as escolas continuam direcionadas para quatro tipos de pedagogia: a tradicional, a tecnicista, a nova ou ativa e a sociocrítica, esta assumida por várias correntes, entre as quais a pedagogia crítico-social, a teoria curricular crítica, a perspectiva do conhecimento em rede. A despeito de essas pedagogias ganharem hoje diferentes designações e formas de atuação, na prática escolar tendem a manter-se as orientações teóricas e práticas das pedagogias clássicas. Tem sido muito comum, também, uma mistura de concepções curriculares e metodológicas, tanto nas escolas quanto na cabeça dos professores.

A pedagogia tradicional e a tecnicista são mais convencionais e politicamente conservadoras. A primeira centra-se na mera transmissão de conteúdos e na autoridade do professor, tendo ainda forte presença nas escolas de todos os níveis de ensino, tanto públicas quanto privadas. A pedagogia tecnicista, parente próxima da tradicional, está também associada à transmissão de conteúdos, mas põe um peso forte no desenvolvimento de habilidades práticas, no saber fazer. Nesta pedagogia, não é o conteúdo da formação científica que importa, mas certa formação técnica supostamente mais afinada com as necessidades do mercado de trabalho. Entre os aspectos que atraem os pais está a formulação de conteúdos por especialistas nas disciplinas (frequentemente na forma de "pacotes" curriculares) e a utilização de técnicas mais refinadas de transmissão, incluindo o computador e as mídias em geral, os quais resultariam num suposto "alto nível de ensino" que, no entanto, não é atingido, por faltar a essa escola sólida formação cultural e científica.

A pedagogia da Escola Nova, hoje representada principalmente por escolas e professores que adotam uma visão construtivista, é preferida por pais preocupados com a formação humana de seus filhos, baseada na confiança na natureza infantil, em seus interesses e ritmo de aprendizagem. De certa forma, no Brasil, essa pedagogia continua sendo assumida pelas políticas oficiais. Nela não se exclui a transmissão de conhecimentos, mas se considera mais importante a organização do ambiente de aprendizagem para que o aluno possa desenvolver sua própria atividade de aprender. Essas escolas, em geral, assumem a orientação construtivista inspirada em Jean Piaget, ou a orientação pedagógica de Vygotsky, ou ainda uma mistura das ideias desses dois psicólogos, aplicadas de modo bastante ambíguo e frequentemente equivocado. Em decorrência de uma espécie de encolhimento dessas propostas pedagógicas, vem-se difundindo, desde os anos 90 do século XX – por forte influência de organismos internacionais que formulam as pautas das relações entre educação e economia, sobretudo para os países em desenvolvimento –, uma proposta de escola baseada, por um lado, no suprimento de competências mínimas para a sobrevivência na sociedade da informação e do consumo e, por outro, em estruturas de acolhimento e integração social. Trata-se de escola que privilegia a organização do ambiente escolar para a integração social, deixando em segundo plano a preocupação com o ensino dos conteúdos e com o desenvolvimento cognitivo dos alunos.

As pedagogias sociocríticas, por sua vez, propõem associar ao ensino-aprendizagem a responsabilidade da escola perante as desigualdades econômicas e sociais, ajudando os alunos em sua preparação intelectual e em sua inserção crítica e participativa na sociedade. Atualmente essas pedagogias incorporam as preocupações com o meio ambiente, com os problemas da vida urbana, as questões socioculturais e as diferenças entre as pessoas. Teóricos e educadores com posição crítica nem sempre conseguem boa articulação entre a exigência de domínio dos conteúdos científicos e as relações socioculturais que permeiam a vida escolar. Alguns tendem a valorizar mais a convivência social, as experiências sociais e culturais dos alunos, e menos os conteúdos formais; outros, ao contrário, entendem que a formação cultural e política implica tanto o desenvolvimento cognitivo pela construção de conceitos quanto a interface com os conhecimentos cotidianos e locais como condições para a formação da cidadania e de busca de formas de ação e intervenção na transformação da realidade.

Um ponto de vista para a superação desses dilemas propõe a admissão do papel essencial do ensino na promoção do desenvolvimento cognitivo e social dos alunos, com base nos conteúdos e na formação das ações mentais ligadas a esses conteúdos, em associação com suas experiências socioculturais concretas. Para cumprir esse propósito, a escola de hoje precisaria encarar a exigência de apropriação da cultura e da ciência, o desenvolvimento das competências e habilidades cognitivas e, ao mesmo tempo, a motivação do aluno como sujeito da aprendizagem e integrante de contextos e práticas socioculturais. Teria como papel ser mediadora cultural e científica, isto é, promotora de mediações cognitivas como instrumento para o desenvolvimento do pensamento. O currículo e as práticas escolares deveriam prover os conteúdos científicos e as ações mentais a eles associados – voltados para a interiorização de bases conceituais para lidar com a realidade –, sem descartar a motivação do aluno, sua subjetividade e contextos e práticas da vida cotidiana. Os professores que atuam na educação básica poderiam considerar que não há incompatibilidade entre a aprendizagem dos conteúdos científicos associados aos processos de pensamento e a incorporação, em suas aulas, da experiência sociocultural e subjetiva dos alunos vivida na família, na comunidade, nas mídias, nos locais de lazer etc., articulando o conhecimento científico e o conhecimento cotidiano e local.

Uma escola para a justiça social poderia, então, ser pensada como a que provê *"uma escolarização igual para sujeitos diferentes, por meio de um currículo comum"* (Sacristán, 2000). Para tanto, faria jus a seu sentido democrático, proporcionando aos alunos:

a) ajuda no desenvolvimento de suas competências cognitivas, isto é, no aprender a pensar por meio dos conteúdos para desenvolver poderes de reflexão, análise e atuação;
b) oportunidades de preparação para sua inserção na vida profissional, com uma postura crítica;
c) ajuda no desenvolvimento de capacidades de reflexão sobre sua própria subjetividade e sua identidade cultural;
d) oportunidades de aprender a fazer escolhas morais com discernimento, isto é, aprender a pensar e a atuar eticamente de modo a formar um código de ética consistente com valores humanistas e democráticos;
e) meios de compreender e apreciar experiências estéticas e participar em atividades criativas.

Em síntese, os educadores compromissados sabem que a escola continua sendo reivindicada pelas camadas populares e que é preciso que os poderes públicos assegurem os investimentos financeiros necessários não apenas para o acesso a ela, mas também para a permanência nela, usufruindo de um ensino de qualidade. Com isso devem ocupar-se as concepções de educação escolar. Há efetivamente um desgaste da ideia de escola, em parte por causa da histórica desvalorização da educação por políticos e dirigentes, em parte por causa da dificuldade dos educadores em desempenhar seu papel de educar e ensinar. Mas a escola é uma instituição social, movida pela atividade humana. Esse caráter histórico – portanto, mutável – pode ser percebido nas experiências pedagógicas progressistas e exitosas de muitos profissionais da educação, comprometidos politicamente com a escola pública e adeptos de uma educação promotora da emancipação humana. A aceleração e a intensificação das mudanças que a sociedade experimenta no presente têm trazido novas expectativas em relação à escola, fazendo-a buscar transformações não apenas por meio das políticas públicas, mas sobretudo em seus aspectos pedagógico, cultural, tecnológico e metodológico, na perspectiva de constituir-se efetivamente como promotora de uma educação popular de excelência.

4. A construção da escola pública: finalidades sociais e políticas e organização curricular e pedagógica

Numa perspectiva sociocrítica, a educação é prática social ampla e inerente ao processo de constituição da vida social, alterando-se no tempo e no espaço em razão das transformações sociais. Ela se dá nas relações sociais que os homens estabelecem entre si, nas diversas instituições e nos movimentos sociais, sendo, portanto, constituinte dessas relações e por elas constituída. Em razão disso, a educação deve ser compreendida como um campo social de disputa hegemônica, portanto, um espaço de luta e contradição, uma vez que reflete a própria constituição da sociedade. Desse modo, cada sociedade, tendo por base as classes e grupos sociais de que é composta, estabelece e organiza um sistema educacional para cumprir determinadas finalidades sociais.

Ao longo da história de constituição dos sistemas de ensino em determinada sociedade, a educação foi sendo pensada como um projeto social que respondesse às demandas ou necessidades estabelecidas pelos grupos sociais ali hegemônicos. No caso das sociedades de orientação capitalista-liberal, são encontradas várias finalidades para a educação escolar, entre as quais:

a) garantir a unidade nacional e legitimar o sistema;
b) contribuir para a coesão e o controle social;
c) reproduzir a sociedade e manter a divisão social;
d) promover a democracia da representação;
e) contribuir para a mobilidade e a ascensão social;
f) apoiar o processo de acumulação do capital;
g) habilitar técnica, social e ideologicamente os diversos grupos de trabalhadores para servir ao mundo do trabalho;
h) compor a força de trabalho, preparando, qualificando, formando e desenvolvendo competências para o trabalho;
i) proporcionar uma força de trabalho capacitada e flexível para o crescimento econômico.

Por outro lado, educadores interessados em um projeto educacional voltado para os anseios da maioria da sociedade buscam outros propósitos para a educação, tais como:

a) transformar a sociedade, de modo a eliminar as divisões sociais estabelecidas;
b) desbarbarizar a humanidade no que concerne a preconceitos, a formas de opressão, ao genocídio, à violência, à tortura, à degradação ambiental etc.;
c) conscientizar os indivíduos, tendo em vista a formação de sujeitos críticos, autônomos e emancipados;
d) desenvolver uma educação integral, que favoreça o pleno desenvolvimento das potencialidades humanas;
e) apropriar-se do *saber social*, que permita uma socialização ampla da cultura e a apreensão dos conhecimentos e saberes historicamente produzidos;
f) formar para o exercício pleno da cidadania.

Nesta segunda perspectiva, a educação deve ser compreendida como um direito universal básico e como um bem social público, condição para a emancipação social. Deve ser concebida, portanto, no contexto de um projeto amplo de inclusão social, em que são contemplados os interesses da maioria da população, implicando a conquista da democracia e da qualidade social. A inclusão social aponta para a necessidade de constituição de um *estado social democrático* que atua por meio de políticas públicas, sociais e educacionais favorecedoras dos processos de emancipação desejados. Os sistemas de ensino, as escolas, os gestores, os professores, os alunos e a comunidade escolar em geral são fundamentais nesse processo e, portanto, precisam ser envolvidos no estabelecimento de programas, projetos e ações que afetam a produção do trabalho escolar, uma vez que devem ser concebidos como agentes transformadores da realidade em que atuam. Cabe assim aos dirigentes escolares, professores, pais e comunidade assumir a construção da escola por meio do projeto político-pedagógico (PPP), para o que se fazem necessárias a articulação entre os diversos segmentos que a compõem e a criação de espaços e meios (mecanismos) de participação, de modo que a gestão democrática esteja em função de objetivos educacionais. Por sua vez, a escola com qualidade social é a que define como sua finalidade social a formação cultural e científica dos educandos mediante a apropriação dos saberes historicamente produzidos pelo conjunto da sociedade. Nesse processo de apropriação, que envolve o trabalho dos professores e os meios e recursos pedagógicos necessários, os alunos desenvolvem os conhecimentos, habilidades, atitudes e valores imprescindíveis para a vida produtiva e cidadã, considerando as transformações em curso na sociedade contemporânea.

Para a efetivação da qualidade social da educação escolar não bastam, no entanto, ações voltadas para custos e insumos – que, sem dúvida, são indispensáveis. A promoção da qualidade implica considerar outras dimensões que afetam os processos educativos e os resultados escolares, como é especialmente o caso dos fatores intraescolares. Se a escola tem por finalidade a apropriação dos saberes sistematizados e o desenvolvimento de capacidades intelectuais, sua atenção deve voltar-se para a aprendizagem dos alunos, a qual depende não apenas da mediação do ensino, mas também da consideração do contexto socioeconômico-cultural dos estudantes, das expectativas sociais das famílias, dos processos de organização e gestão da escola, da participação efetiva da comunidade, das práticas curriculares e processos pedagógico-didáticos, das formas de avaliação tanto do funcionamento da escola como das aprendizagens dos alunos.

Os princípios norteadores da compreensão da educação escolar que acabamos de apresentar mostram a necessidade de articulação entre fatores externos à escola e fatores intraescolares. Nesse sentido, um aspecto fundamental no processo de construção da escola pública é a compreensão histórica do papel do currículo na organização do trabalho escolar. De fato, com base nas exigências sociais, políticas e econômicas da sociedade à educação escolar, são formulados os objetivos, o currículo, as formas de ensino, organização e gestão. A seguir, são apresentadas considerações sobre a problemática da introdução dos currículos nos sistemas de ensino e nas escolas.

A discussão em torno de um currículo nacional surge com a necessidade de instituir a instrução pública no processo de constituição dos Estados nacionais ocorrido entre os séculos XIV e XIX na Europa. O currículo nacional garantiria a unidade da nação por meio da instrução dos trabalhadores, da aprendizagem da mesma língua, da formação de valores patrióticos, de modo a atender a demandas sociais e produtivas da sociedade. Verifica-se, assim, que a instituição dos currículos esteve sempre associada a questões de poder, uma vez que era assunto ligado à soberania de cada nação. Em razão disso, de tempos em tempos os países necessitam implementar mudanças ou reformas curriculares a fim de interferir nos processos de ensino-aprendizagem, tendo por base certo diagnóstico das transformações da sociedade e certa compreensão do projeto educacional pretendido. Em paralelo a esse aspecto propriamente político do currículo, é preciso considerá-lo também como uma questão de direito de cidadania, pois todo cidadão tem de ser educado e apropriar-se dos saberes sistematizados produzidos socialmente. Assim, o currículo escolar deve garantir uma formação básica comum para todas as crianças, jovens e adultos, o que implica igualdade de condições no processo formativo.

Como estabelece a LDB (Lei nº 9.394/1996) em seu art. 2º: *"A educação (...) tem por finalidade o pleno desenvolvimento do educando, seu preparo para o exercício da cidadania e sua qualificação para o trabalho".*

A efetivação da relação entre um currículo nacional e o direito do cidadão de apropriar-se de conhecimentos vem tendo, nos últimos 30 anos, uma trajetória bastante complexa. Com efeito, transformações sociais e produtivas provocaram modificações no papel e na forma de atuação do Estado, incidindo também na implementação de reformas curriculares. A crise do modelo taylorista/fordista de produção e do chamado Estado de bem-estar social, a partir da década de 1970, implicou novo regime de acumulação capitalista, chamado de acumulação flexível, que tem por base maior dispersão da produção e do consumo, visando à produção de mais-valia global. As mudanças no regime de acumulação, por sua vez, impulsionaram alterações no modo de regulação, levando muitos Estados nacionais a assumir uma perspectiva mais neoliberal e gerencialista.

No âmbito da educação, observou-se um movimento mundial, impulsionado pelos países ricos e pelos organismos multilaterais, no sentido de reformar a educação e ajustá-la às novas demandas do mundo do trabalho e, especialmente, aos novos perfis profissionais exigidos pela chamada sociedade ou economia do conhecimento. Polivalência, multifuncionalidade, múltiplas competências, flexibilidade profissional, empreendedorismo são alguns dos termos usados para instigar mudanças nos paradigmas curriculares e de formação, levando à redefinição das funções da educação em diferentes países, sobretudo nos periféricos (currículo, gestão, avaliação, formação e profissionalização docente, financiamento).

No que se refere à área de currículo, observa-se que, em lugar dos currículos rígidos e mínimos para um mercado de trabalho mais estável, se tornou necessário instituir currículos mais flexíveis e com eixos temáticos mais amplos e diversificados, tendo em vista um mercado de trabalho cambiante e instável, que demanda alterações permanentes na formação dos trabalhadores e consumidores. Assim, o currículo tem-se voltado mais para o desenvolvimento de competências e capacidades necessárias ao trabalhador polivalente e flexível, acarretando maior individualização dos sujeitos na responsabilização pelo sucesso ou fracasso na trajetória escolar e profissional.

No entanto, esse movimento de ordenação curricular, quase sempre vertical, não se estabelece sem críticas e resistências, o que muitas vezes inviabiliza o chamado currículo formal ou oficial, escrito ou prescrito, advindo das reformas curriculares concebidas e implementadas pelos governos. O currículo em ação ou ativo (o que acontece efetivamente na sala de aula) e o currículo oculto (aquele que não é dito, embora seja carregado de sentido) tornam-se muitas vezes o currículo real ou vivido no interior das instituições formativas, em dissonância ao currículo preestabelecido. As evidências históricas mostram que essa dinâmica de concepção, implementação e avaliação das mudanças curriculares precisa ser mais bem analisada, considerando os fracassos históricos das reformas curriculares.

No caso brasileiro, em conexão com as reformas curriculares, foi adotada desde o início dos anos 1990 a avaliação em larga escala, por influência de organismos financeiros internacionais. Com a realização de exames/testes estandardizados, as escolas e os professores são induzidos a realizar seu trabalho em função das diferentes matrizes curriculares de referência utilizadas para a elaboração dos testes/exames. Assim, os testes/exames passam a ser a referência para o currículo, e não os currículos básicos ou diretrizes curriculares, definidos nacionalmente, é que servem de fundamento para os possíveis exames. Há, portanto, uma inversão pedagógica nesse processo, pois se julga que os exames são capazes de produzir mudanças mais aceleradas na prática docente e no trabalho escolar, tendo em vista melhor rendimento dos alunos.

Esse viés da avaliação também pode ser observado na vinculação crescente com a distribuição de recursos públicos e na adoção de políticas de remuneração docente que associam incentivos financeiros a desempenho, imputando maior responsabilidade às escolas e aos professores pelo rendimento dos alunos e desconsiderando condicionantes históricos e objetivos produzidos pelas políticas educacionais ou pela ausência do Estado no cumprimento de seu dever de ofertar ensino de qualidade a todos como um direito social. Desse modo, são estabelecidas metas para o processo de ensino-aprendizagem, exigindo das escolas e dos professores *performances* compatíveis com metas decorrentes da avaliação dos resultados.

Verifica-se também que as modalidades de avaliação criadas segundo essa lógica competitiva contribuem para maior seletividade e discriminação social e profissional, em prejuízo de uma avaliação formativa, de caráter democrático, no contexto de um sistema unitário ou nacional de educação. A regulação por parte do Estado não deve ser sinônimo de competição, mas de democracia e emancipação, o que se deve efetuar com a participação da comunidade escolar (equipe gestora, professores, alunos e pais) na perspectiva da construção de aprendizagens significativas, tendo por base o projeto político-pedagógico da instituição escolar.

No governo Lula, o PDE passou a ser denominado PDE-Escola e sofreu algumas alterações em relação à formulação anterior. O Índice de Desenvolvimento da Educação Básica (Ideb) passou a ser referência para a seleção das escolas, ou seja, destina-se às escolas identificadas como de atendimento prioritário, conforme o Ideb de 2005. Antes de 2004, o atendimento era feito por zonas de atendimento prioritário e abrangia 384 municípios; depois, passou a abranger municípios agrupados por prioridades, variando de grupo 1 a grupo 4. Para o enquadramento, são utilizados dois indicadores: o Indicador de Disponibilidade Financeira (IDF) e o Índice de Capacidade Técnica (ICT). Com esses novos critérios, o programa passou a atender a quase 3 mil municípios, com recursos na ordem de 1,3 bilhão de dólares. Fonte: <http://www.fnde.gov.br/index.php/fundescola-financiamento>. Acesso em: 10 dez. 2010.

Outro tema relacionado com as políticas educacionais e o funcionamento das escolas é o projeto político-pedagógico (PPP). O PPP é proposto com o objetivo de descentralizar e democratizar a tomada de decisões pedagógicas, jurídicas e organizacionais na escola, buscando maior participação dos agentes escolares. Previsto pela LDB/1996 (art. 12 e 13) como proposta pedagógica ou como projeto pedagógico, o PPP pode significar uma forma de toda a equipe escolar tornar-se corresponsável pela aprendizagem efetiva do aluno e por sua inserção na cidadania crítica. Deve-se atentar para que o PPP esteja em permanente avaliação, em todas as suas etapas e durante todo o processo, a fim de garantir o caráter dinâmico da vida escolar em todas as suas dimensões.

A reforma educacional brasileira implementada a partir da década de 1990 trouxe, no entanto, como proposta do Banco Mundial para a gestão da escola o Plano de Desenvolvimento da Escola (PDE), que visava *"aumentar o desempenho da escola por meio de um planejamento eficaz"* (Brasil. MEC/PDE, 1998). Baseado em um modelo empresarial de administração, o manual do PDE à época das reformas dos anos 1990 *"foi concebido para ser prático, de fácil leitura"*, e tinha por objetivo *"auxiliar a equipe escolar na tarefa de transformação de suas escolas em escolas eficazes, de qualidade"*, uma vez que apresenta sugestões de organização e operacionalização das diferentes etapas propostas, tencionando ser um guia das ações estratégicas das instituições escolares, para que se estabeleça *"o patamar de desempenho que pretendem alcançar, num determinado prazo, mediante um conjunto de objetivos estratégicos, metas e planos de ação, com responsabilidade, prazos e custos definidos"* (Brasil. MEC/PDE, 1998).

Implementado nas escolas públicas do Nordeste e do Centro-Oeste, com recursos do Fundo de Fortalecimento da Escola (Fundescola) provenientes de empréstimos do Banco Mundial, o PDE apresentou-se como *"processo gerencial de planejamento estratégico, coordenado pela liderança da escola e elaborado de maneira participativa pela comunidade escolar"* (Brasil. MEC/PDE, 1998).

Há diferenças conceituais, políticas e pedagógicas evidentes entre a proposta do PPP e a do PDE-Escola. O PDE-Escola pode financiar projetos elaborados pelas unidades escolares e aprovados por sua coordenação, tornando-se atraente para as de menores recursos, ao passo que o PPP não está vinculado a recursos propriamente, mas, sobretudo, às finalidades e organização do trabalho na escola. No entanto, não há impedimento de que ambos ocorram nas escolas ao mesmo tempo, desde que se tenha clareza de que todas as escolas devem ter seu PPP, conforme a LDB, e de que o PDE-Escola é um instrumento de planejamento estratégico-gerencial e, por essa razão, não dá conta de pensar a escola numa perspectiva mais ampla, crítica, democrática e cidadã nem promove a participação efetiva dos agentes escolares no contexto de uma gestão democrática.

Além disso, o risco que correm as escolas que trabalham somente com o PDE consiste na intervenção administrativa externa, o que pode, com grande possibilidade, impedir ou mascarar o crescimento e o amadurecimento das unidades escolares na definição coletiva de sua forma de organizar-se autônoma, pedagógica e administrativamente, algo que pode ser propiciado pelo PPP.

A escola pública brasileira vem passando por mudanças, em um processo contraditório em que se juntam aspectos positivos e negativos. Por exemplo, desde os anos 70 do século XX vem-se ampliando significativamente o acesso à escolarização, beneficiando setores excluídos da população. No entanto, a escola continuou a mesma de quando atendia às camadas médias e altas da sociedade, grupos sociais que tinham poder de pressão sobre o Estado e, de certa forma, direitos já assegurados. Com a democratização do acesso e a não ampliação dos recursos para o ensino obrigatório, as condições de funcionamento das escolas tornaram-se precárias, a remuneração dos professores caiu a níveis insustentáveis, o investimento na formação profissional dos professores foi insuficiente, afetando irremediavelmente a qualidade do ensino. Desse modo, a construção da escola pública brasileira é, ainda, processo inacabado. Ações ligadas a fatores externos ao funcionamento da escola, como o investimento público na educação, a melhora substantiva do salário dos professores, a revisão das diretrizes curriculares dos cursos de formação, entre outras, precisam ser associadas aos fatores intraescolares, tais como os currículos, os processos pedagógico-didáticos, a garantia das condições de aprendizagem e ensino e o projeto pedagógico e curricular, de modo a assegurar a aprendizagem efetiva de todos os alunos, especialmente dos que carecem de maior apoio pedagógico.

As finalidades da educação escolar, bem como da organização curricular e pedagógica, devem ser objeto permanente de reflexão das escolas e dos professores, e não somente dos órgãos do sistema de ensino como o MEC, as Secretarias de Educação, o Conselho Nacional e os Conselhos Estaduais e Municipais de Educação. O currículo oficial ou escrito materializa-se por meio da prática dos professores; por essa razão, eles devem ser envolvidos permanentemente em sua formulação e em suas estratégias de execução, em benefício do conjunto dos alunos, sobretudo dos que mais necessitam da escola.

Capítulo IV

Avaliação da educação básica

Avaliação da educação básica

A avaliação educacional em larga escala faz parte das políticas que vêm sendo desenvolvidas em vários países, desde os anos 80 do século XX, por meio de testes estandardizados, com ênfase nos resultados ou produtos educacionais. A sociedade brasileira tem presenciado, nos últimos anos, discursos que defendem a aplicação de testes educacionais unificados nacionalmente com o objetivo de aferir o desempenho dos alunos nos diferentes graus de ensino, a fim de controlar a qualidade do ensino ministrado nas escolas brasileiras.

Nesse contexto, a avaliação educacional pode servir, por um lado, para o controle e regulação por parte do Estado e, por outro, como mecanismo de introdução da lógica do mercado, visando a maior competição e desempenho, além de reforçar valores como individualismo, meritocracia e competência (Catani, Oliveira e Dourado, 2002). Assim, sobra pouco espaço para uma concepção de avaliação diagnóstica, democrática e emancipatória, voltada para o desenvolvimento escolar e para o aperfeiçoamento do trabalho pedagógico.

Como se observa, a determinação de critérios de avaliação revela a posição, as crenças e a visão de mundo de quem a propõe. Os exames nacionais em vigor desde o governo FHC enfatizam a medição do desempenho escolar por meio de testes padronizados, o que os vincula a uma concepção objetivista de avaliação.

Avaliar, como parte de um projeto educativo, é diferente de medir. Medida refere-se à aferição, expressa em notas, conceitos ou menções, do aprendizado pretendido. Na tradição e no cotidiano das escolas, a medição tem sido mais valorizada do que a avaliação – tanto que muitos alunos estudam para tirar nota, e não para aprender. Avaliar, por sua vez, reflete determinada concepção de educação, do papel do professor e do que é conhecimento. Só pela diferença entre medir e avaliar pode-se perceber as variadas concepções do que vem a ser o conceito de avaliação.

As pesquisas sobre avaliação – que, no Brasil, tiveram início em 1930 – identificam dois marcos interpretativos: um referente à visão oficial, outro referente a uma perspectiva crítica. No primeiro, que vai especialmente de 1930 a 1970, persistindo de forma acentuada nas décadas seguintes, a ênfase recai nos testes padronizados para a medição das habilidades e aptidões dos alunos, tendo em vista a verificação da eficiência e da produtividade do sistema de ensino. A partir da década de 1980, em consonância com uma visão sociocrítica, emergiu um modelo avaliatório que leva em conta tanto os aspectos qualitativos quanto as questões de poder e de conflito envolvidas no currículo, a fim de pôr em questão o que e para que se avalia. Ou seja, esta concepção põe em evidência os aspectos sociais, políticos e culturais implicados nas práticas que envolvem a avaliação do rendimento escolar, seja a realizada em escala, seja a realizada na sala de aula.

O artigo 9º da LDB/1996 em vigor estabelece que, entre outras atribuições, cabe à União *"assegurar processo nacional de avaliação do rendimento escolar no ensino fundamental, médio e superior, em colaboração com os sistemas de ensino, objetivando a definição de prioridades e a melhoria da qualidade do ensino"*. Essa prescrição legal, no entanto, não impede que estados e municípios também possam ter iniciativas de avaliação do desempenho escolar em seus respectivos sistemas de ensino, o que já vem ocorrendo na última década, mesmo que a União tenha criado e implementado exames, índices e indicadores de abrangência nacional.

Os instrumentos de avaliação nacional em curso na política educacional brasileira visam, especificamente, à realização de avaliações de diagnóstico – em larga escala, por meio de testes padronizados e questionários socioeconômicos – da qualidade do ensino oferecido pelo sistema educacional brasileiro. Implementados pelo governo federal para a educação básica desde 1994, são eles: Sistema de Avaliação da Educação Básica – Saeb (1994), Exame Nacional do Ensino Médio – Enem (1998), Exame Nacional de Certificação de Competências de Jovens e Adultos – Encceja (2002), Prova Brasil (2005), Provinha Brasil (2007), Índice de Desenvolvimento da Educação Básica – Ideb (2007), Exame Nacional de Ingresso na Carreira Docente (2010).

Vejamos a que se destina cada um desses exames ou provas.

O Saeb, conforme estabelece a Portaria nº 931, de 21 de março de 2005, é composto de dois processos: a Avaliação Nacional da Educação Básica (Aneb) e a Avaliação Nacional do Rendimento Escolar (Anresc). A Aneb é realizada por amostragem das redes de ensino em cada unidade da Federação e tem foco na gestão dos sistemas educacionais. Por manter as mesmas características, a Aneb recebe o nome do Saeb em suas divulgações. A Anresc é mais extensa e detalhada que a Aneb e tem foco em cada unidade escolar. Por seu caráter universal, recebe o nome de Prova Brasil em suas divulgações. Cf. <http://www.inep.gov.br/basica/saeb/default.asp>. Acesso em: 23 jun. 2010.

Todos esses exames sofreram alterações ao longo do processo de execução nos diferentes governos, mas estão todos sendo realizados em conformidade com sua periodicidade.

Sistema de Avaliação da Educação Básica (Saeb) – Criado em 1988, é desenvolvido pelo Instituto Nacional de Estudos e Pesquisas Educacionais Anísio Teixeira (Inep), em sua Diretoria de Avaliação da Educação Básica (Daeb). Coleta dados sobre alunos, professores, diretores de escolas públicas e privadas em todo o Brasil. Desde 1990 é aplicado, a cada dois anos, a alunos da 4ª e da 8ª séries do ensino fundamental e da 3ª série do ensino médio, nas disciplinas de Língua Portuguesa (foco: leitura) e Matemática (foco: resolução de problemas).

Exame Nacional do Ensino Médio (Enem) – É aplicado a concluintes do ensino médio com o objetivo de aferir índices de desempenho escolar e utilizá-los na reestruturação dos currículos desse nível de ensino. Desde sua criação, pretendeu ser um dos instrumentos de acesso a vagas em cursos de graduação em instituições do ensino superior.

Exame Nacional para Certificação de Competências de Jovens e Adultos (Encceja) – Tem como objetivo avaliar habilidades e competências de jovens e adultos que não frequentaram a escola na idade própria. Alcançando pontuação mínima nas provas, é possível obter a certificação da etapa (www.portal.mec.gov.br).

Prova Brasil – Junto com o Saeb, é aplicada no 5º e no 9º ano do ensino fundamental e na 3ª série do ensino médio. Também é desenvolvida pelo Inep. O Quadro 6, a seguir, estabelece uma comparação entre a Prova Brasil e o Saeb.

Quadro 6 – Prova Brasil e Saeb: semelhanças e diferenças

Prova Brasil	Saeb
A prova foi criada em 2005.	A primeira aplicação ocorreu em1990.
Sua primeira edição foi em 2005, e em 2007 houve nova aplicação.	É aplicado de dois em dois anos. A última edição foi em 2005. Em 2007 houve nova prova.
A Prova Brasil avalia as habilidades em língua portuguesa (foco em leitura) e matemática (foco na resolução de problemas).	Alunos fazem prova de língua portuguesa (foco em leitura) e matemática (foco na resolução de problemas).
Avalia apenas estudantes de ensino fundamental, de 4ª e 8ª séries.	Avalia estudantes de 4ª e 8ª séries do ensino fundamental e também estudantes do 3º ano do ensino médio.
A Prova Brasil avalia as escolas públicas localizadas em área urbana.	Avalia alunos da rede pública e da rede privada, de escolas localizadas nas áreas urbana e rural.
A avaliação é quase universal: todos os estudantes das séries avaliadas, de todas as escolas públicas urbanas do Brasil com mais de 20 alunos na série, devem fazer a prova.	A avaliação é amostral, ou seja, apenas parte dos estudantes brasileiros das séries avaliadas participam da prova.
Por ser universal, expande o alcance dos resultados oferecidos pelo Saeb. Como resultado, fornece as médias de desempenho para o Brasil, regiões e unidades da Federação, para cada um dos municípios e escolas participantes.	Por ser amostral, oferece resultados de desempenho apenas para o Brasil, regiões e unidades da Federação.
Aplicação em 2007: 5 a 20 de novembro.	Aplicação em 2007: 5 a 20 de novembro.
Parte das escolas que participarem da Prova Brasil ajudará a construir também os resultados do Saeb, por meio de recorte amostral.	Todos os alunos do Saeb e da Prova Brasil farão uma única avaliação.

Fonte: Inep. Disponível em: <http://provabrasil.inep.gov.br/prova-brasil-e-saeb>. Acesso em: 31 maio 2011.

Provinha Brasil – É aplicada aos alunos matriculados no segundo ano do ensino fundamental. Este outro tipo de avaliação diagnóstica, surgida como uma das metas do Plano de Desenvolvimento da Educação (PDE), tem a intenção de oferecer aos professores e gestores escolares um instrumento que permita acompanhar, avaliar e melhorar a qualidade da alfabetização e do letramento inicial oferecidos às crianças (http://portal.mec.gov.br/index.php).

Índice de Desenvolvimento da Educação (Ideb) – O objetivo deste índice é medir a qualidade de cada escola e de cada rede de ensino. Criado em 2007, tem sido referência para definição de prioridades nas políticas, como o PDE-Escola. Não se trata propriamente de uma prova; seus resultados são calculados com base no desempenho do estudante em avaliações do Inep e em taxas de aprovação. Ou seja, avalia se o aluno aprendeu, não repetiu de ano e frequentou a sala de aula (http://portal.mec.gov.br).

Exame Nacional de Ingresso na Carreira Docente – Instituído, por portaria, no dia 24 de maio de 2010, visa avaliar conhecimentos, competências e habilidades de profissionais que tenham concluído ou estejam concluindo cursos de formação inicial para a docência e desejam ingressar na carreira do magistério.

Além dos exames em larga escala mencionados, o Brasil integra o *Programa Internacional de Avaliação de Alunos (Pisa)*. Trata-se de programa de avaliação comparada, no qual se incluem os países membros da Organização para Cooperação e Desenvolvimento Econômico (OCDE) e países convidados, como Brasil, México, Argentina e Chile, cujo objetivo é obter indicadores

Mais informações podem ser obtidas em: <http://portal.inep.gov.br/>. Acesso em: 31 maio 2011.

da efetividade dos sistemas educacionais de cada país participante. É coordenado internacionalmente pela OCDE e, no Brasil, pelo Inep. Realizado a cada três anos, avalia o desempenho de alunos das escolas públicas e privadas, urbanas e rurais, das cinco regiões do país, na faixa de quinze anos – idade em que, presume-se, estão concluindo a escolaridade obrigatória. O Brasil participou da prova do Pisa em 2000 e em 2009. Nesta última avaliação, o país teve desempenho um pouco melhor, mas ainda há muito que fazer.

Mesmo com baixo aproveitamento, o Brasil apresentou o maior índice de crescimento, entre 41 países, em duas áreas de matemática e manteve a média em leitura e ciências.

As avaliações nacionais mencionadas pautam-se por critérios qualitativos, praticamente desconsiderando o modelo de avaliação que leva em conta fatores sociais, culturais e econômicos. No entanto, a crítica das avaliações nacionais em escala não significa ser contrário a formas de avaliação do sistema, dos currículos, do desempenho profissional de professores ou do rendimento escolar dos alunos. Na verdade, considera-se insuficiente apenas a avaliação de aspectos quantitativos. As diretrizes e parâmetros para a avaliação educacional externa e/ou interna às instituições de educação básica não induzem nem apoiam um processo de autoavaliação da escola, o qual leve em conta dimensões mais amplas, tais como condições de oferta do ensino, ambiente educativo, prática pedagógica e avaliação, processos de ensino-aprendizagem, gestão escolar democrática, organização do trabalho escolar, formação e condições de trabalho dos profissionais da escola, espaço físico escolar e acesso, permanência e sucesso na escola (Ação Educativa *et al.*, 2004; Dourado, Oliveira e Santos, 2007). Se o objetivo da avaliação é conhecer para intervir de forma mais eficiente nos problemas de aprendizagem detectados, o que explicaria a premiação das escolas cujos alunos apresentam melhor desempenho e a punição das mais fracas? A lógica de intervenção não deveria ser outra?

A melhoria da qualidade do ensino, com a consequente melhoria do rendimento escolar, implica certamente insumos indispensáveis que garantam um padrão de qualidade nas condições de oferta em âmbito nacional, o que inclui condições de trabalho satisfatórias e pessoal valorizado, motivado e engajado no processo educativo. Sabemos que professores *"engajados pedagógica, técnica e politicamente no processo educativo"* (Dourado, Oliveira e Santos, 2007, p. 11) fazem diferença na construção de uma escola de qualidade. Todavia não se pode medir o rendimento escolar e imputar aos professores a culpa pelo baixo desempenho, pois se deve levar em conta *"as condições objetivas de ensino, as desigualdades sociais, econômicas e culturais dos alunos, bem como a desvalorização profissional e a possibilidade restrita de atualização permanente dos profissionais da educação"* (p. 11). Todos esses aspectos implicam ainda reconhecer que precisamos construir uma qualidade social da escola, *"uma qualidade capaz de promover uma atualização histórico-cultural em termos de uma formação sólida, crítica, ética e solidária, articulada com políticas públicas de inclusão e de resgate social"* (p. 11).

Capítulo V

Os profissionais do magistério e os movimentos associativos na organização do sistema de ensino e na organização escolar

Os profissionais do magistério e os movimentos associativos na organização do sistema de ensino e na organização escolar

As reformas educacionais trouxeram muitas alterações para a vida dos professores, bem como para sua formação. As mudanças socioeconômicas apresentam novas exigências e fazem com que eles vivam tempos paradoxais. Por um lado, têm suas tarefas ampliadas, são muito exigidos, mas, por outro, pouco ou quase nada lhes é oferecido em troca. A carreira continua apresentando as dificuldades existentes há muito tempo.

1. Os profissionais do ensino, as competências profissionais e as características da carreira

A formação dos profissionais do ensino sofreu muitas mudanças com a nova LDB e com as resoluções que a acompanharam. Antes das reformas iniciadas em 1994 e consolidadas na LDB nº 9.394/1996, havia duas maneiras de formar professores: o magistério em nível de 2º grau (atual ensino médio) e a atual licenciatura no curso superior. A LDB/1996 ampliou essas modalidades. É possível formar professores em nível médio (curso de magistério) para atuar na educação infantil e nos primeiros anos do ensino fundamental, assim como formá-los nas licenciaturas para as diferentes áreas do saber das séries finais do fundamental e de todo o ensino médio. A nova LDB prevê ainda formação de professores em cursos normais superiores, formação pedagógica para os bacharéis e formação em serviço (educação continuada).

A formação em nível médio, admitida na lei apenas para atuação na educação infantil e nos anos iniciais do ensino fundamental, foi praticamente extinta, já que a própria LDB, em seu art. 87, parágrafo 4º, estabelece que, até o fim da Década da Educação (em 2006), somente seriam admitidos professores habilitados em nível superior ou formados por treinamento em serviço.

O âmbito da formação docente, de acordo com a legislação, devem ser as universidades e os institutos superiores de educação (ISEs), estes vinculados ou não às universidades. Os ISEs manteriam cursos de formação de professores de educação básica e o curso normal superior, além de programas de formação pedagógica para diplomados em nível superior que queiram dedicar-se à educação básica e de programas de educação continuada para profissionais de educação dos diversos níveis; atuariam, ainda, em cursos de pós-graduação. Essa modalidade de formação acabou tendo pequena receptividade por parte das instituições em razão das fortes críticas surgidas no meio educacional, segundo as quais o local privilegiado de formação docente deveria ser tão somente as universidades. Além das instituições de ensino superior (universidades, centros universitários, faculdades e institutos superiores), o governo Lula

(2003-2010) passou a exigir que os institutos federais de educação, ciência e tecnologia também ofertassem cursos de formação de professores, como modo de atender à demanda por esses profissionais, sobretudo em algumas áreas, como física, química e matemática.

Com a reforma educacional brasileira – acompanhando as reformas em âmbito internacional –, propalou-se a importância de a escola, na qualidade de local de trabalho dos professores, constituir-se como espaço de formação docente, o que poderia contribuir para nova identidade do professor, uma vez que a formação em serviço e continuada se faria em um ambiente coletivo de trabalho. No entanto, essas inovações acabaram promovendo um aligeiramento da formação docente, algo contraditório com o discurso sobre a importância da educação no mundo contemporâneo e conflitante com a necessidade do país de melhorar a qualidade do ensino ministrado nas escolas de educação básica.

2. Magistério e especialistas

A Lei nº 9.394/1996, nos artigos 61 a 67, que tratam dos profissionais da educação, estabelece as finalidades e os fundamentos dessa formação e os níveis de formação para a educação básica e superior e, também, de especialistas, além de definir os locais de formação, a prática de ensino e a experiência docente como pré-requisito para o exercício profissional de quaisquer outras funções do magistério e assegurar os itens que devem promover a valorização dos profissionais de educação nos estatutos e planos de carreira (Brasil,

1996). Segundo esses artigos, a formação docente para a educação básica deve ser realizada em cursos superiores de licenciatura plena, sendo admitida a formação mínima de nível médio, na modalidade normal, para o exercício do magistério na educação infantil e nas quatro séries iniciais do ensino fundamental – o que significa que, para atuar nas quatro últimas séries da educação fundamental e na educação média, é exigida a licenciatura plena. A prática de ensino, na formação de docentes para a educação básica, é de, no mínimo, 300 horas. Resoluções posteriores, expedidas pelo Conselho Nacional de Educação e pelo Ministério da Educação, ampliaram esse tempo para 400 horas de estágio supervisionado e mais 400 horas para prática de ensino.

A natureza e a identidade do curso de Pedagogia têm provocado inúmeras discussões entre pesquisadores e formadores de professores. Nas reformas da década de 1990, esse curso seria subsumido nos ISE, com a denominação de curso normal superior. Após acaloradas discussões envolvendo o MEC, movimentos organizados de educadores e debates entre pesquisadores, foi homologada a Resolução CNE/CP nº 1, de 15 de maio de 2006, que estabeleceu as Diretrizes Curriculares Nacionais do Curso de Pedagogia. Conforme o art. 2º, o curso de licenciatura em Pedagogia destina-se à formação inicial para o exercício da docência na educação infantil e nos anos iniciais do ensino fundamental, nos cursos de ensino médio, na modalidade normal, e em cursos de educação profissional na área de serviços e apoio escolar, bem como em outras áreas nas quais sejam previstos conhecimentos pedagógicos.

A versão completa da resolução está disponível em: <http://portal.mec.gov.br/cne/arquivos/pdf/rcp01_06.pdf>. Acesso em: 31 maio 2011.

A formação de profissionais para a educação básica, nas áreas de administração, planejamento, inspeção, supervisão e orientação educacional – os chamados especialistas –, deve realizar-se em cursos de graduação plena em Pedagogia ou em nível de pós-graduação, sendo garantida, nessa formação, a base nacional comum.

A preparação para o magistério superior deve ocorrer em nível de pós-graduação, prioritariamente em programas de mestrado e de doutorado. As universidades devem contar em seu quadro com ao menos um terço do corpo docente com título de mestrado ou de doutorado.

3. As formas de organização sindical e científica dos profissionais do magistério

A organização dos profissionais de ensino ocorre nas dimensões trabalhista, política, sindical e científica – esta última envolvendo a produção do conhecimento tanto nas áreas essencialmente pedagógicas como nos diferentes campos do saber e em sua relação com o ensino.

As décadas de 1970 e 1980, em plena ditadura militar, apresentaram-se como o momento histórico de maior organização dos profissionais da educação e do ensino. Nesse período, com outras representações da sociedade civil, como a Ordem dos Advogados do Brasil (OAB), a Associação Brasileira de Imprensa (ABI) e a Sociedade Brasileira para o Progresso da Ciência (SBPC), e com a classe estudantil, por meio da União Nacional dos Estudantes (UNE), os professores organizaram-se em associações contra o regime em vigor.

Nessa fase, ao final da década de 1970, ocorreram as primeiras greves de trabalhadores e de professores contra o regime militar. Ainda nessa década, foram criadas a

Associação Nacional de Educação (Ande) e a Associação Nacional de Pós-Graduação e Pesquisa em Educação (Anped) e realizadas, a partir do início da década de 1980, as Conferências Brasileiras de Educação (CBEs). Outras entidades científicas ligaram-se aos profissionais do ensino, como o Centro de Estudos Educação e Sociedade (Cedes), que publica cadernos temáticos periodicamente, e a Associação Nacional de Política e Administração da Educação (Anpae), que criou também uma revista e realiza diversos eventos organizados por suas seções regionais, além de eventos nacionais e internacionais. Há ainda a Associação Nacional pela Formação dos Profissionais da Educação (Anfope), que desenvolve estudos, pesquisas e debates acerca da formação dos profissionais da educação. A Anfope tem tido importante participação na elaboração, execução e crítica da política educacional. Em seu endereço eletrônico (http://anfope.spaceblog.com.br/) é possível ler textos e acompanhar o movimento da entidade em suas mobilizações políticas e execução de eventos.

Como importante evento realizado a cada dois anos, o Encontro Nacional de Didática e Prática de Ensino (Endipe), com 15 edições até 2010, é organizado por universidades e faculdades, por meio de suas Faculdades de Educação, para compartilhar e debater as experiências exitosas na área e discutir resultados de pesquisas educacionais. Nos anos de 1996 e 1997, realizaram-se duas edições do Congresso Nacional de Educação (Coned), organizado por entidades sindicais e científicas para estabelecer propostas concretas à política educacional. Do congresso de 1997, realizado em Belo Horizonte, saiu a proposta da sociedade brasileira de Plano Nacional de Educação para os dez anos seguintes à sua promulgação. Tal projeto de lei foi debatido e votado no Congresso Nacional, com a proposta do MEC/Inep, desde fevereiro de 1998, competindo politicamente com ela.

Para o debate do Plano Nacional de Educação (2011-2020), a dinâmica foi diferente. A partir da Conferência Nacional de Educação Básica, que teve como tema "Construindo um sistema nacional articulado de educação: Plano Nacional de Educação, suas diretrizes e estratégias de ação", instalou-se a discussão do novo plano. Com base nesse debate elaborou-se o documento final da Conae, o qual deveria ser tomado como fundamento para a discussão do próximo Plano Nacional de Educação.

A versão completa da resolução está disponível em: <http://portal.mec.gov.br/cne/arquivos/pdf/rcp01_06.pdf>. Acesso em: 31 maio 2011.

A organização sindical de servidores públicos não era legalmente permitida até a Constituição Federal de 1988, que estabelece em seu art. 37, inciso VI: *"é garantido ao servidor público civil o direito à livre associação sindical"*. Daí em diante, os professores passaram a transformar suas associações em sindicatos e filiar-se, por meio da Confederação dos Professores do Brasil (CPB), à Central Única dos Trabalhadores (CUT). No ano seguinte, em 1989, a CPB e as organizações dos supervisores educacionais, de orientadores educacionais e de funcionários das escolas unificaram-se numa mesma entidade federativa, a Confederação Nacional dos Trabalhadores em Educação (CNTE). Os professores do nível superior organizaram-se, em nível nacional, na Associação Nacional dos Docentes do Ensino Superior (Andes), hoje sindicato nacional.

As discussões sobre a formação docente no Brasil criaram, na primeira Conferência Brasileira de Educação, o Comitê Nacional Pró-Formação do Educador, que teve a função de coordenar e compartilhar os debates sobre a temática. Em 1983, o comitê foi transferido de Goiânia para São Paulo, obteve autonomia e constituiu a Comissão Nacional de Reformulação dos Cursos de Formação do Educador (Conarcfe). Essa comissão, a partir de 1990, transformou-se na Associação Nacional pela Formação dos Profissionais da Educação (Anfope) e tem tido destacado papel no debate sobre formação de professores no Brasil, não conseguindo, entretanto, interferir nas recentes decisões do governo central quanto à política de formação docente.

O papel da Anfope, ao lado de outras entidades, como o Fórum em Defesa da Formação de Professores (criado por ocasião da elaboração das diretrizes curriculares de formação do professor em nível superior), é lutar pela valorização dos profissionais do ensino, debatendo e propondo alternativas que contemplem essa questão fundamental para a consecução da desejada qualidade da educação básica e superior. Para isso, a associação tem feito um trabalho articulado com as agências formadoras, com as agências empregadoras e com os sindicatos, além de participar de vários fóruns de discussão da temática.

4. Profissionalização do magistério

A análise da profissionalização dos educadores deve ser efetuada levando em consideração as condições históricas, culturais, políticas e sociais em que a profissão é exercida. A profissionalização docente ganhou prioridade na pauta da Confederação Nacional dos Trabalhadores em Educação (CNTE) e constitui também preocupação das entidades científicas e culturais ligadas à educação e ao ensino. A profissionalização diz respeito ao processo pelo qual uma atividade se vai estruturando por meio de determinado domínio de conhecimentos e competências, constituindo características de uma profissão pelas quais é socialmente reconhecida. A profissionalização de educadores refere-se às características profissionais de professores, especialistas em educação e funcionários da educação, tendo em conta os elementos contextuais que definem a escola hoje.

As condições de conceituação de uma profissão incluem, portanto, a especificidade das tarefas, o exercício dessas tarefas, os requisitos de formação, a remuneração do trabalho compatível com a atividade realizada, a carreira, a regulamentação das relações de trabalho, a organização em sindicatos.

A LDB aprovada em 1996 não trazia uma conceituação dos profissionais da educação. A lei sugeria, no entanto, a inclusão nessa categoria profissional dos graduados em cursos de licenciatura que exercessem a docência ou atividade de administração, planejamento, inspeção, supervisão e orientação educacional, além dos ocupantes de cargos administrativos. Não se fazia menção às outras tarefas exercidas na escola, tais como as de secretaria, vigilância, preparação de merenda, limpeza e manutenção.

Para a CNTE, *"os profissionais da educação são todos aqueles que atuam dentro do ambiente da educação escolar. (...) A formação e a identidade profissional têm de estar colocadas num referencial coletivo, que é o trabalho da e na escola"* (*apud* Abicalil, 1997, p. 11). Por sua vez, a Lei nº 12.014, de 6 de agosto de 2009, altera o art. 61 da

Cf. a lei em: <http://www.planalto.gov.br/ccivil_03/_Ato2007-2010/2009/Lei/L12014.htm#art1>. Acesso em: 31 maio 2011.

LDB, definindo como profissionais da educação escolar básica aqueles que estão em efetivo exercício, tendo sido formados em cursos reconhecidos.

Especificamente em relação aos docentes, há grande preocupação em torno de sua profissionalização. Passando por tempos difíceis, de desprestígio social, de salários aviltantes, com péssimas condições de trabalho, a profissão de professor já não atrai a juventude, e muitas escolas e inúmeras áreas do conhecimento sentem a falta desse profissional. A política educacional tem demonstrado preocupações pouco significativas com essa situação. O corporativismo é apontado como o culpado pela falta de professores, e – à semelhança da antiga – até a legislação em vigor permite que profissionais de outras áreas se dediquem à educação, bastando-lhes apenas a frequência a curso de formação pedagógica, e mesmo assim com carga horária pedagógica bastante limitada. Uma política com claros objetivos de interferir a fundo em questões estruturais deveria atuar sobre condições de trabalho, salários, planos de carreira e o mal-estar que o professor tem experimentado na atualidade, e não simplesmente facilitar a entrada de outros profissionais que decerto atuarão na área educacional não como opção de tempo integral, conhecendo e vivendo suas especificidades profissionais, mas como um "bico" para uma situação de desemprego ou até que consigam ocupação mais vantajosa.

4.1. A carreira do magistério

A existência de uma carreira constitui condição necessária para a garantia da profissionalização dos que atuam no ensino. As leis anteriores à atual LDB já tinham a preocupação de garantir a exigência de estatuto do magistério e de plano de carreira para o pessoal docente. O capítulo referente à educação, na Constituição Federal de 1988, estabelece a necessidade de assegurar estatutos e planos de carreira do magistério público, o que é regulamentado no art. 67 da LDB/1996. Tal artigo, reforçado pelo prazo dado inicialmente pela Lei do Fundef, o Fundão, determina que a valorização dos profissionais da educação deva ser realizada mediante a garantia, nos planos de carreira, de: ingresso exclusivo por concurso público de provas e títulos; licenciamento remunerado para aperfeiçoamento profissional; piso salarial profissional; progressão funcional baseada na titulação e na avaliação de desempenho; hora-atividade, isto é, período reservado a estudos, planejamento e avaliação incluído na carga de trabalho; condições adequadas de trabalho.

Para que os sistemas de ensino estaduais e municipais e o do Distrito Federal elaborassem os novos planos de carreira e de remuneração (PCRs) para o magistério público, a Resolução nº 3, de 8 de outubro de 1997, da Câmara de Educação Básica do Conselho Nacional de Educação, fixou as diretrizes a ser observadas nessa elaboração (Brasil. MEC. CNE/CEB, 1997). Tal norma reafirmou preceitos assegurados pela Constituição de 1988 e pela LDB/1996, contando com a colaboração da União, dos estados e dos municípios, para que, em cinco anos (até 2002), fossem obedecidas as exigências mínimas de formação docente, mesmo que ocorresse em programas de aperfeiçoamento em serviço.

A Resolução CNE/CEB nº 3/1997, que fixa diretrizes para os novos planos de carreira e de remuneração para o magistério dos estados, do Distrito Federal e dos municípios, foi revista por meio da Resolução do CNE nº 2, de 28 de maio de 2009. Esta nova resolução traz avanços consideráveis em relação à resolução de 1997. A esse respeito, cf.: <http://portal.mec.gov.br/index.php?option=com_content&view=article&id=12449&Itemid=754>. Acesso em: 4 jan. 2011.

Segundo essa resolução, a remuneração dos docentes do ensino fundamental deve ser referência para a

Vale observar que "*a aprovação da Emenda Constitucional nº 53, de 2006, que instituiu o Fundo de Manutenção e Desenvolvimento da Educação Básica e de Valorização dos Profissionais da Educação (Fundeb), suprimiu a referência a custo aluno-qualidade. No texto constitucional em vigor inscreveu-se 'a União, os estados, o Distrito Federal e os municípios deverão assegurar, no financiamento da educação básica, a melhoria da qualidade de ensino, de forma a garantir padrão mínimo definido nacionalmente*'" (Gomes, 2009, p. 8). Mas o valor mínimo anual foi mantido e, com base no PIB *per capita* de 2008, são os seguintes os valores do Custo Aluno-Qualidade Inicial (CAQi): R$ 5.943,60 para a creche, R$ 2.301,24 para a pré-escola, R$ 2.194,56 para o ensino fundamental urbano de séries iniciais (R$ 3.627,12 para o campo), R$ 2.148,84 para o ensino fundamental urbano de séries finais (R$ 2.773,68 para o campo) e R$ 2.209,80 para o ensino médio.

remuneração dos de educação infantil e do ensino médio, e a remuneração daqueles com licenciatura plena não deve ultrapassar 50% da que couber aos formados em nível médio. A remuneração dos professores deve ter como referência o custo médio aluno/ano de cada sistema de ensino, a carga horária de trabalho e a média de alunos no sistema de ensino. Devem constituir incentivos para a progressão por qualificação de trabalho docente, entre outros, a dedicação exclusiva ao cargo, a avaliação do desempenho do trabalho, a qualificação, o tempo de trabalho e as avaliações de aferição de conhecimentos da área em que exerce a docência e de conhecimentos pedagógicos.

É fundamental que os sistemas de ensino, no processo de elaboração da lei do plano de carreira dos profissionais do ensino, deem voz aos professores por meio de seus sindicatos e associações, a fim de possibilitar a minimização da situação conflituosa que esses profissionais estão vivendo e garantir a profissionalização de uma categoria que se pauta pela seriedade e pelo compromisso com a educação no país, apesar de condições tão adversas.

4.2. Ações públicas no campo da formação dos professores e seu exercício profissional

O governo Lula (2003-2010) promoveu um conjunto de ações públicas relacionadas à formação dos professores e a seu exercício profissional, tais como a Plataforma Freire, o Portal do Professor, o Plano Nacional de Formação de Professores da Educação Básica (Parfor), a Lei do Piso Salarial da Carreira Docente e as Diretrizes da Carreira Docente. Também ganharam novo impulso ações que já vinham sendo executadas no governo FHC, a exemplo da formação de professores a distância.

4.2.1. Plataforma Freire e Portal do Professor

A Plataforma Freire foi criada pelo MEC para os professores da educação básica pública, em exercício do magistério, cursarem licenciatura nas instituições públicas de ensino superior. O programa, cujo nome é uma homenagem ao educador Paulo Freire, está a serviço do Plano Nacional de Formação de Professores da Educação Básica. Construída para ser de fácil acesso ao professor, na Plataforma Freire encontram-se informações sobre datas de oferta dos cursos, instituições e modalidades de cursos. É nela que os professores vão escolher as licenciaturas que desejam cursar. A meta é licenciar 330 mil professores que lecionem em educação básica pública e ainda não tenham licenciatura. O cadastro do professor, a escolha do curso e o acesso às informações sobre o processo seletivo podem ser feitos no *site* <http://portal.mec.gov.br/index.php?option=com_content&view=article&id=13829:veja-passo-a-passo-> (acesso em: 31 maio 2011).

Já o Portal do Professor é um espaço virtual, com inúmeros recursos educacionais, para os professores do ensino fundamental e médio compartilharem suas experiências. Os materiais disponíveis permitem que dinamizem mais seu trabalho em sala de aula. O portal disponibiliza recursos como vídeos, fotos, mapas, gravações em áudio e textos, além de incluir sugestões de aulas de acordo com o currículo. Com base nele, o professor poderá preparar suas aulas, como também ficar informado sobre tudo que se relaciona à sua profissão. O *site* do portal é: <http://portaldoprofessor.mec.gov.br>.

Disponível em: <http://www.capes.gov.br/images/stories/noticia/DOU_30.01.2009_pag_1.pdf>. Acesso em: 31 maio 2011.

Para mais detalhes: <http://www.capes.gov.br/educacao-basica/parfor>. Acesso em: 31 maio 2011.

4.2.2. Plano Nacional de Formação de Professores da Educação Básica (Parfor)

Desde 2007, estados e municípios que aderiram ao Plano de Desenvolvimento da Educação (PDE) elaboraram seus Planos de Ações Articuladas (PAR), com as demandas por formação de professores. A Política Nacional de Formação dos Profissionais do Magistério da Educação Básica foi instituída em 29 de janeiro de 2009, pelo Decreto nº 6.755, que prevê regime de colaboração entre União, estados e municípios para formação de professores que atuam em escolas públicas. A ação faz parte do PDE. Essa política é consolidada pelo Plano Nacional de Formação de Professores da Educação Básica (Parfor), lançado pelo MEC em maio de 2009.

O Parfor prevê a oferta de graduação exclusivamente a professores em exercício na educação básica, nas redes públicas estaduais e municipais. As inscrições são feitas na Plataforma Freire. Os cursos são oferecidos por instituições públicas de ensino superior, nos estados que aderiram ao plano.

A meta do Parfor, lançado em 28 de maio de 2009, é formar cerca de 500 mil professores que ainda não tenham licenciatura. Destas vagas, 52% são em cursos presenciais e 48% em cursos a distância. O plano oferece cursos de graduação a educadores, em exercício no magistério público, que estejam em uma destas três situações: professor que ainda não tem curso superior (primeira licenciatura); professor com graduação, lecionando em área diferente daquela em que se formou (segunda licenciatura); bacharel sem licenciatura, que precisa de estudos complementares que o habilitem ao exercício do magistério.

A responsabilidade pela formação dos professores em exercício é de uma rede de instituições públicas de educação superior constituída por universidades federais e estaduais e por institutos federais de educação, ciência e tecnologia, que oferecem graduação e integram a Universidade Aberta do Brasil (UAB), com mais de 500 polos ativos em todos os estados e no Distrito Federal. O MEC delegou a coordenação das atividades de formação do magistério da educação básica pública à Coordenação de Aperfeiçoamento de Pessoal de Nível Superior (Capes).

Numa segunda etapa, o Parfor tem cursos para professores de áreas específicas de Língua Portuguesa e Matemática: o Pró-Letramento, para professores das séries iniciais do ensino fundamental, e o Programa Gestar, para professores dos anos finais do ensino fundamental. O plano visa estender a formação continuada para outras áreas do conhecimento no ensino fundamental e também para o ensino médio.

Cf. <http://www.capes.gov.br/servicos/sala-de-imprensa/36-noticias/2864-pre-inscricoes-para-o-plano-nacional-de-formacao-ja-podem-ser-feitas>. Acesso em: 31 maio 2011.

4.2.3. Piso Salarial da Carreira Docente

Em 16 de julho de 2008 foi sancionada a Lei nº 11.738, que instituiu o piso salarial profissional nacional para os profissionais do magistério público da educação básica, regulamentando disposição constitucional (alínea "e" do inciso III do *caput* do art. 60 do Ato das Disposições Constitucionais Transitórias). A lei estabelece em seus artigos que:

Disponível em: <http://www.planalto.gov.br/ccivil_03/_ato2007-2010/2008/lei/11738.htm>. Acesso em: 31 maio 2011.

> *Art. 2º – O piso salarial profissional nacional para os profissionais do magistério público da educação básica será de R$ 950,00 (novecentos e cinquenta reais) mensais, para a formação em nível médio, na modalidade normal, prevista no art. 62 da Lei nº 9.394, de 20 de dezembro de 1996, que estabelece as diretrizes e bases da educação nacional.*

> *§ 1º O piso salarial profissional nacional é o valor abaixo do qual a União, os estados, o Distrito Federal e os municípios não poderão fixar o vencimento inicial das carreiras do magistério público da educação básica, para a jornada de, no máximo, 40 (quarenta) horas semanais.*

A mesma lei assegura também, em seu art. 5º: "*O piso salarial profissional nacional do magistério público da educação básica será atualizado, anualmente, no mês de janeiro, a partir do ano de 2009.*"

Em 2010, o piso salarial profissional do magistério foi fixado em R$ 1.024,67, devendo ser referência para os outros níveis de carreira docente. O aumento seguiu a variação de 2008 a 2009 do valor mínimo por aluno no Fundo de Manutenção e Desenvolvimento da Educação Básica e de Valorização dos Profissionais da Educação (Fundeb), que recebe recursos da União, estados e municípios.

A Confederação Nacional dos Trabalhadores da Educação (CNTE) reivindicava um aumento maior no salário dos professores a partir de 2010, com base na comparação entre o Fundeb de 2009 e a estimativa de reajuste para 2010, de 15,94%, já que o valor de 950 reais foi estabelecido em 2008 e não houve correção em 2009. Ressalte-se que a atualização do piso salarial deve ter o mesmo percentual de crescimento do valor anual mínimo por aluno referente aos anos iniciais do ensino fundamental urbano, definido nacionalmente, nos termos da lei que regulamenta o Fundeb (Lei Nacional nº 11.494/2007), cuja base é o Custo Aluno-Qualidade Inicial (CAQi). Se este tem reajuste anual, automaticamente se deveria aumentar o salário dos professores.

"O CNE (Conselho Nacional de Educação) aprovou no início da tarde desta quarta-feira, 5/5, a Resolução nº 8/2010 que normatiza os padrões mínimos de qualidade da educação básica nacional de acordo com o estudo do CAQi (Custo Aluno-Qualidade Inicial), desenvolvido pela Campanha Nacional pelo Direito à Educação. O documento é o principal produto do Termo de Cooperação firmado entre a Câmara de Educação Básica do CNE e a Campanha em 5 de novembro de 2008. Além de determinar os insumos fundamentais para garantir a aprendizagem dos estudantes, a norma determina quais serão os percentuais do PIB (produto interno bruto) *per capita* a serem utilizados anualmente para corrigir o valor do CAQi para cada etapa da educação básica: creche – 39,0%, pré-escola – 15,1%, ensino fundamental urbano de 1ª a 4ª séries – 14,4% (no campo – 23,8%), ensino fundamental urbano de 5ª a 9ª séries – 14,1% (no campo – 18,2%) e ensino médio – 14,5%.

Com esses percentuais, os valores do CAQi com base no PIB *per capita* de 2008 são R$ 5.943,60 para a creche, R$ 2.301,24 para a pré-escola, R$ 2.194,56 para o ensino fundamental urbano de séries iniciais (R$ 3.627,12 para o campo), R$ 2.148,84 para o ensino fundamental urbano de séries finais (R$ 2.773,68 para o campo) e R$ 2.209,80 para o ensino médio.

Avanço histórico – Com a aprovação, o CAQi passa a ser tratado como referência para o financiamento da educação básica pública e como fonte para a definição dos padrões mínimos de qualidade previstos na LDB (Lei de Diretrizes e Bases da Educação Nacional) e na Constituição Federal. Assim, servirá como subsídio para que o Ministério da Educação e seus correlatos distrital, estaduais e municipais estabeleçam políticas públicas adequadas para a área." (Disponível em: <http://todospelaeducacao.org.br/comunicacao-e-midia/educacao-na-midia/7958/cne-aprova-resolucao-do-custo-aluno-qualidade-inicial>. Acesso em: 31 maio 2011.)

Vale ressaltar, também, que esse piso foi fixado para professores formados em nível médio, embora, lamentavelmente, tenha sido referência para remuneração de professores com formação em nível superior.

Os quadros a seguir trazem informações sobre os salários dos docentes da educação básica no país. Com base neles é possível perceber, por exemplo, que salário é diferente de remuneração, uma vez que esta inclui as gratificações e acréscimos definidos pelos planos de carreira.

Como vemos na Figura 1, os salários dos docentes no DF podem ser maiores, mas ainda são baixos se

Figura 1 – *Ranking* nacional da remuneração média dos professores da educação básica: Brasil, 2008

Professor do Distrito Federal tem maior salário do país

Veja o ranking dos salários em todo o país (em R$)

Estado	Salário (R$)
1. DF	3.360
2. RJ	2.004
3. SP	1.845
4. MS	1.759
5. RR	1.751
6. RS	1.658
7. PR	1.633
8. AC	1.623
9. AP	1.615
10. SE	1.611
11. AM	1.598
12. TO	1.483
13. MG	1.443
14. MT	1.422
15. PA	1.417
16. ES	1.401
17. RO	1.371
18. SC	1.366
19. GO	1.364
20. MA	1.313
21. AL	1.298
22. RN	1.232
23. CE	1.146
24. BA	1.136
25. PI	1.105
26. PB	1.057
27. PE	982

Melhor salário: 1. DF. Pior salário: 27. PE.

ACIMA — Média nacional Brasil - R$ 1.527 — ABAIXO

Fonte: MEC

Disponível em: <http://g1.globo.com/Noticias/Vestibular/0,,MUL1343677-5604,00-EM+ESTADOS+SALARIO+DE+PROFESSORES+DO+ENSINO+BASICO+E+INFERIOR +A+MEDIA+NACIO.html>.
Acesso em: 31 maio 2011.

comparados aos de outras profissões, especialmente em Brasília, cidade com alto custo de vida. O Quadro 7 demonstra bem essa realidade.

Considere-se que, no geral, os docentes possuem titulação igual ou superior às das profissões comparadas.

Quadro 7 – Salários para algumas profissões, segundo o Pnad/IBGE de 2006

Profissão	Salário (R$)
1. Juiz	12.798,00
2. Delegado	5.847,00
3. Médico	4.802,00
4. Economista	3.555,00
5. Professor universitário	3.077,00
6. Advogado	2.858,00
7. Policial civil	1.585,00
8. Professor de nível médio	1.390,00
9. Professor de 5ª a 8ª série	1.088,00
10. Professor de 1ª a 4ª série	749,00
11. Professor da educação infantil	661,00

Fonte: Parecer CNE/CEB nº 8/2010.

Há quem diga ser a escola a instituição cujos profissionais possuem a maior formação em quase sua totalidade e não gozam desse reconhecimento social e político.

Observe-se na Tabela 4 que os salários, em muitos casos, deveriam mais do que dobrar para atingir o piso salarial, o que é clara indicação de que a luta por reconhecimento do trabalho docente ainda tem longo caminho para percorrer.

Tabela 4 – Salário e remuneração dos professores: Brasil, 2009

SALÁRIO DE PROFESSORES

UF	NÍVEL MÉDIO		LIC. CURTA		LIC. PLENA		CARGA HORÁRIA
	Salário	Remun.	Salário	Remun.	Salário	Remun.	
AC	—	—	1.267,65	—	1.675,79	—	30h
AL	473,22	—	903,60	—	1.015,00	—	20h
	946,45	—	1.807,21	—	2.030,00	—	40h
AM	499,00	713,47	563,00	804,99	665,00	950,85	20h
AP	913,62	1.781,56	1.041,54	2.031,00	1.145,68	2.234,08	40h
BA	415,01	656,46	420,77	665,56	547,00	717,55	20h
	830,02	1.312,92	841,54	1.331,12	1.094,00	1.435,11	40h
CE	218,00	328,20	323,24	484,86	392,91	589,37	20h
	473,58	950,00	646,50	969,75	785,84	1.178,76	40
DF*	692,15	959,66	790,02	1.086,90	880,00	1.203,87	20h
	1,384,29	2.551,59	1.580,03	2.903,92	1.760,00	3.227,87	40h
ES	924,00	—	—	—	1.200,00	—	25h
GO	357,84	—	404,59	—	542,34	—	20h
	536,76	—	606,89	—	813,15	—	30h
	715,68	—	809,19	—	1.084,71	—	40h
MA	367,35	734,71	454,93	1046,34	609,64	1.402,18	20h
MG	336,26	850,00	410,24	850,00	500,49	850,00	24h
MS	498,75	798,00	—	—	748,13	1.197,00	20h
	997,50	1.596,00	—	—	1.496,25	2.394,00	40h
MT	966,72	—	—	—	1.450,08	—	30h
PA	465,00	745,00	—	—	480,00	864,00	20h
PB	554,95	950,00	675,96	—	942,34	—	30h
PE	445,00	712,00	—	—	467,00	762,00	30h
	593,76	950,01	635,00	—	—	1.016,00	40h
PI	465,00	580,00	—	—	540,00	670,00	20h
	930,00	1.160,00	—	—	1.080,00	1.340,00	40h
PR	487,33	690,42	522,14	725,23	696,18	899,27	20h
RN	620,00	950,00	—	—	868,00	—	30h
RJ	968,20	—	—	—	1.518,13	—	20h
RO	320,12	425,75	422,47	561,88	538,82	716,63	20h
	640,24	851,51	844,94	1.123,77	1.077,63	1.433,24	40h
RR	928,76	1.392,76	—	—	1.289,78	1.753,78	25h
RS	272,70	—	354,50	—	504,50	—	20h
SC	509,46	1.045,24	650,37	1.144,96	830,25	1.189,81	40h
SE	425,87	950,00	484,98	775,96	738,20	1.181,12	40h
SP (Classe	748,24	970,88	—	—	—	—	24h
Docente)	935,01	1.213,26	—	—	—	—	30h
SP (P E B I)	—	—	—	—	785,50	958,53	24h
		—	—	—	981,88	1.198,16	30h
SP (P E B II)	—	—	—	—	909,32	1.100,92	24h
	—	—	—	—	1.136,64	1.376,14	30h
SP/Capital	928,20	—	988,58	—	1.121,26	—	30h
TO	877,00	—	1.031,00	—	2.020,00	—	40h

- Os salários aqui publicados referem-se ao pagamento de professores do ensino básico da rede pública, em início de carreira.
- SP (estado): "Classe Docente": professores/as com ensino médio; "P E B I": professores/as das séries iniciais; "PEB II": professores da 5ª série em diante.
- Dados atualizados: janeiro/2009
- Fonte: Entidades filiadas à CNTE
- O valor da remuneração não conta para a aposentadoria, mas sim o do vencimento (salário).

Disponível em: <http://deacortelazzi.blogspot.com/2009/04/salario-dos-professores-no-brasil.html>. Acesso em: 31 maio 2011.

Figura 2 – *Ranking* nacional da remuneração inicial média dos professores da educação básica: Brasil, 2010

O RANKING DOS ESTADOS

Estados com as 5 maiores redes de ensino

Estado	Salário-base, em R$	Jornada (horas semanais)	Hora-aula, em R$
Roraima	2.419	25	24,19
Distrito Federal	3.386	40	21,16
Maranhão	1.631	20	20,39
Tocantins	2.673	40	16,71
Espírito Santo	1.654,65	25	16,55
Mato Grosso do Sul	2.625	40	16,41
Amazonas	2.440	40	15,25
Amapá	2.439	40	15,24
Acre	1.675,79	30	13,96
Pará	2.699	50	13,50
Mato Grosso	1.575	30	13,13
Alagoas	2.030	40	12,69
Paraná	1.906	40	11,91
São Paulo	1.835	40	11,47
Rio de Janeiro	1.831,74	40	11,45
Minas Gerais	1.020	24	10,63
Bahia	1.666	40	10,41
Santa Catarina	1.658	40	10,36
Piauí	1.515	40	9,47
Sergipe	1.450	40	9,06
Rondônia	1.433	40	8,96
Goiás	1.353	40	8,46
Ceará	1.327	40	8,29
Rio Grande do Norte	868	30	7,23
Paraíba	712	30	5,93
Rio Grande do Sul	862	40	5,39
Pernambuco	1.025	50	5,13

Fonte: Folha de S. Paulo. Disponível em: <http://apeoespsub.org.br/clipping/salarios_professores_materia.pdf>. Acesso em: 31 maio 2011.

Note-se na Figura 2 que Roraima tem salários proporcionalmente superiores, em virtude da relação entre custo aluno-qualidade e salário docente e também da redução de matrículas na rede pública.

"Um aluno da rede pública de Roraima deverá receber em 2011 investimento 69% maior do que os nove estados com o menor custo por aluno do país. O valor mínimo estabelecido subiu 21,7%, passando de R$ 1.414,85 em 2010 para R$ 1.722,05 em 2011 para as séries iniciais do ensino fundamental. Outras etapas de ensino têm aumento equivalente. O ensino médio, por exemplo, passa para pelo menos R$ 2.066,46." Disponível em: <http://ultimosegundo.ig.com.br/educacao/diferenca+de+custo+por+aluno+ao+ano+deve+ser+de+69+entre+estados/n1237909632547.html>. Acesso em: 31 maio 2011.

Tramitou na Câmara dos Deputados o PL nº 6.956/2010, que definia o piso salarial e regulamentava a jornada de trabalho dos professores de educação básica na rede privada, nos moldes já criados para a rede pública (Lei nº 11.738/2008). A proposta, de autoria da deputada Maria do Rosário (PT/RS) e também assinada pelo deputado Pedro Wilson (PT/GO), foi arquivada pela Mesa Diretora da Câmara em janeiro de 2011. O projeto estabelecia o limite de 2/3 da carga horária para atividades com alunos.

Disponível em: <http://www.camara.gov.br/sileg/integras/742410.pdf>. Acesso em: 31 maio 2011.

Em relação à Lei nº 11.738/2008, o Supremo Tribunal Federal (STF), em abril de 2011, julgou improcedente a ação direta de inconstitucionalidade (Adin) ajuizada pelos governadores de cinco estados brasileiros (Paraná, Rio Grande do Sul, Santa Catarina, Mato Grosso do Sul e Ceará), que contestavam a constitucionalidade da lei no que concerne à carga horária e ao valor do piso, argumentando que causariam despesas exageradas e sem amparo orçamentário. O STF já havia dado liminar acatando o piso e a carga horária, entendendo, porém, que a hora-atividade, 1/3 da carga horária, não era obrigação dos estados e municípios, em que pese o fato de eles não estarem impedidos de concedê-la. Além disso, na liminar, o STF entendeu que "piso salarial", ou remuneração mínima, se referia a vencimento básico

Mais informações em: <http://www.cnte.org.br/index.php?option=com_content&task=view&id=3992&Itemid=87>. Acesso em: 31 maio 2011.

(salário) somado às gratificações e vantagens da carreira, o que decepcionou os professores.

4.2.4. Diretrizes da Carreira Docente

A Resolução nº 2, de 28 de maio de 2009, do Conselho Nacional de Educação (CNE), fixou as Diretrizes Nacionais para os Planos de Carreira e Remuneração dos Profissionais do Magistério da Educação Básica Pública. Trata-se de uma revisão da Resolução nº 3, de 1997, cuja versão final resultou de um ano de discussão entre sindicatos e associações e de três audiências públicas específicas promovidas pelo CNE.

Disponível em: <portal.mec.gov.br/dmdocuments/resolucao_cne_ceb002_2009.pdf>. Acesso em: 31 maio 2011.

A resolução estabelece normas e critérios a serem seguidos pelos estados e municípios na definição dos Planos de Carreira dos Profissionais do Magistério de Educação Básica Pública, tendo em vista sua adequação às mudanças constitucionais e legais ocorridas após 1997 e, também, à Lei do Piso Salarial Profissional do Magistério Público da Educação Básica (Lei nº 11.738/2008, art. 6º) e à Lei do Fundeb (Lei nº 11.494, de 20 de junho de 2007, art. 40). Nos artigos mencionados, foi determinado o prazo de 31 de dezembro de 2009 para a definição, pelos estados e municípios, do Plano de Carreira e Remuneração do Magistério Público da Educação Básica.

No quadro a seguir, são transcritos artigos da LDB e das leis do Fundeb e do Piso Salarial, para que se possa compreender a complexidade da elaboração de um plano de carreira.

Quadro 8 - As leis (LDB, do Fundeb e do Piso Salarial) e os planos de carreira docente

LDB	Lei do Fundeb	Lei do Piso Salarial
Art. 67. Os sistemas de ensino promoverão a valorização dos profissionais da educação, assegurando-lhes, inclusive nos termos dos estatutos e dos planos de carreira do magistério público: I – ingresso exclusivamente por concurso público de provas e títulos; II – aperfeiçoamento profissional continuado, inclusive com licenciamento periódico remunerado para esse fim; III – piso salarial profissional; IV – progressão funcional baseada na titulação ou habilitação, e na avaliação do desempenho; V – período reservado a estudos, planejamento e avaliação, incluído na carga de trabalho; VI – condições adequadas de trabalho. § 1º A experiência docente é pré-requisito para o exercício profissional de quaisquer outras funções de magistério, nos termos das normas de cada sistema de ensino. (Renumerado pela Lei nº 11.301, de 2006.)	Art. 40. Os estados, o Distrito Federal e os municípios deverão implantar Planos de Carreira e remuneração dos profissionais da educação básica, de modo a assegurar: I – a remuneração condigna dos profissionais na educação básica da rede pública; II – integração entre o trabalho individual e a proposta pedagógica da escola; III – a melhoria da qualidade do ensino e da aprendizagem. Parágrafo único. Os Planos de Carreira deverão contemplar capacitação profissional especialmente voltada à formação continuada com vistas na melhoria da qualidade do ensino. Art. 22. Pelo menos 60% (sessenta por cento) dos recursos anuais totais dos Fundos serão destinados ao pagamento da remuneração dos profissionais do magistério da educação básica em efetivo exercício na rede pública. Parágrafo único. Para os fins do disposto no *caput* deste artigo, considera-se:	Art. 61. Consideram-se profissionais da educação escolar básica os que, nela estando em efetivo exercício e tendo sido formados em cursos reconhecidos, são: I – professores habilitados em nível médio ou superior para a docência na educação infantil e nos ensinos fundamental e médio; II – trabalhadores em educação portadores de diploma de Pedagogia, com habilitação em administração, planejamento, supervisão, inspeção e orientação educacional, bem como com títulos de mestrado ou doutorado nas mesmas áreas; III – trabalhadores em educação, portadores de diploma de curso técnico ou superior em área pedagógica ou afim. Parágrafo único. A formação dos profissionais da educação, de modo a atender às especificidades do exercício de suas atividades, bem como aos objetivos das diferentes etapas e modalidades da educação

	I – remuneração: o total de pagamentos devidos aos profissionais do magistério da educação, em decorrência do efetivo exercício em cargo, emprego ou função, integrantes da estrutura, quadro ou tabela de servidores do estado, Distrito Federal ou município, conforme o caso, inclusive os encargos sociais incidentes; II – profissionais do magistério da educação: docentes, profissionais que oferecem suporte pedagógico direto ao exercício da docência: direção ou administração escolar, planejamento, inspeção, supervisão, orientação educacional e coordenação pedagógica; III – efetivo exercício: atuação efetiva no desempenho das atividades de magistério previstas no inciso II deste parágrafo associada à sua regular vinculação contratual, temporária ou estatutária, com o ente governamental que o remunera, não sendo descaracterizado por eventuais afastamentos temporários previstos em lei, com ônus para o empregador, que não impliquem rompimento da relação jurídica existente.	básica, terá como fundamentos: I – a presença de sólida formação básica, que propicie o conhecimento dos fundamentos científicos e sociais de suas competências de trabalho; II – a associação entre teorias e práticas, mediante estágios supervisionados e capacitação em serviço; III – o aproveitamento da formação e experiências anteriores, em instituições de ensino e em outras atividades. (NR)

Além de seguir a Constituição Federal (art. 206 e 211), a Lei do Piso Salarial (art. 6º) está conforme ao art. 61 da LDB de 1996 (alterado pela Lei nº 12.014, de 6 de agosto de 2009), que define quem são os profissionais do magistério.

Dadas as bases legais levadas em conta na Resolução CNE nº 2/2009, que trata das diretrizes da carreira do magistério, verifica-se que, além de reafirmar o conteúdo das leis, apresenta princípios a serem observados pelas diferentes esferas da administração pública que ofereçam alguma etapa da educação básica, ao instituir planos de carreira para os profissionais do magistério. O princípio básico a ser atendido é a adoção da jornada de trabalho em tempo integral de 40 horas, incentivando a dedicação exclusiva em uma única unidade escolar, com ampliação paulatina de parte da jornada escolar para preparação de aulas, avaliação da produção dos alunos, reuniões escolares, contatos com a comunidade, formação continuada. A garantia desse e de outros princípios representa substantiva contribuição para a efetivação de melhor qualidade do ensino público no país.

Além dos profissionais do magistério, a legislação tem reconhecido o papel dos profissionais de apoio escolar, cujo trabalho é imprescindível ao funcionamento das escolas, à melhoria das condições de trabalho dos professores e à consequente melhoria da educação escolar.

Conforme a Confederação Nacional dos Trabalhadores em Educação (www.cnte.org.br), o Brasil foi o primeiro país no mundo a reconhecer os funcionários de escola como educadores de fato e de direito, mediante a Lei nº 12.014/2009. Os cursos pioneiros de

O CNTE possui um número dos *Cadernos de educação* sobre as diretrizes para a carreira e remuneração que pode ser acessado em: <http://www.cnte.org.br/index.php?option=com_content&task=view&id=3523&Itemid=204>. Acesso em: 31 maio 2011.

profissionalização da categoria, realizados em Mato Grosso, no Acre e no Distrito Federal, abriram as portas para a implementação do Profuncionário, programa desenvolvido pelo MEC em parceria com os sistemas estaduais e municipais de ensino.

Para mais informações sobre as diretrizes nacionais para a carreira dos funcionários de escola, cf.: <http://www.cnte.org.br/index.php?option=com_content&task=view&id=2795&Itemid=85>. Acesso em: 31 maio 2011.

4.2.5. Formação continuada dos profissionais da educação: educação a distância

A educação a distância (EAD) busca ampliar o entendimento de espaços educacionais, oferecendo à escola um sistema tecnológico que amplie seu potencial didático-pedagógico e reconhecendo seu protagonismo no conjunto da atividade educacional. A EAD pretende, também, expandir oportunidades de estudo a usuários com escassos recursos financeiros, familiarizar o cidadão com a tecnologia e oferecer meios de atualização profissional permanente e contínua.

A Secretaria de Educação a Distância (Seed) articula-se com os demais órgãos do MEC para institucionalizar a EAD no país. Foi criada pelo Decreto nº 5.622, de 19 de dezembro de 2005, que regulamenta o art. 80 da LDB/1996. O decreto, em seu artigo 1º, conceitua educação a distância como *"modalidade educacional na qual a mediação didático-pedagógica nos processos de ensino e aprendizagem ocorre com a utilização de meios e tecnologias de informação e comunicação, com estudantes e professores desenvolvendo atividades educativas em lugares ou tempos diversos"*. As primeiras ações da Seed foram a criação da TV Escola e o Programa Nacional de Informática na Educação (ProInfo). Em 2010, a Seed possuía um conjunto de 14 programas, entre os quais a TV Escola, o DVD Escola, o Programa Banda Larga nas Escolas, o Proinfantil, o ProInfo, o Sistema Universidade Aberta do Brasil (UAB), o Banco Internacional de Objetos

Para conhecer todos os programas e ações da Seed, cf.: <http://portal.mec.gov.br/index.php?option=com_content&view=article&id=12502&Itemid=823>. Acesso em: 31 maio 2011.

Educacionais, o Portal do Professor, o Programa Um Computador por Aluno (Prouca).

A UAB foi criada com o objetivo de expandir a educação superior no país, principalmente com a oferta de cursos de formação de professores. De acordo com seu *site* (http://www.uab.capes.gov.br), o Sistema UAB sustenta-se em cinco eixos fundamentais:

- expansão pública da educação superior, considerando os processos de democratização e acesso;
- aperfeiçoamento dos processos de gestão das instituições de ensino superior, possibilitando sua expansão em consonância com as propostas educacionais dos estados e municípios;
- avaliação da educação superior a distância, tendo por base os processos de flexibilização e regulação implantados pelo MEC;
- estímulo à investigação em educação superior a distância no país;
- financiamento dos processos de implantação, execução e formação de recursos humanos em educação superior a distância.

Quase 90 instituições integram o Sistema UAB, entre universidades federais, universidades estaduais e institutos federais de educação, ciência e tecnologia (Ifets). De 2007 a julho de 2009, foram aprovados e instalados 557 polos de apoio presencial com 187.154 vagas criadas. A UAB, ademais, em agosto de 2009, selecionou mais 163 novos polos, no âmbito do Plano de Ações Articuladas, para equacionar a demanda e a oferta de formação de professores na rede pública da educação básica, ampliando a rede para um total de 720 polos. Para 2010, esperava-se a criação de cerca de 200 polos. Disponível em: <http://www.uab.capes.gov.br>. Acesso em: 31 maio 2011.

A UAB continuará a apoiar a formação de professores via educação a distância, a fim de atender ao Plano Nacional de Formação de Professores da Educação Básica, conforme a demanda levantada pelas pré-inscrições feitas na Plataforma Freire.

Outro objetivo da UAB é fornecer formação continuada a professores que já têm graduação, como também cursos de gestão a dirigentes das escolas, a fim de reduzir as desigualdades na oferta de educação superior e desenvolver amplo sistema nacional de educação superior a distância. Os polos da UAB são pontos de apoio ao desenvolvimento dos cursos, e neles os estudantes desenvolvem atividades presenciais, entram em contato com os tutores e professores e têm acesso a bibliotecas e laboratórios.

A TV Escola tem como objetivo a formação de professores e a melhoria das aulas nas diversas disciplinas. Um canal próprio de TV transmite, pelo satélite Brasilsat, três horas de programação diária que se repete quatro vezes ao dia, para que as escolas possam fazer as gravações dos programas. Toda a programação já está digitalizada e pode ser acessada e gravada pelas escolas ou interessados.

Tais vídeos podem ser capturados em <www.dominiopublico.gov.br>. Acesso em: 31 maio 2011.

O Programa Nacional de Informática na Educação (ProInfo) visou introduzir a tecnologia de informática e telecomunicação na rede pública de ensino fundamental e médio. O ProInfo auxiliou o processo de incorporação e planejamento da nova tecnologia e também serve de suporte técnico e de capacitação dos professores e agentes administrativos das escolas.

Os estados e alguns municípios contam com os núcleos de tecnologia educacional (NTEs), estruturas descentralizadas de apoio ao programa por meio de ações participativas do MEC e dos governos estaduais e municipais.

Conforme dados do MEC (http://portal.mec.gov.br/index.php?option=com_content&view=article&id=7590&catid=210), o ProInfo montou 418 núcleos de tecnologia educacional no país: na Região Sudeste, estão instalados 148 NTEs; no Nordeste, 96; no Sul, 83; no Centro-Oeste, 47; no Norte, 44.

O Plano Nacional de Educação de 2001 pretendia capacitar, em cinco anos, ao menos 500 mil professores para a utilização plena da TV Escola e de outras redes de programação educacional. Estabeleceu também como meta, em seus dez anos de duração, a instalação de 2 mil NTEs, o que não foi conseguido.

Em conclusão, em que pesem as recentes ações do governo Lula para a definição de um piso salarial profissional, para a criação de cursos superiores a distância,

A esse respeito, cf. a Lei nº 11.738, de 16 de julho de 2008, que regulamenta a alínea "e" do inciso III do *caput* do art. 60 do Ato das Disposições Constitucionais Transitórias, para instituir o piso salarial profissional nacional para os profissionais do magistério público da educação básica.

para o estabelecimento de diretrizes da carreira docente, para o aumento de recursos para a educação em virtude da queda da DRU, além das expectativas de um novo Plano Nacional de Educação e das promessas da presidenta Dilma de valorização dos professores, o país ainda está longe de ações em favor da efetiva valorização do magistério, desestimulando os jovens a dedicar-se a essa profissão.

Bibliografia

ABICALIL, Carlos Augusto. Formação e profissionalização dos trabalhadores em educação: identidade, emprego, frente às reformas neoliberais. *Cadernos de Educação*, Brasília, DF: CNTE, ano 2, nº 8, out. 1997.

AÇÃO EDUCATIVA *et al.* (Coord.). *Indicadores da qualidade na educação*. São Paulo: Ação Educativa, 2004.

ARANHA, Maria Lúcia de Arruda. *História da educação*. São Paulo: Moderna, 1989.

AZANHA, José Mário Pires. Planos e políticas de educação no Brasil: alguns pontos para reflexão. In: MENESES, João Gualberto de Carvalho *et al*. *Estrutura e funcionamento da educação básica*: leituras. São Paulo: Pioneira, 1998.

AZEVEDO, Janete M. Luís de. A temática da qualidade e a política educacional. *Educação e Sociedade*, São Paulo: Papirus: Cedes, nº 49, dez. 1994.

BRASIL. Lei nº 11.653, de 7 de abril de 2008. Dispõe sobre o Plano Plurianual para o período 2008/2011. Brasília, DF, 2008.

BRASIL. Lei nº 9.394, de 20 de dezembro de 1996. Estabelece as diretrizes e bases da educação nacional. *Diário Oficial da República Federativa do Brasil,* Brasília, DF, 1996.

______. Lei nº 5.692, de 11 de agosto de 1971. Fixa diretrizes e bases para o ensino de primeiro e segundo graus. *Diário Oficial da República Federativa do Brasil,* Brasília, DF, 1971.

______. MEC. Lei nº 10.172, de 9 de janeiro de 2001. Aprova o Plano Nacional de Educação 2001-2010. Apresentação de Vital Didonet. Brasília, DF: Plano, 2001.

______. ______. Inep. *Censo escolar da educação básica de 2010.* Brasília, DF, 2010.

______. ______. FNDE/Dipro/Fundescola. *Como elaborar o Plano de Desenvolvimento da Escola*: aumentando o desempenho da escola por meio do planejamento eficaz. Brasília, DF, 1998.

______. ______. CNE/CEB. Resolução nº 3, de 8 de outubro de 1997. Institui diretrizes para elaboração dos planos de carreira e de remuneração para o magistério público. Brasília, DF, 1997.

______. Ministério do Planejamento, Orçamento e Gestão (MP). Secretaria de Planejamento e Investimentos Estratégicos. *Plano plurianual 2008-2011.* Brasília, DF: MP, 2007.

CASASSUS, Juan. A centralização e a descentralização da educação. *Cadernos de Pesquisa*, São Paulo: Fundação Carlos Chagas, nº 95, nov. 1995.

CATANI, Afrânio M.; OLIVEIRA, João F. de, DOURADO, Luiz F. A política de avaliação da educação superior no Brasil em questão. In: DIAS SOBRINHO, J.;

RISTOFF, D. (Org.). *Avaliação democrática*: para uma universidade cidadã. Florianópolis: Insular, 2002.

CONFERÊNCIA NACIONAL DA EDUCAÇÃO (Conae), 2010, Brasília. *Documento final*. Brasília, DF: MEC, 2010.

CUNHA, Luiz Antônio. Educação pública: os limites do estatal e do privado. In: OLIVEIRA, Romualdo Portela de. *Política educacional*: impasses e alternativas. São Paulo: Cortez, 1995.

DOURADO, L. F.; OLIVEIRA, J. F. de; SANTOS, C. A. *A qualidade da educação*: conceitos e definições. Brasília, DF: Inep, 2007. (Série Documental. Textos para discussão, 24.)

GHIRALDELLI JR., Paulo. *História da educação*. São Paulo: Cortez, 1990. (Magistério 2º grau.)

GOMES, Ana Valeska Amaral. *Custo aluno qualidade*. Brasília, DF: Câmara dos Deputados, 2009. (Consultoria Legislativa.) Disponível em: <http://bd.camara.gov.br/bd/bitstream/handle/bdcamara/2782/custo_aluno_gomes.pdf?sequence=1>. Acesso em: 31 maio 2011.

GRACINDO, Regina Vinhaes. Estado, sociedade e gestão da educação: novas prioridades, novas palavras de ordem e novos velhos problemas. *Revista Brasileira de Política e Administração da Educação*, Brasília, DF, v. 13, nº 1, jan./jun. 1997.

HAYEK, Friedrich August von. *O caminho da servidão*. Tradução e revisão de Anna Maria Capovilla, José Ítalo Stelle e Liane de Morais Ribeiro. 5. ed. Rio de Janeiro: Instituto Liberal, 1990.

JARDIM, Ilza Rodrigues. *Ensino de 1º e 2º graus*: estrutura e funcionamento. 5. ed. rev. e atualizada. Porto Alegre: Sagra, 1988.

LIBÂNEO, José C. Os significados da educação, modalidade de prática educativa e a organização do sistema educacional. In: ______. *Pedagogia e pedagogos para quê?* São Paulo: Cortez, 1998.

______. *Democratização da escola pública*: a pedagogia crítico-social dos conteúdos. São Paulo: Loyola, 2010. (1ª edição: 1985.)

LIMA, Licínio. *A escola como organização e a participação na organização escolar*: um estudo da escola secundária em Portugal (1974-1988). 1992. Tese de doutorado – Instituto de Educação, Universidade do Minho, Braga, 1992.

LOPES, Alice C.; MACEDO, Elizabeth (Org.). *Currículo*: debates contemporâneos. São Paulo: Cortez, 2002.

NAGLE, Jorge. *Educação e sociedade na Primeira República*. São Paulo: EPU: Edusp, 1974.

NETZ, Clayton. Investimento sem risco. *Exame,* São Paulo, edição 614, nº 15, p. 40-54, 17 jul. 1996.

PAIVA, Vanilda. A questão da municipalização do ensino. *Educação & Sociedade,* São Paulo: Cortez, nº 24, ago. 1986.

PARTIDO DOS TRABALHADORES (PT). Diretrizes do programa de governo 2011/2014. In: CONGRESSO NACIONAL DO PARTIDO DOS TRABALHADORES, 4., 2010, Brasília. *Resoluções aprovadas.* Brasília,

2010. Disponível em: <http://www.pt.org.br/portalpt/noticias/eleicoes-2010-11/leia-resolucao-aprovada-pelo-4o-congresso-sobre-diretrizes-do-programa-de-governo-3264.html>. Acesso em: 31 maio 2011.

______. *Uma escola do tamanho do Brasil.* São Paulo: Comitê Lula Presidente, 2002. Disponível em: <http://www.fpabramo.org.br/uploads/umaescoladotamanhodobrasil.pdf>. Acesso em: 31 maio 2011.

ROMANELLI, Otaíza de Oliveira. *História da educação no Brasil.* 9. ed. Petrópolis: Vozes, 1987.

SACRISTÁN, J. Gimeno. *La educación obligatoria*: su sentido educativo y social. Madrid: Morata, 2000.

SAVIANI, Dermeval. *PDE – Plano de Desenvolvimento da Educação*: análise crítica da política do MEC. Campinas: Autores Associados, 2009.

______. *Da nova LDB ao Plano Nacional de Educação*: por uma outra política educacional. Campinas: Autores Associados, 1998.

______. *Pedagogia histórico-crítica*: primeiras aproximações. 10. ed. Campinas: Autores Associados, 2008. (1ª edição: 1991.)

______. *Escola e democracia.* 5. ed. São Paulo: Cortez; Campinas: Autores Associados, 1984.

______. Tendências e correntes da educação brasileira. In: TRIGUEIRO, D. A. *Filosofia da educação no Brasil.* Rio de Janeiro: Civilização Brasileira, 1983.

3ª Parte

Estrutura e organização do ensino brasileiro: aspectos legais e organizacionais

Estrutura e organização do ensino brasileiro: aspectos legais e organizacionais

Esta parte analisa a estrutura e
a organização do sistema de ensino
nos âmbitos federal, estadual e municipal, abordando
os princípios estabelecidos na LDB de 1996,
as ações para construir um sistema nacional articulado
de educação, os níveis e modalidades
de educação e ensino,
o financiamento da educação e
os programas de assistência ao estudante do
Fundo Nacional de
Desenvolvimento da Educação (FNDE).

Capítulo I

A estrutura do ensino: federal, estadual e municipal

A estrutura do ensino: federal, estadual e municipal

O Brasil tem ou não um sistema nacional de educação ou ensino? Quando se faz referência a sistema de ensino, a tendência é considerá-lo como o conjunto das escolas das entidades federativas, ou seja, as que compõem os sistemas de ensino estadual, municipal e federal. Sistema, então, seria o conjunto de escolas sob a responsabilidade do município ou do estado, por exemplo.

No entanto, o significado de sistema extrapola o conjunto de escolas e o órgão administrador que as comanda.

No dicionário, a palavra sistema tem várias acepções: "conjunto de elementos, materiais ou ideais, entre os quais se possa encontrar ou definir alguma relação"; "disposição das partes ou dos elementos de um todo, coordenados entre si, e que funcionam como estrutura organizada"; "conjunto das instituições políticas e/ou sociais, e dos métodos por elas adotados, encarados quer do ponto de vista teórico, quer do de sua aplicação prática, tal como o sistema de ensino" *(Ferreira, 1999).*

Essas definições possuem pontos em comum, a saber:

a) conjunto de elementos de um todo;

b) elementos coordenados entre si, relacionados;

c) elementos materiais e ideais;

d) instituições e métodos adotados.

Um sistema supõe, então, um conjunto de elementos ou partes relacionadas e coordenadas entre si, constituindo um todo. Por comporem uma reunião intencional de aspectos materiais e não materiais, esses elementos não perdem sua especificidade, sua individualidade, apesar de integrarem um todo. Por exemplo, as escolas não perdem sua especificidade de estabelecimentos que possuem determinadas características singulares e se inserem em determinadas regiões. Do mesmo modo, o conjunto de normas e leis que regulam a organização e o funcionamento de uma rede de escolas não perde sua identidade de normas e leis. Todavia, ao se organizarem em um sistema, esses elementos materiais (conjunto das instituições de ensino) e ideais (conjunto das leis e normas que regem as instituições educacionais) passam a formar uma unidade, no caso, um sistema de ensino. Esse todo coerente é formado de elementos funcionalmente interdependentes que constituem uma unidade, sem que isso signifique ausência de tensões e conflitos entre os elementos integrantes. Outras relações, no entanto, ocorrem com esses elementos e os transformam em um sistema.

1. Relações entre sistema de ensino e outros sistemas sociais

Os elementos de um mesmo sistema articulam-se entre si e, ao mesmo tempo, com outros sistemas, setores ou campos sociais, tais como o político, o econômico, o cultural, o religioso, o jurídico etc. Há, portanto, ações e reações decorrentes de interações entre o sistema de ensino e outros sistemas. Quando instituições escolares recebem recursos do Estado para serem gastos nas escolas, ocorrem ações entre o sistema de ensino, o sistema político e o sistema econômico. Se há críticas positivas ou não de cada um desses sistemas sobre o envio de recursos, diz-se que há reações entre os vários sistemas ou, até mesmo, reações internas em cada um deles.

As formas de ação e o enfrentamento das reações alteram-se em razão de outro componente presente nos sistemas, a saber, a maneira de lidar com as diferenças entre os elementos de um sistema e entre os vários sistemas em geral.

Os vários sistemas existentes na sociedade articulam-se e relacionam-se com o sistema educacional. Sofrem influência dele e influenciam-no. Os vários tipos de contatos, de inter-relações, de conflitos entre os vários sistemas são fruto das condições históricas, ideológicas, econômicas e políticas existentes na sociedade – o que significa que, em certos momentos, um ou outro sistema passa a ter influência maior sobre os demais. Por exemplo, no período da ditadura militar, o sistema militar exercia maior poder sobre os outros. Atualmente, o sistema econômico interfere mais nos vários sistemas e em seus respectivos elementos, sobretudo porque se reforça cada vez mais a vinculação entre educação e desenvolvimento econômico e entre educação e desenvolvimento de competências para o mundo do trabalho.

No tocante aos elementos internos de um sistema, os quais estabelecem a relação com outros sistemas e com seus elementos constituintes, há, em algumas circunstâncias e momentos, a necessidade e a possibilidade de ajustes e alterações de sua situação. Os ajustes e alterações desses elementos podem dar-se de forma dinâmica ou de forma adaptativa, o que remete a formas fundamentais de apreensão, organização e desenvolvimento dos sistemas.

2. Formas de organização dos sistemas

Há duas formas fundamentais de construção, organização e desenvolvimento de um sistema. Numa são realçados os aspectos estáveis e harmoniosos da organização; noutra, o caráter dinâmico, ou seja, as possibilidades de mudanças existentes nos sistemas. Como observa Gadotti (1994), a primeira tem seus fundamentos na teoria funcionalista, segundo a qual a estabilidade é assegurada pela adaptação, pela ordem, pelo equilíbrio, regulando os conflitos. A segunda baseia-se na teoria dialética ou do conflito, segundo a qual os sistemas são permeados por contradições, que devem ser trabalhadas mediante a participação coletiva, a fim de obter as mudanças necessárias.

As relações dinâmicas ou adaptativas, abertas ou fechadas ocorrem não só internamente aos sistemas, como também externamente, entre os sistemas. As formas de os sistemas relacionarem-se interna e externamente caracterizam com maior clareza a forma de governar dos administradores da sociedade, porque, por meio da inter-relação entre os sistemas, serão alcançados determinados fins. Exemplo disso é o fato de a Constituição Federal e a LDB trazerem como finalidade precípua da educação escolar a formação para o trabalho, indicando que um dos papéis fundamentais da educação é qualificar a força de trabalho para o sistema produtivo. Tais observações evidenciam a relação entre sistema e política, entre educação e política, revelando outra característica do sistema: seu caráter histórico e intencional.

Após a identificação das características dos sistemas, pode-se perguntar: o Brasil possui um sistema nacional de educação ou ensino?

Saviani (1987) apresenta quatro hipóteses explicativas da ausência de sistema nacional de educação no Brasil. A primeira é que a estrutura da sociedade de classes dificulta uma práxis intencional coletiva. A segunda consiste na existência de diferentes grupos em conflito, os quais obstaculizam a definição de objetivos – tais como o dos partidários da escola pública e o dos privatistas. A terceira hipótese refere-se ao transplante cultural de outros países, sem levar em conta a realidade da sociedade brasileira. A quarta é a insuficiente produção teórica dos educadores, necessária à busca dos fundamentos do sistema de ensino, pois apenas adequada fundamentação teórica poderá impedir flutuações pedagógicas, ou seja, os modismos que inibem a formação de verdadeiro espírito crítico. Em relação a esta última hipótese, é necessário assinalar que desde a década de 1980 vem crescendo a produção intelectual voltada para a construção de um pensamento pedagógico brasileiro, para o que teve contribuição significativa a criação dos cursos de mestrado e doutorado e a ampliação das revistas científicas da área.

A crescente organização dos educadores em associações científicas e outras (Anped, Anfope, Anpae, CNTE, etc.) possibilitou, desde os anos 1980, um empenho significativo, no campo intelectual e político, pela criação de um sistema nacional articulado de educação. Essa atuação havia sido sentida já na elaboração do Projeto de Lei de Diretrizes e Bases da Educação Nacional, o PL nº 101, de Cid Saboia, que buscou a criação de um sistema nacional. Apesar de a composição política desfavorável no Congresso Nacional ter provocado recuos nessa construção, algumas experiências educacionais levadas a efeito em administrações democráticas vêm sinalizando o acerto e a necessidade de práticas que se contraponham ao que as hipóteses de Saviani buscam explicar.

Durante os oito anos do governo Lula, isso não foi conseguido. No entanto, em 2009 iniciou-se o debate sobre a necessidade de, a partir da Conferência Nacional de Educação (Conae), essa proposta ser feita e incluída no novo Plano Nacional de Educação (2011-2020).

A criação de um sistema nacional articulado de educação, de forma que o Estado, a sociedade e as diferentes esferas administrativas atuem de maneira organizada, autônoma, permanente, democrática e participativa, tem sido uma das principais pautas dos movimentos organizados de educadores, cujas conquistas têm sido marcadas por avanços e recuos.

A Lei de Diretrizes e Bases da Educação Nacional de 1996, ao tratar da organização da educação nacional, estabelece em seu art. 8º:

> *Art. 8º. A União, os estados, o Distrito Federal e os municípios organizarão, em regime de colaboração, os respectivos sistemas de ensino.*
> *§ 1º Caberá à União a coordenação da política nacional de educação, articulando os diferentes níveis e sistemas e exercendo função normativa, redistributiva e supletiva em relação às demais instâncias educacionais.*

Observa-se nesse artigo menção explícita à articulação entre os sistemas de ensino, mas ainda não é possível afirmar que o país tem um sistema nacional articulado de educação. As expectativas nesse sentido estão voltadas para o próximo Plano Nacional de Educação (2011-2020).

Em texto mais recente, Saviani menciona quatro tipos de obstáculos à constituição de um sistema nacional articulado: os econômicos, traduzidos na tradicional e persistente resistência à manutenção do ensino público; os políticos, expressos na descontinuidade das iniciativas de reforma da educação; os filosófico-ideológicos, representados pelas ideias e interesses contrários ao sistema nacional de educação; por fim, os obstáculos legais, relacionados à resistência à aprovação de uma legislação que permita a organização do ensino na forma de um sistema nacional em nosso país (2009, p. 2). Assim, para o autor:

> *A consciência dos problemas é um ponto de partida necessário para se passar da atividade assistemática à sistematização; do contrário, aquela satisfaz, não havendo razão para ultrapassá-la. Contudo, captados os problemas, eles exigirão soluções; e como os mesmos resultaram das estruturas que envolvem o homem, surge a necessidade de conhecê-las do modo mais preciso possível, a fim de mudá-las; para esta análise das estruturas, as ciências serão um instrumento indispensável. A formulação de uma pedagogia (teoria educacional) integrará tanto os problemas como os conhecimentos (ultrapassando-os) na totalidade da práxis histórica na qual receberão o seu pleno significado humano. A teoria referida deverá, pois, indicar os objetivos e meios que tornem possível a atividade comum intencional* (Saviani, 2009, p. 9).

O mesmo autor mostra que na Constituição Federal de 1988, quando se faz referência aos sistemas de educação, *não* aparece a expressão "os respectivos sistemas de ensino", mas "os seus sistemas de ensino". Ora, o adjetivo "respectivos" denota univocamente "de cada um", enquanto a palavra "seus" pode significar tanto "de cada um" como "deles", isto é, os sistemas de ensino da União, estados e municípios (2009, p. 8). Ele considera que importante passo foi dado em 2008 com a Conferência Nacional de Educação Básica, precedida de conferências municipais e estaduais, e depois, em 2010, com a Conae, em que as questões relacionadas à construção do sistema nacional de educação no Brasil foram encaminhadas de maneira adequada, sendo definidas formas organizacionais e legais de um sistema nacional articulado de educação (2009, p. 26).

Admitidas tais considerações, a implementação do mencionado sistema nacional dependerá em muito, nos próximos anos, das ações do Executivo federal, dos governantes dos diferentes entes federados (estados e municípios), do Congresso Nacional e, sem dúvida, da continuidade da mobilização das entidades científicas, sindicais e outras que atuam na área e estão efetivamente preocupadas em mudar a situação atual da educação brasileira, concebendo um projeto mais amplo e igualitário para o desenvolvimento do país.

Capítulo II

Princípios da organização conforme a LDB/1996

Princípios da organização conforme a LDB/1996

A legislação educacional brasileira, embora traduza normativamente certa concepção de sistema de ensino, não expressa seu significado. Na Lei nº 4.024, de 20 de dezembro de 1961 – a primeira LDB –, o termo sistema é orientado pelo critério administrativo aplicado ao ensino, ocorrendo o mesmo com a Lei nº 5.692, de 11 de agosto de 1971. Na LDB/1996, esse termo refere-se à administração em diversas esferas: sistema de ensino federal, estadual ou municipal. Conclui-se que não existe um sistema de ensino, em consequência das condições e das características apontadas anteriormente, mas apenas estruturas administrativas às quais a lei se refere.

Conquanto os termos *sistema* e *estrutura* sejam usados como sinônimos, referindo-se ambos a um conjunto de elementos, o segundo não apresenta o requisito da intencionalidade, da coerência, nem elementos articulados entre si. No sentido administrativo, ao qual as leis educacionais aludem, entende-se a expressão "sistema de ensino" como o conjunto de instituições de ensino que, sem constituírem uma unidade ou primarem por seu caráter coletivo, são interligadas por normas, por leis educacionais, e não por uma intencionalidade.

Com base nesses pressupostos é que vamos tratar dos "sistemas de ensino" federal, estadual e municipal, conforme estabelecem a Constituição Federal (art. 211) e a LDB, nos artigos de seu Título IV, referentes à organização da educação nacional. O art. 8º da LDB em vigor estabelece que a União, os estados, o Distrito Federal e os municípios devem organizar, em regime de colaboração, os respectivos sistemas de ensino. Cabe à União coordenar a Política Nacional de Educação, articulando os diferentes níveis e sistemas e exercendo função normativa, redistributiva e supletiva em relação às demais instâncias educacionais. Segundo essa lei, os sistemas de ensino têm liberdade de organização, podendo os municípios optar pela integração ao sistema estadual de ensino ou pela composição com um sistema único de educação básica, isto é, de ensino fundamental e médio.

Os vários sistemas de ensino – federal, estaduais e municipais – têm uma organização que articula as instituições-meio, as gestoras do sistema, com as instituições-fim: as escolas, as unidades escolares em que ocorre o ensino. A relação entre os órgãos gestores e as instituições escolares pode dar-se de forma democrática, participativa ou autoritária.

Nas diferentes esferas, são os seguintes os órgãos administrativos:

a) *federais:* Ministério da Educação (MEC); Conselho Nacional de Educação (CNE);
b) *estaduais:* Secretaria Estadual de Educação (SEE); Conselho Estadual de Educação (CEE); Delegacia Regional de Educação (DRE) ou Subsecretaria de Educação;
c) *municipais:* Secretaria Municipal de Educação (SME); Conselho Municipal de Educação (CME).

Capítulo III

Organização administrativa, pedagógica e curricular do sistema de ensino

Organização administrativa, pedagógica e curricular do sistema de ensino

O termo organização *refere-se ao modo pelo qual se ordena e se constitui um sistema, e a organização da educação escolar nacional faz-se pelas esferas administrativas, ou seja, pela União, pelos estados, pelo Distrito Federal e pelos municípios.*

O sistema federal de ensino compreende as instituições de ensino mantidas pela União, as instituições de educação superior criadas e mantidas pela iniciativa privada e os órgãos federais de educação.

Os sistemas de ensino dos estados e do Distrito Federal compreendem as instituições de ensino mantidas, respectivamente, pelo poder público estadual e pelo Distrito Federal; as instituições de educação superior mantidas pelo poder público estadual; as instituições de ensino fundamental e médio criadas e mantidas pela iniciativa privada; os órgãos de educação estaduais e do Distrito Federal. No Distrito Federal, as instituições de educação infantil, criadas e mantidas pela iniciativa privada, integram seu sistema de ensino.

Os sistemas municipais de ensino compreendem as instituições de ensino fundamental, médio e de educação infantil mantidas pelo poder público municipal;

as instituições de educação infantil criadas e mantidas pela iniciativa privada; os órgãos municipais de educação.

Os dispositivos anteriormente mensionados estão expressos nos arts. 17, 18 e 19 da LDB de 1996. Conforme os referidos artigos, a educação escolar no Brasil está organizada em três esferas administrativas: União, estados e Distrito Federal, e municípios. Cada um abriga um sistema de ensino: a União, o sistema federal de ensino, com as instituições de ensino médio técnico e de nível superior (públicas e privadas); estados e Distrito Federal abrigam o sistema estadual de ensino, com instituições de todos os níveis (públicas e privadas); os municípios, o sistema municipal de ensino, com instituições de educação infantil, incluindo as creches, e de ensino fundamental.

1. Sistema nacional de educação: balanço crítico

De 1961 a 1996, a organização e a estrutura da educação escolar no Brasil foram regidas pela Lei nº 4.024, de 1961 (a primeira LDB), pela Lei nº 5.540, de 1968 (que reformou o ensino superior), pela Lei nº 5.692, de 1971 (que reformou o ensino de 1º e 2º graus) e pela Lei nº 7.044, de 1982, que alterou artigos da Lei nº 5.692/1971 referentes ao ensino profissional do 2º grau.

A Constituição Federal de 1988 começou a alterar a educação escolar existente, não apenas por mudanças de terminologia (por exemplo, os ensinos de 1º e 2º graus receberam a denominação de fundamental e médio, respectivamente), mas também por questões mais fundamentais, como a noção de sistema e sua abrangência nas diferentes esferas administrativas.

Decorridas mais de duas décadas da promulgação da Constituição, pouca coisa mudou efetivamente na educação escolar. Não se cumpriu a previsão de eliminar o analfabetismo e universalizar o ensino fundamental, tal como estabelece o art. 60 das Disposições Transitórias. Apesar de ficar oito anos em tramitação, a LDB de 1996, que poderia garantir alterações mais estruturais na educação, não conseguiu promover a mudança. A reforma educacional, em vigor a partir de 1995, interferiu em seu conteúdo e modificou-a em sua estrutura, especialmente em sua previsão de um sistema nacional de educação.

A versão não aprovada da LDB, defendida por organizações e movimentos de educadores, previa a existência de um sistema nacional de educação, de um Fórum Nacional da Educação e de um Conselho Nacional de Educação, que seria o órgão articulador dos vários sistemas de ensino. Com caráter deliberativo, normativo e de assessoria ao MEC, o Conselho Nacional de Educação (CNE), com representação permanente da sociedade civil, poderia ser o garantidor da continuidade da política educacional (Saviani, 1997).

Na lei aprovada, a LDB de 1996, o sistema nacional de educação foi substituído pela organização da educação nacional. O fórum, que seria o órgão articulador e de consulta à sociedade para a produção coletiva do Plano Nacional de Educação (PNE), foi também retirado.

O atual Conselho Nacional de Educação foi criado inicialmente por medida provisória. Seu caráter deliberativo e sua representatividade são pouco expressivos, não sendo entendido como instância da sociedade civil que poderia compartilhar com o governo a formulação, o acompanhamento e a avaliação da política

Prevista no art. 62 da Constituição Federal de 1988, a medida provisória (MP) é prerrogativa do presidente da República para legislar em caso de relevância ou urgência. Com força de lei, a MP entra em vigor após sua publicação e deve ser submetida imediatamente ao Congresso Nacional, para ser convertida em lei. Antes da aprovação da emenda constitucional que restringe a edição de medidas provisórias, em 11 de setembro de 2001, a MP perdia sua validade em 30 dias, mas podia ser reeditada ilimitadamente. Agora, as MPs passam a ter vigência de 60 dias, com uma única possibilidade de reedição, por igual período.

educacional. O CNE é, pois, mais um órgão de governo do que de Estado. Suas decisões, produzidas por meio de pareceres e resoluções, só têm valor se forem homologadas pelo ministro da Educação.

A não existência de um sistema nacional de educação foi resultado de um jogo político entre forças desiguais no Congresso Nacional. As dificuldades, após a promulgação da LDB de 1996, de organizar os diferentes sistemas, especialmente os municipais, devem-se também ao caráter impositivo de muitos sistemas estaduais em face dos municípios.

Estrutura refere-se ao lugar e à ordem das partes de um todo – no caso, de um sistema de ensino. Isso posto, a seguir abordaremos a composição de cada um dos sistemas, o federal, os estaduais e os municipais.

2. Sistema federal de ensino

O art. 211 da Constituição Federal de 1988, reformulado pela Emenda Constitucional nº 14, aprovada e promulgada em 12 de setembro de 1996, estabelece:

> *A União organizará o sistema federal de ensino e o dos territórios, financiará as instituições de ensino públicas federais e exercerá, em matéria educacional, função redistributiva, de forma a garantir equalização de oportunidades educacionais e padrão mínimo de qualidade de ensino mediante assistência técnica e financeira aos estados, ao Distrito Federal e aos municípios.*

Ainda segundo esse artigo, os municípios devem atuar prioritariamente no ensino fundamental e na educação infantil, e os estados e o Distrito Federal prioritariamente no ensino fundamental e médio. O ensino que constitui dever do Estado, o ensino fundamental, é de responsabilidade dos estados e dos municípios, para assegurar sua universalização, isto é, para garantir que todos tenham acesso a ele e o concluam.

Há que distinguir, todavia, entre sistema nacional e sistema federal de ensino. Como já mencionado, o Brasil não possui efetivo sistema nacional articulado de ensino. Desse modo, o sistema nacional, tal como vem sendo entendido neste texto, não é citado na Constituição Federal, mantendo o significado de *organização* da educação nacional (ou seja, diferente de *sistema*). Já o sistema federal de ensino se refere às instituições, órgãos, leis e normas que, sob a responsabilidade da União, do governo federal, se concretizam nos estados e nos municípios.

O sistema federal de ensino compõe-se das seguintes instituições mantidas pela União:

a) universidades federais;
b) instituições isoladas de ensino superior;
c) centros federais de educação tecnológica (Cefets);
d) institutos federais de educação, ciência e tecnologia;
e) estabelecimentos de ensino médio;
f) escolas técnicas federais e agrotécnicas;
g) escolas de ensino fundamental e médio vinculadas às universidades (colégios de aplicação);
h) Colégio Pedro II;
i) instituições de educação especial.

Além de ter responsabilidade na manutenção dessas instituições, o governo federal, por meio do MEC, supervisiona e inspeciona as diversas instituições de educação superior particulares. O MEC é o órgão líder e executor do sistema federal de educação. Em sua

No dia 18 de janeiro de 2011, o ministro Fernando Haddad anunciou a criação de duas novas secretarias, uma das quais destinada a cuidar especificamente da questão da regulação dos cursos superiores e outra com a responsabilidade de intensificar as relações com as redes municipais e estaduais de educação. Com isso anunciou também a extinção da Seed e da SEE.

O presidente Lula instituiu, por meio da Lei nº 11.892, de 29 de dezembro de 2008, a Rede Federal de Educação Profissional, Científica e Tecnológica, criando 38 institutos federais de educação, ciência e tecnologia. Os 38 institutos federais são responsáveis por 354 unidades acadêmicas espalhadas em capitais e cidades do interior do país.

O Censo da Educação Superior de 2009 registrou um total de 94 instituições federais de ensino superior. Cf. BRASIL. MEC/Inep. Resumo técnico: censo da educação superior de 2009. Disponível em: <http://download.inep.gov.br/download/superior/censo/2009/resumo_tecnico2009.pdf>. Acesso em: 31 maio 2011.

administração direta, o ministério possui seu órgão colegiado, o Conselho Nacional de Educação (CNE), que normatiza o sistema.

Com vinculação direta e imediata ao ministro de Estado estão o Gabinete do Ministro e a Secretaria Executiva, esta composta de duas subsecretarias: a de Assuntos Administrativos e a de Planejamento e Orçamento. A Consultoria Jurídica é órgão setorial do ministério, e o CNE é órgão normativo, deliberativo e consultivo.

Os órgãos específicos destinados a atividades-fim do ministério – como os anteriores, subordinados ao ministro de Estado – são a Secretaria de Educação Profissional e Tecnológica (Setec), a Secretaria de Educação Continuada, Alfabetização e Diversidade (Secad), a Secretaria de Educação Básica (SEB), a Secretaria de Educação Superior (Sesu), a Secretaria de Educação a Distância (Seed) e a Secretaria de Educação Especial (SEE). A esta última estão vinculados, autonomamente, o Instituto Benjamin Constant (para tratamento e educação de cegos) e o Instituto Nacional de Educação de Surdos.

Ligadas diretamente à Secretaria Executiva e subordinadas ao ministro de Estado estão as representações do MEC nos Estados de São Paulo e do Rio de Janeiro. As representações, sediadas apenas nesses estados, substituem as antigas delegacias do MEC (Demecs), desativadas no início de 1999.

Conforme dados do MEC, no fim de 2010 havia: 59 universidades federais; 3 instituições de educação profissional, científica e tecnológica (institutos federais de educação, ciência e tecnologia, centros federais de educação tecnológica, escolas técnicas vinculadas às universidades federais, universidade tecnológica federal).

Na administração indireta estão as autarquias, que incluem o Colégio Pedro II, 32 centros federais de educação tecnológica em 18 estados, 8 escolas técnicas federais, 41 escolas agrotécnicas, 6 estabelecimentos isolados de ensino superior, 42 universidades federais e 30 escolas técnicas vinculadas a essas universidades.

Também na administração indireta há o Hospital de Clínicas de Porto Alegre (ligado academicamente à UFRGS), que compõe a rede de hospitais universitários do MEC, e as fundações: Fundo Nacional de Desenvolvimento da Educação (FNDE), Fundação Joaquim Nabuco, Coordenação de Aperfeiçoamento do Pessoal de Nível Superior (Capes), Instituto Nacional de Estudos e Pesquisas Educacionais (Inep) e a Comissão Nacional de Avaliação da Educação Superior (Conaes), que atua junto ao Inep na formulação, implementação e avaliação das instituições e cursos de educação superior.

Outras instituições realizam atividades de ensino sob responsabilidade da União sem vinculação com o MEC, tais como os colégios militares, regidos por legislação específica. O sistema de colégios militares – composto de 12 estabelecimentos de ensino fundamental e médio situados em importantes cidades brasileiras: Santa Maria e Porto Alegre (RS), Curitiba (PR), Rio de Janeiro (RJ), Juiz de Fora e Belo Horizonte (MG), Salvador (BA), Recife (PE), Fortaleza (CE), Brasília (DF), Campo Grande (MS) e Manaus (AM) – atendia, no fim de 2010, cerca de 14 mil alunos. Há ainda a Fundação Osório, sob o controle da Diretoria de Ensino Preparatório e Assistencial, subordinada ao Departamento de Ensino e Pesquisa do Exército Brasileiro.

Em outras modalidades não diretamente vinculadas ao MEC, existem cursos de formação, aperfeiçoamento, especialização e treinamento, tais como a formação de diplomatas do Instituto Rio Branco, do Ministério das Relações Exteriores, a formação para a Polícia Federal e cursos de aperfeiçoamento de servidores e fazendistas.

De acordo com o art. 22, inciso XXIV, da CF/1988, compete à União legislar sobre as diretrizes e bases da educação nacional. Esse conceito também se inseria na Constituição de 1934 e na de 1946. A LDB/1996 é lei geral da educação e, com os respectivos decretos, portarias, resoluções, com os pareceres normativos do CNE e outros atos administrativos do MEC, intervém nas esferas estaduais e municipais e, consequentemente, em seus sistemas, níveis e modalidades de ensino. A LDB/1996 mantém o mesmo caráter geral de determinar os fins e os meios da educação nacional, restringindo-se, porém, à educação escolar que se desenvolve por meio do ensino em instituições próprias.

O CNE, que substituiu o Conselho Federal de Educação (CFE), foi criado inicialmente como medida provisória e depois definido, de forma permanente, pela Lei nº 9.131, de 24 de novembro de 1995, que altera a redação dos arts. 6º, 7º, 8º e 9º da Lei nº 4.024/1961 e tem atribuições normativas, deliberativas e de assessoramento ao ministro de Estado da Educação. É composto da Câmara de Educação Básica (CEB) e da Câmara de Educação Superior (CES), com doze membros cada uma.

Ao CNE compete (art. 1º da Lei nº 9.131/1995):

a) subsidiar a elaboração e acompanhar a execução do Plano Nacional de Educação;

b) manifestar-se sobre questões que abranjam mais de um nível ou modalidade de ensino;
c) assessorar o Ministério da Educação no diagnóstico dos problemas e deliberar sobre medidas para aperfeiçoar os sistemas de ensino, especialmente no que diz respeito à integração de seus diferentes níveis e modalidades;
d) emitir parecer sobre assuntos da área educacional, por iniciativa de seus conselheiros ou quando solicitado pelo ministro da Educação;
e) manter intercâmbio com os sistemas de ensino dos estados e do Distrito Federal;
f) analisar e emitir parecer sobre questões relativas à aplicação de legislação educacional, referentes à integração entre os diferentes níveis e modalidades de ensino;
g) elaborar seu regimento a ser aprovado pelo ministro da Educação.

A mesma Lei nº 9.131/1995 instituiu o Exame Nacional de Cursos, o denominado Provão, que, segundo a legislação, avaliava a qualidade e a eficiência das atividades de ensino, pesquisa e extensão das instituições de ensino superior e aferia as competências e os conhecimentos adquiridos pelos alunos em fase de conclusão dos cursos de graduação.

O Exame Nacional de Cursos foi suspenso a partir da Lei nº 10.861, de 14 de abril de 2004, que criou o Sistema Nacional de Avaliação da Educação Superior (Sinaes). Este sistema avalia o curso, a instituição e o desempenho dos estudantes por meio do Exame Nacional de Desempenho do Estudante (Enade).

3. Sistema estadual de ensino

A Constituição Federal de 1988, em seu art. 24, diz caber à União, aos estados e ao Distrito Federal legislar concorrentemente sobre educação, cultura, ensino e desporto, excluindo dessa atribuição os municípios.

Estabelece ainda que compete às três esferas administrativas – União, estados e municípios – proporcionar os meios de acesso à cultura, à educação e à ciência. Dessa forma, os estados, por meio de seus sistemas de ensino estaduais, devem proporcionar acesso à educação e legislar sobre ela e o ensino.

A legislação estadual para educação inclui – além da Constituição Federal, da Lei de Diretrizes e Bases da Educação Nacional, dos pareceres e resoluções do Conselho Nacional de Educação – a própria Constituição Estadual, a legislação ordinária do Poder Legislativo, as normas (decretos e atos administrativos) do Poder Executivo, bem como as resoluções e os pareceres dos Conselhos Estaduais de Educação.

Mantendo unidades de educação infantil, do ensino fundamental, do médio e do superior, os sistemas estaduais têm assumido ainda a função de disciplinar a educação particular, fundamental e média, em suas específicas unidades federativas. Essas características dos sistemas estaduais de ensino ressaltam, de alguma forma, o caráter "estadualista" da educação brasileira, conforme constata Boaventura (1994).

Responsáveis por grande número de alunos de vários graus e modalidades de educação, de professores e servidores, de unidades escolares públicas e privadas, os sistemas estaduais, além de exercerem o controle sobre o ensino supletivo e sobre os cursos livres que ocorrem fora do âmbito escolar, por meio das Secretarias Estaduais de Educação e dos respectivos Conselhos Estaduais de Educação, têm assumido funções de manutenção do ensino na esfera estadual e exercido funções normativas, deliberativas, consultivas e fiscalizadoras nas redes oficial e particular. Não se incluem no sistema estadual as escolas federais e particulares de ensino superior, que são da competência da esfera federal.

Embora, tradicionalmente, a responsabilidade dos sistemas estaduais recaia sobre o ensino fundamental e médio, a maioria dos estados brasileiros já dispõe de universidades estaduais.

4. Sistema municipal de ensino

Pela primeira vez, uma Constituição Federal brasileira, a de 1988, reconheceu o município como instância administrativa, possibilitando-lhe, no campo da educação, a organização de seus sistemas de ensino em colaboração com a União e com os estados, ainda que sem competência para legislar sobre ele. A mesma Constituição prescreve, ainda, que os municípios devem manter, com a cooperação técnica e financeira da União e dos estados, programas de educação pré-escolar e de ensino fundamental (art. 30, VI). A educação das crianças até 6 anos, a partir de 1988, surge como dever do Estado e responsabilidade do município, o que significa que, prioritariamente, devem responsabilizar-se pelo atendimento a crianças até seis anos nas creches, pré-escolas e ensino fundamental, tanto na zona urbana quanto rural. Essa vinculação com a zona rural acrescenta ao sistema municipal de educação a responsabilidade pelo transporte de alunos e de professores, a fim de atender às inúmeras povoações e populações dispersas, periféricas, das estradas vicinais e das propriedades rurais, que buscam o acesso ao ensino obrigatório.

A Emenda Constitucional nº 59, aprovada em 11 de novembro de 2009, tornou a educação básica obrigatória e gratuita dos 4 aos 17 anos de idade, assegurada também sua oferta gratuita a todos os que a ela não tiveram acesso na idade própria, ou seja, da pré-escola ao ensino médio. Antes disso, no dia 6 de fevereiro de 2006, o presidente da República já havia sancionado a Lei nº 11.274, que regulamentava o ensino fundamental de nove anos. Com essa regulamentação, a educação infantil ficou assim constituída: creche, até 3 anos de idade; pré-escola, de 4 a 5 anos de idade.

Os municípios, por meio de um setor administrativo (departamento, coordenadoria, divisão, secretaria ou outros), em colaboração técnica e financeira com os estados e a União, devem administrar seus sistemas de ensino, podendo definir normas e procedimentos pedagógicos que melhor se adaptem a suas peculiaridades. Algumas interpretações da legislação em vigor não aceitam a existência de um sistema municipal, em decorrência da proibição constitucional de o município legislar em matéria de educação, devendo responsabilizar-se, assim, pelas redes de ensino. Ocorre, porém, que a mesma Constituição Federal de 1988 estabelece, em seu art. 211, que *"a União, os estados, o Distrito Federal e os municípios organizarão, em regime de colaboração, os seus sistemas de ensino"*. Além de esse dispositivo da Constituição confirmar a existência legal de sistemas municipais de educação, vale lembrar que, na Constituição de 1988, o município aparece, pela primeira vez, como instância administrativa.

Ocorre, ainda, que a concepção mais ampla de sistema, para além de um entendimento estritamente legal, pressupõe alguma articulação, e as leis seguidas pelos municípios são estaduais e federais. As leis constituem, na esfera municipal, elementos de articulação entre os sistemas de ensino. Outro aspecto é, na concepção legalista, o sistema que pressupõe órgãos administradores, instituições escolares e leis que regulem a relação. Ora, há leis regulando essa relação no sistema municipal, embora não tenham sido elaboradas na instância do município. Nessa mesma linha de raciocínio, observa-se, por exemplo, no tocante aos sistemas estaduais, haver normas federais que limitam suas ações, como no caso da autorização, credenciamento e supervisão de instituições privadas de ensino superior, os quais ficam a cargo do sistema federal, ainda que estas existam e funcionem na dimensão estadual.

Observe-se, ademais, que a nova LDB/1996, em consonância com a Constituição Federal de 1988, faz referência, em seus arts. 11 e 18, aos sistemas municipais de ensino, estabelecendo até mesmo a possibilidade de os municípios baixarem normas complementares para seu sistema de ensino. Não obstante, os sistemas municipais de ensino encontraram dificuldades para organizar-se nos anos que se sucederam à publicação da LDB/1996 – entre outras razões, pela conhecida dependência dos municípios em relação ao estado, pela relação autoritária do estado com os municípios e, ainda, pela ausência de recursos financeiros e humanos para a gestão do sistema próprio.

Capítulo IV

Níveis e modalidades de educação e de ensino

Níveis e modalidades de educação e de ensino

A educação brasileira, tal como estabelece a Constituição Federal de 1988, nos artigos 205 e 206, visa ao pleno desenvolvimento da pessoa, ao seu preparo para o exercício da cidadania e à sua qualificação para o trabalho. Para atendimento desses objetivos, o ensino deve ser ministrado com base nos seguintes princípios (art. 206):

I – igualdade de condições para o acesso e permanência na escola;
II – liberdade de aprender, ensinar, pesquisar e divulgar o pensamento, a arte e o saber;
III – pluralismo de ideias e de concepções pedagógicas, e coexistência de instituições públicas e privadas de ensino;
IV – gratuidade do ensino público em estabelecimentos oficiais;
V – valorização dos profissionais do ensino, garantindo, na forma da lei, planos de carreira para o magistério público, com piso salarial profissional e ingresso exclusivamente por concurso público de provas e títulos, assegurando regime jurídico único para todas as instituições mantidas pela União;
VI – gestão democrática do ensino público, na forma da lei;
VII – garantia de padrão de qualidade;

VIII – piso salarial profissional nacional para os profissionais da educação escolar pública, nos termos de lei federal.

A LDB de 1996 regulamenta pontos do capítulo sobre educação da CF/1988, ocupando-se da educação escolar, embora apresente uma visão ampliada de educação. Em seu Título V (o maior deles), declara que a educação escolar brasileira se compõe de dois níveis: educação superior e educação básica, esta formada pela educação infantil, ensino fundamental e ensino médio. A seguir, é apresentada a estrutura do sistema educacional do país, com os dois níveis e suas características, com as séries e com as idades próprias de cada um.

1. Educação básica

A educação básica tem por finalidade desenvolver o educando, assegurando-lhe a formação comum indispensável para o exercício da cidadania e fornecendo-lhe meios para progredir no trabalho e em estudos posteriores. Suas etapas são educação infantil, ensino fundamental e ensino médio.

A despeito de existir uma resolução que regulamenta as diretrizes curriculares de cada nível de ensino, em 13 de julho de 2010, a Câmara de Educação Básica (CEB) do Conselho Nacional de Educação (CNE) definiu as Diretrizes Curriculares Nacionais para a Educação Básica (DCNEB) por meio da Resolução nº 4/2010. Tais DCNEB têm *"como fundamento a responsabilidade que o Estado brasileiro, a família e a sociedade têm de garantir a democratização do acesso, a inclusão,*

As diretrizes para a educação básica podem ser acessadas no site do MEC no seguinte endereço: <http://portal.mec.gov.br/index.php?option=com_content&view=article&id=12992:diretrizes-para-a-educacao-basica&catid=323:orgaos-vinculados>. Acesso em: 31 maio 2011.

a permanência e a conclusão com sucesso das crianças, dos jovens e adultos na instituição educacional, a aprendizagem para continuidade dos estudos e a extensão da obrigatoriedade e da gratuidade da educação básica" (art. 1º).

No art. 11 dessas diretrizes (Título V, "Organização curricular: conceitos, limites e possibilidades") consta o conceito de educação básica que fundamenta seus artigos, parágrafos e alíneas.

> *Art. 11. A escola de educação básica é o espaço em que se ressignifica e se recria a cultura herdada, reconstruindo-se as identidades culturais, em que se aprende a valorizar as raízes próprias das diferentes regiões do país.*
> *Parágrafo único. Essa concepção de escola exige a superação do rito escolar, desde a construção do currículo até os critérios que orientam a organização do trabalho escolar em sua multidimensionalidade, privilegia trocas, acolhimento e aconchego, para garantir o bem-estar de crianças, adolescentes, jovens e adultos, no relacionamento entre todas as pessoas.*

Com base na CF/1988, na LDB de 1996 e nas mencionadas diretrizes curriculares, são apresentadas, a seguir, as características de cada uma das etapas da educação básica.

Educação infantil

A educação infantil, como primeira etapa da educação básica, tem como finalidade o desenvolvimento integral da criança até cinco anos de idade em seus aspectos físico, psicológico, intelectual e social, complementando a ação da família e da comunidade.

Como dever do Estado, a educação infantil é uma novidade da Constituição Federal de 1988. Aparece na LDB de 1996 como incumbência dos municípios e deveria, até 1999 (três anos após a promulgação da LDB), estar integrada ao respectivo sistema de ensino, uma vez que a mesma lei concede ao município as opções de criar sistema próprio, integrar-se ao sistema estadual ou com ele compor um sistema único de educação básica. É conhecida a dificuldade que os municípios têm tido em manter esse nível de escolaridade, em razão da precariedade de recursos financeiros, já que o salário-creche, que apareceu nas versões iniciais da LDB e permitiria custear a educação infantil, foi eliminado da versão aprovada no Congresso Nacional em 1996.

A educação infantil deve ser oferecida em creches, ou entidades equivalentes, para crianças até três anos de idade, e em pré-escolas, para crianças de quatro a cinco anos de idade, uma vez que as crianças de seis anos passaram a ser matriculadas no ensino fundamental de nove anos por força da Lei nº 11.274/2006.

Nessa etapa não há a obrigatoriedade de cumprir a carga horária mínima anual de oitocentas horas distribuídas nos duzentos dias letivos, como não há também avaliação com objetivo de promoção, mesmo para o acesso ao ensino fundamental. A avaliação, na educação infantil, destina-se ao acompanhamento e ao registro do desenvolvimento da criança.

A titulação exigida para atuar na educação infantil é a licenciatura ou o curso normal superior, sendo admitida a formação em nível médio, na modalidade normal.

As Diretrizes Curriculares Nacionais do Curso de Pedagogia, Resolução CNE/CP nº 1, de 15 de maio de 2006, autorizaram a modificação dos cursos de Normal Superior para Pedagogia, como estabelece o art. 11: "As instituições de educação superior que mantêm cursos autorizados como Normal Superior e que pretenderem a transformação em curso de Pedagogia e as instituições que já oferecem cursos de Pedagogia deverão elaborar novo projeto pedagógico, obedecendo ao contido nesta resolução" (disponível em: <http://www.diplomas.ufscar.br/legislacao/pedag-05-2006.pdf>. Acesso em: 31 maio 2011).

Tal exigência de escolaridade do professor é benéfica, uma vez que tira das creches – estabelecimento em que deve ser oferecido esse tipo de educação – seu caráter meramente tutelar. As crianças são merecedoras de preocupações educativas, especialmente em uma sociedade em que as mulheres, cada dia mais, atuam no mercado produtivo e necessitam de lugar apropriado e educativo para deixar os filhos pequenos.

As Diretrizes Curriculares Nacionais (DCN) para a Educação Infantil foram disciplinadas inicialmente na Resolução CNE/CEB nº 1, de 7 de abril de 1999. No entanto, foram revistas pelo Parecer CNE/CEB nº 20/2009, pelo qual foi aprovada a Resolução CNE/CEB nº 5, de 17 de dezembro de 2009, que fixou as diretrizes para a educação infantil de crianças que completam quatro ou cinco anos até o dia 15 de março do ano em que ocorrer a matrícula. As DCN visam orientar as instituições de educação infantil dos sistemas brasileiros de ensino na organização, na articulação, no desenvolvimento e na avaliação de suas propostas pedagógicas. Têm como fundamentos norteadores princípios éticos, políticos e estéticos, de forma que as instituições de educação infantil desenvolvam propostas pedagógicas e assim cumpram plenamente sua função sociopolítica e pedagógica (art. 7º).

Disponível em: <http://portal.mec.gov.br/index.php?option=com_content&view=article&id=13684%3Aresolucoes-ceb-2009&catid=323%3Aorgaosvinculados&Itemid=866>. Acesso em: 31 maio 2011.

Os artigos 3º e 4º da Resolução CNE/CEB nº 5/2009 esclarecem as exigências: "Art. 3º. O currículo da educação infantil é concebido como um conjunto de práticas que buscam articular as experiências e os saberes das crianças com os conhecimentos que fazem parte do patrimônio cultural, artístico, ambiental, científico e tecnológico, de modo a promover o desenvolvimento integral de crianças de 0 a 5 anos de idade. Art. 4º. As propostas pedagógicas da educação infantil deverão considerar que a criança, centro do planejamento curricular, é sujeito histórico e de direitos que, nas interações, relações e práticas cotidianas que vivencia, constrói sua identidade pessoal e coletiva, brinca, imagina, fantasia, deseja, aprende, observa, experimenta, narra, questiona e constrói sentidos sobre a natureza e a sociedade, produzindo cultura".

Para atuar na educação infantil, a resolução anterior fazia referência à exigência de diplomados em curso de formação de professores, não especificando, com clareza, se o curso de formação era de nível médio ou superior. A nova resolução, nº 5/2009, não faz referência à formação de professores.

Ensino fundamental

O ensino fundamental é a etapa obrigatória da educação básica. Como dever do Estado, o acesso a esse ensino é direito público subjetivo, quer dizer, não exige regulamentação para ser cumprido. Seu não oferecimento ou sua oferta irregular importam responsabilidade da autoridade competente. A oferta do ensino fundamental gratuito estende-se a todos os que a ele não tiveram acesso na idade própria; não se restringe apenas à faixa etária entre 7 e 14 anos, como previa a lei anterior. A partir de 2006, pela Lei nº 11.274, que alterou a redação do art. 32 da LDB de 1996, o ensino fundamental passa a ter nove anos de duração, iniciando-se aos 6 anos de idade, e é reafirmado seu caráter obrigatório e gratuito na escola pública.

O objetivo da etapa do ensino fundamental (art. 32 da LDB) é a formação básica do cidadão, mediante:

I – o desenvolvimento da capacidade de aprender, tendo como meios básicos o pleno desenvolvimento da leitura, da escrita e do cálculo;

II – a compreensão do ambiente natural e social, do sistema político, da tecnologia, das artes e dos valores em que se fundamenta a sociedade;

III – o desenvolvimento da capacidade de aprendizagem, tendo em vista a aquisição de conhecimentos e habilidades e a formação de atitudes e valores;

IV – o fortalecimento dos vínculos de família, dos laços de solidariedade humana e de tolerância recíproca em que se assenta a vida social (Brasil, 1996).

O ensino fundamental regular deve ser ministrado em língua portuguesa, assegurando às comunidades indígenas a utilização de suas línguas maternas e os processos próprios de aprendizagem, como a Constituição também expressa.

A LDB de 1996 faculta aos sistemas de ensino desdobrar o ensino fundamental em ciclos. Alguns estados, como o de São Paulo, por exemplo, já fizeram essa opção e passaram o primeiro ciclo, da 1ª à 4ª série, para a responsabilidade dos municípios. Essa medida gerou um modelo que se estendeu a todo o país, embora haja estados que não o adotam.

O ensino fundamental, como também toda a educação básica, pode organizar-se por séries anuais, por períodos semestrais, por ciclos, por períodos de estudos, por grupos não seriados, por idade, por competência ou por qualquer outra forma que o processo de aprendizagem requerer.

A despeito de sua obrigatoriedade, a classificação em qualquer série ou etapa do ensino fundamental pode-se dar independentemente de escolaridade anterior, por meio de avaliação feita pela escola que defina o grau de desenvolvimento e a experiência do candidato e permita sua inscrição na série mais adequada.

A jornada escolar no ensino fundamental deve ser de ao menos quatro horas de efetivo trabalho em sala de aula, sendo progressivamente ampliada para tempo integral, a critério dos sistemas de ensino. Quanto à ampliação da carga horária, há que considerar que isso implica significativo aumento dos recursos financeiros a ser destinados à manutenção e ao desenvolvimento do ensino, uma vez que pressupõe a construção de novas escolas e salas de aula, a elevação do número de professores e de outros profissionais, além de outros custeios, de forma que atendam à demanda por período integral. Sem a devida atenção a esse alerta, alguns sistemas de ensino acabam destinando recursos financeiros às escolas de tempo integral apenas no início, frequentemente em razão de motivações político-partidárias, logo deixando as escolas sem os recursos necessários.

O Programa Mais Educação fortalece as bases para a escola com jornada ampliada. Uma das metas do projeto de lei do Plano Nacional de Educação para o decênio 2011-2020, a meta 6, é atingir, até 2020, 50% das escolas com educação integral. No ato do envio do projeto de lei ao Congresso, o ministro Haddad afirmou que 16% das 60 mil escolas públicas de educação básica oferecem educação integral. Há outro Projeto de Emenda Constitucional (o PEC nº 134/2007) em votação no Congresso que visa ampliar, em todas as escolas brasileiras, até 2020, a jornada escolar para sete horas.

Em virtude da Lei nº 11.274, de 6 de fevereiro de 2006, que alterou artigos da LDB de 1996 e ampliou a duração do ensino fundamental para nove anos, foi

Resolução CNE/CEB nº 7, de 14 de dezembro de 2010. Disponível em: <http://portal.mec.gov.br/index.php?option=com_content&view=article&id=12992:diretrizes-para-a-educacao-basica&catid=323:orgaos-vinculados>. Acesso em: 31 maio 2011.

feita revisão das diretrizes curriculares. Nas novas diretrizes, o parágrafo único do art. 4º observa que

> *as escolas que ministram esse ensino deverão trabalhar considerando essa etapa da educação como aquela capaz de assegurar a cada um e a todos o acesso ao conhecimento e aos elementos da cultura imprescindíveis para o seu desenvolvimento pessoal e para a vida em sociedade, assim como os benefícios de uma formação comum, independentemente da grande diversidade da população escolar e das demandas sociais.*

O currículo é entendido nessas novas diretrizes como *"constituído pelas experiências escolares que se desdobram em torno do conhecimento, permeadas pelas relações sociais, buscando articular vivências e saberes dos alunos com os conhecimentos historicamente acumulados e contribuindo para construir as identidades dos estudantes"* (art. 9º).

O currículo tem uma base nacional comum a todo o país e uma parte diversificada, definida pelos sistemas de ensino e pelas escolas. As duas partes devem ser consideradas um todo integrado, e não blocos distintos. Os conteúdos dessas duas partes do currículo *"têm origem nas disciplinas científicas, no desenvolvimento das linguagens, no mundo do trabalho, na cultura e na tecnologia, na produção artística, nas atividades desportivas e corporais, na área da saúde e ainda incorporam saberes como os que advêm das formas diversas de exercício da cidadania, dos movimentos sociais, da cultura escolar, da experiência docente, do cotidiano e dos alunos"* (art. 12).

Conforme as diretrizes do ensino fundamental, os componentes curriculares articulam-se em áreas do conhecimento, a fim de favorecer a comunicação entre os diferentes campos científicos. Os componentes curriculares obrigatórios do ensino fundamental serão organizados em relação às áreas de conhecimento:

I – Linguagens:
 a) Língua Portuguesa;
 b) língua materna, para populações indígenas;
 c) língua estrangeira moderna;
 d) Arte;
 e) Educação Física;
II – Matemática;
III – Ciências da Natureza;
IV – Ciências Humanas:
 a) História;
 b) Geografia;
V – Ensino Religioso.

A educação do campo – tratada como educação rural na legislação brasileira –, a educação escolar indígena e a educação escolar quilombola são abordadas nos arts. 38 a 40, com seus parágrafos e incisos. A educação do campo incorpora os espaços da floresta, da pecuária, das minas e da agricultura e estende-se também aos espaços pesqueiros, caiçaras, ribeirinhos e extrativistas, conforme as Diretrizes para a Educação Básica do Campo (Parecer CNE/CEB nº 36/2001 e Resolução CNE/CEB nº 1/2002; Parecer CNE/CEB nº 3/2008 e Resolução CNE/CEB nº 2/2008). As escolas das populações do campo, dos povos indígenas e dos quilombolas, ao contar com a participação ativa das comunidades locais nas decisões referentes ao currículo, estarão ampliando as oportunidades de *"reconhecimento de seus modos próprios de vida, suas culturas, tradições e memórias coletivas, como fundamentais para a constituição da identidade das crianças, adolescentes e adultos"* (Resolução

O Censo da Educação Básica de 2010 registrou um total de 31.005.341 no ensino fundamental regular, sendo apenas 3.941.238 na rede privada. Por sua vez, o ensino fundamental, na educação de jovens e adultos, totalizou 2.860.230 matrículas.

CNE/CEB nº 7, de 14 de dezembro de 2010). A mesma resolução refere-se ainda à educação especial e à de jovens e adultos.

Ensino médio

Foi apenas em 1996, com a aprovação da LDB, que o ensino médio passou a ser a etapa final da educação básica, isto é, foi incluído na educação básica.

O Programa Ensino Médio Inovador pretende estabelecer nova organização curricular, na perspectiva interdisciplinar, com centralidade na leitura, disciplinas eletivas e professores com dedicação exclusiva a uma só escola. O documento inicial está disponível em: <http://portal.mec.gov.br/index.php?option=com_content&view=article&id=15134&Itemid=1071>. Acesso em: 31 maio 2011.

Por causa de sua complexidade, tem sido um desafio propor políticas públicas para o ensino médio, que vive o dualismo entre ser profissionalizante e ser propedêutico – neste caso, como preparação para a continuidade dos estudos em nível superior.

Em 2009, ano de lançamento do Programa Ensino Médio Inovador, o Brasil ainda tinha 1,8 milhão de jovens entre 15 e 17 anos fora da escola, o que significa mais de 50% dos jovens nessa faixa etária, verificando-se um acesso muito desigual entre os grupos da população: *"O acesso ao ensino médio é profundamente desigual entre grupos da população: apenas 24,9% de jovens na faixa etária de 15 a 17 anos, dos 20% mais pobres da população, estudam no ensino médio, enquanto temos 76,3% de jovens estudando dos 20% mais ricos da população"* (Brasil. MEC/SEB, 2009, p. 6).

O Censo da Educação Básica de 2010 registrou um total de 8.357.675 matrículas no ensino médio regular, além das matrículas dessa etapa na educação para jovens e adultos e na educação profissional integrada.

O acesso ao ensino médio tem sido ampliado no país, o que significa que mais pessoas concluíram o ensino fundamental. Em 1991 havia cerca de 4 milhões de alunos matriculados no ensino médio; em 1998, esse número subiu para quase 7 milhões, um crescimento de 84,8%. Oito anos depois, em 2006, o total de matrículas era de 9 milhões, em instituições públicas e privadas.

Apesar do avanço das matrículas, o ensino médio, segundo o PNE de 2001 (Brasil. MEC/Inep, 2001,

p. 54), atendia apenas 30,8% da população de 15 a 17 anos. O plano pretendia, em cinco anos, atingir 50% dos alunos dessa faixa etária e, em 2011, 100%. À época da aprovação do PNE (2001), o país apresentava índices de 32% de repetência, 5% de evasão e 56% das matrículas no horário noturno – procurado sobretudo por jovens trabalhadores. Em 2008, a taxa de matrícula no ensino médio foi de 48%, menor do que pretendia o PNE – o que se explica pelo fato de muitos desses jovens terem ficado retidos no ensino fundamental.

O projeto de lei (PL) do próximo Plano Nacional de Educação pretende universalizar, até 2016, o atendimento escolar para toda a população de 15 a 17 anos e elevar, até 2020, a taxa líquida de matrículas no ensino médio para 85% nessa faixa etária.

Em 2009, a taxa de frequência à escola nessa faixa etária alcançou 85,2%, mas a taxa de escolarização líquida (percentual de pessoas que frequentam a escola no nível adequado à sua idade – no caso, o ensino médio) era de 50,9% (era de 32,7% em 1999). E ainda havia grande disparidade territorial: Norte e Nordeste tinham, respectivamente, 39,1% e 39,2% de jovens de 15 a 17 anos (IBGE, 2010).

A LDB/1996 trouxe muitas novidades para o ensino médio. Como última etapa da educação básica e com três anos, no mínimo, de duração, esse nível de ensino perdeu a obrigatoriedade de habilitar para o trabalho, formando profissionais, algo que passou a ser facultativo. No entanto, no PL do novo Plano Nacional de Educação (2011-2020) há uma meta para fomentar a expansão das matrículas de ensino médio integrado à educação profissional.

Conforme a LDB de 1996, o ensino médio tem as seguintes finalidades (art. 35):

I – a consolidação e o aprofundamento dos conhecimentos adquiridos no ensino fundamental, possibilitando o prosseguimento de estudos;

II – a preparação básica para o trabalho e a cidadania do educando, para continuar aprendendo, de modo a ser capaz de se adaptar com flexibilidade a novas condições de ocupação ou aperfeiçoamento posteriores;

III – o aprimoramento do educando como pessoa humana, incluindo a formação ética e o desenvolvimento da autonomia intelectual e do pensamento crítico;

IV – a compreensão dos fundamentos científico-tecnológicos dos processos produtivos, relacionando a teoria com a prática, no ensino de cada disciplina.

O nível médio de ensino comporta diferentes concepções: em uma compreensão propedêutica, destina-se a preparar os alunos para o prosseguimento dos estudos no curso superior; para a concepção técnica, no entanto, esse nível de ensino prepara a mão de obra para o mercado de trabalho; na compreensão humanística e cidadã, o ensino médio é entendido no sentido mais amplo, que não se esgota nem na dimensão da universidade (como no propedêutico) nem na do trabalho (como no técnico), mas compreende as duas – que se constroem e reconstroem pela ação humana, pela produção cultural do homem cidadão –, de forma integrada e dinâmica. Tal concepção está expressa em alguns documentos nacionais oficiais sobre as competências e habilidades específicas esperadas do estudante desse nível de ensino.

A Resolução nº 4, de 6 de agosto de 2006, destinada à revisão curricular do ensino médio, deu nova redação ao § 2º do art. 10 da Resolução CNE/CEB nº 3/1998, o qual passou a ser o seguinte:

> *As propostas pedagógicas de escolas que adotarem organização curricular flexível, não estruturada por disciplinas, deverão assegurar tratamento interdisciplinar e contextualizado, visando ao domínio de conhecimentos de Filosofia e Sociologia necessários ao exercício da cidadania. No caso de escolas que adotarem, no todo ou em parte, organização curricular estruturada por disciplinas, deverão ser incluídas as de Filosofia e Sociologia. Os componentes História e Cultura Afro-Brasileira e Educação Ambiental serão, em todos os casos, tratados de forma transversal, permeando, pertinentemente, os demais componentes do currículo.*

2. Educação superior

A educação superior está expressa nos arts. 43 a 57 da LDB/1996 (Brasil, 1996). Tem por finalidade: formar profissionais nas diferentes áreas do saber, promovendo a divulgação de conhecimentos culturais, científicos e técnicos e comunicando-os por meio do ensino; estimular a criação cultural e o desenvolvimento do espírito científico e do pensamento reflexivo, incentivando o trabalho de pesquisa e a investigação científica e promovendo a extensão; divulgar à população a criação cultural e a pesquisa científica e tecnológica geradas nas instituições que oferecem a formação em nível superior e produzem conhecimento.

A educação superior abrange os seguintes cursos e programas (art. 44):

I – cursos sequenciais por campo de saber, de diferentes níveis de abrangência, abertos a candidatos que atendam aos requisitos estabelecidos pelas instituições de ensino, desde que tenham concluído o ensino médio ou equivalente, conforme redação dada pela Lei nº 11.632, de 2007;

II – cursos de graduação, abertos a candidatos que tenham concluído o ensino médio ou equivalente e tenham sido classificados em processo seletivo;

III – cursos de pós-graduação, compreendendo programas de mestrado e doutorado, cursos de especialização, aperfeiçoamento e outros, abertos a candidatos diplomados em cursos de graduação e que atendam às exigências das instituições de ensino;

IV – cursos de extensão, abertos a candidatos que atendam aos requisitos estabelecidos em cada caso pelas instituições de ensino.

A organização acadêmica também mudou. Conforme o Decreto nº 5.773, de 9 de maio de 2006, os cursos e programas de nível superior podem ser oferecidos por meio de universidades, centros universitários e faculdades. As universidades gozam de autonomia nos termos da Constituição Federal, podendo atuar na graduação, na pós-graduação, na pesquisa e na extensão; as universidades públicas (federais ou estaduais) são responsáveis pela maior parte das pesquisas e dos programas de pós-graduação (mestrados e doutorados). Os centros universitários, que possuem algumas prerrogativas de autonomia, concedidas por decreto presidencial, devem evidenciar *excelência no ensino*, mediante desempenho obtido no sistema de avaliação instituído pelo governo federal. Já as faculdades atuam basicamente na formação de profissionais em diferentes cursos de licenciatura, de bacharelado e tecnológicos. Além dessa organização acadêmica, a educação superior conta com a Rede Federal de Educação Profissional, Científica e Tecnológica, composta de institutos federais de educação, ciência e tecnologia, centros federais de educação tecnológica, escolas técnicas e universidade tecnológica federal. Essa rede está presente em todos os estados brasileiros e oferece cursos técnicos e superiores de tecnologia, licenciaturas, mestrados e doutorados.

As instituições de ensino superior (IES) classificam-se, segundo a *natureza jurídica de suas mantenedoras,* em públicas e privadas. *Instituições públicas* são criadas ou incorporadas, mantidas e administradas pelo poder público e estão classificadas em federais, estaduais, municipais e do Distrito Federal. A educação superior deve ser gratuita nas IES públicas. As *instituições privadas* são mantidas e administradas por pessoas físicas ou pessoas jurídicas de direito privado e dividem-se, ou organizam-se, em instituições privadas com fins lucrativos ou instituições privadas sem fins lucrativos.

As *instituições privadas com fins lucrativos* ou *particulares em sentido estrito* são instituídas e mantidas por uma ou mais pessoas físicas ou jurídicas de direito privado. Sua vocação social é exclusivamente empresarial. As *instituições privadas sem fins lucrativos* podem ser, quanto à sua vocação social, *comunitárias*, *confessionais* ou *filantrópicas.* As IES privadas cobram mensalidade tanto na graduação como na pós-graduação, com grande diversidade de valores, à razão do prestígio institucional, das condições de ensino e da qualidade dos cursos ofertados.

Mais recentemente, a Resolução nº 3, de 14 de outubro de 2010, regulamentou o art. 52 da LDB de

Este artigo diz que as universidades *"são instituições pluridisciplinares de formação dos quadros profissionais de nível superior, de pesquisa, de extensão e de domínio e cultivo do saber humano, que se caracterizam por: I – produção intelectual institucionalizada mediante o estudo sistemático dos temas e problemas mais relevantes, tanto do ponto de vista científico e cultural, quanto regional e nacional; II – um terço do corpo docente, pelo menos, com titulação acadêmica de mestrado ou doutorado; III – um terço do corpo docente em regime de tempo integral. Parágrafo único. É facultada a criação de universidades especializadas por campo do saber"* (Brasil, 1996).

1996, estabelecendo normas e procedimentos para o credenciamento e recredenciamento do sistema federal de ensino superior. Essa resolução amplia as exigências para obtenção e manutenção de universidades.

Para credenciamento como universidade, são condições prévias indispensáveis:

a) um terço do corpo docente com titulação de mestrado ou doutorado;
b) um terço do corpo docente em regime de tempo integral;
c) Conceito Institucional (CI) igual ou superior a 4 na última Avaliação Institucional Externa do Sistema Nacional de Avaliação da Educação Superior (Sinaes);
d) Índice Geral de Cursos (IGC) igual ou superior a 4;
e) oferta regular de, no mínimo, 60% dos cursos de graduação reconhecidos ou em processo de reconhecimento devidamente protocolado, no prazo regular;
f) oferta regular de, pelo menos, quatro cursos de mestrado e dois de doutorado, reconhecidos pelo MEC;
g) compatibilidade do Plano de Desenvolvimento Institucional (PDI) e do estatuto com a categoria de universidade;
h) não ter sofrido, nos últimos cinco anos, relativamente à própria instituição ou a qualquer de seus cursos, as penalidades de desativação de cursos e habilitações, intervenção na instituição, suspensão temporária de prerrogativas da autonomia ou, ainda, cessação imediata do funcionamento da instituição, sendo vedada a admissão de novos estudantes.

As atuais universidades que não satisfaçam à exigência de quatro mestrados e dois doutorados poderão, em caráter excepcional, obter recredenciamento, condicionado à oferta regular de, ao menos, três cursos de mestrado e um de doutorado até 2013 e de quatro mestrados e dois doutorados até 2016 (cursos reconhecidos pelo MEC).

Como expressam os incisos do art. 44 da LDB/1996, o acesso ao ensino superior ocorre mediante processo seletivo, que é diferente dos exames vestibulares, aos quais a lei não faz referência. A menção específica a processo seletivo possibilita que as instituições de ensino superior usem diferentes modalidades de seleção, tais como provas durante o ensino médio, uso das notas obtidas pelos alunos durante o ensino médio, uso do desempenho obtido pelo aluno no Exame Nacional de Ensino Médio (Enem) e outras.

Mudanças no Enem permitiram que seus resultados passassem a ser usados como forma de seleção unificada para ingresso nas universidades públicas federais. As universidades podem usar o exame como fase única, como primeira fase, em combinação com o vestibular da instituição e para vagas remanescentes do vestibular.

O ano letivo regular nas instituições que oferecem ensino superior é de duzentos dias. A presença de professores e alunos é obrigatória, e o professor deve ministrar um mínimo de oito horas semanais. O curioso é que tal exigência contraria o discurso dos que defendiam uma lei enxuta, sem minúcias – os mesmos que inseriram esse dispositivo na lei. Vale lembrar que os detalhes de uma lei são criticados quando asseguram direitos aos mais desprotegidos da sociedade. Quando o projeto original determinava o número de alunos por professor na educação básica, criticava-se dizendo ser esse um detalhe que não deveria estar em uma LDB. Logicamente, para os gestores dos sistemas de ensino e os proprietários de escolas particulares, ter um número máximo de alunos por sala não é conveniente e, por isso, tal dispositivo não deveria figurar na lei, mas a referência a um mínimo a ser cumprido por um professor universitário já não é detalhe. Além disso, há inconvenientes nesse dispositivo, que não estabelece critérios nem condições, pondo em igualdade todos os professores universitários – os que só dão aula, os que atuam em pesquisa e extensão e os que ocupam cargos administrativos.

Para ser credenciado como universidade, que significa ser uma instituição pluridisciplinar de formação de quadros profissionais de nível superior, de pesquisa, de extensão, o estabelecimento de educação superior deve caracterizar-se por ter *"produção intelectual institucionalizada mediante o estudo sistemático dos temas e problemas mais relevantes, tanto do ponto de vista científico e cultural, quanto regional e nacional"* (LDB/1996, art. 52). Deve, ademais, ter ao menos um terço do corpo docente com título de mestrado ou doutorado e em regime de trabalho de tempo integral.

A lei faculta, ainda, a existência de universidades especializadas por campo do saber, como uma universidade de medicina, de direito, de educação etc.

Outra importante mudança no ensino superior é o Programa de Apoio a Planos de Reestruturação e Expansão das Universidades Federais (Reuni), instituído pelo Decreto nº 6.096, de 24 de abril de 2007. Seu lançamento buscou atender às exigências do Plano Nacional de Educação de 2001 de prover oferta de ensino superior a ao menos 30% dos jovens entre 18 e 24 anos até 2011. O objetivo do Reuni foi, então, dotar as universidades federais das condições necessárias para a ampliação do acesso à educação superior e da permanência nela, e o programa apresenta-se como uma das ações do Plano de Desenvolvimento da Educação (PDE), lançado em 24 de abril de 2007.

Já para o ensino superior privado há dois programas de financiamento: o Programa de Financiamento Estudantil (Fies), criado em 2001, e o Programa Universidade para Todos (ProUni), criado em 2004. O Fies destina-se a financiar, prioritariamente, a graduação no ensino superior de estudantes que não tenham condições de arcar com os custos de sua formação e estejam regularmente matriculados em instituições não gratuitas cadastradas no programa e com avaliação positiva nos processos conduzidos pelo MEC. O ProUni tem como finalidade a concessão de bolsas de estudos integrais e parciais, em instituições privadas de educação superior, a estudantes de cursos de graduação e de cursos sequenciais de formação específica. As instituições que aderem ao programa recebem isenção de tributos.

3. Modalidades de educação/ensino

O termo modalidade de educação diz respeito aos diferentes modos particulares de exercer a educação. Enquanto níveis de educação se referem aos diferentes graus, categorias de ensino, como infantil, fundamental, médio, superior, modalidade de educação implica a forma, o modo como tais graus de ensino são desenvolvidos.

Assim, na legislação brasileira, as modalidades de educação são a educação de jovens e adultos, a educação profissional e tecnológica, a educação especial, a educação a distância, a educação escolar indígena, a educação básica do campo, a educação escolar quilombola; são modos, maneiras de ministrar os diferentes níveis de educação, básica ou superior.

A Resolução CNE/CEB nº 4, de 13 de julho de 2010, que define Diretrizes Curriculares Nacionais Gerais para a Educação Básica, trata também de cada uma dessas modalidades de educação/ensino, entendendo, conforme o art. 27, que a cada etapa da educação básica pode corresponder uma ou mais das modalidades de ensino.

A LDB/1996 apresenta explicitamente três modalidades de educação: educação de jovens e adultos, educação profissional e tecnológica e educação especial, das quais trataremos a seguir.

Educação de jovens e adultos

A educação de jovens e adultos destina-se aos que não tiveram, na idade própria, acesso ao ensino fundamental e médio ou continuidade de estudos nesses níveis de ensino. Embora o texto legal estimule o acesso do trabalhador à escola e sua permanência nela, além de definir os sistemas de ensino como os responsáveis por garantir a gratuidade nessa modalidade de educação, ele não detalha quais são as ações que vão assegurar a permanência dos jovens e adultos na instituição escolar. Ademais, outra lei posterior à LDB, a Lei do Fundef, não permitia a princípio que se utilizassem recursos do ensino fundamental para a modalidade de ensino em questão, embora essa etapa da educação básica, constitucionalmente, se apresente como obrigatória e se configure como direito público subjetivo.

Esta lei foi revogada pela Lei nº 11.494, de 20 de junho de 2007, que regulamenta o Fundo de Manutenção e Desenvolvimento da Educação Básica e de Valorização dos Profissionais da Educação (Fundeb), possibilitando que os recursos sejam usados em toda a educação básica, ou seja, na educação infantil, no ensino fundamental e no ensino médio, em qualquer modalidade em que sejam oferecidos.

Direito público subjetivo equivale a reconhecer que é plenamente eficaz e de aplicabilidade imediata, isto é, não exige regulamentação. Se não for prestado de forma espontânea, pode ser exigido judicialmente.

A educação de jovens e adultos prevê cursos e exames supletivos a ser realizados no nível de conclusão do ensino fundamental, para maiores de quinze anos, e no nível de conclusão do ensino médio, para maiores de dezoito anos.

O art. 37 da LDB de 1996, em seu § 3º, estabelece que a educação de jovens e adultos deve articular-se, preferencialmente, com a educação profissional.

Educação profissional e tecnológica

Na nova redação dada ao art. 39 da LDB de 1996, a educação profissional e tecnológica, no cumprimento dos objetivos da educação nacional, integra-se aos diferentes níveis e modalidades de educação e às dimensões do trabalho, da ciência e da tecnologia.

A organização de cursos de educação profissional e tecnológica poderá ser feita por eixos tecnológicos, o que possibilita diferentes itinerários formativos. Seus cursos podem ser de formação inicial e continuada ou qualificação profissional; de educação profissional técnica de nível médio; de educação profissional tecnológica de graduação e pós-graduação. Estes últimos, no que concerne a objetivos, características e duração, organizam-se de acordo com as diretrizes curriculares nacionais estabelecidas pelo Conselho Nacional de Educação.

Tal modalidade de educação deve ser desenvolvida em articulação com o ensino regular ou por diferentes estratégias de educação continuada, em instituições especializadas ou no ambiente de trabalho. O conhecimento adquirido na educação profissional e tecnológica, inclusive no trabalho, poderá ser objeto de avaliação, reconhecimento e certificação para prosseguimento ou conclusão de estudos.

O ensino médio, além de prover formação geral, pode preparar o educando para o exercício de profissões técnicas, o que pode ser desenvolvido na própria escola de nível médio ou em cooperação com instituições especializadas em educação profissional. Já a educação profissional pode ser desenvolvida na forma *articulada* com o nível médio ou na forma *subsequente*, no caso de quem já concluiu o ensino médio.

Na forma articulada, pode ser *"integrada, oferecida somente a quem já tenha concluído o ensino fundamental, sendo o curso planejado de modo a conduzir o aluno à habilitação profissional técnica de nível médio, na mesma instituição de ensino, efetuando-se matrícula única para cada aluno"*, ou *"concomitante, oferecida a quem ingresse no ensino médio ou já o esteja cursando, efetuando-se matrículas distintas para cada curso"*. Neste segundo caso, pode ocorrer na mesma instituição de ensino ou em escolas distintas (art. 36-C).

Os diplomas de educação profissional técnica de nível médio têm validade nacional e dão direito ao prosseguimento nos estudos superiores.

Em 2008, em 29 de dezembro, foi publicada a Lei nº 11.892, que instituiu a Rede Federal de Educação Profissional, Científica e Tecnológica e criou os institutos federais de educação, ciência e tecnologia. Os 38 institutos foram formados pela agregação de 31 centros federais de educação tecnológica (Cefets), 75 unidades descentralizadas de ensino (Uneds), 39 escolas agrotécnicas, 7 escolas técnicas federais e 8 escolas vinculadas a universidades. Além dos institutos federais, formam a rede instituições que não aderiram aos institutos, mas oferecem educação profissional em todos os níveis: 2 Cefets (RJ e MG), 25 escolas vinculadas a universidades e 1 universidade tecnológica (UTFPR). A rede cobre todos os estados brasileiros, oferecendo cursos técnicos de nível médio, superiores de tecnologia, licenciatura, mestrado e doutorado.

Leia mais sobre isto em: <http://redefederal.mec.gov.br>. Acesso em: 31 maio 2011. De 1909 a 2002, foram construídas 140 escolas técnicas no país; entre 2002 e 2009, o Ministério da Educação entregou à população várias unidades das 214 novas previstas. Além disso, outras escolas foram federalizadas e todas as unidades em obras seriam concluídas até 2010. Com os investimentos do Ministério da Educação, foram geradas 500 mil vagas nas mais de 354 escolas de educação profissional e tecnológica em todo o país.

Em setembro de 2009 foram comemorados cem anos de ensino técnico no Brasil, e é possível verificar seu crescimento nos últimos anos, como mostra o Gráfico 2 a seguir.

Gráfico 2 – Expansão da Rede Federal de Educação Profissional, Científica e Tecnológica (Brasil: 2002 a 2010)

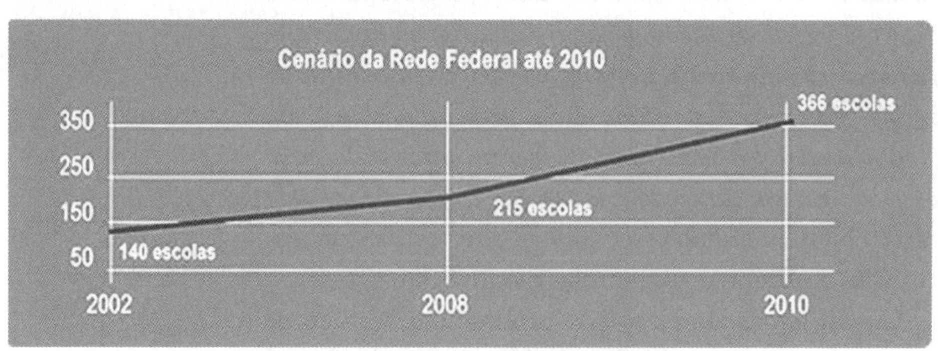

Fonte: MEC. Disponível em: <http://redefederal.mec.gov.br/index.php?option=com_content&view=article&id=52&Itemid=2>. Acesso em: 31 maio 2011.

Num ato simbólico de fim de governo, em 27 de dezembro de 2010, o presidente Luiz Inácio Lula da Silva, com o ministro da Educação, Fernando Haddad, inaugurou 31 institutos federais de educação, ciência e tecnologia em doze estados brasileiros e no Distrito Federal. As escolas têm capacidade de atender 1,2 mil alunos.

Educação especial

A educação especial é modalidade caracterizada pela oferta de serviços educacionais a crianças ou jovens com necessidades educacionais especiais, em razão de deficiências (física, sensorial ou cognitiva) ou dificuldades de aprendizagem decorrentes de variadas causas. Os fundamentos da educação especial foram inscritos, inicialmente, na Declaração Universal dos Direitos Humanos (1948) e na Declaração Universal dos Direitos da Criança (1959) e, mais tarde, foram consolidados na Declaração Mundial de Educação para Todos (Tailândia, 1990). Desta declaração surgiu a Declaração de Salamanca (1994), referendada sucessivamente por outros documentos internacionais, a qual define *"princípios, políticas e práticas na área das necessidades educativas especiais"*. Esta declaração, um dos documentos que exerceram considerável influência no debate sobre a educação especial no Brasil, tem como princípio fundamental: *"Todos os alunos devem aprender juntos, sempre que possível, independentemente das dificuldades e diferenças que apresentem"*.

O conceito de necessidades educacionais especiais amplia o de deficiência, uma vez que se refere *"a todas as crianças e jovens cujas necessidades decorrem de sua capacidade ou de suas dificuldades de aprendizagem"*. O princípio fundamental da educação especial está inscrito na Declaração de Salamanca da seguinte forma:

> *(...) as escolas devem acolher todas as crianças, independentemente de suas condições físicas, intelectuais, sociais, emocionais, linguísticas ou outras. Devem acolher crianças com deficiência e crianças bem-dotadas; crianças que vivem nas ruas e que trabalham; crianças de populações distantes ou nômades; crianças de minorias linguísticas, étnicas ou culturais e crianças de outros grupos ou zonas desfavorecidos ou marginalizados* (Declaração de Salamanca, 1994).

No Brasil, a Constituição Federal de 1988 consolida a especificidade da educação especial e a

> *criação de programas de prevenção e atendimento especializado para as pessoas portadoras de deficiência física, sensorial ou mental, bem como de integração social do adolescente e do jovem portador de deficiência, mediante o treinamento para o trabalho e a convivência, e a facilitação do acesso aos bens e serviços coletivos, com a eliminação de obstáculos arquitetônicos e de todas as formas de discriminação* (art. 227, § 1º, inciso II).

A LDB/1996 estabelece a oferta de educação especial como dever do Estado, dispondo um capítulo específico para regulamentar os artigos previstos na Constituição Federal de 1988.

> *Art. 58. Entende-se por educação especial, para os efeitos desta lei, a modalidade de educação escolar, oferecida preferencialmente na rede regular de ensino, para educandos portadores de necessidades especiais.*
> *§ 1º Haverá, quando necessário, serviços de apoio especializado, na escola regular, para atender às peculiaridades da clientela de educação especial.*
> *§ 2º O atendimento educacional será feito em classes, escolas ou serviços especializados, sempre que, em função das condições específicas dos alunos, não for possível a sua integração nas classes comuns de ensino regular.*

§ 3º A oferta de educação especial, dever constitucional do Estado, tem início na faixa etária de zero a seis anos, durante a educação infantil.

A lei estabelece também que os sistemas de ensino devem assegurar currículos e formas de organização específicos e traz critérios para terminalidade de estudos, capacitação de professores e formação para atendimento especializado.

A Resolução CNE/CEB nº 2/2001 institui as Diretrizes Nacionais para a Educação Especial na Educação Básica e apresenta a seguinte definição de educação especial:

Art. 3º. Por educação especial, modalidade de educação escolar, entende-se um processo educacional definido por uma proposta pedagógica que assegure recurso e serviços educacionais especiais, organizados institucionalmente para apoiar, complementar, suplementar e, em alguns casos, substituir os serviços educacionais comuns, de modo a garantir a educação escolar e prover o desenvolvimento das potencialidades dos educandos que apresentam necessidades educacionais especiais, em todas as etapas e modalidades da educação básica.

O Censo Escolar da Educação Básica de 2008 apontou um crescimento significativo nas matrículas de educação especial nas escolas comuns do ensino regular. A proposta do novo Plano Nacional de Educação elaborada pelo governo federal estabelece, em sua meta 4, que vai "*universalizar, para a população de 4 a 17 anos, o atendimento escolar aos estudantes com deficiência, transtornos globais do desenvolvimento e altas habilidades ou superdotação na rede regular de ensino*".

O índice de matriculados passou de 46,8% do total de alunos com deficiência, em 2007, para 54% no ano de 2008. Neste ano, estavam em classes comuns 375.772 estudantes com deficiência, transtornos globais do desenvolvimento e altas habilidades ou superdotação. Cf. mais informações sobre educação especial no link da Secretaria de Educação Especial do MEC disponível em: <http://portal.mec.gov.br>. Acesso em: 31 maio 2011.

A atual política de educação inclusiva conta com alguns programas, tais como o de salas de recursos multifuncionais, o de adequação de prédios escolares para acessibilidade e o Programa de Formação Continuada de Professores na Educação Especial. Há ainda o Programa Educação Inclusiva: Direito à Diversidade, de 2003, que busca qualificar gestores e educadores para a criação de sistemas educacionais inclusivos, e um programa em parceria com a Secretaria de Direitos Humanos e três ministérios (Educação, Saúde, Desenvolvimento Social e Combate à Fome) – o Benefício de Prestação Continuada da Assistência Social (BPC) na Escola, que atende pessoas até 18 anos com o intuito de contribuir para o acesso à escola e para a permanência nela. A Política Nacional de Educação Especial na Perspectiva da Educação Inclusiva foi aprovada em 2008, em documento oficial e com emenda constitucional. O documento conceitua sobre seus destinatários: as pessoas com deficiência, transtornos globais do desenvolvimento e altas habilidades ou superdotação.

Disponível em: <http://portal.mec.gov.br/index.php?option=com_content&view=article&id=12507&Itemid=826>. Acesso em: 31 maio 2011.

As políticas públicas de educação especial no Brasil têm buscado assegurar princípios firmados internacionalmente sobre o atendimento de pessoas com necessidades educacionais especiais, tais como o direito fundamental de toda criança à educação e às oportunidades de aprendizagem, a singularidade das características, interesses, habilidades e necessidades de aprendizagem de cada criança, a exigência de os sistemas educacionais implementarem programas educacionais que levem em conta a vasta diversidade de tais características e necessidades (cf. Declaração de Salamanca, 1994).

A despeito das ações com bastante visibilidade empreendidas em relação a esse dever do Estado, as políticas e as diretrizes de implementação têm sido motivo de críticas por parte de segmentos de educadores. Suspeita-se que aspectos econômicos e financeiros estejam por detrás de políticas de inclusão, transformando movimentos sociais e defensores legítimos dessas políticas em justificativas para cortar gastos de programas sociais (Mendes, 2006). Com efeito, dados da Organização Mundial da Saúde (OMS) dão conta de que 10% da população de um país, em tempo de paz, são pessoas com alguma deficiência. Essa informação, aliada ao alto custo das escolas especiais e à necessidade de melhorar o custo/benefício do sistema educativo, permite inferir que a questão da escola integradora extrapola o objetivo de oferecer educação a todos e visa baratear o custo educacional das crianças com necessidades educativas especiais. Tal suposição fortalece-se ao se verificar que não houve preocupação de capacitar os professores antes de tão importante definição, como também não se adequou a escola – nem mesmo em relação a mudanças organizacionais e a instalações físicas e equipamentos – para receber tais alunos.

Há ainda dúvidas sobre se as políticas oficiais efetivamente estão contribuindo para promover a inclusão dos alunos com necessidades educacionais especiais e de todos os demais alunos, também dos que não apresentam deficiências. As políticas de inclusão daqueles alunos tiveram início antes da capacitação dos professores, que experimentam frustração ao se sentirem despreparados para lidar com essa nova realidade na sala de aula – e o atendimento precário pode gerar maior preconceito contra alunos com deficiência. Por sua vez, há pais que lamentam o fato de o filho com deficiência ter perdido atendimento especializado. Com efeito, sendo notória a precariedade de grande parte das escolas públicas, até mesmo no caso das crianças sem deficiência, em relação a instalações físicas, equipamentos, organização curricular e pedagógica e formação profissional dos professores, o que dizer do atendimento aos alunos com necessidades especiais? Alguns educadores entendem que fechar os olhos a essa falta de condições físicas e pedagógicas e insistir em seguir ao pé da letra a Declaração de Salamanca pode representar descaso com a real situação das escolas, dos alunos e de seus professores e até contribuir para dupla exclusão escolar, a das crianças com deficiência e a das crianças sem deficiência. Observa-se, pois, que a educação especial, sendo uma questão política, pedagógica, cultural e social, precisa ser repensada em função de uma política realista de atendimento às pessoas com necessidades educacionais especiais, adequado às especificidades dessas necessidades, reforçando, conforme o caso, as condições para atendimento em instituições especializadas, a fim de superar as desigualdades de acesso à escola e de permanência nela.

Capítulo V

Financiamento da educação escolar

Financiamento da educação escolar

O financiamento público é um dos itens mais importantes relacionados com as políticas públicas de educação. É comum entre educadores a crítica de que os recursos financeiros destinados à educação são mal utilizados, mal controlados e fiscalizados, desviados para outras áreas etc. No entanto, muitos deles desconhecem o papel do financiamento da educação, sua origem, os mecanismos de controle e fiscalização, as leis que o regulam, as responsabilidades federais, estaduais e municipais.

Sabe-se que o crescimento político de uma sociedade é medido também por sua capacidade de controlar e fiscalizar o poder público, que, aliás, se torna tal pela outorga eleitoral que a mesma sociedade lhe concede por meio do voto. Há instrumentos legais que podem contribuir para o controle social dos recursos financeiros públicos, mas nem sempre a sociedade sabe como fazer isso, uma vez que as questões financeiras são consideradas difíceis e complexas e, além disso, não se nota qualquer disposição, interesse e abertura do Poder Executivo para pôr suas contas à mostra para a sociedade. Nesse sentido, possuir conhecimentos mínimos sobre o financiamento da educação é indispensável para poder acompanhar e fiscalizar o uso dos recursos na área. Quanto mais educadores, pais, alunos e administradores tiverem esse conhecimento, tanto maiores serão as possibilidades da sociedade de intervir e cobrar transparência no uso dos fundos públicos.

Com o intuito de oferecer as informações fundamentais sobre o financiamento da educação no país, este capítulo foi dividido em cinco seções. As duas primeiras abordam a questão da receita financeira e de como se faz um orçamento público, além de indicar os impostos pagos pela sociedade em cada uma das esferas de governo; as duas seções seguintes tratam das despesas com educação e de como se executa o orçamento; as duas últimas apresentam o modo de distribuição dos recursos públicos e discutem as possibilidades de seu controle por parte da sociedade.

1. Receita financeira e orçamento

A Constituição Federal estabelece que a União deve usar 18% e os estados e municípios 25%, no mínimo, da receita resultante dos impostos na manutenção e no desenvolvimento do ensino. Essa receita inclui os impostos transferidos da União para estados e municípios e dos estados para os municípios – o que não significa, porém, a receita bruta dos orçamentos federais, estaduais e municipais. O orçamento global inclui impostos e outros tributos, tais como taxas e contribuições, empréstimos compulsórios, além de doações, legados e outras eventuais receitas. Assim, o dispêndio mínimo obrigatório para manutenção e desenvolvimento do ensino refere-se exclusivamente aos impostos, embora a educação receba outras contribuições, como o salário-educação, que não entram no montante relativo aos 18% e 25%.

Todo brasileiro, rico ou pobre, empregado ou desempregado, paga tributos. Como consumidor, paga taxas, impostos e contribuições desde o nascimento até a morte. Paga impostos e taxas quando toma o ônibus para o trabalho, quando acende a luz, usa água etc. Quer dizer, paga impostos e taxas sem perceber.

Os tributos são as receitas derivadas que o Estado recolhe do patrimônio dos indivíduos, baseando-se em seu poder fiscal, que é disciplinado por normas do direito público. Compreendem os impostos, as taxas e as contribuições. Os impostos são compulsórios, de cobrança geral e independentes de qualquer atividade estatal específica. Isso significa que, teoricamente, o Estado não precisa oferecer nenhum serviço ou atividade em troca do que vai receber do contribuinte. Por meio do imposto, o Estado capta a riqueza que compõe o Tesouro público. Paga-se imposto por possuir algum bem, como casa, terreno, automóvel, e pelo rendimento pessoal (salarial ou outros) que se tem. Esses impostos são denominados diretos, isto é, são cobrados conforme a capacidade contributiva do cidadão. Já o imposto indireto não dispõe de um parâmetro para medir a capacidade econômica do contribuinte. Nesse caso, ricos e pobres pagam igual valor se adquirirem a mesma mercadoria. Sobre uma sandália de borracha, por exemplo, incidem impostos indiretos como o IPI e o ICMS, já incluídos no preço final do produto, e o valor deles independe da capacidade econômica de quem compra a sandália. A classe de maior poder aquisitivo compra-a para ir à praia ou à piscina, ao passo que a classe baixa a usa como calçado. No entanto, o imposto que uma e outra pagam é o mesmo. A bem da verdade, o imposto que os pobres pagam acaba sendo percentualmente maior do que o pago pelos ricos, em decorrência de sua menor condição financeira.

A presidenta Dilma Rousseff reafirmou seu compromisso de fazer a reforma tributária para zerar impostos sobre investimentos produtivos e a folha de salários, além de simplificar o sistema de tributos. Para ela, com o PIB crescendo a 7% ao ano, é possível reduzir impostos sem impactar a arrecadação. No entanto, negou que vá fazer ajuste fiscal, que inclui a tributação e os gastos públicos. Para a presidente, controle de gasto público é obrigação do governo.

Há impostos federais, estaduais e municipais. Parte dos impostos federais, porém, retorna aos estados – o Fundo de Participação dos Estados (FPE) – e aos municípios – o Fundo de Participação dos Municípios (FPM). Os impostos diretos e indiretos em cada uma das esferas administrativas, segundo estabelece a Constituição Brasileira de 1988, são federais, estaduais e municipais. São *impostos federais*:

a) imposto sobre renda e proventos de qualquer natureza (IR);
b) imposto sobre produtos industrializados (IPI);
c) imposto territorial rural (ITR);
d) imposto sobre operações financeiras (IOF);
e) imposto de importação (II);
f) imposto de exportação (IE);
g) imposto sobre grandes fortunas (IGF), ainda não cobrado em razão da falta de lei complementar.

Após o repasse do FPE aos estados e do FPM aos municípios, a União deve usar 18% desses impostos na Manutenção e no Desenvolvimento do Ensino (MDE). Trinta por cento desses 18% o governo federal deve aplicar na manutenção e no desenvolvimento do ensino fundamental e na erradicação do analfabetismo, o que representa cerca de 6% dos impostos federais.

São *impostos da esfera estadual*:

a) imposto sobre circulação de mercadorias e sobre prestações de serviços de transporte interestadual e intermunicipal e de comunicação (ICMS);
b) imposto sobre a propriedade de veículos automotores (IPVA);
c) imposto de transmissão *causa mortis* e de doação de quaisquer bens e direitos (ITCM).

Os estados recebem ainda, de transferência da União, o FPE, que representa 21,5% sobre o IR e o IPI recolhidos no estado, e uma alíquota do IOF sobre o ouro recolhido no estado. Só o ICMS representa 80% das rendas estaduais para a educação (Monlevade, 1997). Com o FPE, a alíquota atinge 97% da arrecadação estadual, sendo os outros impostos de pequeno porte e de significância irrelevante para o total a ser gasto na educação em geral. De todos esses impostos, os estados devem aplicar 25%, no mínimo, na manutenção e no desenvolvimento do ensino.

São os seguintes os *impostos arrecadados nos municípios*, a serem aplicados neles próprios:

a) imposto predial e territorial urbano (IPTU);
b) imposto sobre transmissão de bens imóveis (ITBI);
c) imposto sobre venda a varejo de combustíveis líquidos e gasosos (IVVC);
d) imposto sobre serviços de qualquer natureza (ISSQN).

Como recursos transferidos da União, os municípios recebem:

a) o FPM, que representa 22,5% do IR e do IPI;
b) 50% do imposto territorial rural (ITR) arrecadado no município.

Como recursos transferidos dos estados, os municípios recebem:

a) 50% da arrecadação do IPVA;
b) 25% da arrecadação do ICMS.

Dos impostos municipais e das transferências federais e estaduais, os municípios devem aplicar 25%, no mínimo, na manutenção e no desenvolvimento do ensino.

Além dos impostos, a educação conta com as contribuições sociais, que constituem um tipo de tributo parafiscal, isto é, *"têm como fato gerador a intervenção do Estado no domínio econômico"* (Valério, 1996, p. 200), e são exigidas de grupos sociais, profissionais ou econômicos para o custeio de serviços de interesse coletivo, dos quais esses próprios grupos se aproveitam. Por exemplo, as empresas que contribuem para o custeio da educação escolar terão uma mão de obra mais bem formada. A principal contribuição social é o salário-educação, cobrado mediante a alíquota de 2,5% sobre a folha de pagamento das empresas. Outras contribuições sociais para uso na educação são a Contribuição de Financiamento da Seguridade Social (Cofins) e o Fundo de Amparo ao Trabalhador (FAT). Essas contribuições têm definidos os órgãos a que se destinam e as atividades em que devem ser usadas. Por exemplo, os recursos do salário-educação são destinados ao Fundo Nacional de Desenvolvimento da Educação e podem ser usados para a merenda escolar e para pequenos reparos de manutenção das escolas. Embora sejam significativas para aplicação em importantes atividades na educação, as contribuições sociais não fazem parte da vinculação dos percentuais mínimos para a manutenção e o desenvolvimento do ensino, sendo excluídas do orçamento geral.

2. A subvinculação de recursos por meio de fundos: Fundef e Fundeb

A Lei nº 11.494, de 20 de junho de 2007, regulamenta e institui em cada estado da Federação e no Distrito Federal o Fundo de Manutenção e Desenvolvimento da Educação Básica e de Valorização dos

Profissionais da Educação (Fundeb), criado pela Emenda Constitucional nº 53/2006. Essa lei substituiu o Fundo de Manutenção e Desenvolvimento do Ensino Fundamental e de Valorização do Magistério (Fundef), em vigor de 1998 a 2006, que podia ser usado apenas no ensino fundamental.

A diferença é que o Fundeb pode ser usado em toda a educação básica, ou seja, na educação infantil, no ensino fundamental e no ensino médio. A existência do fundo não desobriga os estados e municípios e o Distrito Federal da aplicação do mínimo constitucional na manutenção e desenvolvimento do ensino (MDE), qual seja, 25% da receita resultante de impostos, incluindo a proveniente de transferências.

O Fundeb é composto de 20% dos seguintes impostos: imposto sobre transmissão *causa mortis* e doação de quaisquer bens ou direitos; imposto sobre operações relativas à circulação de mercadorias e sobre prestações de serviços de transporte interestadual e intermunicipal e de comunicação; imposto sobre a propriedade de veículos automotores. Compõem-no também: parcela do produto da arrecadação do imposto sobre a propriedade territorial rural, relativamente a imóveis situados nos municípios; parcela do produto da arrecadação do imposto sobre a renda e proventos de qualquer natureza e do imposto sobre produtos industrializados devida ao Fundo de Participação dos Estados e do Distrito Federal (FPE); parcela do produto da arrecadação do imposto sobre a renda e proventos de qualquer natureza e do imposto sobre produtos industrializados devida ao Fundo de Participação dos Municípios (FPM); parcela do produto da arrecadação do imposto sobre produtos industrializados devida aos estados e ao Distrito Federal; receitas da dívida ativa tributária relativa aos impostos, bem como juros e multas eventualmente incidentes. Se os recursos forem insuficientes, ou seja, quando não for atingido o custo mínimo anual por aluno, a União deverá, segundo a lei, complementar os recursos do fundo (art. 60 das Disposições Transitórias da CF/1988).

A LDB estabelece que o custo mínimo por aluno deve ser capaz de assegurar ensino de qualidade. Ocorre, todavia, que a demanda pelo ensino escolar nos diversos níveis e modalidades é crescente, e a qualidade pretendida requer ampliação dos recursos a ser destinados à educação, considerando sobretudo a especificidade de cada nível ou modalidade. O debate sobre esse tema tem avançado com a discussão do Custo Aluno-Qualidade Inicial (CAQi) para cada nível e modalidade de educação, levando em conta a necessária ampliação da jornada escolar.

Embora a educação seja o único setor que conta com a vinculação dos mínimos percentuais, a cifra de 25% é pequena ante as necessidades do país. O Brasil tem aplicado anualmente na educação cerca de 4,5% do produto interno bruto, a soma das riquezas nele produzidas. Isso tem sido considerado muito pouco por analistas do financiamento da educação, em vista da situação educacional do país. O Plano Decenal de Educação de 2001 tinha como meta atingir 5,5% do PIB até 2003, o que não foi obtido nem dez anos depois. O novo Plano Nacional da Educação (2011-2020), em sua meta 20, prevê a cifra de 7%, no mínimo.

O Plano Nacional de Educação (PNE) de 2001, que determinava o índice de 7% do PIB a ser alcançado nos dez anos seguintes, foi vetado pelo presidente Fernando Henrique Cardoso. Essa mesma cifra está no PNE 2011-2020, com a observação de que o valor de recursos à educação deverá ser ampliado progressivamente, devendo atingir, ao final do período, o mínimo de 7% do PIB.

Apesar das mencionadas reformas que o país sofreu na década de 1990 na área de educação, os recursos usados não foram ampliados, apenas se alterou a forma de sua distribuição. A distribuição é feita na proporção de alunos matriculados nas redes de educação básica presencial e leva em conta as diferenças entre as etapas, modalidades e tipos de estabelecimentos de ensino da educação básica, quais sejam: creche em tempo integral; pré-escola em tempo integral; creche em tempo parcial; pré-escola em tempo parcial; anos iniciais do ensino fundamental urbano; anos iniciais do ensino fundamental no campo; anos finais do ensino fundamental urbano; anos finais do ensino fundamental no campo; ensino fundamental em tempo integral; ensino médio urbano; ensino médio no campo; ensino médio em tempo integral; ensino médio integrado à educação profissional; educação especial; educação indígena e quilombola; educação de jovens e adultos com avaliação no processo; educação de jovens e adultos integrada à educação profissional de nível médio, com avaliação no processo.

Os valores do CAQi, com base no *PIB per capita* de 2008, são R$ 5.943,60 para a creche, R$ 2.301,24 para a pré-escola, R$ 2.194,56 para o ensino fundamental urbano de séries iniciais (R$ 3.627,12 para o campo), R$ 2.148,84 para o ensino fundamental urbano de séries finais (R$ 2.773,68 para o campo) e R$ 2.209,80 para o ensino médio. Fonte: <http://todospelaeducacao.org.br/comunicacao-e-midia/educacao-na-midia/7958/cne-aprova-resolucao-do-custo-aluno-qualidade-inicial>. Acesso em: 31 maio 2011.

Observa-se que há, por um lado, volume grande de necessidades a atender; por outro, visíveis dificuldades do poder público em enfrentá-las a fim de obter a desejada qualidade da educação básica.

3. Como se faz o orçamento?

O programa de governo de um candidato eleito para chefiar o Poder Executivo, em qualquer das esferas administrativas, transforma-se no plano de governo para os vários anos de mandato. Para executar esse plano, são necessários recursos financeiros. Suas metas, objetivos e diretrizes são definidos no orçamento plurianual, isto é, para mais de um ano.

As previsões de receita e de despesa para executar o plano plurianual são estabelecidas anualmente na Lei de Diretrizes Orçamentárias (LDO), que deve ser aprovada pelo Poder Legislativo antes do recesso do final de ano. A LDO orienta a lei orçamentária anual, que inclui o orçamento financeiro, as despesas e a política de aplicação dos recursos, definindo mais detalhadamente para onde são destinados, em que serão gastos, em que tipo de despesa serão registrados e a que programa, projeto ou atividade estão ligados. Os detalhes da lei orçamentária anual podem permitir o controle social de aplicação dos recursos financeiros, e qualquer cidadão ou grupo organizado pode exigir do poder público o cumprimento do parágrafo 3º do art. 165 da Constituição Federal, que estabelece que o Poder Executivo deve publicar, a cada bimestre, relatório resumido da execução orçamentária.

Vejamos a seguir como se faz a execução orçamentária, isto é, como é a sistemática de uso dos recursos arrecadados.

4. Como os recursos são divididos e gastos?

Toda a receita pública é recolhida em um caixa único, que é o Tesouro federal, estadual e/ou municipal. De posse dos recursos e com a lei orçamentária aprovada, o Poder Executivo os divide e distribui em quotas trimestrais, a fim de que os órgãos receptores realizem as despesas previstas de forma equilibrada e eficiente, durante todo o ano, garantindo sintonia entre o que é recebido e o que foi previsto para ser gasto. A divisão dos recursos em parcelas explica-se pelo fato de eles não serem recolhidos de uma só vez, mas no decorrer de todo o ano fiscal.

Todas as despesas devem ser empenhadas, isto é, o Estado realiza o empenho da despesa, obriga-se a pagar o previsto para ser gasto. Além de ele pagar apenas o que foi empenhado, a despesa pública só pode ser paga com cheques de bancos oficiais. Deve-se ressaltar que o orçamento é elaborado mediante previsão de receita, fazendo-se uma espécie de aproximação do que pode ser arrecadado no ano seguinte com base na receita de anos anteriores. Pode ocorrer, então, que se arrecade maior ou menor volume de recursos do que foi previsto. Nesses casos, são autorizados créditos adicionais ou cortadas despesas. Por isso, fica mais difícil fiscalizar a aplicação de recursos públicos, mas a Constituição Federal de 1988 oferece ajuda nesse ponto, ao exigir, como expressa o art. 162, que cada esfera administrativa divulgue, de forma discriminada, por estados (no caso da União) e por municípios (no caso dos estados), *"os montantes de cada um dos tributos arrecadados, os recursos recebidos, os valores de origem tributária entregues e a entregar e a expressão numérica dos critérios de rateio"*, a cada 60 dias (Brasil, 1988).

Conforme o que estabelece a Emenda Constitucional nº 14/1996 – alterando a Constituição Federal de 1988, a LDB de 1996 e a Lei do Fundef –, os mínimos estabelecidos dos impostos citados devem ser gastos na manutenção e no desenvolvimento do ensino, que inclui o ensino fundamental, o médio, o superior, a educação infantil, a educação profissional, a de jovens e adultos e a educação especial.

A LDB de 1996, nos arts. 70 e 71, define, respectivamente, o que constitui e o que não constitui manutenção e desenvolvimento do ensino. Ela não apresenta mudanças no capítulo referente aos recursos financeiros,

"A DRU está em vigor desde 1993, véspera do Plano Real, quando o governo da época instituiu o Fundo Social de Emergência. Em 1997, a tal retenção virou o Fundo de Estabilização Fiscal (FEF) e, a partir de 2000, DRU. (...) Quando criada a desvinculação, a emenda permitiu a retenção dos 20% do orçamento da educação depois de descontadas as transferências aos Fundos de Participação dos Estados e dos Municípios; ou seja, durante a vigência da DRU, foi a União que foi afetada com a retenção, e não os demais entes federados" (CASTIONI, Remi. O fim da DRU na educação: mais recursos, mais responsabilidades. Disponível em: <http://www.unb.br/noticias/unbagencia/artigo.php?id=208>. Acesso em: 31 maio 2011). Com o fim da DRU, ocorre o inverso, tendo a União a responsabilidade de gerir os recursos, metade dos quais pertencente ao Fundo Nacional para o Desenvolvimento da Educação (FNDE).

embora tenham ocorrido alterações no uso dos recursos, bem como na constituição da receita de impostos, como a criação do Fundeb no lugar do Fundef e o fim da Desvinculação das Receitas da União (DRU), que será nula em 2011 e significará cerca de 20% a mais na receita da União para a área educacional.

A execução do orçamento público nas escolas oficiais deve levar em conta o custo mínimo anual do aluno, a ser calculado pela União ao fim de cada ano, com validade para o ano subsequente, considerando as variações regionais no custo dos insumos e as diversas modalidades de ensino.

5. Como é possível controlar os recursos públicos?

Ouve-se que falta fiscalização sobre o uso dos recursos, que é preciso aplicar bem esses valores apenas na área da educação e controlar gastos para evitar os desvios. Impõe-se então a questão: quem fiscaliza a utilização desses bens?

Sabe-se que o próprio Poder Executivo, o disponente dos recursos, tem em seu interior os departamentos contábeis que fazem esse controle. Os Tribunais de Contas e o Poder Legislativo participam do sistema de controle externo dos recursos públicos. Ora, se esses organismos não são suficientes para evitar os desvios, não seria o momento de a própria sociedade realizar o controle social dos recursos financeiros públicos a ser usados na educação? Aliás, a sociedade é a grande interessada na transparência e no uso correto e proveitoso dos fundos públicos para a manutenção e o desenvolvimento do ensino. Se esse poder fiscalizador fosse todo repassado à sociedade, ela teria condições de controlar o uso dos recursos? Saberia fiscalizar?

Após a arrecadação dos impostos, o cumprimento da lei orçamentária, a partilha, a distribuição dos recursos e sua aplicação, vem a fase da fiscalização. É fundamental a participação da sociedade neste momento, tendo em vista o controle social dos recursos públicos. É verdade que há mecanismos de controle por parte do Executivo, o poder político responsável pela arrecadação e uso dos recursos, mas revela-se indispensável a participação da sociedade, como se verá adiante.

Os primeiros encarregados do controle dos gastos públicos são os próprios órgãos centrais dos sistemas de planejamento e orçamento, de administração financeira do Estado, por meio dos departamentos próprios de contabilidade e auditoria. Esses órgãos gerenciam os recursos, mas também devem controlar e verificar os resultados, atentando para que os preceitos legais sejam cumpridos. Os balanços do poder público devem ser apurados e publicados a cada bimestre. Esse item consta da Constituição Federal (art. 165, § 3º) e está expresso no art. 72 da LDB/1996. Apesar das exigências constitucionais e legais, nem sempre o governo cumpre esses preceitos.

Além desse controle interno pelos próprios órgãos do governo, há o controle externo, exercido pelos Tribunais de Contas dos estados e municípios e pelo Poder Legislativo, que deve aprovar ou não os relatórios finais enviados pelos tribunais aos parlamentares. Estes são os representantes da sociedade civil nessa vigilância, ao passo que os tribunais representam, ou deveriam representar, o conhecimento técnico-contábil das finanças

"O Conselho de Acompanhamento e Controle Social do Fundeb é um colegiado cuja função principal, segundo o art. 24 da Lei nº 11.494/2007, é proceder ao acompanhamento e controle social sobre a distribuição, a transferência e a aplicação dos recursos do fundo, no âmbito de cada esfera municipal, estadual ou federal. O conselho não é uma unidade administrativa do governo, assim, sua ação deve ser independente e, ao mesmo tempo, harmônica com os órgãos da administração pública local." Cf.: <www.fnde.gov.br/index.php/arq-fundeb/2895-controlesocial/download>. Acesso em: 20 jan. 2011.

públicas. Quer dizer, o Tribunal de Contas deveria ser o órgão técnico encarregado do controle dos gastos públicos, mas ocorre que esses tribunais têm assumido atitudes mais políticas do que técnicas nessa incumbência, uma vez que seus conselhos são nomeados pelo próprio chefe do Poder Executivo e formados por profissionais de áreas diversas. Isso pode levar a atrasos consideráveis na divulgação dos resultados (o que dificulta a fiscalização) ou à priorização de critérios políticos e pessoais em questões eminentemente técnicas, uma vez que se referem a recursos arrecadados e gastos efetuados. Resta, então, o controle da sociedade, quer dizer, o controle das pessoas ou dos grupos organizados que tenham interesse em acompanhar como se faz a arrecadação e o uso dos recursos públicos tanto em âmbito geral como no do ensino, em particular. Nessa direção, constitui avanço significativo a criação dos Conselhos de Acompanhamento e Controle Social do Fundeb. Lutar pelo rigor na utilização dos recursos educacionais é fundamental para contribuir com seu uso mais racional e garantir a escolarização de um número maior de brasileiros. Uma sociedade mais escolarizada pode auxiliar na construção de uma sociedade mais justa, mais crítica e mais solidária.

O poder público, além de controlar o uso dos recursos públicos, precisa assegurar formas de ação para a eliminação da sonegação de impostos, prática reincidente na tradição brasileira. Grande parte do IR e do ICMS é sonegada, o que diminui os recursos para ações sociais importantes em áreas como educação, saúde, segurança. A sonegação, isto é, a falta de pagamento de impostos, é do conhecimento do poder público, que, embora disponha de mecanismos para evitar tal perda, nem sempre utiliza ou consegue utilizar os instrumentos legais para coibi-la. A melhora de muitos serviços públicos depende, em grande parte, da coibição da sonegação praticada por maus brasileiros que acabam acobertados pelo poder público, não apenas por este não fazer uso dos mecanismos de que dispõe, como também pela impunidade dos que são descobertos na fraude.

Afora as sonegações, há as isenções fiscais, os descontos de impostos que o poder público pode oferecer como forma de incentivo às empresas. Certas isenções podem gerar empregos, possibilitando que a renda circule e ocorra a arrecadação de maior volume de impostos. Caso a isenção não atenda a esse objetivo, mas só a interesses pessoais, é necessária a denúncia e a retirada da isenção pelo poder público, para que a sociedade, em seu todo, não perca tanto.

Capítulo VI

Os programas do Fundo Nacional de Desenvolvimento da Educação

Os programas do Fundo Nacional de Desenvolvimento da Educação

O Fundo Nacional de Desenvolvimento da Educação (FNDE) foi criado em novembro de 1968 e está vinculado ao Ministério da Educação (MEC). A finalidade da autarquia é captar recursos financeiros para projetos educacionais e de assistência ao estudante. A maior parte dos recursos do FNDE provém do salário-educação, com o qual todas as empresas estão sujeitas a contribuir.

A contribuição social do salário-educação (SE), prevista no artigo 212, § 5º, da Constituição Federal, foi criada pela Lei nº 4.462, de 1964, e regulamentada pelas Leis nº 9.424/1996 e 9.766/1998, Decreto nº 6.003/2006 e Lei nº 11.457/2007. É arrecadada, fiscalizada e cobrada pela Secretaria da Receita Federal do Brasil, do Ministério da Fazenda (RFB/MF), que cobra 1% para administração dos recursos. O cálculo é feito com o percentual de 2,5% aplicado sobre o total da remuneração paga ou creditada pelas empresas aos empregados durante o mês.

Após 2007, com a Lei nº 11.457, de 16 de março de 2007, é que a contribuição social do SE passou a ser recolhida pela Secretaria da Receita Federal do Brasil, por meio da Guia de Previdência Social (GPS), e transferida ao FNDE para repartição das cotas (anteriormente esses procedimentos estavam a cargo do INSS e do próprio FNDE). E é o FNDE que tem a função redistributiva da contribuição social do salário-educação. Um terço do total de recursos é aplicado pelo fundo no financiamento dos projetos e programas de educação básica, proporcionalmente ao número de alunos matriculados. As cotas estadual e municipal, que correspondem a 2/3 dos recursos, são creditadas mensalmente em favor das Secretarias de Educação dos estados, do Distrito Federal e dos municípios, também para o desenvolvimento de programas e ações da educação básica.

Conforme a regulamentação do salário-educação, a empresa contribuinte deve oferecer o ensino fundamental a seus empregados e dependentes. Esse atendimento pode ser feito das seguintes formas: a) escola própria; b) aquisição de vagas (o valor mensal da vaga é de 21 reais, fixado desde junho de 1995); c) indenização de dependentes. A indenização de empregados foi extinta, sendo vedada a inclusão de novos alunos a partir de 1997, em atenção à modificação da Constituição Federal, por meio da Emenda Constitucional nº 14/1996, e à lei do Fundef de 1997. O parágrafo 3º do art. 15 da lei do Fundef assegura aos alunos atendidos até a data da edição da lei a continuidade dos benefícios advindos da aplicação da indenização, mas veda a inclusão de novos alunos, como beneficiários da indenização, a partir dessa data (1º de janeiro de 1997). Nesta modalidade de indenização, os empregados ou dependentes recebem o valor do SE para pagar a mensalidade da escola e a empresa deduz esse valor do montante que deveria depositar no INSS.

Na modalidade da escola própria, podem ser atendidos novos alunos – sejam dependentes, sejam trabalhadores de empresas optantes pelo Sistema de Manutenção do Ensino (SME) –, desde que não recebam outro benefício com a mesma finalidade e estejam matriculados e frequentando regularmente a escola. Na modalidade de aquisição de vagas, as empresas pagam o valor do SE às escolas particulares e devem comprovar regularidade fiscal perante a União. As delegacias do MEC, nos Estados do Rio de Janeiro e de São Paulo, contam com setores especializados em salário-educação, os quais podem prestar atendimento aos interessados, sejam empresas, sejam estabelecimentos de ensino.

O Fundo Nacional de Desenvolvimento da Educação (FNDE) é o novo agente operador do Fundo de Financiamento ao Estudante do Ensino Superior (Fies), um programa do Ministério da Educação destinado a financiar a graduação na educação superior de estudantes matriculados em instituições não gratuitas. Com esta medida, os juros caíram para 3,4% ao ano, e o financiamento pode ser solicitado em qualquer período do ano.

Conforme a legislação oficial atualizada, registrada em documentos do MEC, o FNDE mantém os seguintes programas (dados de 2010): Programa Nacional de Alimentação Escolar – "merenda escolar"; Programa Dinheiro Direto na Escola – até 1998, chamado Programa de Manutenção e Desenvolvimento do Ensino; Programa Nacional Biblioteca da Escola; Programa Nacional do Livro Didático (também na linguagem braille); Programa Nacional de Apoio ao Transporte do Escolar e Programa Caminho da Escola. E também estes outros: Brasil Profissionalizado, Formação pela Escola, Proinfância, Programa Nacional de Saúde do Escolar e Plano de Ações Articuladas (PAR).

Dentre os programas recentemente concluídos no FNDE, destacam-se o Fundo de Fortalecimento da Escola (Fundescola), o Programa de Expansão da Educação Profissional (Proep), o Programa de Melhoria e Expansão do Ensino Médio (Promed) e o Projeto Alvorada.

Em 2010, o valor repassado pela União a estados e municípios foi reajustado para 30 centavos por dia para cada aluno matriculado em turmas de pré-escola, ensino fundamental, ensino médio e educação de jovens e adultos. As creches e as escolas indígenas e quilombolas passaram a receber 60 centavos. Por fim, as escolas que oferecem ensino integral por meio do Programa Mais Educação passaram a ter 90 centavos. Ao todo, o PNAE beneficia 45,6 milhões de estudantes da educação básica. Fonte: <http://www.fnde.gov.br/index.php/programas-alimentacao-escolar>. Acesso em: 31 maio 2011.

1. Programa Nacional de Alimentação Escolar (PNAE)

O PNAE fornece suplementação alimentar a todos os alunos da educação básica (educação infantil, ensino fundamental, ensino médio e educação de jovens e adultos) das escolas públicas federais, estaduais e municipais e das escolas filantrópicas (que podem participar do programa se estiverem registradas no Conselho Nacional de Assistência Social). O objetivo do PNAE é garantir pelo menos uma refeição diária nos dias letivos, atender às necessidades nutricionais dos alunos e desenvolver a formação de hábitos alimentares saudáveis, a fim de garantir o rendimento escolar dos alunos. A extensão do programa a toda a educação básica, desde 2009, traz também a garantia de que 30% dos repasses do FNDE sejam investidos na aquisição de produtos da agricultura familiar. Administrado pelo FNDE, o programa, em funcionamento desde 1955, repassa a estados e municípios 30 centavos por aluno por dia letivo para complementar a verba da merenda. O parâmetro para a liberação dos recursos do PNAE é o número de alunos levantado pelo Censo Escolar (pesquisa do MEC/Inep) do ano anterior. Para estabelecer convênio com o FNDE, os municípios devem criar um Conselho de Alimentação Escolar (para fiscalizar e controlar o uso dos recursos) e apresentar um projeto.

2. Programa Dinheiro Direto na Escola (PDDE)

Criado em 1995, o PDDE consiste na transferência de recursos às escolas públicas da educação básica das redes estaduais e municipais, bem como do Distrito

Federal, com mais de 20 alunos e às escolas de educação especial mantidas por organizações não governamentais. Os recursos podem ser usados para aquisição de material permanente e de consumo, para manutenção e conservação do prédio escolar, para capacitação e aperfeiçoamento de profissionais da educação, para avaliação de aprendizagem, para implementação de projetos pedagógicos e para desenvolvimento de atividades educacionais diversas, que visem colaborar na melhoria do atendimento das necessidades básicas de funcionamento das escolas.

O objetivo desse programa, além de melhorar a qualidade do ensino fundamental, é envolver a comunidade escolar a fim de otimizar a aplicação dos recursos. As escolas os recebem de acordo com sua localização regional e o número de alunos, conforme dados do Censo Educacional. Para receber o dinheiro, a instituição escolar deve ter uma unidade executora (UEx) própria; caso não tenha uma UEx, o repasse dos recursos é feito às Secretarias Estaduais de Educação e às prefeituras. Manuais de orientação do Programa de Manutenção e Desenvolvimento do Ensino (como o PDDE era chamado) podem ser obtidos nas delegacias do MEC ou na sede do FNDE em Brasília. As unidades executoras têm diferentes denominações, tais como Associação de Pais e Mestres, Caixa Escolar, Conselho Escolar, Cooperativa Escolar, Círculo de Pais e Mestres etc.

Têm direito aos recursos do FNDE as escolas públicas com alunos matriculados em toda a educação básica. Os recursos podem ser dirigidos às escolas privadas de educação especial sem fins lucrativos registradas no Conselho Nacional de Assistência Social (CNAS).

Vários programas contemplam o PDDE, como o Escola Aberta, o Escola Acessível e o Mais Educação. O Escola Aberta foi criado em 2004, visando à oferta de oficinas, nos fins de semana, em escolas urbanas de comunidades em situação de risco e vulnerabilidade social. O Escola Acessível visa à adequação arquitetônica (obras e reformas) nos prédios escolares para a inclusão de alunos com necessidades educacionais especiais. O Mais Educação visa à formação integral de crianças, adolescentes e jovens de escolas estaduais e municipais de cidades com mais de 200 mil habitantes e com baixo Índice de Desenvolvimento da Educação Básica (Ideb) por meio da ampliação do tempo e do espaço e das oportunidades educativas.

3. Programa Nacional Biblioteca da Escola (PNBE)

O objetivo do PNBE é distribuir obras de literatura e de referência (enciclopédias e dicionários) às escolas de educação básica da rede pública. Visa democratizar o acesso às fontes de informação e fomentar a leitura e a formação de alunos e professores leitores, apoiando o exercício da reflexão, da criatividade e da crítica. Criado em 1997, esse programa vem-se modificando e adequando-se à realidade e às necessidades das escolas. Embora seja administrado pelo FNDE, tem recursos advindos do Orçamento Geral da União. O acervo inclui obras de literatura, de pesquisa e de referência e outros materiais relativos ao currículo nas áreas de conhecimento da educação básica.

4. Programa Nacional do Livro Didático (PNLD)

Há três programas voltados ao livro didático que são executados pelo MEC: o Programa Nacional do Livro Didático (PNLD), o Programa Nacional do Livro Didático para o Ensino Médio (PNLEM) e o Programa Nacional do Livro Didático para a Alfabetização de Jovens e Adultos (PNLA). A aquisição dos livros é feita de forma centralizada pelo FNDE, e as escolas federais e as redes públicas de ensino devem firmar termo de adesão, o qual é encaminhado apenas uma vez ou quando desejarem suspender a remessa dos livros.

Segundo o *site* do FNDE, no ensino fundamental, os alunos do 1º e 2º ano recebem livros consumíveis (sem necessidade de devolução) de alfabetização matemática e alfabetização linguística. Há ainda a distribuição de obras reutilizáveis de Ciências, História, Geografia, Matemática e Língua Portuguesa. Desde 2011, cada estudante do 6º ao 9º ano recebeu também livros consumíveis de língua estrangeira (inglês ou espanhol). Já para o ensino médio, a distribuição envolve livros reutilizáveis de língua portuguesa, matemática, história, geografia, biologia, química e física. A novidade, a partir de 2012, é o envio de livros consumíveis de língua estrangeira (inglês ou espanhol), filosofia e sociologia.

O Programa Nacional do Livro Didático em Braille atende alunos cegos que cursam o ensino fundamental em escolas públicas de ensino regular e escolas especializadas sem fins lucrativos. Para a transcrição dos livros, o FNDE usa as parcerias que tem com o

Instituto Benjamin Constant (IBC), do Ministério da Educação, e com a Fundação Dorina Nowill para Cegos (FDNC). Os títulos adaptados para o sistema braille são distribuídos, em meio magnético, a todos os Centros de Apoio às Pessoas com Deficiência Visual e aos Núcleos de Apoio Pedagógico e Produção Braille do país.

5. Programas de transporte escolar

O Ministério da Educação tem dois programas voltados ao transporte de estudantes: o Caminho da Escola e o Programa Nacional de Apoio ao Transporte do Escolar (Pnate), que visam atender alunos moradores da zona rural. Os dois programas visam à melhoria do ensino fundamental das escolas rurais, garantindo o acesso dos alunos da zona rural à escola e sua permanência nela.

O Caminho da Escola foi criado em 2007 com o objetivo de renovar a frota de veículos escolares e assim garantir a permanência dos alunos nas escolas de zona rural, os quais muitas vezes se evadem em razão das dificuldades de chegar à escola. O programa consiste na concessão, pelo Banco Nacional de Desenvolvimento Econômico e Social (BNDES), de linha de crédito especial para a aquisição, pelos estados e municípios, de ônibus, miniônibus e micro-ônibus zero-quilômetro e de embarcações novas. O FNDE, em parceria com o Inmetro, oferece veículos padronizados, adequados à zona rural brasileira.

O Pnate foi instituído em 2004 com o objetivo de garantir o acesso aos estabelecimentos escolares e a permanência neles dos alunos do ensino fundamental público residentes em área rural que utilizem transporte escolar, por meio de assistência financeira, em caráter suplementar, aos estados, Distrito Federal e municípios. Desde 2009 o programa foi ampliado para toda a educação básica, beneficiando também os estudantes da educação infantil e do ensino médio residentes em áreas rurais. O programa possibilita também o pagamento de serviços de transporte escolar realizados por terceiros.

6. Programa Brasil Profissionalizado

Criado em 2007, o Programa Brasil Profissionalizado tem como objetivo fortalecer as redes estaduais de educação profissional e tecnológica, modernizando e expandindo a rede pública de educação profissional. A iniciativa faz parte do PDE, e o governo federal repassa os recursos para que os estados invistam em suas escolas técnicas. Integrar o conhecimento do ensino médio à prática é o objetivo do programa.

Os recursos devem ser usados em infraestrutura, desenvolvimento de gestão, práticas pedagógicas e formação de professores, a fim de melhorar a aprendizagem.

7. Programa Nacional de Formação Continuada a Distância nas Ações do FNDE (Formação pela Escola)

Este projeto prioriza a capacitação de profissionais de ensino, técnicos e gestores públicos municipais e estaduais, representantes da comunidade escolar e da sociedade organizada. Consiste na oferta de cursos de capacitação, de forma que os participantes conheçam os detalhes da execução das ações e programas do FNDE, como a concepção, as diretrizes, os principais objetivos, os agentes envolvidos, a operacionalização, a prestação de contas e os mecanismos de controle social. Busca a participação da sociedade nessas ações. Os cursos são oferecidos na modalidade a distância (EAD), em virtude do tamanho do país, potencializando os esforços de formação continuada dos diversos atores envolvidos na execução de programas do FNDE. O uso da EAD permitiu que mais pessoas pudessem ser atendidas.

8. Proinfância

Considerando que a construção de creches e escolas de educação infantil bem como a aquisição de equipamentos para a rede física escolar desse nível educacional são indispensáveis à melhoria da qualidade da educação, o governo federal criou, em 2007, junto ao PDE, o Programa Nacional de Reestruturação e Aquisição de Equipamentos para a Rede Escolar Pública de Educação Infantil (Proinfância). Seu principal objetivo é prestar assistência financeira, em caráter suplementar, ao Distrito Federal e aos municípios que firmaram o termo de adesão ao Plano de Metas Compromisso Todos pela Educação e elaboraram o Plano de Ações Articuladas (PAR).

Para receber os recursos destinados à construção e aquisição de equipamentos e mobiliário para creches e pré-escolas públicas da educação infantil, o Distrito Federal e os municípios que desejam ser atendidos devem estar com seus dados orçamentários relativos à educação atualizados no Sistema de Informações sobre Orçamentos Públicos em Educação (Siope) do Ministério da Educação e ter título de propriedade do terreno onde haverá a edificação. As construções e reformas devem priorizar a acessibilidade, fazendo as adequações necessárias a fim de permitir seu uso por pessoas com deficiência, criando e sinalizando rotas acessíveis, ligando os ambientes de uso pedagógico, administrativo, recreativo, esportivo e de alimentação (salas de aula, fraldários, bibliotecas, salas de leitura, salas de informática, sanitários, recreio coberto, refeitório, secretaria etc.).

9. Programa Nacional de Saúde do Escolar (PNSE)

Criado em 1984, o PNSE consiste no repasse de recursos aos municípios no intuito de apoiar a promoção da saúde nas escolas públicas de ensino fundamental, em caráter suplementar, com a realização de consultas oftalmológicas e com a aquisição e distribuição de óculos para os alunos com problemas visuais, matriculados na 1ª série do ensino fundamental público das redes municipais e estaduais. A Secretaria de Educação Especial (Seesp/MEC) também participa da ação, complementando, assim, o Projeto de Educação Inclusiva. O PNSE visa desenvolver ações de saúde que detectem e sanem os problemas que interferem na aprendizagem de alunos pobres das capitais. Essas ações incluem atividades educativas, preventivas e curativas.

Por intermédio do FNDE, o MEC decidiu, em 2003 e 2004, concentrar as ações do PNSE na realização de campanhas nacionais, notadamente na Campanha de Reabilitação Visual Olho no Olho, que passou a ser desenvolvida com base em quatro ações – a) reprodução de material didático-pedagógico e sua distribuição às escolas públicas; b) triagem de acuidade visual; c) consulta oftalmológica; d) aquisição e distribuição de óculos para os alunos –, por entender que essas ações influenciam diretamente no processo de ensino-aprendizagem.

Os documentos para compreender e elaborar o PAR podem ser obtidos no site do MEC, no endereço: <http://portal.mec.gov.br/index.php?option=com_content&view=article&id=159&Itemid=369>. Acesso em: 31 maio 2011.

10. Plano de Ações Articuladas (PAR)

O PAR refere-se ao planejamento multidimensional e plurianual (quatro anos) que os municípios, os estados e o Distrito Federal devem fazer para a obtenção de apoio técnico e financeiro do MEC com a adesão ao Plano de Metas Compromisso Todos pela Educação do PDE. O PAR é coordenado pela Secretaria Municipal/Estadual de Educação, mas deve ser elaborado com a participação de gestores e professores e da comunidade local. Todos os 5.563 municípios, os 26 estados e o Distrito Federal aderiram ao plano de metas, que, juntamente com o PAR, é considerado fundamental para a melhoria do Índice de Desenvolvimento da Educação Básica (Ideb).

Bibliografia

BOAVENTURA, Edivaldo M. O regime federativo e os sistemas de educação. *Ensaio – Avaliação e Políticas Públicas em Educação,* Rio de Janeiro: Cesgranrio, v. 1, nº 3, p. 41-58, abr./jun. 1994.

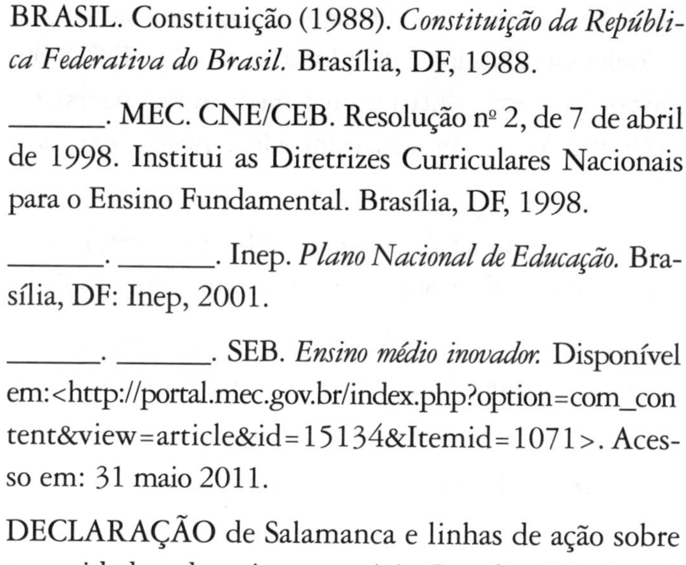

BRASIL. Constituição (1988). *Constituição da República Federativa do Brasil.* Brasília, DF, 1988.

______. MEC. CNE/CEB. Resolução nº 2, de 7 de abril de 1998. Institui as Diretrizes Curriculares Nacionais para o Ensino Fundamental. Brasília, DF, 1998.

______. ______. Inep. *Plano Nacional de Educação.* Brasília, DF: Inep, 2001.

______. ______. SEB. *Ensino médio inovador.* Disponível em:<http://portal.mec.gov.br/index.php?option=com_content&view=article&id=15134&Itemid=1071>. Acesso em: 31 maio 2011.

DECLARAÇÃO de Salamanca e linhas de ação sobre necessidades educativas especiais. Brasília, DF: Corde, 1994.

FERREIRA, Aurélio Buarque de Holanda. *Novo Aurélio século XXI*: o dicionário da língua portuguesa. 2. impressão. Rio de Janeiro: Nova Fronteira, 1999.

GADOTTI, Moacir. *Sistema municipal de educação*: estratégias para sua implementação. Brasília, DF: MEC/SEF, 1994. (Inovações, 7.)

IBGE. *Síntese de indicadores sociais*: uma análise das condições de vida da população brasileira 2010 (SIS 2010). Brasília, DF, 2010. Disponível em: <http: //www.ibge.gov.br>. Acesso em: 31 maio 2011.

KIRK, Samuel A.; GALLAGHER, James J. *Necessidades educativas especiais*: realidade e perspectivas para a educação pública. Curitiba: APP (Sindicato dos Trabalhadores em Educação Pública do Paraná), 2002.

MONLEVADE, João. *Educação pública no Brasil*: contos e descontos. Ceilândia, DF: Idea, 1997.

SAVIANI, Dermeval. *Sistema de educação*: subsídios para a Conferência Nacional de Educação. Brasília, DF, 2009. Disponível em: <http://conae.mec.gov.br/images/stories/pdf/conae_dermevalsaviani.pdf>. Acesso em: nov. 2010.

______. *A nova lei da educação*: LDB, trajetória, limites e perspectivas. Campinas: Autores Associados, 1997.

______. *Educação brasileira*: estrutura e sistema. 6. ed. São Paulo: Cortez; Campinas: Autores Associados, 1987.

VALÉRIO, Walter Pades. *Programa de direito tributário*: parte geral. 14. ed. Porto Alegre: Sulina, 1996.

4ª Parte

Organização e gestão da escola: os professores e a construção coletiva do ambiente de trabalho

Organização e gestão da escola: os professores e a construção coletiva do ambiente de trabalho

Nas partes anteriores, foram apresentados a estrutura e a organização do ensino, a legislação, as políticas e os planos educacionais, no intuito de buscar a compreensão do funcionamento do sistema escolar no país no contexto das transformações e dos desafios gerados pelas novas realidades sociais. A discussão dessas questões teve o propósito de oferecer aos alunos e futuros professores uma visão de conjunto do contexto institucional e sociopolítico da educação e de suas relações com a escola e com o exercício da profissão de professor.

Esta última parte aborda a escola como unidade básica do sistema escolar, ou seja, como ponto de encontro entre as políticas e diretrizes do sistema e o trabalho direto na sala de aula. A nosso ver, o exercício da profissão ganha mais qualidade se o professor conhece bem o funcionamento do sistema escolar (as políticas educacionais, as diretrizes legais, as relações entre escola e sociedade etc.) e das escolas (sua organização interna, as formas de gestão, o currículo, os métodos de ensino, o relacionamento professor-aluno, a participação da comunidade etc.) e se aprende a estabelecer relações entre essas duas instâncias.

Os professores têm várias responsabilidades profissionais: conhecer bem a matéria, saber ensiná-la, ligar o ensino à realidade do aluno e a seu contexto social, ter uma prática de investigação sobre seu próprio trabalho. Há, todavia, outra importante tarefa, nem sempre valorizada: *participar de forma consciente e eficaz nas práticas de organização e gestão da escola.* Os professores, além de terem a responsabilidade de dirigir uma classe, são membros de uma equipe de trabalho em que discutem, tomam decisões e definem formas de ação, de modo que a estrutura e os procedimentos da organização e da gestão sejam construídos conjuntamente pelos que atuam na escola (professores, diretores, coordenadores, funcionários, alunos).

Em razão disso, o propósito desta última parte do livro é ajudar os professores a: estabelecer relações entre as decisões do sistema escolar e as decisões tomadas na escola; desenvolver conhecimentos, habilidades, atitudes e valores em relação à organização e à gestão da escola; identificar necessidades e problemas na própria situação de trabalho e buscar, conjuntamente, soluções e práticas inovadoras; pesquisar e pôr em prática ideias, saberes, experiências e modos de agir, para o aprimoramento das condições de aprendizagem dos alunos.

Capítulo I

Organização e gestão, objetivos do ensino e trabalho dos professores

Organização e gestão, objetivos do ensino e trabalho dos professores

A organização e a gestão constituem o conjunto das condições e dos meios utilizados para assegurar o bom funcionamento da instituição escolar, de modo que alcance os objetivos educacionais esperados. Os termos organização e gestão são frequentemente associados à ideia de administração, governo, provisão de condições de funcionamento de determinada instituição social – família, empresa, escola, órgão público, entidades sindicais, culturais, científicas etc. – para a realização de seus objetivos.

No caso da escola, a organização e a gestão referem-se ao conjunto de normas, diretrizes, estrutura organizacional, ações e procedimentos que asseguram a racionalização do uso de recursos humanos, materiais, financeiros e intelectuais assim como a coordenação e o acompanhamento do trabalho das pessoas. Por *racionalização do uso de recursos* compreende-se a escolha racional de meios compatíveis com os fins visados e a adequada utilização dos recursos, que assegure a melhor realização possível desses fins. Por *coordenação e acompanhamento* compreendem-se as ações e os procedimentos destinados a reunir, articular e integrar as atividades das pessoas que atuam na escola, para alcançar objetivos comuns.

Para que essas duas características mais gerais de uma instituição se efetivem, são postas em ação as funções específicas de planejar, organizar, dirigir e avaliar. A condução dessas funções, mediante várias ações e procedimentos, é o que se designa *gestão*, a atividade que põe em ação um sistema organizacional.

Dessa definição geral, são extraídas duas consequências importantes. A primeira é que as formas de organização e gestão são sempre *meios*, nunca fins, embora muitas vezes, erradamente, meios sejam tratados como fins; os meios existem para alcançar determinados fins e lhes são subordinados. A segunda é que, conceitualmente, a gestão faz parte da organização, mas aparece junto a ela por duas razões: a) a escola é uma organização em que tanto seus objetivos e resultados quanto seus processos e meios são relacionados com a formação humana, ganhando relevância, portanto, o fortalecimento das relações sociais, culturais e afetivas que nela têm lugar; b) as instituições escolares, por prevalecer nelas o elemento humano, precisam ser democraticamente administradas, de modo que todos os seus integrantes canalizem esforços para a realização de objetivos educacionais, acentuando-se a necessidade da gestão participativa e da gestão da participação.

A organização e gestão da escola correspondem, portanto, à necessidade de a instituição escolar dispor das condições e dos meios para a realização de seus objetivos específicos. Elas visam:

a) prover as condições, os meios e todos os recursos necessários para o ótimo funcionamento da escola e do trabalho em sala de aula;

b) promover o envolvimento das pessoas no trabalho, por meio da participação, e fazer a avaliação e o acompanhamento dessa participação;
c) garantir a realização da aprendizagem para todos os alunos.

Os estudos atuais sobre o sistema escolar e sobre as políticas educacionais têm-se centrado na escola como unidade básica e como espaço de realização das metas do sistema escolar. A ideia de ter as escolas como referência para a formulação e gestão das políticas educacionais não é nova, mas adquire importância crescente no planejamento das reformas educacionais exigidas pelas recentes transformações do mundo contemporâneo. Por essa razão, as propostas curriculares, as leis e as resoluções referem-se atualmente a práticas organizacionais como autonomia, descentralização, projeto pedagógico-curricular, gestão centrada na escola e avaliação institucional.

Há pelo menos duas maneiras de ver a gestão educacional centrada na escola. Na perspectiva neoliberal, pôr a escola como centro das políticas significa liberar boa parte das responsabilidades do Estado, deixando às comunidades e escolas a iniciativa de planejar, organizar e avaliar os serviços educacionais. Já na perspectiva sociocrítica, a decisão significa valorizar as ações concretas dos profissionais na escola que sejam decorrentes de sua iniciativa, de seus interesses, de suas interações (autonomia e participação), em razão do interesse público dos serviços educacionais prestados, sem, com isso, desobrigar o Estado de suas responsabilidades.

Nessa segunda perspectiva, a escola e seu modo de organizar-se constituem um ambiente educativo, isto é, um espaço de formação e aprendizagem construído por seus componentes, um lugar em que os profissionais podem decidir sobre seu trabalho e aprender mais sobre sua profissão. Acredita-se que não são apenas os professores que educam. Todas as pessoas que trabalham na escola realizam ações educativas, embora não tenham as mesmas responsabilidades nem atuem de forma igual. Por exemplo, o atendimento aos pais, efetuado pela secretaria escolar, pode ser respeitoso ou desrespeitoso, inclusivo ou excludente, grosseiro ou atencioso; a distribuição da merenda envolve atitudes e modos de agir das funcionárias da escola que influenciam a educação das crianças de maneira positiva ou negativa; as reuniões pedagógicas podem tornar-se espaço de participação das pessoas ou de manifestação do poder pessoal do diretor.

Esses exemplos mostram que todas as ações e ocorrências em uma escola têm caráter eminentemente pedagógico. As escolas são, pois, ambientes formativos, o que significa que as práticas de organização e gestão educam, isto é, podem criar ou modificar os modos de pensar e agir das pessoas. Por outro lado, também a organização escolar aprende com as pessoas, uma vez que sua estrutura e seus processos de gestão podem ser construídos pelos próprios membros que a compõem. Ou seja, as pessoas mudam com as práticas organizativas, as organizações mudam com as pessoas. *"Os indivíduos e os grupos mudam mudando o próprio contexto em que trabalham"*, assinalam Amiguinho e Canário (1994).

1. A escola entre o sistema de ensino e a sala de aula

A organização do sistema de ensino de um país pode ser considerada em três grandes instâncias: o sistema de ensino como tal, as escolas, as salas de aula. As escolas situam-se entre as políticas educacionais, as diretrizes curriculares, as formas organizativas do sistema e as ações pedagógico-didáticas na sala de aula. A escola é, assim, o espaço de realização tanto dos objetivos do sistema de ensino quanto dos objetivos de aprendizagem. Na prática, significa que as análises críticas sobre o sistema de ensino e sobre as políticas educacionais perdem a força analítica se não tiverem como referência a escola e as salas de aula, do mesmo modo que os profissionais de determinado estabelecimento escolar podem ter a eficácia de seu trabalho reduzida se não tiverem uma visão de conjunto do sistema de ensino nacional e estadual.

Com efeito, a escola é instância integrante do todo social, sendo afetada pela estrutura econômica e social, pelas decisões políticas e pelas relações de poder em vigor na sociedade. Assim, as políticas, as diretrizes curriculares, as formas de organização do sistema de ensino estão carregadas de significados sociais e políticos que influenciam fortemente as ideias, atitudes, modos de agir e comportamentos de professores e alunos, bem como as práticas pedagógicas, curriculares e organizacionais. Isso mostra que há uma relação de influência mútua entre a sociedade, o sistema de ensino, a instituição escolar e os sujeitos – ou seja, as políticas e diretrizes do sistema de ensino podem exercer forte influência e controle na formação das subjetividades de professores e alunos.

Essa relação entre decisões do sistema de ensino e sua efetivação nas escolas revela claramente que as formas de organização e gestão desempenham um papel educativo, já que dão certa conformação às atitudes, ideias e modos de agir tanto de professores como de alunos. Decorre daí a necessidade de os futuros professores reconhecerem e compreenderem as relações entre o espaço escolar, o sistema de ensino e o sistema social mais amplo. Precisam, assim, saber como e por que são tomadas certas decisões no âmbito do sistema de ensino, como a direção da escola lhes transmite tais decisões e como estas expressam relações de poder, ideias sobre o tipo de aluno a ser educado, formas de avaliação e de controle do trabalho escolar. Como responsáveis pela formação intelectual, afetiva e ética dos alunos, os professores necessitam ter consciência das determinações sociais e políticas, das relações de poder implícitas nas decisões administrativas e pedagógicas do sistema e da maneira pela qual elas afetam as decisões e ações levadas a efeito na escola e nas salas de aula.

Todavia, a constatação da influência do sistema de ensino sobre as escolas não pode levar os professores a recusar toda e qualquer decisão vinda de cima, só porque provém de uma autoridade superior. É importante que as escolas e os professores tenham autonomia em suas decisões, mas essa será sempre relativa. Por exemplo, as Secretarias de Educação têm o dever e a responsabilidade de fazer as escolas funcionarem e, para isso, precisam que os professores tomem conhecimento de certas normas e diretrizes, se convençam de sua legitimidade e passem a agir de acordo com as expectativas dos dirigentes. A direção da escola, por sua vez, deve reunir o corpo docente para comunicar novas normas legais, diretrizes pedagógicas e mudanças de rotinas de trabalho. Ou seja, o vínculo das escolas com o sistema de ensino (Ministério da Educação, Secretarias de Educação, Conselhos de Educação etc.) decorre de necessária unidade política e administrativa de gestão de um sistema.

Então, qual é o problema? Ele diz respeito às formas pelas quais os órgãos de gestão do sistema tomam decisões, ao processo de elaboração das leis e, muitas vezes, aos conteúdos da legislação, os quais nem sempre expressam interesses da comunidade escolar. Reuniões que se destinam apenas à comunicação de decisões impedem os professores de participar no processo decisório ou fazer leitura crítica das medidas ou textos legais. Queremos assinalar a necessidade de atitude crítica ante as determinações oficiais, para avaliar o grau em que as políticas e diretrizes são democráticas, justas, inclusivas, respeitadoras das diferenças relativas ao direito de todos à escolarização.

Segundo o pesquisador português Licínio C. Lima (1996), as escolas têm uma relação de dependência com o sistema de ensino, não funcionam isoladamente. Todavia, essa dependência é relativa, já que podem assumir sua margem de autonomia. Ele escreve:

> *A subjugação total da escola à imposição normativa, levada a cabo pelo Estado e pelos sistemas globais de controle, transforma-a num campo de reprodução, condenando os atores e despojando-os das suas margens de autonomia e liberdade e das suas capacidades estratégicas. (...) {Por outro lado} a escola não será apenas uma instância hetero-organizada para a reprodução, mas será também uma*

instância auto-organizada para a produção de regras e a tomada de decisões, expressão possível de atualização de estratégias e de usos de margens de autonomia dos atores (Lima, 1996, p. 31).

Portanto, não convém às escolas ignorar o papel do Estado, das Secretarias de Educação e das normas do sistema nem simplesmente subjugar-se a suas determinações. Também é salutar precaver-se contra algumas atitudes demasiado sonhadoras de professores que acham possível uma autonomia total das escolas, como se elas pudessem prescindir inteiramente de instrumentos normativos e operativos das instâncias superiores. A autonomia das escolas em face das várias instâncias sociais será sempre relativa. É preciso saber compatibilizar as decisões do sistema com as decisões tomadas no âmbito das escolas, sem desconhecer as tensões entre umas e outras, entendendo que *"nos terrenos da ação em contexto escolar, nenhuma das partes {pode} exercer hegemonicamente o controle total sobre a outra"* (Lima, 1996, p. 32).

Será, portanto, muito útil aos objetivos da gestão participativa que os professores compreendam os processos de tomada de decisões do Estado e do sistema educativo, entendendo que a escola não está isolada do sistema social, político e cultural. Ao contrário, não só ela depende das estruturas sociais, como também as práticas de imposição normativa podem estar retirando dos professores a autonomia e a liberdade de assumir suas próprias decisões. Por outro lado, os instrumentos normativos e as diretrizes curriculares e organizativas não podem ser uma camisa de força para as escolas. Podem, sim, ser objeto de interpretação, ser rediscutidos, ser apenas parcialmente acatados e até propiciar as decisões mais apropriadas ao contexto das escolas.

A compreensão dos nexos entre o sistema de ensino e as escolas, bem como do papel delas e dos professores ante as decisões emanadas do sistema, implica que a organização e a gestão escolares ocorram mediante formas participativas, concebendo a escola como uma comunidade democrática de aprendizagem.

Em síntese, para ser um participante ativo no processo de tomadas de decisões na escola, o professor precisa conhecer bem a estrutura e a organização do ensino, as políticas educacionais e as normas legais, os mecanismos de sua elaboração e divulgação, bem como desenvolver habilidades de participação e de atuação em colaboração com os colegas de equipe. Essas são condições indispensáveis para que os sujeitos-professores não sejam tutelados pelas decisões externas. Ao contrário, se as aceitarem ou negarem, que o façam conscientemente, admitindo também a possibilidade de diálogo com as instâncias superiores.

2. Os objetivos da escola e as práticas de organização e gestão

A escola é uma instituição social com objetivo explícito: o desenvolvimento das potencialidades físicas, cognitivas e afetivas dos alunos, por meio da aprendizagem dos conteúdos (conhecimentos, habilidades, procedimentos, atitudes, valores), para se tornarem cidadãos participativos na sociedade em que vivem. O objetivo primordial da escola é, portanto, o ensino e a aprendizagem dos alunos, tarefa a cargo da atividade docente. A organização escolar necessária é aquela que melhor favorece o trabalho do professor, existindo uma interdependência entre os objetivos e funções da escola e a organização e gestão do trabalho escolar.

A organização e a gestão são meios para atingir as finalidades do ensino. É preciso ter clareza de que o eixo da instituição escolar é a qualidade dos processos de ensino-aprendizagem que, mediante procedimentos pedagógico-didáticos, propiciam melhores resultados de aprendizagem. São de pouca valia inovações como gestão democrática, eleições para diretor, introdução de modernos equipamentos e outras se os alunos continuam apresentando baixo rendimento escolar e aprendizagens não consolidadas.

3. Funcionar bem para melhorar a aprendizagem

O que as famílias, a comunidade e os próprios alunos esperam de uma escola? Que características dela fazem diferença no que diz respeito ao nível da qualidade de ensino e à reputação na comunidade? Muito provavelmente, os pais desejam que seus filhos aprendam bem, que não aprendam coisas erradas, que os conhecimentos, habilidades, valores tenham serventia para a vida – ou seja, desejam uma escola em que os alunos estejam motivados para estar nas aulas e se envolvam com afinco nas atividades da classe.

Essas expectativas podem ser sintetizadas em uma ideia muito simples: os estabelecimentos escolares diferenciam-se entre si pelo grau em que conseguem promover a aprendizagem de seus alunos. É razoável, pois, concluir que as escolas precisam ser mais bem organizadas e administradas para melhorar a qualidade da aprendizagem escolar dos alunos. *Uma escola bem organizada e gerida é aquela que cria e assegura condições organizacionais, operacionais e pedagógico-didáticas que permitam o bom desempenho dos professores em sala de aula, de modo que todos os seus alunos sejam bem-sucedidos em suas aprendizagens.*

Em vários países vêm sendo realizadas pesquisas sobre os elementos da organização escolar que interferem no desempenho dos alunos (Nóvoa, 1995; Good e Weinstein, 1995; Laderrière, 1996; Van Velzen, 1997; Valerian e Dias, 1997). Tais estudos mostram que o modo de funcionamento de uma escola faz diferença nos resultados escolares dos alunos. Embora as escolas não sejam iguais e não seja possível estabelecer regras e procedimentos organizacionais de validade geral, as pesquisas contribuem para a indicação de características organizacionais que podem ser úteis para a compreensão do funcionamento delas, considerados os contextos e as situações escolares específicas. Algumas dessas características são as seguintes:

a) professores preparados, que tenham clareza de seus objetivos e conteúdos, que façam planos de aula, que consigam cativar os alunos, que utilizem metodologia e procedimentos adequados à matéria e às condições de aprendizagem dos alunos, que façam avaliação contínua, prestando muita atenção nas dificuldades de cada aluno;
b) existência de projeto pedagógico-curricular com um plano de trabalho bem definido, que assegure consenso mínimo entre a direção da escola e o corpo docente acerca dos objetivos a alcançar, dos métodos de ensino, da sistemática de avaliação, das formas de

agrupamento de alunos, das normas compartilhadas sobre faltas de professores, do cumprimento do horário, das atitudes com relação a alunos e funcionários;

c) bom clima de trabalho, em que a direção contribua para conseguir o empenho de todos, em que os professores aceitem aprender com a experiência dos colegas, trocando as qualidades entre si, de modo que tenham uma opinião comum sobre critérios de ensino de qualidade na escola;

d) estrutura organizacional e boa organização do processo de ensino-aprendizagem, que consigam motivar a maioria dos alunos a aprender;

e) papel significativo da direção e da coordenação pedagógica, que articulem o trabalho conjunto de todos os professores e os ajudem a ter bom desempenho em suas aulas;

f) disponibilidade de condições físicas e materiais, de recursos didáticos, de biblioteca e outros, que propiciem aos alunos oportunidades concretas para aprender;

g) estrutura curricular e modalidades de organização do currículo com conteúdos bem selecionados, assim como critérios adequados de distribuição de alunos por sala;

h) disponibilidade da equipe para aceitar inovações, observando o critério de mudar sem perder a identidade. Considerar, também, que elas não podem ser instauradas de modo abrupto, rígido, imposto, mas os professores devem captá-las de forma crítico-reflexiva. É preciso que eles discutam as inovações com base nos conhecimentos e experiências que já carregam consigo, para compreenderem os objetivos daquelas que possam afetar seu trabalho.

Outras pesquisas mostram que, entre os fatores propiciadores de melhor qualidade das aprendizagens dos alunos, estão as características organizacionais, que representam cerca de 30% desses fatores, com destaque para a capacidade de liderança dos dirigentes, especialmente do diretor, as práticas de gestão participativa, o ambiente da escola, a criação das condições necessárias para o ensino e a aprendizagem, a cultura organizacional instituinte, o relacionamento entre os membros da escola, as oportunidades de reflexão conjunta e as trocas de experiências entre os professores (Luck *et al.*, 1998).

Outro fator considerado relevante é a autonomia escolar, implicando uma gestão descentralizada em que a escola executa um planejamento compatível com as realidades locais, aplica processos de tomada de decisões sobre problemas específicos, introduz mudanças nos currículos e nas práticas de avaliação, decide sobre utilização e controle de recursos financeiros. Nóvoa (1995) apresenta outras características determinantes da eficácia das escolas, como liderança organizacional, articulação curricular, estabilidade profissional do corpo docente, programas de formação continuada, participação dos pais, boa imagem da escola na comunidade e apoio das autoridades.

As características apontadas reforçam a ideia de que a qualidade do ensino depende de mudanças no âmbito da organização escolar, envolvendo a estrutura física e as condições de funcionamento, a estrutura e a cultura organizacionais e as relações entre alunos, professores e funcionários. É a escola como um todo que deve responsabilizar-se pela aprendizagem dos alunos, sobretudo em face dos problemas sociais, culturais e econômicos que afetam atualmente os estabelecimentos de ensino.

Por fim, é preciso ficar claro que a melhora das práticas de gestão, a participação dos professores e os processos democráticos somente têm sentido se estiverem diretamente associados à melhoria das metodologias do ensino e aprendizagem. Deve-se apostar nisso, pois é esse o fator de maior relevância e eficácia na produção de maior qualidade de ensino. A inter-relação entre a organização e gestão da escola e a sala de aula conduz ao estabelecimento de estreita conexão com a Didática, disciplina que opera a mediação entre a teoria pedagógica e a prática de ensino. Sua razão de ser é o processo de conhecimento vivenciado pelos alunos, realizado sob condições didáticas e organizacionais específicas, motivo pelo qual estuda as particularidades desse processo, mormente as conexões entre ensino e aprendizagem e as condições concretas em que se manifestam. O processo de ensino, portanto, pode-se realizar apenas sob determinadas condições organizacionais que atuam na escola e na sala de aula, o que é precisamente o foco da organização e da gestão da escola.

4. A organização da escola: os meios em função dos objetivos

A organização e a gestão da escola, ao mesmo tempo que se põem a serviço dos objetivos educacionais e das práticas formativas dos alunos, são meios imprescindíveis para atingir esses objetivos. O esquema a seguir mostra como se articulam, na escola, os meios e os objetivos.

Esquema 4 – Articulação entre meios (organização e gestão) e objetivos na escola

A definição dos objetivos educacionais decorre de demandas e exigências econômicas, políticas, sociais e culturais que a sociedade apresenta às escolas, do desenvolvimento da pesquisa científica em questões educacionais e do ensino, das necessidades sociais e pessoais dos alunos relativas a conhecimentos, práticas culturais, mercado de trabalho, exercício da cidadania etc. Os objetivos expressam, portanto, projetos sociais e culturais da sociedade e da comunidade, de acordo com os interesses em jogo. Concretizam-se no currículo da escola, o qual, por sua vez, é efetivado por meio das atividades de ensino, para atingir resultados em termos de qualidade cognitiva, operativa e social das aprendizagens.

O conjunto currículo-ensino constitui os meios mais diretos para atingir o que é nuclear na escola – a aprendizagem dos alunos –, com base nos objetivos. Precisamente para tornar esse núcleo mais eficaz, existe outro conjunto de meios: as atividades de planejamento (incluindo o projeto pedagógico-curricular e os planos de ensino), de organização e gestão e de avaliação. O projeto pedagógico-curricular é um documento que expressa as intenções, os objetivos, as aspirações de um processo de escolarização e inclui a proposta curricular. As práticas de organização e gestão põem em prática o que foi planejado.

A realização bem-sucedida do trabalho escolar – sintetizado no trabalho docente, para assegurar o processo de ensino-aprendizagem – depende de integração e articulação bem-sucedida entre os meios e os objetivos. Por exemplo, a elaboração do projeto pedagógico supõe práticas de gestão participativa, ações de formação continuada, formas de avaliação da escola e do desenvolvimento do projeto. O projeto pedagógico, por sua vez, concretiza-se no currículo e nas metodologias de ensino, requerendo, também, ações de formação continuada (para aprimorar a qualidade do trabalho com os alunos na sala de aula), planos de ensino, práticas de gestão e formas de ajuda pedagógica ao professor por parte da coordenação pedagógica.

Embora a integração e a articulação entre meios e objetivos sejam da responsabilidade de todos os membros da equipe escolar, cabe maior responsabilidade, especificamente, à direção e à coordenação pedagógica, as quais, no âmbito da escola, respondem de forma mais direta pelas condições e meios de realização do trabalho dos professores na sala de aula.

5. A escola, lugar de aprendizagem da profissão. A comunidade democrática de aprendizagem

A escola é o local do trabalho docente, e a organização escolar é espaço de aprendizagem da profissão, no qual o professor põe em prática suas convicções, seu conhecimento da realidade, suas competências pessoais e profissionais, trocando experiências com os colegas e aprendendo mais sobre seu trabalho. O professor participa ativamente da organização do trabalho escolar, formando com os demais colegas uma equipe de trabalho, aprendendo novos saberes e competências, assim como um modo de agir coletivo, em favor da formação dos alunos. A organização escolar funciona com base em dois movimentos inter-relacionados: de um lado, a estrutura e a dinâmica organizacional atuam na produção das ideias, dos modos de agir, das práticas profissionais dos professores; de outro, estes são participantes ativos da organização, contribuindo para a definição de objetivos, para a formulação do projeto pedagógico-curricular, com a atuação nos processos de gestão e de tomadas de decisão. Há, portanto, uma concomitância entre o desenvolvimento profissional e o desenvolvimento organizacional.

Na maior parte das vezes, a realidade das escolas ainda é de isolamento do professor. Sua responsabilidade começa e termina na sala de aula. A mudança dessa situação pode ocorrer pela adoção de práticas participativas, em que os professores aprendam nas situações de trabalho, compartilhem com os colegas conhecimentos, metodologias e dificuldades, discutam e tomem decisões sobre o projeto pedagógico-curricular, sobre o currículo, sobre as relações sociais internas, sobre as práticas de avaliação. Esse modo de funcionamento da organização e da gestão considera a escola uma *comunidade de aprendizagem*, ou seja, uma comunidade democrática, aberta, de aprendizagem, de ação e reflexão.

Essa concepção equivale a transpor para a organização escolar os mesmos referenciais que a didática atual utiliza para compreender a sala de aula. Segundo Pérez Gómez (2000), toda aprendizagem relevante é um processo de diálogo com a realidade natural e social, o qual supõe participação, interação, debate, trocas de significados e representações e envolve professores e alunos e alunos entre si. Nesse sentido, a sala de aula é lugar de construção, reconstrução e compartilhamento de culturas.

Também a organização escolar é espaço de compartilhamento de significados, de conhecimento e de ações entre as pessoas. A organização escolar entendida como comunidade democrática de aprendizagem transforma a escola em lugar de compartilhamento de valores e de práticas, por meio do trabalho e da reflexão conjunta sobre planos de trabalho, problemas e soluções relacionados à aprendizagem dos alunos e ao funcionamento da instituição. Para tanto, esta precisa introduzir formas de participação real de seus membros nas decisões, como reuniões, elaboração do projeto pedagógico-curricular, atribuição de responsabilidades, definição de modos de agir coletivos e de formas de avaliação, acompanhamento do projeto e das atividades da escola e da sala de aula. É preciso, ainda, que estabeleça ações de formação continuada, para o *desenvolvimento profissional dos professores* e seu aprimoramento. Mais adiante essa questão será abordada mais detidamente.

Se tanto a escola quanto a sala de aula são comunidades de aprendizagem, pode-se deduzir que valores e práticas compartilhados no âmbito da organização escolar exercem efeitos diretos na sala de aula e o que ocorre na sala de aula tem efeitos na organização escolar.

A adoção da gestão participativa, para a comunidade de aprendizagem e para o compartilhamento de significados e culturas, introduz um modelo alternativo de vida em sociedade que repercute em outras esferas da vida social. Todavia, a ideia de que todos devem estar envolvidos com os objetivos e os processos da gestão não pode ser confundida com um falso igualitarismo entre funções e papéis dos membros da equipe escolar. A ênfase na natureza e nas características da gestão visa assinalar que as escolas precisam funcionar bem, estando a serviço dos objetivos de aprendizagem, o que implica funções e papéis diferenciados para pedagogos, docentes, funcionários e estudantes.

6. Os professores na organização e na gestão escolar. Competências do professor

Segundo nosso entendimento, já exposto anteriormente, o grande objetivo das escolas é a aprendizagem dos alunos, e a organização escolar necessária é a que leva a melhorar a qualidade dessa aprendizagem.

Portanto, o trabalho na sala de aula é a razão de ser da organização e da gestão. No entanto, como temos demonstrado, os professores são também responsáveis pelas formas de organização e de gestão. Ou seja, as salas de aula fazem parte de um todo maior que é a escola, de modo que tudo aí está muito articulado, em uma relação de dependência recíproca. Podemos citar alguns exemplos:

a) a direção precisa prover as condições para que a administração e as salas de aula realizem seu trabalho;
b) o que os alunos aprendem em uma série influenciará sua aprendizagem na série seguinte;
c) as normas disciplinares não podem valer apenas para uma classe, mas são necessárias normas comuns para toda a escola;
d) os professores não podem ter diferentes condutas para controlar a disciplina, para tomar decisões de ordem moral ou para desenvolver práticas de cidadania. Os objetivos de formação devem ser definidos cooperativamente, havendo necessidade de certo consenso acerca de princípios e práticas de cunho moral.

Vê-se que os professores precisam fazer sua parte, de modo que contribuam para o funcionamento da escola. Cabe-lhes entender que trabalham em parceria com seus colegas, que participam de um sistema de organização e de gestão, que há necessidade de definir práticas comuns com relação aos alunos, à conduta docente na sala de aula, às formas de relacionamento com alunos, funcionários e pais.

O exercício profissional do professor compreende ao menos três atribuições: a docência, a atuação na organização e na gestão da escola e a produção de conhecimento pedagógico.

Como docente, necessita de preparo profissional específico para ensinar conteúdos, dar acompanhamento individual aos alunos e proceder à avaliação da aprendizagem, gerir a sala de aula, ensinar valores, atitudes e normas de convivência social e coletiva. Necessita, também, desenvolver conhecimentos e pontos de vista sobre questões pedagógicas relevantes, como elaboração do projeto pedagógico-curricular e de planos de ensino, formas de organização curricular, critérios de formação das classes etc.

Como membro da equipe escolar, o professor deve dominar conhecimentos relacionados à organização e à gestão, desenvolver capacidades e habilidades práticas para participar dos processos de tomada de decisões em várias situações (reuniões, conselhos de classe, conselho de escola), bem como atitudes de cooperação, solidariedade, responsabilidade, respeito mútuo e diálogo.

Como profissional que produz conhecimento sobre seu trabalho, precisa desenvolver competências de elaboração e de desenvolvimento de projetos de investigação.

Essas características profissionais formam um perfil que, todavia, não se pode tornar uma camisa de força, porque as pessoas são diferentes, as situações são diversas e as ações dos professores nas salas de aula são imprevisíveis. Por outro lado, o perfil é útil para que se possa planejar a formação profissional inicial e continuada e, também, para que as escolas tenham um mínimo de expectativas quanto a critérios para acompanhar e avaliar o trabalho docente.

Os capítulos seguintes indicam conhecimentos e práticas que podem auxiliar os professores na participação ativa em processos e práticas da organização e da gestão da escola.

Capítulo II

O sistema de organização e de gestão da escola: teoria e prática

O sistema de organização e de gestão da escola: teoria e prática

As instituições sociais existem para realizar objetivos. Os objetivos da instituição escolar contemplam a aprendizagem escolar, a formação da cidadania e a de valores e atitudes. O sistema de organização e de gestão da escola é o conjunto de ações, recursos, meios e procedimentos que propiciam as condições para alcançar esses objetivos.

Parte das ideias desenvolvidas neste capítulo foi aproveitada da obra *Organização e gestão da escola*: teoria e prática, Ed. Alternativa, Goiânia, 2001, de José Carlos Libâneo, coautor do presente livro.

Certos princípios e métodos da organização escolar originam-se de experiência administrativa em geral; todavia, têm características muito diferentes dos das empresas industriais, comerciais e de serviços. Por exemplo: seus objetivos dirigem-se para a educação e a formação de pessoas; seu processo de trabalho tem natureza eminentemente interativa, com forte presença das relações interpessoais; o desempenho das práticas educativas implica uma ação coletiva de profissionais; o grupo de profissionais tem níveis muito semelhantes de qualificação, perdendo relevância as relações hierárquicas; os resultados do processo educativo são de natureza muito mais qualitativa que quantitativa; os alunos são, ao mesmo tempo, usuários de um serviço e membros da organização escolar.

Essas características determinam formas muito peculiares de conceber as práticas de organização e de gestão escolares, ainda mais quando se considera que tais práticas se revestem de caráter genuinamente pedagógico. Faz-se, pois, necessário explicitar alguns conceitos básicos dos processos organizacionais no enfoque das instituições educativas.

1. Os conceitos de organização, gestão, direção e cultura organizacional

Organizar significa dispor de forma ordenada, dar uma estrutura, planejar uma ação e prover as condições necessárias para realizá-la. Assim, a *organização escolar* refere-se aos princípios e procedimentos relacionados à ação de planejar o trabalho da escola, racionalizar o uso de recursos (materiais, financeiros, intelectuais) e coordenar e avaliar o trabalho das pessoas, tendo em vista a consecução de objetivos.

Chiavenato (1989) distingue dois significados de organização: unidade social e função administrativa. Como unidade social, a organização identifica um empreendimento humano destinado a atingir determinados objetivos. Como função administrativa, refere-se ao ato de organizar, estruturar e integrar recursos e órgãos. Ainda segundo esse autor:

> *As organizações são unidades sociais (e, portanto, constituídas de pessoas que trabalham juntas) que existem para alcançar determinados objetivos. Os objetivos podem ser o lucro, as transações comerciais, o ensino, a prestação de serviços públicos, a caridade, o lazer etc. Nossas vidas estão intimamente ligadas às organizações, porque tudo o que fazemos é feito dentro de organizações* (Chiavenato, 1989, p. 3).

As escolas são, pois, organizações, e nelas sobressai a interação entre as pessoas, para a promoção da formação humana. De fato, a instituição escolar caracteriza-se por ser um sistema de relações humanas e sociais com fortes características interativas, que a diferenciam das empresas convencionais. Assim, a organização escolar define-se como unidade social que reúne pessoas que interagem entre si, intencionalmente, operando por meio de estruturas e de processos organizativos próprios, a fim de alcançar objetivos educacionais. Vitor Paro (1996) prefere denominar esse conjunto de características de *administração escolar*. Sua definição também é útil por sintetizar a tarefa de administrar em dois conceitos bem claros, a racionalização dos recursos e a coordenação do esforço coletivo em função dos objetivos. Ele assinala:

> *em seu sentido geral, podemos afirmar que a administração é a utilização racional de recursos para a realização de fins determinados. (...) Os recursos (...) envolvem, por um lado, os elementos materiais e conceptuais que o homem coloca entre si e a natureza para dominá-la em seu proveito; por outro, os esforços despendidos pelos homens e que precisam ser coordenados com vistas a um propósito comum. (...) A administração pode ser vista, assim, tanto na teoria como na prática, como dois amplos campos que se interpenetram: a "racionalização do trabalho" e a "coordenação do esforço humano coletivo"* (Paro, 1996, p. 18 e 20).

A efetivação desses dois princípios dá-se por meio de estruturas e processos organizacionais, que podem ser designados, também, como funções: planejamento, organização, direção e controle. Na escola, essas funções aplicam-se tanto aos aspectos pedagógicos (atividades-fim) quanto aos técnico-administrativos (atividades-meio), ambos impregnados do caráter educativo, formativo, próprio das instituições educacionais.

Alguns autores afirmam que o centro da organização e do processo administrativo é a tomada de decisão. Todas as demais funções da organização (o planejamento, a estrutura organizacional, a direção, a avaliação) estão referidas aos processos intencionais e sistemáticos de tomada de decisões (Griffiths, 1974). Esses processos de chegar a uma decisão e fazer a decisão funcionar caracterizam a ação designada como gestão.

A *gestão* é, pois, a atividade pela qual são mobilizados meios e procedimentos para atingir os objetivos da organização, envolvendo, basicamente, os aspectos gerenciais e técnico-administrativos. Há várias concepções e modalidades de gestão: centralizada, colegiada, participativa, cogestão. Mais adiante detalharemos a modalidade de gestão participativa, que corresponde melhor à perspectiva sociocrítica adotada neste livro.

Consideremos, ainda, o conceito de direção. Por meio da direção, princípio e atributo da gestão, é canalizado o trabalho conjunto das pessoas, orientando-as e integrando-as no rumo dos objetivos. Basicamente, a direção põe em ação o processo de tomada de decisões na organização e coordena os trabalhos, de modo que sejam realizados da melhor maneira possível.

Com base no entendimento de que as organizações escolares se caracterizam como unidades sociais em que se destacam a interação entre pessoas e sua participação ativa na formulação de objetivos e de modos de funcionamento da comunidade escolar, é oportuno ressaltar os aspectos informais da organização escolar, introduzindo o conceito de cultura organizacional.

A organização informal: a cultura organizacional

Até aqui se considerou a organização formal, isto é, a organização planejada, a estrutura organizacional, os papéis desempenhados. As organizações, todavia, sofrem forte impacto dos elementos informais – da organização informal, que diz respeito aos comportamentos, opiniões, ações e formas de relacionamento que surgem espontaneamente entre os membros do grupo. Esses aspectos da organização informal têm sido denominados de *cultura organizacional*. A expressão corresponde, de certa forma, a clima organizacional, ambiente, clima da escola, termos já utilizados em textos de administração. No entanto, o termo *cultura* indica uma abordagem antropológica, ao passo que *clima organizacional* tem enfoque mais psicológico.

Destacar a cultura organizacional como um conceito central na análise da organização das escolas significa buscar compreender a influência das práticas culturais dos indivíduos e sua subjetividade sobre as formas de organização e de gestão escolar. Se determinada organização tem como uma de suas características básicas a relação interpessoal, tendo em vista a realização de objetivos comuns, torna-se relevante considerar a subjetividade dos indivíduos e o papel da cultura em determiná-la.

A cultura é um conjunto de conhecimentos, valores, crenças, costumes, modos de agir e de comportar-se adquiridos pelos seres humanos como membros de uma sociedade. Esse conjunto constitui o contexto simbólico que nos rodeia e vai formando nosso modo de pensar e agir, isto é, nossa subjetividade. As práticas culturais em que estamos inseridos manifestam-se em nossos comportamentos, no significado que damos às coisas, em nosso modo de agir, em nossos valores. Em outras palavras, o modo como nos comportamos está assentado em nossas crenças, valores, significados, modos de pensar e de agir que vamos formando ao longo da vida, tanto em nossa família, o lugar em que nascemos e crescemos, como no mundo de vivências que foi dando contorno a nosso modo de ser e naquilo que fomos aprendendo em nossa formação escolar.

A bagagem cultural dos indivíduos contribui para definir a cultura organizacional da organização de que fazem parte. Isso significa que as organizações – a escola, a família, a empresa, o hospital, a prisão etc. – vão formando uma cultura própria, de sorte que os valores, as crenças, os modos de agir dos indivíduos e sua subjetividade são elementos essenciais para compreender a dinâmica interna delas.

A cultura organizacional de uma escola explica, por exemplo, o assentimento ou a resistência ante as inovações, certos modos de tratar os alunos, as formas de enfrentamento de problemas de disciplina, a aceitação ou não de mudanças na rotina de trabalho etc. Essa cultura organizacional, também designada como cultura da escola (pode-se falar, também, da cultura da família, da cultura da prisão, da cultura da fábrica), diz respeito às características culturais não apenas de professores, mas também de alunos, funcionários e pais. Sobre isso, escreve o sociólogo francês Forquin (1993, p. 167): "*A escola é, também, um mundo social, que tem suas características de vida próprias, seus ritmos e seus ritos, sua linguagem, seu imaginário, seus modos próprios de regulação e de transgressão, seu regime próprio de produção e de gestão de símbolos*".

Cultura organizacional pode, então, ser definida como o conjunto de fatores sociais, culturais e psicológicos que influenciam os modos de agir da organização como um todo e o comportamento das pessoas em particular. Isso significa que, além daquelas diretrizes, normas, procedimentos operacionais e rotinas administrativas que identificam as escolas, há aspectos de natureza cultural que as diferenciam umas das outras, não sendo a maior parte deles nem claramente perceptível nem explícita. Esses aspectos têm sido denominados frequentemente de *currículo oculto,* o qual, embora recôndito, atua de forma poderosa nos modos de funcionar das escolas e na prática dos professores. Tanto isso é verdade, que os mesmos professores tendem a agir de forma diferente em cada escola em que trabalham.

É importante considerar que a cultura organizacional aparece de duas formas: como cultura instituída e como cultura instituinte. A cultura instituída refere-se às normas legais, à estrutura organizacional definida pelos órgãos oficiais, às rotinas, à grade curricular, aos horários, às normas disciplinares etc. A cultura instituinte é aquela que os membros da escola criam, recriam, em suas relações e na vivência cotidiana. Cada escola tem, pois, uma cultura própria que possibilita entender muitos acontecimentos de seu cotidiano. *Essa cultura, porém, pode ser modificada pelas pessoas, pode ser discutida, avaliada, planejada, num rumo que responda mais de perto aos interesses e às aspirações da equipe escolar*, o que justifica a formulação conjunta do projeto pedagógico-curricular, a gestão participativa, a construção de uma comunidade de aprendizagem.

O esquema a seguir mostra a cultura organizacional como ponto de ligação com as áreas de atuação da organização e da gestão da escola.

Esquema 5 – Cultura organizacional: ponto de ligação com a organização e a gestão da escola

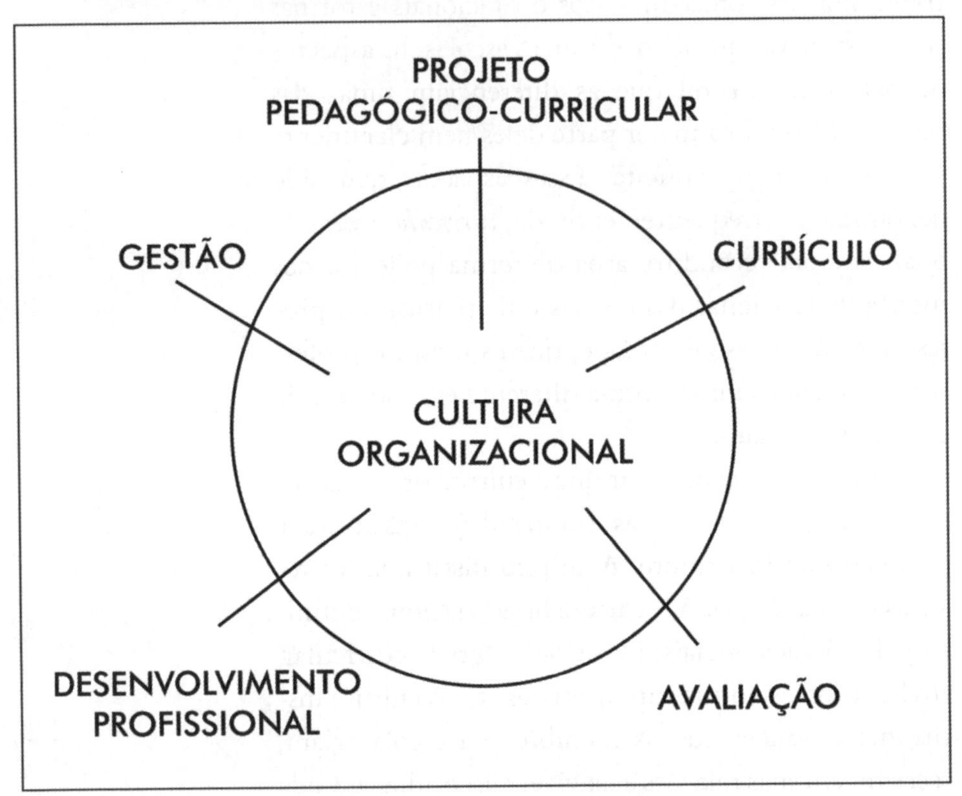

Levar em conta a cultura organizacional da escola é, portanto, exigência prévia à formulação, ao desenvolvimento e à avaliação do projeto pedagógico-curricular e, também, às atividades que envolvem tomadas de decisão: o currículo, a estrutura organizacional, as relações humanas, as ações de formação continuada, as práticas de avaliação.

Entretanto, essa maneira de ver a organização escolar precisa considerar o contexto concreto e real das interações sociais – marcado, também, por conflitos, relações de poder externas e internas, interesses pessoais e políticos – assim como os próprios objetivos sociais e culturais definidos pela sociedade e pelo Estado. A esse respeito, escrevem Escudero e González:

> *A concepção crítica da cultura escolar se articula sobre a ideia de que a escola é um lugar de luta entre interesses em competição onde se negocia continuamente a realidade, significados e valores da vida escolar. (...) As políticas culturais das escolas costumam ser muito complexas, entre outras coisas, porque distintos grupos podem levar à organização bagagens culturais distintas que podem originar sérios conflitos sobre ideologia e tecnologia; neste sentido, a prática educativa de uma escola, sua definição de pedagogia e currículo, avaliação e disciplina, é resultado das políticas culturais que caracterizam cada escola em particular. Essas culturas internas à escola, resultado de suas políticas culturais, não são independentes do contexto sociopolítico em que se situam mas derivam e contribuem à divisão de classe, gênero, raça, idade, próprios da sociedade mais ampla. As culturas internas das escolas se relacionam com as da sociedade mais ampla* (Escudero e González, 1994, p. 91).

Uma visão sociocrítica propõe compreender dois aspectos interligados: de um lado, a organização como uma construção social envolvendo a experiência subjetiva e cultural das pessoas; de outro, essa construção não como um processo livre e voluntário, mas mediado pela realidade sociocultural e política mais ampla, incluindo a influência de forças externas e internas marcadas por interesses de grupos sociais sempre contraditórios e, às vezes, conflituosos. Tal visão busca relações solidárias, formas participativas, mas também valoriza os elementos internos do processo organizacional – o planejamento, a organização, a gestão, a direção, a avaliação, as responsabilidades individuais dos membros da equipe e a ação organizacional coordenada e supervisionada, já que esta precisa atender a objetivos sociais e políticos muito claros, relativos à escolarização da população.

Constituem, pois, desafios à competência de diretores, coordenadores pedagógicos e professores: saber gerir e, frequentemente, conciliar interesses pessoais e coletivos, peculiaridades culturais e exigências universais da convivência humana; preocupar-se com as relações humanas e com os objetivos pedagógicos e sociais a atingir; estabelecer formas participativas e a eficiência nos procedimentos administrativos.

2. As concepções de organização e de gestão escolar

A organização e os processos de gestão assumem diferentes modalidades, conforme a concepção que se tenha das finalidades sociais e políticas da educação em relação à sociedade e à formação dos alunos. Se situássemos as concepções em uma linha contínua, teríamos em um extremo a concepção técnico-científica (também chamada de científico-racional) e no outro a sociocrítica.

Na concepção técnico-científica, prevalece uma visão burocrática e tecnicista de escola. A direção é centralizada em uma pessoa, as decisões vêm de cima para baixo e basta cumprir um plano previamente elaborado, sem a participação de professores, especialistas, alunos e funcionários. A organização escolar é tomada como uma realidade objetiva, neutra, técnica, que funciona racionalmente e, por isso, pode ser planejada, organizada e controlada, a fim de alcançar maiores índices de eficácia e eficiência. As escolas que operam com esse modelo dão muito peso à estrutura organizacional: organograma de cargos e funções, hierarquia de funções, normas e regulamentos, centralização das decisões, baixo grau de participação das pessoas, planos de ação feitos de cima para baixo. *Este é o modelo mais comum de organização escolar que encontramos na realidade educacional brasileira, embora já existam experiências bem-sucedidas de adoção de modelos alternativos, em uma perspectiva progressista.*

Na concepção sociocrítica, a organização escolar é concebida como um sistema que agrega pessoas, considerando o caráter intencional de suas ações e as interações sociais que estabelecem entre si e com o contexto sociopolítico, nas formas democráticas de tomada de decisões. A organização escolar não é algo objetivo, elemento neutro a ser observado, mas construção social levada a efeito por professores, alunos, pais e até por integrantes da comunidade próxima. O processo de tomada de decisões dá-se coletivamente, possibilitando aos membros do grupo discutir e deliberar, em uma relação de colaboração. A abordagem sociocrítica da escola desdobra-se em diferentes formas de gestão democrática, conforme veremos em seguida.

Alguns estudos sobre organização e gestão escolar (por exemplo, Paro, Escudero e González, Luck) e a observação de experiências realizadas nos últimos anos contribuem para ampliar o leque de estilos de gestão e para apresentar, de forma esquemática, quatro concepções: a técnico-científica, a autogestionária, a interpretativa e a democrático-participativa. As três últimas correspondem à anteriormente denominada concepção sociocrítica.

A concepção *técnico-científica*, como já assinalamos, baseia-se na hierarquia de cargos e funções, nas regras e procedimentos administrativos, para a racionalização do trabalho e a eficiência dos serviços escolares. A versão mais conservadora dessa concepção é denominada de administração clássica ou burocrática. A versão mais recente é conhecida como modelo de gestão da qualidade total, com utilização mais forte de métodos e práticas de gestão da administração empresarial.

A concepção *autogestionária* baseia-se na responsabilidade coletiva, na ausência de direção centralizada e na acentuação da participação direta e por igual de todos os membros da instituição. Tende a recusar o exercício de autoridade e as formas mais sistematizadas de organização e gestão. Na organização escolar, em contraposição aos elementos *instituídos* (normas, regulamentos, procedimentos já definidos), valoriza especialmente os elementos *instituintes* (capacidade do grupo de criar, instituir, suas próprias normas e procedimentos).

A concepção *interpretativa* considera como elemento prioritário na análise dos processos de organização e gestão os significados subjetivos, as intenções e a interação das pessoas. Opondo-se fortemente à concepção científico-racional, por sua rigidez normativa e por considerar as organizações como realidades objetivas, o enfoque interpretativo vê as práticas organizativas como uma construção social baseada nas experiências subjetivas e nas interações sociais. No extremo, essa concepção também recusa a possibilidade de conhecimento mais preciso dos modos de funcionamento de determinada organização e, em consequência, de existência de certas normas, estratégias e procedimentos organizativos (Escudero e González, 1994).

A concepção *democrático-participativa* baseia-se na relação orgânica entre a direção e a participação dos membros da equipe. Acentua a importância da busca de objetivos comuns assumidos por todos. Defende uma forma coletiva de tomada de decisões. Entretanto, advoga que, uma vez tomadas as decisões coletivamente, cada membro da equipe assuma sua parte no trabalho, admitindo a coordenação e a avaliação sistemática da operacionalização das deliberações.

As concepções de gestão escolar refletem diferentes posições políticas e pareceres acerca do papel das pessoas na sociedade. Portanto, o modo pelo qual uma escola se organiza e se estrutura tem dimensão pedagógica, pois tem que ver com os objetivos mais amplos da instituição relacionados a seu compromisso com a conservação ou com a transformação social.

A concepção técnico-científica, por exemplo, valoriza o poder e a autoridade, exercidos unilateralmente. Enfatizando relações de subordinação, rígidas determinações de funções, e supervalorizando a racionalização do trabalho, tende a retirar das pessoas – ou, ao menos, diminuir nelas – a faculdade de pensar e decidir sobre seu trabalho. Com isso, o grau de autonomia e de envolvimento profissional fica enfraquecido.

Por sua vez, as outras três concepções têm em comum uma visão de gestão que se opõe a formas de dominação e de subordinação dos indivíduos. Elas consideram essencial levar em conta o contexto social e político, a construção de relações sociais mais humanas e justas e a valorização do trabalho coletivo e participativo, ainda que divirjam sobre as formas mais concretas de organização e gestão.

A concepção democrático-participativa, proposta neste livro, acentua a necessidade de combinar a ênfase sobre as relações humanas e sobre a participação nas decisões com as ações efetivas para atingir com êxito os objetivos específicos da escola. Para isso, valoriza os elementos internos do processo organizacional – o planejamento, a organização, a direção, a avaliação –, uma vez que não basta a tomada de decisões, mas é preciso que elas sejam postas em prática para prover as melhores condições de viabilização do processo de ensino-aprendizagem. Advoga, pois, que a gestão participativa, além de ser a forma de exercício democrático da gestão e um direito de cidadania, implica deveres e responsabilidades – portanto, a gestão da participação. Ou seja, a gestão democrática, por um lado, é atividade coletiva que implica a participação e objetivos comuns; por outro, depende também de capacidades e responsabilidades individuais e de uma ação coordenada e controlada. Nas seções seguintes, com base nessa abordagem, buscaremos identificar as características da participação na gestão e da gestão da participação.

O quadro a seguir auxilia na distinção das principais características de cada concepção de organização e gestão escolar.

Quadro 9 – Concepções de organização e gestão escolar

CONCEPÇÕES DE ORGANIZAÇÃO E GESTÃO ESCOLAR			
TÉCNICO--CIENTÍFICA	AUTOGESTIONÁRIA	INTERPRETATIVA	DEMOCRÁTICO--PARTICIPATIVA
• Prescrição detalhada de funções e tarefas, acentuando a divisão técnica do trabalho escolar. • Poder centralizado no diretor, destacando-se as relações de subordinação, em que uns têm mais autoridade do que outros. • Ênfase na administração regulada (rígido sistema de normas, regras, procedimentos burocráticos de controle das atividades), descuidando-se, às vezes, dos objetivos específicos da instituição escolar. • Comunicação linear (de cima para baixo), baseada em normas e regras. • Mais ênfase nas tarefas do que nas pessoas.	• Vínculo das formas de gestão interna com as formas de autogestão social (poder coletivo na escola para preparar formas de autogestão no plano político). • Decisões coletivas (assembleias, reuniões), eliminação de todas as formas de exercício de autoridade e de poder. • Ênfase na auto--organização do grupo de pessoas da instituição, por meio de eleições e de alternância no exercício de funções. • Recusa a normas e a sistemas de controles, acentuando a responsabilidade coletiva. • Crença no poder instituinte da instituição e recusa de todo poder instituído. O caráter instituinte dá-se pela prática da participação e da autogestão, modos pelos quais se contesta o poder instituído. • Ênfase nas inter--relações, mais do que nas tarefas.	• A escola é uma realidade social subjetivamente construída, não dada nem objetiva. • Privilegia menos o ato de organizar e mais a "ação organizadora", com valores e práticas compartilhados. • A ação organizadora valoriza muito as interpretações, os valores, as percepções e os significados subjetivos, destacando o caráter humano e preterindo o caráter formal, estrutural, normativo.	• Definição explícita, por parte da equipe escolar, de objetivos sociopolíticos e pedagógicos da escola. • Articulação da atividade de direção com a iniciativa e a participação das pessoas da escola e das que se relacionam com ela. • Qualificação e competência profissional. • Busca de objetividade no trato das questões da organização e da gestão, mediante coleta de informações reais. • Acompanhamento e avaliação sistemáticos com finalidade pedagógica: diagnóstico, acompanhamento dos trabalhos, reorientação de rumos e ações, tomada de decisões. • Todos dirigem e são dirigidos, todos avaliam e são avaliados. • Ênfase tanto nas tarefas quanto nas relações.

Essas concepções possibilitam a análise da estrutura e da dinâmica organizativas de uma escola, mas raramente se apresentam de forma pura em situações concretas. Características de determinada concepção podem ser encontradas em outra, embora seja possível identificar um estilo mais dominante. Pode ocorrer também que a direção ou a equipe escolar optem por uma concepção progressista, mas na prática acabem sendo reproduzidas formas de organização e de gestão mais convencionais, geralmente de tipo técnico-científico (burocrático).

3. A gestão participativa

Considerando os objetivos sociopolíticos da ação dos educadores voltados para as lutas pela transformação social e da ação da própria escola para promover a apropriação do saber em vista da instrumentação científica e cultural da população, é possível não só resistir às formas conservadoras de organização e gestão escolar como também adotar formas alternativas, criativas, que contribuam para uma escola democrática a serviço da formação de cidadãos críticos e participativos e da transformação das relações sociais presentes.

A participação é o principal meio de assegurar a gestão democrática, possibilitando o envolvimento de todos os integrantes da escola no processo de tomada de decisões e no funcionamento da organização escolar. A participação proporciona melhor conhecimento dos objetivos e das metas da escola, de sua estrutura organizacional e de sua dinâmica, de suas relações com a comunidade, e propicia um clima de trabalho favorável a maior aproximação entre professores, alunos e pais. Nas empresas, a participação nas decisões é quase sempre estratégia que visa ao aumento de produtividade. Nas escolas também se buscam bons resultados, mas há nelas um sentido mais forte de prática da democracia, de experimentação de formas não autoritárias de exercício do poder, de oportunidade ao grupo de profissionais para intervir nas decisões da organização e definir coletivamente o rumo dos trabalhos.

O conceito de participação fundamenta-se no princípio da *autonomia*, que significa a capacidade das pessoas e dos grupos para a livre determinação de si próprios, isto é, para a condução da própria vida. Como a autonomia se opõe às formas autoritárias de tomada de decisão, sua realização concreta nas instituições dá-se pela participação na livre escolha de objetivos e processos de trabalho e na construção conjunta do ambiente de trabalho.

A participação significa, portanto, a intervenção dos profissionais da educação e dos usuários (alunos e pais) na gestão da escola. Há dois sentidos de participação articulados entre si: a) a de caráter mais interno, como meio de conquista da autonomia da escola, dos professores, dos alunos, constituindo prática formativa, isto é, elemento pedagógico, curricular, organizacional; b) a de caráter mais externo, em que os profissionais da escola, alunos e pais compartilham, institucionalmente, certos processos de tomada de decisão.

No primeiro sentido, a participação é ingrediente dos próprios objetivos da escola e da educação. A instituição escolar é lugar de aprendizado de conhecimentos, de desenvolvimento de capacidades intelectuais, sociais, afetivas, éticas e estéticas e também de formação de competências para a participação na vida social, econômica e cultural. Esse entendimento mais restrito de participação identifica-se com a ideia de escola como espaço de aprendizagem, isto é, como *comunidade democrática de aprendizagem,* conforme veremos adiante.

No segundo sentido, por meio de canais de participação da comunidade, a escola deixa de ser uma redoma, um lugar fechado e separado da realidade, para conquistar o *status* de comunidade educativa que interage com a sociedade civil. Vivendo a participação nos órgãos deliberativos da escola, pais, professores e alunos vão aprendendo a sentir-se responsáveis pelas decisões que os afetam em um âmbito mais amplo da sociedade. A participação da comunidade possibilita à população o conhecimento e a avaliação dos serviços oferecidos e a intervenção organizada na vida escolar. De acordo com Gadotti e Romão (1997, p. 16), a participação influi na democratização da gestão e na melhoria da qualidade de ensino: *"Todos os segmentos da comunidade podem compreender melhor o funcionamento da escola, conhecer com mais profundidade os que nela estudam e trabalham, intensificar seu envolvimento com ela e, assim, acompanhar melhor a educação ali oferecida".*

Entre as modalidades mais conhecidas de participação, estão os conselhos de classe – bastante difundidos no Brasil – e os conselhos de escola, colegiados ou comissões que surgiram no início da década de 1980, funcionando em vários estados.

Convém ressaltar que o princípio participativo não esgota as ações necessárias para assegurar a qualidade de ensino. Tanto quanto o processo organizacional, e como um de seus elementos, a participação é apenas um meio melhor e mais democrático de alcançar os objetivos da escola, os quais se localizam na qualidade dos processos de ensino-aprendizagem. Em razão disso, a participação necessita do contraponto da direção, outro conceito importante da gestão democrática, que visa promover a gestão da participação.

4. A direção como princípio e atributo da gestão democrática: a gestão da participação

A direção da escola, além de ser uma das funções do processo organizacional, é um imperativo social e pedagógico. O significado do termo direção, no contexto escolar, difere de outros processos direcionais, especialmente empresariais. Ele vai além da mobilização das pessoas para a realização eficaz das atividades, pois implica intencionalidade, definição de um rumo educativo, tomada de posição ante objetivos escolares sociais e políticos, em uma sociedade concreta. A escola, ao cumprir sua função social de mediação, influi significativamente na formação da personalidade humana; por essa razão, são imprescindíveis os objetivos políticos e pedagógicos.

Essa peculiaridade das instituições escolares decorre do caráter de *intencionalidade* presente nas ações educativas. Intencionalidade significa a resolução de fazer algo, de dirigir o comportamento para aquilo que tem significado para nós. Ela projeta-se nos objetivos que, por sua vez, orientam a atividade humana, dando o rumo, a direção da ação. Na escola, leva a equipe escolar à busca deliberada, consciente, planejada, de integração e unidade de objetivos e ações, além de consenso sobre normas e atitudes comuns. O caráter pedagógico da ação educativa consiste precisamente na formulação de objetivos sociopolíticos e educativos e na criação de formas de viabilização organizativa e metodológica da educação (tais como a seleção e a organização dos conteúdos e métodos, a organização do ensino, a organização do trabalho escolar), *tendo em vista dar uma direção consciente e planejada ao processo educacional.* O processo educativo, portanto, por sua natureza, inclui o conceito de direção. Sua adequada estruturação e seu ótimo funcionamento constituem fatores essenciais para atingir eficazmente os objetivos de formação. Ou seja, *o trabalho escolar implica uma direção.*

Com base nesse princípio mais geral, há que destacar o papel significativo do diretor da escola na gestão da organização do trabalho escolar. A participação, o diálogo, a discussão coletiva, a autonomia são práticas indispensáveis da gestão democrática, mas o exercício da democracia não significa ausência de responsabilidades. Uma vez tomadas as decisões coletivamente, participativamente, é preciso pô-las em prática. Para isso, a escola deve estar bem coordenada e administrada.

Não se quer dizer com isso que o sucesso da escola reside unicamente na pessoa do diretor ou em uma estrutura administrativa autocrática – na qual ele centraliza todas as decisões. Ao contrário, trata-se de entender o papel do diretor como o de um líder cooperativo, o de alguém que consegue aglutinar as aspirações, os desejos, as expectativas da comunidade escolar e articula a adesão e a participação de todos os segmentos da escola na gestão em um projeto comum. O diretor não pode ater-se apenas às questões administrativas. Como dirigente, cabe-lhe ter uma visão de conjunto e uma atuação que apreenda a escola em seus aspectos pedagógicos, administrativos, financeiros e culturais.

Diante dessas considerações, fica claro que a escolha do diretor de escola requer muita responsabilidade do sistema de ensino e da comunidade escolar. Infelizmente, predomina ainda no sistema escolar público brasileiro a nomeação arbitrária de diretores pelo governador ou pelo prefeito, em geral para atender a conveniências e a interesses político-partidários. Essa prática torna o diretor o representante do Poder Executivo na escola. Entretanto, há outras formas de escolha, como o concurso público e a eleição pelo voto direto ou representativo. Nesta última forma, é desejável que os candidatos à eleição tenham formação profissional específica e competência técnica, incluindo liderança, capacidade de gestão e conhecimento de questões pedagógico-didáticas.

5. Princípios e características da gestão escolar participativa

Conforme assinalamos nas seções anteriores, a escola é uma instituição social que apresenta unidade em seus objetivos (sociopolíticos e pedagógicos) e interdependência entre a necessária racionalidade no uso dos recursos (materiais e conceituais) e a coordenação do esforço humano coletivo. Qualquer modificação em sua estrutura ou nas funções do processo organizacional se projeta como influência benéfica ou prejudicial nos demais. Por ser um trabalho complexo, a organização e a gestão escolar requerem o conhecimento e a adoção de alguns princípios básicos, cuja aplicação se deve subordinar às condições concretas de cada escola.

São propostos os seguintes princípios da concepção de gestão democrático-participativa: autonomia da escola e da comunidade educativa; relação orgânica entre a direção e a participação dos membros da equipe escolar; envolvimento da comunidade no processo escolar; planejamento de atividades; formação continuada para o desenvolvimento pessoal e profissional dos integrantes da comunidade escolar; utilização de informações concretas e análise de cada problema em seus múltiplos aspectos, com ampla democratização das informações; avaliação compartilhada; relações humanas produtivas e criativas, assentadas em uma busca de objetivos comuns.

Autonomia da escola e da comunidade educativa

A autonomia é o fundamento da concepção democrático-participativa de gestão escolar, razão de ser do projeto pedagógico. É definida como a faculdade das pessoas de autogovernar-se, de decidir sobre o próprio destino. Instituição autônoma é a que tem poder de decisão sobre seus objetivos e sobre suas formas de organização, que se mantém relativamente independente do poder central e administra livremente recursos financeiros. Assim, as escolas podem traçar o próprio caminho, envolvendo professores, alunos, funcionários, pais e comunidade próxima, que se tornam corresponsáveis pelo êxito da instituição. Dessa forma, a organização escolar transforma-se em instância educadora, espaço de trabalho coletivo e de aprendizagem.

Certamente, trata-se de autonomia relativa. As escolas públicas não são organismos isolados, mas integram um sistema escolar e dependem das políticas e gestão públicas. Os recursos que asseguram os salários, as condições de trabalho e a formação continuada não são originados na própria instituição. Portanto, o controle local e comunitário não pode prescindir das responsabilidades e da atuação dos órgãos centrais e intermediários do sistema escolar. Isso significa que a direção de uma escola deve ser exercida tendo em conta, de um lado, o planejamento, a organização, a orientação e o controle de suas atividades internas, conforme suas características particulares e sua realidade, e, de outro, a adequação e a aplicação criadora das diretrizes gerais que recebe dos níveis superiores da administração do ensino.

Essa articulação nem sempre se dá sem problemas. O sistema de ensino pode estar desprovido de uma política global, estar mal organizado e mal administrado. As autoridades podem atribuir autonomia às escolas para, com isso, desobrigar o poder público de suas responsabilidades. Se, por sua vez, as instituições escolares se organizam segundo critérios e diretrizes restritas aos limites estreitos de cada uma, perdem de vista diretrizes gerais do sistema e sua articulação com a sociedade. Ou ainda, subordinando-se às diretrizes dos órgãos superiores, pode acontecer que as escolas as apliquem mecanicamente, sem levar em conta as condições reais de seu funcionamento. Por isso mesmo, a autonomia precisa ser gerida, implicando corresponsabilidade consciente, partilhada e solidária de todos os membros da equipe escolar, de modo que alcancem, eficazmente, os resultados de sua atividade, isto é, a formação cultural e científica dos alunos e o desenvolvimento neles de potencialidades cognitivas e operativas.

Relação orgânica entre a direção e a participação dos membros da equipe escolar

Este princípio conjuga o exercício responsável e compartilhado da direção, a forma participativa da gestão e a responsabilidade individual de cada membro da equipe escolar. Sob supervisão e responsabilidade do diretor, a equipe escolar formula o plano ou projeto pedagógico, toma decisões por meio da discussão com a comunidade escolar mais ampla, aprova um documento orientador. Em seguida, entram em ação as funções, os procedimentos e os instrumentos do processo organizacional, em que o diretor coordena, mobiliza, motiva, lidera, delega aos membros da equipe escolar, conforme suas atribuições específicas, as responsabilidades decorrentes das decisões, acompanha o desenvolvimento das ações, presta contas e submete à avaliação da equipe o desenvolvimento das decisões tomadas coletivamente.

Neste princípio está presente a exigência da participação de professores, pais, alunos, funcionários e outros representantes da comunidade, bem como a forma de viabilização dessa participação: a interação comunicativa, a busca do consenso em pautas básicas, o diálogo intersubjetivo. Por outro lado, a participação implica os processos de gestão, os modos de fazer, a coordenação e a cobrança dos trabalhos e, decididamente, o cumprimento de responsabilidades compartilhadas, conforme uma mínima divisão de tarefas e alto grau de profissionalismo de todos. *Portanto, a organização escolar democrática implica não só a participação na gestão, mas a gestão da participação.*

Conforme temos ressaltado neste texto, a gestão democrática não pode ficar restrita ao discurso da participação e às suas formas externas – eleições, assembleias e reuniões. Ela está a serviço dos objetivos do ensino, especialmente da qualidade cognitiva dos processos de ensino-aprendizagem. Além disso, a adoção de práticas participativas não está livre de servir à manipulação das pessoas, que podem ser induzidas a pensar que estão participando. De fato, frequentemente, são manipuladas por movimentos, partidos e lideranças políticas, em defesa dos próprios interesses. A participação não pode servir para respaldar decisões previamente definidas, mas deve ser forma de levar a equipe escolar a soluções inovadoras e criativas.

Envolvimento da comunidade no processo escolar

O princípio da autonomia requer vínculos mais estreitos com a comunidade educativa, constituída basicamente pelos pais, pelas entidades e pelas organizações paralelas à escola. A presença da comunidade na escola, especialmente dos pais, tem várias implicações. Prioritariamente, eles e os outros representantes participam do conselho de escola, da Associação de Pais e Mestres (ou organizações correlatas), para preparar o projeto pedagógico e acompanhar e avaliar a qualidade dos serviços prestados. Adicionalmente, usufruem da vivência das práticas democráticas de gestão, desenvolvendo atitudes e habilidades para participarem de outras instâncias decisórias no âmbito da sociedade civil (organizações de bairro, movimentos de mulheres, de minorias étnicas e culturais, movimentos de educação ambiental e outros) e contribuindo para o aumento da capacidade de fiscalização da sociedade civil sobre a execução da política educacional (Romão e Padilha, 1997). Além disso, a participação das comunidades escolares em processos decisórios dá respaldo a governos estaduais e municipais para encaminhar ao Poder Legislativo projetos de lei que atendam melhor às necessidades educacionais da população (Ciseski e Romão, 1997).

Planejamento das atividades

O princípio do planejamento justifica-se porque as escolas buscam resultados mediante ações pedagógicas e administrativas. Há necessidade, pois, de uma ação racional, estruturada e coordenada para a proposição de objetivos e estratégias de ação, provimento e ordenação dos recursos disponíveis, definição de cronogramas e de formas de controle e avaliação. O plano de ação ou o projeto pedagógico de determinado estabelecimento de ensino, devidamente discutido e analisado pela equipe escolar, torna-se o instrumento unificador das atividades ali desenvolvidas, convergindo em sua execução o interesse e o esforço coletivo dos membros da escola.

Formação continuada para o desenvolvimento pessoal e profissional dos integrantes da comunidade escolar

A concepção democrático-participativa de gestão valoriza o desenvolvimento pessoal, a qualificação profissional e a competência técnica. A escola é um espaço educativo, lugar de aprendizagem em que todos aprendem a participar dos processos decisórios, mas constitui também o local em que os profissionais desenvolvem seu profissionalismo.

A organização e a gestão do trabalho escolar requerem o constante aperfeiçoamento profissional – político, científico, pedagógico – de toda a equipe. Dirigir uma escola implica conhecer bem seu estado real, observar e avaliar constantemente o desenvolvimento do processo de ensino, analisar com objetividade os resultados, fazer compartilhar as experiências docentes bem-sucedidas.

Utilização de informações concretas e análise de cada problema em seus múltiplos aspectos, com ampla democratização das informações

Este princípio implica procedimentos de gestão baseados na coleta de dados e de informações reais e seguras, bem como na análise global dos problemas (buscar sua essência, suas causas, seus aspectos mais fundamentais, para além das aparências). Analisar os problemas em seus múltiplos aspectos significa verificar a qualidade das aulas, o cumprimento dos programas, a qualificação e a experiência dos professores, as características socioeconômicas e culturais dos alunos, os resultados do trabalho que a equipe se propôs atingir, a saúde dos alunos, a adequação entre métodos e procedimentos didáticos etc. A democratização da informação envolve o acesso de todos às informações, canais de comunicação que agilizem o conhecimento das decisões e de sua execução.

Avaliação compartilhada

Todas as decisões e procedimentos organizativos devem ser acompanhados e avaliados, com base no princípio da relação orgânica entre a direção e a participação dos membros da equipe escolar. Além disso, é preciso insistir que o conjunto das ações de organização do trabalho na escola está voltado para as ações pedagógico-didáticas, em razão dos objetivos básicos da instituição. O controle implica uma avaliação mútua entre direção, professores e comunidade.

Relações humanas produtivas e criativas, assentadas na busca de objetivos comuns

Este princípio indica a importância do sistema de relações interpessoais para a qualidade do trabalho de cada educador, para a valorização da experiência individual, para o clima amistoso de trabalho. A equipe escolar precisa investir sistematicamente na mudança das relações autoritárias para aquelas baseadas no diálogo e no consenso. As relações mútuas entre direção e professores, entre estes e seus alunos, entre direção e funcionários técnicos e administrativos devem combinar exigência e respeito, severidade e tato humano.

6. A estrutura organizacional de uma escola com gestão participativa

Para atingir suas finalidades, as instituições determinam papéis e responsabilidades. A maneira pela qual se compreendem a divisão de tarefas e de responsabilidades e o relacionamento entre os vários setores determina a estrutura organizacional. Esta dificilmente escapa de certa burocracia, até porque as escolas públicas integram um sistema educacional. O aspecto burocrático de determinada escola diz respeito, em geral, à existência de uma autoridade legal, com base na qual se estabelecem outros níveis hierárquicos (diretor, vice-diretor, assistente administrativo, coordenador etc.). Há regras e regulamentos impessoais definidos tanto para seleção de funcionários, carreira e remuneração quanto para o funcionamento da instituição. A despeito disso, as escolas podem (e devem) flexibilizar essa rigidez por meio de outros arranjos organizacionais, entre os quais a direção colegiada, a escolha de dirigentes por eleições, a gestão participativa, a gestão mediante conselhos etc. Para melhor compreender esses diferentes arranjos, consideremos os elementos da estrutura organizacional de uma escola.

Toda instituição escolar possui uma estrutura de organização interna, geralmente prevista no regimento escolar ou em legislação específica estadual ou municipal. O termo *estrutura* tem aqui o sentido de ordenamento e disposição de setores e funções que asseguram o funcionamento de um todo – no caso, a escola. Essa estrutura é com frequência representada graficamente em um organograma – desenho que mostra as inter-relações entre os vários setores e funções de uma organização ou serviço. Evidentemente, a forma do desenho reflete a concepção de organização e gestão, com base na legislação dos estados e municípios ou na própria concepção dos integrantes da escola, quando contam com o poder de formular suas próprias formas de gestão. No modelo técnico-racional, o organograma é sempre um desenho geométrico que expõe, em detalhes, a hierarquia entre as funções. Nos modelos autogestionário e democrático-participativo, é mais comum um desenho circular que exibe a integração entre as várias partes (ou funções) da estrutura organizacional.

A seguir, apresentamos os elementos de composição da estrutura organizacional básica, com os setores e as funções típicas de uma escola.

As informações sobre a estrutura organizacional das escolas foram retiradas, em boa parte, do livro de PARO, Vítor H. *Por dentro da escola pública*. São Paulo: Xamã, 1996.

Esquema 6 – Organograma básico da escola

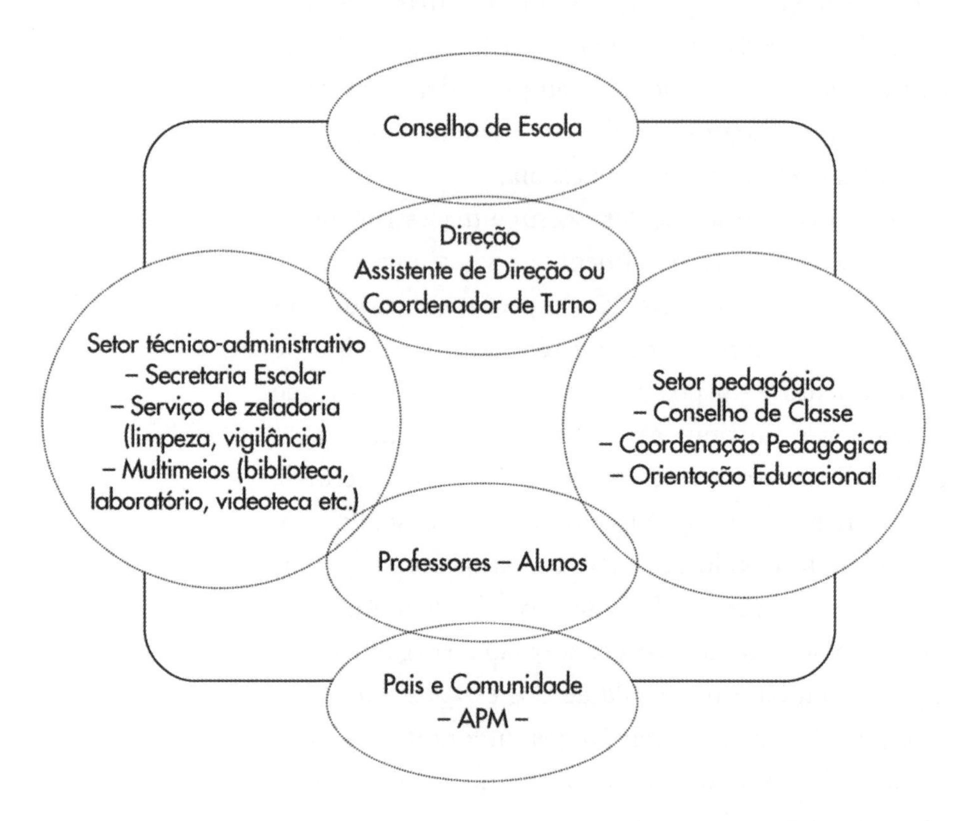

Conselho de escola

O conselho de escola tem atribuições consultivas, deliberativas e fiscais em questões definidas na legislação estadual ou municipal e no regimento escolar. Essas questões, geralmente, envolvem aspectos pedagógicos, administrativos e financeiros. Em vários estados, o conselho é eleito no início do ano letivo. Sua composição tem certa proporcionalidade de participação dos docentes, dos especialistas em educação, dos funcionários, dos alunos e seus pais, observando, em princípio, a paridade entre integrantes da escola (50%) e comunidade (50%). Em alguns lugares o conselho escolar é chamado de colegiado e sua função básica é democratizar as relações de poder (Paro, 1996; Ciseski e Romão, 1997).

Direção

O diretor coordena, organiza e gerencia todas as atividades da escola, auxiliado pelos demais elementos do corpo técnico-administrativo e do corpo de especialistas. Atende às leis, regulamentos e determinações dos órgãos superiores do sistema de ensino e às decisões no âmbito da escola assumidas pela equipe escolar e pela comunidade. O assistente de diretor desempenha as mesmas funções, na condição de substituto direto.

Setor técnico-administrativo

O setor técnico-administrativo responde pelos meios de trabalho que asseguram o atendimento dos objetivos e das funções da escola. Responde, também, pelos serviços auxiliares (zeladoria, vigilância e atendimento ao público) e pelo setor de multimeios (biblioteca, laboratórios, videoteca etc.).

A *secretaria escolar* cuida da documentação, da escrituração e da correspondência da escola, dos docentes e demais funcionários e dos alunos. Dedica-se, também, ao atendimento à comunidade. Para a realização desses serviços, a escola conta com um secretário e com escriturários ou auxiliares de secretaria.

A *zeladoria*, a cargo dos serventes, cuida da manutenção, conservação e limpeza do prédio; da guarda das dependências, instalações e equipamentos; da cozinha e da organização e distribuição da merenda escolar; da execução de pequenos consertos e outros serviços rotineiros da escola.

A *vigilância* cuida do acompanhamento dos alunos em todas as dependências do edifício, exceto na sala de aula, orientando-os sobre normas disciplinares e atendendo-os em caso de acidente ou enfermidade. Atenta também às solicitações, por parte dos professores, de material escolar, de assistência e de encaminhamento de alunos à direção, quando necessário.

O serviço de *multimeios* compreende a biblioteca, os laboratórios, os equipamentos audiovisuais, a videoteca e outros recursos didáticos. Em alguns lugares, são os professores que cuidam dos multimeios, organizando os equipamentos e auxiliando os colegas em sua utilização.

Setor pedagógico

O setor pedagógico compreende as atividades de coordenação pedagógica e orientação educacional. As funções dos especialistas na área variam conforme a legislação estadual e municipal, e, em muitos lugares, suas atribuições são unificadas em apenas uma pessoa ou são desempenhadas por professores. Como constituem funções especializadas, que envolvem habilidades bastante especiais, recomenda-se que seus ocupantes sejam formados em cursos específicos de Pedagogia.

O *coordenador pedagógico* ou professor-coordenador coordena, acompanha, assessora, apoia e avalia as atividades pedagógico-curriculares. Sua atribuição prioritária é prestar assistência pedagógico-didática aos professores em suas respectivas disciplinas no que diz respeito ao trabalho interativo com os alunos. Há lugares onde a coordenação se restringe à disciplina em que o coordenador é especialista; em outros, a coordenação atende a todas as disciplinas. Outra atribuição do coordenador pedagógico é o relacionamento com os pais e com a comunidade, especialmente no que se refere ao funcionamento pedagógico-curricular e didático da escola, à comunicação das avaliações dos alunos e à interpretação feita delas.

O *orientador educacional,* em escolas que mantêm essa função, cuida do atendimento e acompanhamento individual dos alunos em suas dificuldades pessoais e escolares, do relacionamento escola-pais e de outras atividades compatíveis com sua formação profissional.

O *conselho de classe* ou de série é órgão de natureza deliberativa no que tange à avaliação discente, resolvendo quanto a ações preventivas e corretivas sobre o rendimento dos alunos, o comportamento deles, promoções e reprovações e outras medidas relativas à melhoria da qualidade da oferta dos serviços educacionais e ao melhor desempenho escolar do alunato.

Instituições auxiliares

Paralelamente à estrutura organizacional, muitas escolas mantêm instituições auxiliares, como a Associação de Pais e Mestres (APM) e o Grêmio Estudantil, além de outras como a Caixa Escolar, vinculadas ao conselho de escola (quando existe) ou ao diretor.

A *APM* reúne os pais de alunos, o pessoal docente e técnico-administrativo e os alunos maiores de 18 anos. Costuma funcionar por meio de uma diretoria executiva e de um conselho deliberativo. O *Grêmio Estudantil* é uma entidade representativa dos alunos criada pela Lei Federal nº 7.398/1985, que lhes confere autonomia para se organizarem em torno de seus interesses, com finalidades educacionais, culturais, cívicas e sociais. Ambas as instituições costumam ser regulamentadas no regimento escolar, variando sua composição e estrutura organizacional. Todavia, é recomendável que tenham autonomia de organização e funcionamento, evitando qualquer tutelagem da Secretaria de Educação ou da direção da escola.

Em algumas escolas, existe a *Caixa Escolar*, com a finalidade de organização da assistência social, econômica, alimentar, médica e odontológica aos alunos carentes ou de acompanhamento e controle da utilização de recursos financeiros recebidos pela instituição.

Corpo docente e alunos

O corpo docente é o conjunto dos professores em exercício na escola, cuja função básica consiste em contribuir para o objetivo prioritário da instituição, o processo de ensino-aprendizagem. Os professores de todas as disciplinas formam, com a direção e os especialistas, a equipe escolar. Além de seu papel específico de docência, têm a responsabilidade de participar da elaboração do plano escolar ou projeto pedagógico, da realização das atividades escolares, das decisões do conselho de escola, de classe ou de série, das reuniões com pais (especialmente na comunicação e na interpretação da avaliação), da APM e das demais atividades cívicas, culturais e recreativas da comunidade.

O corpo discente inclui os alunos e, eventualmente, suas instâncias de representatividade.

7. As funções constitutivas do sistema de organização e de gestão da escola

A gestão democrático-participativa valoriza a participação da comunidade escolar no processo de tomada de decisão, concebe a docência como trabalho interativo e aposta na construção coletiva dos objetivos e do funcionamento da escola, por meio da dinâmica intersubjetiva, do diálogo, do consenso. As seções anteriores mostraram que o processo deliberativo inclui tanto a decisão (por meio de reuniões, discussões, estudo de documentos, consultas etc.) quanto as ações necessárias para pô-la em prática. Em razão disso, faz-se necessário o emprego de funções do processo organizacional.

De fato, como toda instituição, as escolas buscam resultados, o que implica uma atividade racional, estruturada e coordenada. Ao mesmo tempo, sendo de caráter coletivo, essa atividade não depende apenas das capacidades e responsabilidades individuais, mas também de objetivos comuns e compartilhados, de meios e ações coordenadas e controladas dos agentes do processo.

O processo de organização escolar dispõe, portanto, de funções, propriedades comuns ao sistema organizacional de uma instituição, com base nas quais se definem ações e operações necessárias ao funcionamento institucional. São quatro as funções constitutivas desse sistema:

a) planejamento: explicitação de objetivos e antecipação de decisões para orientar a instituição, prevendo o que se deve fazer para atingi-los;
b) organização: racionalização de recursos humanos, físicos, materiais, financeiros, criando e viabilizando as condições e modos para realizar o que foi planejado;

c) direção/coordenação: coordenação do esforço humano coletivo do pessoal da escola;
d) avaliação: comprovação e avaliação do funcionamento da escola.

A seguir, procuraremos detalhar cada uma dessas funções.

7.1. Planejamento escolar e projeto pedagógico-curricular

O planejamento consiste em ações e procedimentos para tomada de decisões a respeito de objetivos e atividades a ser realizadas em razão desses objetivos. É um processo de conhecimento e análise da realidade escolar em suas condições concretas, tendo em vista a elaboração de um plano ou projeto para a instituição. O planejamento do trabalho possibilita uma previsão de tudo o que se fará com relação aos vários aspectos da organização escolar e prioriza as atividades que necessitam de maior atenção no ano a que ele se refere. Assim, podem ser distribuídas as responsabilidades a cada setor da escola e aos membros da equipe.

Adotou-se aqui a expressão projeto pedagógico-curricular. Entretanto, o produto do processo de planejamento tem recebido outras denominações: projeto político-pedagógico, projeto pedagógico, projeto educativo, projeto da escola, plano escolar, plano curricular, todas se referindo ao mesmo objeto.

Toda organização precisa de um plano de trabalho que indique os objetivos e os meios de sua execução, superando a improvisação e a falta de rumo. A atividade de planejamento resulta, portanto, naquilo que aqui denominamos de *projeto pedagógico-curricular*. O projeto é um documento que propõe uma direção política e pedagógica ao trabalho escolar, formula metas, prevê as ações, institui procedimentos e instrumentos de ação.

É *pedagógico* porque formula objetivos sociais e políticos e meios formativos para dar uma direção ao processo educativo, indicando por que e como se ensina e, sobretudo, orientando o trabalho educativo para as finalidades sociais e políticas almejadas pelo grupo de educadores. O projeto expressa, pois, uma *atitude pedagógica,* que consiste em dar um sentido, um rumo, às práticas educativas, onde quer que sejam realizadas, e firmar as condições organizativas e metodológicas para a viabilização da atividade educativa (Libâneo, 1998).

É *curricular* porque propõe, também, o currículo, o referencial concreto da proposta pedagógica. O currículo é o desdobramento do projeto pedagógico, ou seja, a projeção dos objetivos, orientações e diretrizes operacionais previstas nele. Mas, ao pôr em prática esse projeto, o currículo também o realimenta e o modifica. Supõe-se, portanto, estreita articulação entre o projeto pedagógico e a proposta curricular, a fim de promover um entrecruzamento dos objetivos e estratégias para o ensino – formulados com base na identificação de necessidades e exigências da sociedade e do aluno, mediante critérios filosóficos, políticos, culturais e pedagógicos – com as experiências educacionais a ser proporcionadas aos alunos por meio do currículo.

Deve-se salientar que o projeto pedagógico-curricular é um documento que reproduz as intenções e o *modus operandi* da equipe escolar, cuja viabilização necessita das formas de organização e de gestão. Não basta ter o projeto; é preciso que seja levado a efeito. As práticas de organização e de gestão executam o processo organizacional para atender ao projeto.

7.2. Organização geral do trabalho

A segunda função do processo organizacional é a organização propriamente dita. Refere-se à racionalização do uso de recursos humanos, materiais, físicos, financeiros e informacionais e à eficácia na utilização desses recursos e meios de trabalho. A organização incide diretamente na efetividade do processo de ensino-aprendizagem, à medida que garante as condições de funcionamento da escola. Sua presença ou ausência interferem na qualidade das atividades de ensino. É necessário, portanto, que todos os aspectos da vida escolar sejam devidamente contemplados na organização geral da escola, ao longo de todo o ano letivo. A organização geral diz respeito a: condições físicas, materiais, financeiras; sistema de assistência pedagógico-didática ao professor; serviços administrativos, de limpeza e conservação; horário escolar, matrícula, distribuição de alunos por classes; normas disciplinares; contatos com pais etc.

Essas várias atividades podem ser agrupadas em quatro aspectos: organização da vida escolar, organização dos processos de ensino-aprendizagem, organização das atividades de apoio técnico-administrativo, organização das atividades que asseguram as relações entre escola e comunidade.

Organização da vida escolar

Trata-se da organização do trabalho escolar em função da especificidade e objetivos da escola. É o estabelecimento de condições ótimas de organização do espaço físico, de relações humanas satisfatórias, de adequada distribuição de tarefas, de sistema participativo de tomada de decisões, de condições apropriadas de higiene e limpeza, bem como de outras que concorram para o desenvolvimento e o alto rendimento escolar dos alunos, e de utilização eficaz dos recursos e meios de trabalho.

A estrutura organizacional e o cumprimento das atribuições de cada membro da equipe constituem elementos indispensáveis para o funcionamento da escola. Um mínimo de divisão de funções faz parte da lógica da organização educativa, sem comprometer a gestão participativa. Contudo, deve-se evitar a redução da estrutura organizacional a uma concepção estritamente funcional e hierarquizada de gestão, subordinando o pedagógico ao administrativo, impedindo a participação e a discussão e não levando em conta as ideias, valores e experiência dos professores.

Importante aspecto a ser ainda mencionado é a organização do tempo escolar, de modo que as atividades de aprendizagem sejam distribuídas racionalmente pelos dias da semana, observados os critérios pedagógicos e curriculares.

Organização do processo de ensino-aprendizagem

Este aspecto refere-se ao suprimento dos suportes pedagógico-didáticos necessários à organização do trabalho escolar. Compreende o currículo, a organização pedagógico-didática (planos, metodologias, organização dos níveis escolares, horários, distribuição de alunos por classes), assistência pedagógica sistemática aos professores, avaliação, ações de formação continuada, conselhos de classe etc.

Além de prover as condições físicas, materiais e didáticas mencionadas, é preciso organizar e acompanhar as atividades de elaboração do plano de ensino e prestar assistência pedagógico-didática aos professores na sala de aula. A organização do trabalho na sala de aula não visa apenas ao cumprimento dos programas,

mas também ao envolvimento dos alunos, à sua participação ativa, ao desenvolvimento de habilidades e capacidades intelectuais, ao trabalho independente, o que requer a imprescindível colaboração da coordenação pedagógica.

Organização das atividades de apoio técnico-administrativo

As tarefas administrativas têm a função de fornecer o apoio necessário ao trabalho docente. Abrangem as atividades de secretaria (prontuário de alunos e professores, registro escolar, arquivos, livros de registro, atendimento de pessoas etc.), serviços gerais (inspetores de alunos, serventes, merendeira, porteiros e vigias etc.), atividades de limpeza e conservação do prédio, provimento e conservação dos recursos materiais (equipamentos, mobiliário escolar, material didático), administração do espaço físico e das dependências. Incluem também a gestão de recursos financeiros.

Organização de atividades que asseguram a relação entre escola e comunidade

Implica ações que envolvem a escola e suas relações externas, tais como os níveis superiores de gestão do sistema escolar, os pais, as organizações políticas e comunitárias, a cidade e os equipamentos urbanos. O objetivo dessas atividades é buscar as possibilidades de cooperação e apoio, oferecidas pelas diferentes instituições, que contribuam para o aprimoramento do trabalho da escola, isto é, para as atividades de ensino e educação dos alunos. Espera-se, especialmente, que os pais atuem na gestão escolar, mediante canais de participação bem definidos.

7.3. Direção e coordenação

A direção e a coordenação correspondem a tarefas agrupadas sob o termo *gestão*. A gestão refere-se a todas as atividades de coordenação e acompanhamento do trabalho das pessoas, envolvendo o cumprimento das atribuições de cada membro da equipe, a realização do trabalho em equipe, a manutenção do clima de trabalho, a avaliação de desempenho. Essa definição aplica-se aos dirigentes escolares, mas é igualmente aplicável aos professores, seja em seu trabalho na sala de aula, seja quando são investidos de responsabilidades no âmbito da organização escolar.

Dirigir e coordenar significa assumir, no grupo, a responsabilidade por fazer a escola funcionar mediante o trabalho conjunto. Para isso, compete a quem dirige assegurar:

a) a execução coordenada e integral de atividades dos setores e indivíduos da escola, conforme decisões coletivas anteriormente tomadas;
b) o processo participativo de tomada de decisões, atentando, ao mesmo tempo, para que estas se convertam em medidas concretas efetivamente cumpridas pelo setor ou pelas pessoas em cujo trabalho são aplicadas;
c) a articulação das relações interpessoais na escola e no âmbito em que o dirigente desempenha suas funções.

Uma das qualidades da introdução, na escola, do projeto pedagógico-curricular é a discussão pública de objetivos, atividades e normas de funcionamento. A falta de unidade da ação educativa escolar pode resultar em efeitos prejudiciais aos objetivos de aprendizagem. Por exemplo, torna-se necessário haver um mínimo de normas, sempre decididas conjuntamente, sobre condutas dos professores com relação a cuidados com o mobiliário da escola, à sistemática de tarefas de casa, ao cumprimento dos horários de saída e entrada, a interrupções de aulas para merenda, a avisos administrativos.

Todos os profissionais da escola precisam estar aptos a dirigir e participar das formas de gestão. Todavia, em razão da necessária divisão de funções, correspondente à lógica da administração, deve-se ressaltar que algumas pessoas têm atribuições específicas de direção e coordenação, o que implica especialização profissional. Assim, o diretor e o coordenador pedagógico assumem o papel de coordenadores de ações voltadas para objetivos coletivamente estabelecidos. Na nova perspectiva de gestão, esses dois profissionais recebem a delegação de coordenar o trabalho coletivo, assegurando as condições de sua realização e, especialmente, as do ambiente formativo, para o desenvolvimento pessoal e profissional. Para isso, precisam reconhecer que sua ocupação tem uma característica genuinamente interativa, ou seja, está a serviço das pessoas e da organização, requerendo uma formação específica a fim de buscar soluções para os problemas, saber coordenar o trabalho conjunto, discutir e avaliar a prática, assessorar os professores e prestar-lhes apoio logístico na sala de aula.

7.4. Avaliação da organização e da gestão da escola

A avaliação é função primordial do sistema de organização e gestão. Ela supõe acompanhamento e controle das ações decididas coletivamente, sendo este último a observação e a comprovação dos objetivos e tarefas, a fim de verificar o estado real do trabalho desenvolvido. A avaliação permite pôr em evidência as dificuldades surgidas na prática diária, mediante a confrontação entre o planejamento e o funcionamento real do trabalho. Visa ao melhoramento do trabalho escolar, pois, conhecendo a tempo as dificuldades, pode-se analisar suas causas e encontrar meios de superá-las.

O controle e a avaliação dependem de informações concretas e objetivas sobre o andamento dos trabalhos, tendo como base o projeto pedagógico-curricular e as ações efetivas praticadas pelos vários elementos da equipe escolar. Para a coleta de informações, o diretor pode servir-se de observação, acompanhamento das salas de aula e do recreio, entrevistas pessoais com professores e outros servidores, reuniões sistemáticas ou extraordinárias, encontros informais com o pessoal docente, técnico e administrativo.

O acompanhamento e o controle comprovam os resultados do trabalho, evidenciam os erros, as dificuldades, os êxitos e fracassos relativos ao que foi planejado. A avaliação das atividades implica a análise coletiva dos resultados alcançados e a tomada de decisões sobre as medidas necessárias para solucionar as deficiências encontradas.

Capítulo III

As áreas de atuação da organização e da gestão escolar para melhor aprendizagem dos alunos

As áreas de atuação da organização e da gestão escolar para melhor aprendizagem dos alunos

Entendemos por áreas de atuação as atividades básicas que identificam uma instituição escolar e asseguram seu funcionamento, tendo em vista a melhor aprendizagem dos alunos. Conforme temos assinalado, as atividades e as formas de organização e de gestão da escola podem favorecer ou prejudicar o alcance dos objetivos pedagógicos. Por essa razão, as áreas de ação ou de atividades são organizadas e geridas para dar apoio pedagógico ao trabalho escolar, especialmente naquilo que auxilia os professores em seu exercício profissional na escola e na sala de aula.

Sugerimos seis áreas de atuação da organização e da gestão da escola:

a) o planejamento e o projeto pedagógico-curricular;
b) a organização e o desenvolvimento do currículo;
c) a organização e o desenvolvimento do ensino;
d) as práticas de gestão técnico-administrativas e pedagógico-curriculares;
e) o desenvolvimento profissional;
f) a avaliação institucional e da aprendizagem.

Essas áreas de atuação estão articuladas entre si, formando três blocos: o primeiro, de áreas vinculadas às finalidades da escola (projeto, currículo, ensino); o segundo, daquelas relacionadas aos meios (práticas de gestão e desenvolvimento profissional); o último, o da avaliação, envolvendo todas as demais áreas, incluindo os objetivos e os resultados. Permeando os três blocos, a cultura organizacional (ou comunidade de aprendizagem) constitui o espaço físico, psicológico e social em que todas essas áreas se realizam, mediante o papel agregador que podem ter o diretor da escola e a coordenação pedagógica (atuando pelas práticas de gestão). A figura abaixo mostra a inter-relação entre as seis áreas.

Esquema 7 – Seis áreas de atuação da organização e da gestão da escola

Tais áreas de atuação são, a nosso ver, fatores determinantes da eficácia escolar e da melhoria dos processos de ensino-aprendizagem.

1. O planejamento e o projeto pedagógico-curricular

A gestão da escola requer planejamento, cuja importância já destacamos em outro momento desta 4ª Parte. A ideia do planejamento nas escolas não é nova; aparece no início dos anos 60 do século XX e desenvolve-se na década de 1970, quando se difunde a prática do planejamento curricular. Posteriormente, consolidou-se a expressão *projeto pedagógico,* que confere maior amplitude à ideia de um planejamento abrangente de todo o conjunto das atividades escolares, e não apenas do currículo. Com a disseminação das práticas de gestão participativa, foi-se consolidando o entendimento de que o projeto pedagógico deveria ser pensado, discutido e formulado coletivamente, também como forma de construção da autonomia da escola, por meio da qual toda a equipe é envolvida nos processos de tomada de decisões sobre aspectos da organização escolar e pedagógico-curriculares.

A efetivação da prática de formulação coletiva do projeto pedagógico ainda é, na maior parte dos casos, bastante precária. Vigora mais como um princípio educativo do que como instrumento concreto de mudanças institucionais e de mudanças do comportamento e das práticas dos professores. Em boa parte das escolas, predomina o modelo burocrático de gestão: decisões centralizadas, falta de espírito de equipe, docentes ocupados apenas com suas atividades de aula, relações entre professores e alunos ainda formais e regidas por regras disciplinares.

O projeto pedagógico-curricular é o documento que reflete as intenções, os objetivos, as aspirações e os ideais da equipe escolar, tendo em vista um processo de escolarização que atenda a todos os alunos. Seguem-se quatro razões que justificam a importância desse projeto.

a) Na escola, a direção, os especialistas, os professores, os funcionários e os alunos estão envolvidos em uma atividade conjunta, para a formação humana destes últimos. Se essa formação implica valores, convicções e práticas educativas muito concretas, orientadas para certa direção, é desejável que a escola tenha certos padrões comuns de conduta, certa unidade de pensamento e ação. Surge, então, a necessidade de explicitação de objetivos e práticas comuns. Por isso, o projeto pedagógico-curricular é a expressão das aspirações e interesses do grupo de especialistas e professores.
b) O projeto resulta de práticas participativas. O trabalho coletivo, a gestão participativa, é exigência ligada à própria natureza da ação pedagógica; propicia a realização dos objetivos e o bom funcionamento da escola, para o que se requer unidade de ação e processos e procedimentos de tomada de decisões. Nasce, então, a necessidade da elaboração, do desenvolvimento e da avaliação da proposta educacional ou do projeto pedagógico-curricular da escola.
c) A formulação do projeto pedagógico-curricular é, também, prática educativa, manifestação do caráter

formativo do ambiente de trabalho. Ou seja, a organização escolar, o sistema de gestão e de tomada de decisões, carrega uma dimensão educativa, constitui espaço de formação. O projeto pedagógico, assim entendido, é ingrediente do potencial formativo das situações de trabalho. Os profissionais (direção, coordenação pedagógica, professores, funcionários) aprendem por meio da organização, do ambiente em que exercem sua ocupação. Por sua vez, as organizações também aprendem, mudando junto com seus profissionais. Todos podem aprender a fazer do exercício do trabalho um objeto de reflexão e pesquisa. Os indivíduos e os grupos mudam mudando o próprio contexto em que atuam.

d) O projeto expressa o grau de autonomia da equipe escolar. Essa autonomia passa pelo trabalho coletivo e pelo projeto pedagógico. Realizar um trabalho coletivo significa conseguir que o grupo de educadores tenha pontos de partida (princípios) e de chegada (objetivos) comuns, envolve sistema e práticas de gestão negociadas, unidade teórico-metodológica no trabalho docente, sistema explícito e transparente de acompanhamento e avaliação.

A pergunta mais importante a ser respondida pela equipe escolar no momento de elaboração do projeto pedagógico-curricular é: o que se pode fazer, que medidas devem ser tomadas, para que a escola melhore, para que favoreça uma aprendizagem mais eficaz e duradoura dos alunos?

O projeto pedagógico-curricular concretiza o processo de planejamento, de modo que as fases deste acabam confundindo-se com as fases daquele. É bastante conveniente que as fases de elaboração do projeto sejam desenvolvidas com base em esboço prévio formulado por uma comissão escolhida pela equipe escolar. Esse esboço permite destacar os tópicos do projeto e distribuir responsabilidades para a coleta de dados, para a análise e interpretação, para o estabelecimento de metas e atividades. Os documentos prévios precisam ser discutidos e aprovados, preferencialmente mediante consenso em torno de pontos comuns. É indispensável que a discussão sobre o documento final seja concluída com a determinação de tarefas, prazos, formas de acompanhamento e de avaliação (o que se fará, quem fará, quais são os critérios de avaliação).

Sugere-se que as decisões a ser tomadas em razão do projeto pedagógico considerem ao menos os seguintes pontos:

a) *Princípios (pontos de partida comuns):* é desejável que os professores e os especialistas formem um consenso mínimo em torno de opções sociais, políticas e pedagógicas, do papel social e cultural da escola na sociedade.
b) *Objetivos (pontos de chegada comuns):* expressam intenções bem concretas, com base em um diagnóstico prévio. Este propicia um retrato realista da situação, dos problemas, das necessidades pessoais e sociais dos alunos relativas à escolarização.
c) *Sistema e práticas de gestão negociadas:* a participação na gestão democrática implica decisões sobre as formas de organização e gestão. É preciso que a direção e os professores entrem em acordo sobre as práticas de gestão. Por exemplo, define-se que as decisões sejam tomadas coletivamente, que todos

entrem em acordo sobre elas com base em um consenso mínimo. Entretanto, uma vez tomadas as decisões, atribuem-se responsabilidades e faz-se o acompanhamento e a avaliação do trabalho.

d) *Unidade teórico-metodológica no trabalho pedagógico-didático:* começa pela definição de objetivos comuns e é assegurada pela coordenação pedagógica. É desejável que a escola tenha unidade na concepção de currículo e linha pedagógico-didática da qual todos possam compartilhar, como requisitos para trabalhar com a interdisciplinaridade.

e) *Sistema explícito e transparente de acompanhamento e avaliação do projeto e das atividades da escola:* o acompanhamento e a avaliação põem em evidência as dificuldades surgidas na implementação e na execução do projeto e dos planos de ensino, confrontando o que foi decidido e o que está sendo feito. A avaliação depende de informações concretas e objetivas, o que supõe o acompanhamento.

O projeto pedagógico-curricular considera o já *instituído* (legislação, currículos, conteúdos, métodos, formas organizativas da escola e outros), mas tem também algo de *instituinte.* O grupo de profissionais da escola pode criar, reinventar a instituição, os objetivos e as metas mais compatíveis com os interesses dela e da comunidade.

A característica instituinte do projeto significa que ele institui, estabelece, cria objetivos, procedimentos, instrumentos, modos de agir, formas de ação, estruturas, hábitos, valores. Significa, também, que a cada período do ano letivo é avaliado para que se tomem novas decisões, se retome o rumo, se corrijam desvios.

Todo projeto é, portanto, inconcluso, porque as escolas são instituições marcadas pela interação entre pessoas, por sua intencionalidade, pela interligação com o que acontece em seu exterior (na comunidade, no país, no mundo), o que leva a concluir que elas não são iguais. As organizações são, pois, construídas e reconstruídas socialmente.

Sugerimos aqui um roteiro para a formulação do projeto pedagógico-curricular:

1. Contextualização e caracterização da escola:
   - aspectos sociais, econômicos, culturais, geográficos;
   - condições físicas e materiais;
   - caracterização dos elementos humanos;
   - breve história da escola (como surgiu, como vem funcionando, administração, gestão, participação dos professores, visão que os alunos têm dela, pais, escola e comunidade).
2. Concepção de educação e de práticas escolares:
   - concepção de escola e de perfil de formação dos alunos;
   - princípios norteadores da ação pedagógico-didática.
3. Diagnóstico da situação atual:
   - levantamento e identificação de problemas e de necessidades a atender;
   - definição de prioridades.
4. Objetivos gerais.
5. Estrutura de organização e gestão:
   - aspectos organizacionais;
   - aspectos administrativos;
   - aspectos financeiros.
6. Proposta curricular:
   - fundamentos sociológicos, psicológicos, culturais, epistemológicos, pedagógicos;

- organização curricular (da escola, das séries ou dos ciclos, plano de ensino da disciplina) – objetivos, conteúdos, desenvolvimento metodológico, avaliação da aprendizagem.

7. Proposta de formação continuada de professores.
8. Proposta de trabalho com pais, com a comunidade e com outras escolas de uma mesma área geográfica.
9. Formas de avaliação do projeto.

2. A organização e o desenvolvimento do currículo

O currículo é a concretização, a viabilização das intenções e orientações expressas no projeto pedagógico. Há muitas definições de currículo: conjunto de disciplinas, resultados de aprendizagem pretendidos, experiências que devem ser proporcionadas aos estudantes, princípios orientadores da prática, seleção e organização da cultura. No geral, compreende-se o currículo como um modo de seleção da cultura produzida pela sociedade, para a formação dos alunos; é tudo o que se espera seja aprendido e ensinado na escola. A definição seguinte sintetiza bem a noção que nos parece adequada:

> *{Currículo é} o conjunto dos conteúdos cognitivos e simbólicos (saberes, competências, representações, tendências, valores) transmitidos (de modo explícito ou implícito) nas práticas pedagógicas e nas situações de escolarização, isto é, tudo aquilo a que poderíamos chamar de dimensão cognitiva e cultural da educação escolar* (Forquin, 1993).

Há, pelo menos, três tipos de manifestações: currículo formal, currículo real e currículo oculto.

O *currículo formal* ou oficial é aquele estabelecido pelos sistemas de ensino, expresso em diretrizes curriculares, nos objetivos e conteúdos das áreas ou disciplinas de estudo. Podemos citar como exemplo os parâmetros curriculares nacionais e as propostas curriculares dos estados e dos municípios.

O *currículo real* é aquele que de fato acontece na sala de aula, em decorrência de um projeto pedagógico e dos planos de ensino. É tanto o que sai das ideias e da prática dos professores, da percepção e do uso que eles fazem do currículo formal, como o que fica na percepção dos alunos. Alguns autores chamam de *experienciado* o currículo tal qual é internalizado pelos alunos. É importante ter claro que, muitas vezes, o que é realmente aprendido, compreendido e retido pelos alunos não corresponde ao que os professores ensinam ou creem estar ensinando.

O *currículo oculto* refere-se àquelas influências que afetam a aprendizagem dos alunos e o trabalho dos professores e são provenientes da experiência cultural, dos valores e significados trazidos de seu meio social de origem e vivenciados no ambiente escolar – ou seja, das práticas e experiências compartilhadas na escola e na sala de aula. É chamado de oculto porque não se manifesta claramente, não é prescrito, não aparece no planejamento, embora constitua importante fator de aprendizagem.

A distinção entre esses vários níveis de currículo serve para mostrar que aquilo que os alunos aprendem na escola ou deixam de aprender depende de muitos fatores, e não apenas das disciplinas previstas na grade curricular.

Embora as escolas trabalhem quase sempre com o currículo oficial, na realidade são os professores, o corpo técnico e os pais que acabam por definir o currículo real.

Se entendemos que currículo é o que fica, o internalizado, independentemente do prescrito na esfera oficial, então, com efeito, o que influi na vida escolar dos alunos é o currículo real. A consideração deste currículo, ao lado do oficial, no planejamento pedagógico-curricular leva a escola e os professores a confrontar a cultura elaborada do currículo formal com as situações de fato vividas no ambiente escolar e nas salas de aula. Por essa razão, é importante insistir no entendimento da cultura da escola – a cultura organizacional – como importante elemento curricular. No âmbito dessa cultura, aparecem a linguagem dos professores, as atitudes que tomam com relação às diferenças individuais dos alunos, o modo pelo qual estes se relacionam entre si, as atitudes nas brincadeiras e nos jogos, a higiene e a limpeza nas dependências da escola e outros fatores que criam o currículo real.

Isso significa que tão importantes quanto as aprendizagens formais são as aprendizagens não formais, informais e espontâneas, isto é, o currículo oculto, resultante das relações vividas na família, na comunidade, nas mídias. Esse currículo representa tudo o que os alunos aprendem pela convivência espontânea com as várias práticas, atitudes, comportamentos, gestos e percepções em vigor no meio social e escolar. Portanto, a construção e elaboração da proposta curricular implicam a compreensão de que o currículo, mais do que os conteúdos escolares inscritos nas disciplinas, é o conjunto dos vários tipos de aprendizagens: aquelas exigidas pelo processo de escolarização, mas também os valores, comportamentos, atitudes adquiridas nas vivências cotidianas na comunidade, na interação entre professores, alunos e funcionários, nos jogos e no recreio e em outras atividades concretas que acontecem na escola, as quais denominamos ora de currículo real, ora de currículo oculto.

Ao planejar o currículo da escola, valendo-se do currículo oficial, é necessário considerar alguns princípios práticos.

a) Um currículo precisa ser democrático, isto é, garantir a todos uma base cultural e científica comum e uma base comum de formação moral e de práticas de cidadania (relativa a critérios de solidariedade e justiça, à alteridade, à descoberta e respeito do outro, ao aprender a viver junto etc.).
b) O currículo escolar representa o cruzamento de culturas, constituindo espaço de síntese, uma vez que a cultura elaborada se articula com os conhecimentos e experiências concretas dos alunos em seu meio social e com a cultura dos meios de comunicação, da cidade e de suas práticas sociais. Isso significa propiciar aos alunos conhecimentos e experiências diversificadas, integrando no currículo a variedade de culturas que perpassa a escola: a científica, a acadêmica, expressa no currículo, a social, a dos alunos, a das mídias, a escolar (organizacional). Trata-se de compreender a escola como lugar de síntese entre a cultura formal, sistematizada, e a cultura experienciada na família, na rua, na cidade, nas mídias e em outros contextos culturais, o que implica formular coletivamente formas pedagógico-didáticas de assegurar essa articulação.
c) O provimento da cultura escolar aos alunos e a constituição de um espaço democrático na organização escolar devem incluir a interculturalidade: o respeito e valorização da diversidade cultural e das diferentes origens sociais dos alunos, o combate ao racismo e a

outros tipos de discriminação e preconceito. O currículo intercultural é o que, com uma base comum de cultura geral para todos, acolhe a diversidade e a experiência particular dos diferentes grupos de alunos e propicia, na escola e nas salas de aula, um espaço de diálogo e comunicação entre grupos sociais diversos. Um dos mais relevantes objetivos democráticos do ensino consiste em fazer da instituição escolar um lugar em que todos possam experimentar sua própria forma de realização e sucesso.

d) Por outro lado, trata-se não apenas de atender às necessidades e expectativas da comunidade, de modo que se respeite a cultura local, mas também pensar sobre valores, modos de vida e hábitos que precisam ser modificados, para a construção de um projeto civilizatório.

e) Currículo tem que ver com a organização espacial da cidade e com o modo pelo qual as pessoas de todos os segmentos sociais se movem nela. Trata, portanto, da qualidade de vida possível, mediante a análise dos elementos que demarcam a dinâmica da cidade: produção, circulação, moradia.

f) Um bom currículo ajuda a fortalecer a identidade pessoal, a subjetividade dos alunos. Trata não só de atender e favorecer a diversidade entre o alunato, mas também de promover em cada aluno competências distintas que os tornem mais plenos e autônomos em seu desenvolvimento pessoal, o que, sem dúvida, pode facilitar igualmente seu êxito profissional.

g) A organização curricular precisa prever tentativas de enriquecimento do currículo, pela interdisciplinaridade, e de coordenação de disciplinas, por meio de projetos comuns.

3. A organização e o desenvolvimento do ensino

Temos reiterado o entendimento de que a razão de buscar um melhor funcionamento das escolas se deve ao fato de a instituição escolar estar a serviço da aprendizagem dos alunos e, portanto, precisar investir nas condições que favoreçam um bom ensino.

O êxito da escola, sobretudo da escola pública, depende não apenas do exercício da democracia no espaço escolar, da gestão participativa, da introdução de inovações técnicas, mas também, basicamente, da qualidade cognitiva e operativa das aprendizagens, propiciada a todos os alunos em condições iguais. Na sala de aula, podemos realizar, como professores, a justiça social em matéria de educação. Por meio da formação cultural – de sólidos conhecimentos e capacidades cognitivas fortemente desenvolvidas –, os filhos das camadas médias e pobres da população podem tomar posse de uma vida mais digna e mais completa, com maior capacidade operativa (saber fazer, saber agir) e maior participação democrática.

Há razoável consenso acerca de proposições sociointeracionistas: o papel ativo do sujeito na aprendizagem escolar, a aprendizagem interdisciplinar, o desenvolvimento de competências do pensar, a interligação das várias culturas que perpassam a escola etc. Atualmente, a metodologia de ensino está assentada em quatro referências básicas:

a) ligação entre a cultura elaborada e a cultura experienciada dos alunos;

b) uma pedagogia do pensar, que promova o aprender a pensar e o aprender a aprender;
c) uma pedagogia diferenciada;
d) ensino e prática de valores e atitudes na escola e na sala de aula.

A organização do ensino depende de algumas condições imprescindíveis a ser propiciadas pela escola. Por exemplo: projeto pedagógico-curricular e plano de trabalho bem definidos, coerentes, com os quais os professores se sintam identificados; orientação metodológica segura por parte da coordenação pedagógica, implicando assistência permanente aos professores; formas de agrupamento de alunos, materiais de estudo e bons livros didáticos; sistema de avaliação da aprendizagem assumido por todos os professores e formas de acompanhamento dos alunos com dificuldades; práticas de gestão participativa.

São requeridas, também, disposições e condições da parte dos professores, tais como: domínio dos conteúdos e adequação destes aos conhecimentos que o aluno já possui, a seu desenvolvimento mental, a suas características socioculturais e suas diferenças; domínio das metodologias de ensino correspondentes aos conteúdos; clareza nos objetivos propostos, acentuando o desenvolvimento de capacidades cognitivas e de habilidades de pensar e aprender; planos de ensino e de aula; uma classe organizada, alunos motivados e sem tensão; levar em conta a prática do aluno, saber planejar atividades em que ele desenvolva sua atividade mental; dominar procedimentos e instrumentos de avaliação da aprendizagem.

4. As práticas de gestão

Conforme temos insistido ao longo deste livro, todos os setores administrativos e pedagógicos e todas as pessoas que atuam na organização escolar desempenham papéis educativos, porque o que acontece na escola diz respeito tanto aos aspectos intelectuais como aos aspectos físicos, sociais, afetivos, morais e estéticos. As crianças não aprendem conhecimentos, habilidades, atitudes e valores apenas na sala de aula; aprendem também na vivência cotidiana com a família, nas relações com colegas, no ambiente escolar. Verifica-se, portanto, que o ambiente escolar, suas formas de organização e gestão, as relações sociais que nele vigoram têm forte componente educativo. Ou seja, muitos aspectos do desenvolvimento moral e social dos alunos dependem da interiorização de normas e princípios – aprendidos socialmente, em contextos de interação social – sobre o que é, por exemplo, bom e mau, justo e injusto.

Importa, pois, considerar instâncias educativas não apenas as salas de aula, os laboratórios, mas também os estilos e práticas de gestão, a entrada e saída das salas, o recreio, o atendimento na secretaria, o serviço de merenda, as práticas esportivas, as relações entre serventes e alunos, a higiene e asseio dos banheiros etc.

As práticas de gestão dizem respeito a ações de natureza técnico-administrativa e pedagógico-curricular.

4.1. Ações de natureza técnico-administrativa

Estas ações englobam: a legislação escolar e as normas administrativas; os recursos físicos, materiais, didáticos e financeiros; a direção e a administração, incluindo as rotinas administrativas; a secretaria escolar.

A legislação escolar e as normas administrativas

As leis e regulamentos oficiais constituem matéria de conhecimento que a escola e sua equipe não podem ignorar. Os profissionais da instituição precisam ter à disposição a legislação escolar, as normas e disposições administrativas que vêm das instâncias do sistema escolar. Tais documentos devem ser informados sistematicamente à equipe da escola.

Essa questão é relevante, uma vez que tanto a vida pessoal e profissional dos professores como as rotinas administrativas e pedagógicas são, em boa parte, decorrentes de expedientes legislativos e administrativos. Seria útil que a escola dispusesse de síntese atualizada das informações jurídicas e administrativas referentes aos assuntos principais e mais problemáticos da gestão escolar, como: vida funcional de funcionários e professores; regimento interno; diretrizes e normas pedagógicas para questões específicas relacionadas com currículo, planos de trabalho, controles financeiros; etc. Para isso, a escola pode ter um setor específico de informação e documentação.

Os recursos físicos, materiais, didáticos e financeiros

Esses aspectos, também chamados de infraestrutura, envolvem o edifício escolar, as instalações, as salas de direção e coordenação, os laboratórios, a biblioteca, materiais, mobiliário e equipamentos necessários, materiais didáticos (mapas, vídeos, projetores etc.).

O edifício e suas instalações são fatores sumamente importantes para o êxito do trabalho escolar. Espera-se que a construção seja adequada aos objetivos escolares: pátio de circulação e recreação, bebedouros, espaço de ajardinamento, área coberta, salas para a secretaria, para a direção e para a coordenação pedagógica, sala de reuniões, sala de professores, salas de aula com boa iluminação e arejamento e com tamanho proporcional ao número de alunos (12 m^2 por aluno), banheiros limpos, biblioteca, laboratórios, quadras de esporte, cozinha etc. O mobiliário e o material didático devem ser adequados e suficientes, para assegurar aos alunos, aos serviços administrativos e pedagógicos e aos professores as condições necessárias de desenvolvimento do trabalho e garantir a qualidade do ensino.

Em relação aos recursos financeiros, revela-se cada vez mais importante que diretores, coordenadores e professores tenham conhecimento básico do assunto. Atualmente, as escolas vêm gerindo recursos financeiros, em decorrência da política de descentralização promovida em alguns estados do país.

Os planos financeiros envolvem o orçamento, que prevê as receitas e as despesas. A previsão das despesas da escola, em muitos casos, pode ser discutida pela equipe escolar por ocasião da formulação do projeto pedagógico-curricular. As Secretarias de Educação geralmente dispõem de orientações específicas sobre orçamento, despesas, escrituração e formas de avaliação e controle dos recursos recebidos e gastos efetuados. Na 2ª Parte deste livro são encontradas mais informações sobre essas questões.

A direção e a administração, as rotinas organizacionais e administrativas

O funcionamento da escola e, sobretudo, a qualidade da aprendizagem dos alunos dependem de boa direção e de formas democráticas e eficazes de gestão do trabalho escolar. É preciso estar claro que a direção e a administração da escola são meios para garantir os objetivos educacionais. Dessa forma, uma escola bem organizada administra com eficiência seus recursos materiais e financeiros, assim como o trabalho de seu pessoal, e emprega processos e procedimentos de gestão, propiciando as condições favoráveis às atividades de ensino-aprendizagem.

A secretaria escolar e os serviços gerais

Os serviços de secretaria referem-se a várias atividades:

- recepção de pais, alunos, professores, visitantes;
- assistência administrativa à direção e à coordenação pedagógica;
- comunicações e informações a alunos e professores;
- atendimento de rotinas administrativas referentes ao funcionamento pedagógico da escola (cadastros, listas de alunos, controle de frequência, expedição de documentos etc.);
- gestão do patrimônio e das finanças;
- registro, guarda e expedição de documentação escolar dos alunos;
- serviços de impressão e cópias;
- controles funcionais do pessoal docente e dos funcionários;
- controle de correspondência e comunicações por telefone e internet.

Essa breve lista mostra que há funções de recepção e de contato com as pessoas e atribuições administrativas propriamente ditas, sempre a serviço da atividade educativa da escola. A secretaria costuma ser o lugar procurado, em primeiro lugar, para pedir informação, para falar com o diretor, para resolver problemas, para contatar a família, para tratar de questões administrativas etc. Por isso, a atividade de recepção e de relações públicas requer do pessoal que aí trabalha atitudes de atenção, respeito e sensibilidade, criando um clima favorável para a resolução dos problemas que motivaram a presença da pessoa na secretaria ou na sala do diretor.

Os serviços gerais incluem as atividades desenvolvidas por serventes, inspetores de alunos, merendeiras, porteiros e vigias. Em alguns lugares, há serviços de cantina. A direção da escola precisa cuidar desse setor, não só exigindo serviços de qualidade, mas também discutindo sobre o trabalho a ser feito e introduzindo modalidades de formação continuada, para que os funcionários se conscientizem de que são integrantes da equipe escolar e seu trabalho também contribui para a formação dos alunos.

4.2. Ações de natureza pedagógico-curricular

Essas ações dizem respeito à gestão do projeto pedagógico-curricular, do currículo, do ensino, do desenvolvimento profissional e da avaliação, ou seja, à gestão dos próprios elementos que constituem a natureza da atividade escolar. Todos os membros da equipe escolar estão envolvidos nessas ações, mas a responsabilidade direta sobre elas é da direção e da coordenação pedagógica. Em tópicos anteriores, essas questões foram bastante desenvolvidas, sendo suficiente tecer algumas considerações sobre o papel dos profissionais que desempenham essas funções.

O diretor de escola tem atribuições pedagógicas e administrativas próprias, e uma das mais importantes é gerir o processo de tomada de decisões por meio de práticas participativas. Em geral, ele atua mais diretamente nos aspectos administrativos, delegando os aspectos pedagógico-curriculares a uma coordenação pedagógica (ou outra designação equivalente ao trabalho de pedagogo escolar).

Outro aspecto essencial do trabalho de diretor é seu papel de intermediário entre a escola e as instâncias superiores do sistema escolar (autoridades ligadas à supervisão do ensino). Tais instâncias desempenham importante papel no sistema escolar. As escolas estão vinculadas a um sistema de normas e diretrizes regido por autoridades do Estado, as quais têm a incumbência de indicar objetivos mais amplos da qualidade de ensino a ser atingida, fornecer os meios concretos para alcançá-los, acompanhar a aplicação de normas ou ações e efetuar a avaliação das escolas. Todavia, o diretor pode pôr em discussão tais formas de intervenção, a fim de reavaliar o impacto dessas orientações externas nos objetivos e práticas da comunidade escolar. Trata-se de postura crítico-construtiva da equipe escolar.

Há que levar em conta, também, as relações da escola com os pais, com a comunidade, com sindicatos, associações civis e partidos políticos. Tais relações são necessárias e desejáveis, mas devem ser bem conduzidas e avaliadas. Na verdade, essas entidades sempre representam interesses que precisam ser compatíveis com os da escola, dos professores e alunos. Elas podem provocar influências políticas, culturais e partidárias no funcionamento interno da escola em grau bem maior do que o desejado ou sentido como correto, ao serem considerados os objetivos que a instituição busca.

Em um contexto de intensas mudanças na sociedade e nas escolas, é conveniente que a direção esteja aberta a inovações e tenha alta capacidade de liderança, para motivar os docentes a envolver-se nas iniciativas destinadas a melhorar o funcionamento da escola e das salas de aula.

A coordenação pedagógica, desempenhada pelo pedagogo escolar, responde pela viabilização do trabalho pedagógico-didático e por sua integração e articulação com os professores, em função da qualidade do ensino. A coordenação pedagógica tem como principal atribuição a assistência pedagógico-didática aos professores para que cheguem a uma situação ideal de qualidade de ensino (considerando o ideal e o possível); ajuda-os a conceber, construir e administrar situações de aprendizagem adequadas às necessidades educacionais dos alunos. De acordo com estudos recentes sobre formação continuada de professores, o papel do coordenador pedagógico é o de monitoração sistemática da prática pedagógica docente, sobretudo mediante procedimentos de reflexão e investigação. Registramos, a seguir, uma lista de atribuições da coordenação pedagógica.

Cabe-lhe, entre outras atribuições, o acompanhamento das atividades de sala de aula, em atitude de colaboração com o professor da classe; a supervisão da elaboração de diagnósticos, para o projeto pedagógico-curricular da escola e para outros planos e projetos; a orientação da organização curricular e o desenvolvimento do currículo, incluindo a assistência direta aos professores na elaboração dos planos de ensino, na escolha de livros didáticos, nas práticas de avaliação da aprendizagem; a coordenação de reuniões pedagógicas e entrevistas com professores, para promover relação horizontal e vertical entre disciplinas, estimular a realização de projetos conjuntos entre os professores, diagnosticar problemas de ensino-aprendizagem, adotando medidas pedagógicas preventivas, e adequar conteúdos, metodologias e práticas avaliatórias; a proposição e a coordenação de atividades de formação continuada e de desenvolvimento profissional dos professores.

Há divergências significativas sobre a diferenciação entre atividades administrativas e atividades pedagógicas e sobre se a direção administrativa e a direção pedagógica devem ser exercidas necessariamente por alguém com formação docente. No Brasil, difundiu-se bastante a ideia de que a direção e a coordenação pedagógica são formas diferenciadas de uma única função, a docente. Defendemos a posição de que tanto o diretor de escola quanto o coordenador pedagógico desempenham, cada um, funções específicas, que requerem formação profissional também específica, distinta da proporcionada na formação inicial de professores. Nesse caso, o diretor não precisa exercer nem ter exercido a docência, embora deva receber formação para lidar com questões de ensino-aprendizagem. Em outras palavras, as funções de direção, de coordenação pedagógica e docente não precisam coincidir necessariamente.

5. O desenvolvimento profissional (formação continuada)

Esta área de atuação refere-se ao aprimoramento profissional do pessoal docente, técnico e administrativo no próprio contexto de trabalho. Atualmente, o desenvolvimento profissional não se restringe mais ao mero treinamento. A ideia é que a própria escola constitui lugar de formação profissional, por ser sobretudo nela, no contexto de trabalho, que os professores e demais funcionários podem reconstruir suas práticas, o que resulta em mudanças pessoais e profissionais.

O desenvolvimento profissional, como eixo da formação docente, precisa articular-se, ao mesmo tempo, com o desenvolvimento pessoal e com o desenvolvimento organizacional. O desenvolvimento pessoal diz respeito aos investimentos pessoais dos professores em seu próprio processo de formação, por meio do trabalho crítico-reflexivo sobre sua práxis e da reconstrução de sua identidade pessoal, resultando nos saberes da experiência. O desenvolvimento organizacional refere-se às formas de organização e de gestão da escola como um todo, especialmente àquelas referentes ao trabalho coletivo. A articulação desses três níveis de formação docente ressalta a importância das decisões que ocorrem no âmbito da escola, dos projetos de trabalho compartilhados (Nóvoa, 1992).

As ações de desenvolvimento profissional estão muito ligadas à cultura organizacional, à dimensão informal da organização que afeta o desenvolvimento desta, conforme já discutimos. Com efeito, a atividade profissional dos professores está inserida em uma organização, em seus modos de agir e ser, cujas regras são aprendidas e ao mesmo tempo produzidas por seus membros (direção, coordenação pedagógica, professores, funcionários, alunos, pais). Como se trata de organização *educativa*, em que tudo educa – o edifício escolar, as condições materiais, a conduta de professores e funcionários da secretaria, o nível de limpeza e outros elementos –, as ações de desenvolvimento profissional não podem estar separadas das práticas de gestão e da cultura organizacional. Nesse sentido, pode-se afirmar:

- a escola, como organização e contexto da ação dos professores, pode ajudar na vida pessoal e profissional do professor;
- uma vez que a organização escolar como um todo constitui espaço de aprendizagem, os professores aprendem sua profissão com a escola e a escola aprende com seus professores;
- os professores podem influenciar a organização da escola na definição de diferentes objetivos, na criação de uma cultura organizacional, na introdução de inovações e mudanças.

Abdalla (1999), em um estudo sobre o desenvolvimento profissional do professor, analisa as relações entre trabalho docente e organização escolar e aponta quatro elementos nelas interferentes: a gestão, o projeto político-pedagógico, a organização e articulação do currículo e o investimento no desenvolvimento profissional dos professores. Esses quatro elementos interferem no desenvolvimento profissional do professor. A mesma autora escreve que a cultura é um processo de produção e acumulação de experiências e realizações no decurso do qual o ser humano se produz a si próprio, à medida que vai construindo um modo social de convivência. Isso significa que também a organização escolar constitui cultura, ou seja, é uma construção social dos que atuam na escola, com seus objetivos, formas de organização, percepções, crenças, rituais etc. É claro que há uma estrutura escolar visível formada pelos aspectos administrativos e pedagógicos, há os regulamentos, as formalidades. Existem, porém, também interações sociais não oficiais, não formalizadas, que influenciam as maneiras de ser e agir dos profissionais que ali trabalham (professores, pessoal técnico-administrativo, direção).

O aspecto relevante dessa análise é que tanto a cultura influi no desenvolvimento profissional do professor (positiva ou negativamente) como os professores podem produzir o espaço cultural da escola – ou seja, os próprios agentes escolares podem construir a cultura organizacional da instituição. Cabe, nesse sentido, destacar o papel da direção e da coordenação pedagógica da escola no apoio e sustentação desses espaços de reflexão, investigação e tomada de decisões a fim de instaurar uma cultura de colaboração, como ingrediente da gestão participativa.

Os dilemas que se apresentam atualmente à formação continuada dizem respeito a como promover mudanças nas ideias e práticas profissionais e pessoais docentes. Não se pode esquecer que certas dificuldades dos professores para se tornar melhores profissionais decorrem de fatores já conhecidos, de modo que as formas de desenvolvimento profissional precisam recair, inicialmente, nos fatores indicados a seguir.

a) Os professores são portadores de percepções, significados, esquemas de ação já consolidados, em decorrência de sua formação, da cultura profissional, dos colegas. Nesse âmbito, podem estar também diante de estereótipos consolidados em relação a diferenças psicológicas e sociais entre os alunos. Faz-se necessário considerar esses modos de pensar e agir para a introdução de mudanças que promovam a ampliação e o aprofundamento da cultura geral dos professores.

b) Algumas características sociais e culturais dos alunos que frequentam a escola atualmente derivam, em boa parte, de fatores externos e podem levar à deslegitimação da autoridade do professor, à sua baixa autoestima, à insegurança para exercer sua liderança na classe, ao despreparo profissional em face desses novos problemas. Surgem, assim, novas necessidades a ser atendidas na formação continuada no próprio contexto de trabalho.

c) O despreparo profissional pode estar associado, também, à frágil formação inicial, de sorte que se faz necessário investir nas situações de trabalho, em maior conhecimento teórico, envolvendo tanto os saberes pedagógicos como os específicos.

Programas de desenvolvimento profissional precisam começar por lidar do modo possível com esses fatores, como requisito para pôr em prática ações de desenvolvimento pessoal pela autorreflexividade crítica.

6. Avaliação institucional da escola e da aprendizagem

Como área de atuação da organização e da gestão da escola, há a avaliação institucional (que diz respeito ao sistema e à organização escolares) e a avaliação da aprendizagem dos alunos feita pelo professor. A avaliação é requisito para a melhoria das condições que afetam diretamente a qualidade do ensino.

Em uma visão progressista, as práticas de avaliação podem propiciar maior autorregulação institucional, em razão da exigência de prestação de contas de um serviço público à comunidade. A avaliação externa, em conexão com a dos professores, pode representar uma ajuda à organização do trabalho na escola e nas salas de aula, gerando uma *cultura da responsabilização* na equipe escolar. Os professores, em razão da organização escolar e do projeto pedagógico da instituição, podem analisar conjuntamente os problemas e fazer diagnósticos mais amplos, para além do trabalho isolado em sua matéria, reforçando o entendimento da escola como local em que se pensa o trabalho escolar e em que professores e especialistas aprendem em conjunto.

Nesse sentido, uma proposta pedagógica progressista pode assumir: a avaliação dos estabelecimentos escolares por meio dos resultados de aprendizagem dos alunos (embora essa aferição não deva ser utilizada para classificar as escolas, determinando quais serão beneficiadas por recursos públicos, algo totalmente inaceitável); a descentralização das escolas, favorecendo a identificação de necessidades locais, o envolvimento dos professores e pais etc. (embora isso não deva ser usado para a redução do poder de mobilização dos sindicatos e da participação política de professores); a ênfase no desenvolvimento de capacidades básicas de aprendizagem (embora não se aceite mero treinamento de habilidades).

Capítulo IV

Desenvolvendo ações e competências profissionais para as práticas de gestão participativa e de gestão da participação

Desenvolvendo ações e competências profissionais para as práticas de gestão participativa e de gestão da participação

O exercício de práticas de gestão democráticas e participativas a serviço de uma organização escolar que melhor atenda à aprendizagem dos alunos requer conhecimentos, habilidades e procedimentos práticos. O trabalho nas escolas envolve, ao mesmo tempo, processos de mudança nas formas de gestão e mudanças nos modos individuais de pensar e agir. Em razão disso, a formação docente, tanto a inicial como a continuada, precisa incluir, com o estudo das ações de desenvolvimento organizacional, o desenvolvimento de competências individuais e grupais, para que os pedagogos especialistas e os professores possam participar de modo ativo e eficaz da organização e da gestão do trabalho na escola.

Vimos anteriormente (4ª Parte, Capítulo II) que há diferentes estilos de gestão adotados nas escolas. O mais comum é o *técnico-científico* (também denominado de *burocrático*), no qual as normas e regras são previamente definidas, com forte ênfase na determinação rígida de tarefas e no controle do comportamento das pessoas. Os problemas que surgem precisam ser corrigidos e evitados, não sendo utilizados como fontes de crescimento e de transformação das pessoas (Luck, 1998). O âmbito de tomada de decisões do professor fica restrito à sua sala de aula.

Já o estilo *autogestionário* – opção adotada em escolas desejosas de um posicionamento mais crítico sobre as formas de gestão –, em outro extremo, valoriza a participação na gestão, mas pouco se preocupa com práticas de gestão mais estruturadas, como o planejamento, as estruturas e procedimentos organizativos, as formas de acompanhamento e avaliação do trabalho. Há nele a tendência de atribuir maior importância à vida interna do grupo do que à efetivação de meios para atingir os objetivos, de modo que as pessoas ficam sem uma direção clara para sua atividade e se sentem pouco envolvidas nas finalidades de seu trabalho. Esse tipo de gestão, em que se exclui qualquer forma de diretividade, pode levar à formação de subgrupos que amiúde se opõem entre si, gerando dificuldades para atingir objetivos e práticas comuns.

O estilo de organização e gestão denominado *democrático-participativo* acentua tanto a necessidade de estabelecer objetivos e metas quanto a de prever formas organizativas e procedimentos mais explícitos de gestão e articulação das relações humanas. A organização torna-se um agrupamento humano formado por interações entre pessoas com cargos diferentes, especialidades distintas e histórias de vida singulares que, entretanto, compartilham objetivos comuns e decidem, de forma pública, participativa e solidária, os processos e os meios de conquista desses objetivos. Existem, assim, objetivos e processos de decisão compartilhados, mas não há ausência de direção; ao contrário, admite-se a conveniência de canalizar a atividade das pessoas para objetivos e executar as decisões, considerando, de um lado, a necessidade de realizar com eficácia as tarefas, cumprir os objetivos, obter resultados, fazer a organização funcionar e realizar avaliações e, de outro, a necessidade de coordenar o trabalho das pessoas, assegurar ótimo clima de trabalho, enfrentar e superar os conflitos, propiciar a participação de todos nas decisões, em discussão aberta e pública dos fatos, com confiança e respeito aos outros.

Com base nesse estilo de gestão, são sugeridas algumas ações concretas e algumas competências profissionais que assegurem o desenvolvimento de práticas de gestão participativa.

1. Ações a ser desenvolvidas

1) *Formação de boa equipe de trabalho.* Um grupo de pessoas que trabalhe junto, de forma cooperativa e solidária, para a formação e aprendizagem dos alunos.

O trabalho em equipe é uma forma de desenvolvimento da organização que, por meio da cooperação, do diálogo, do compartilhamento de atitudes e modos de agir, favorece a convivência, possibilita encarar as mudanças necessárias, rompe com as práticas individualistas e leva os alunos a produzir melhores resultados de aprendizagem. Predominam em muitas escolas e salas de aula práticas individualistas, em que as reuniões se destinam, quase sempre, a transmitir avisos, fazer reclamações sobre o comportamento dos alunos, organizar eventos extraclasse etc. Nesses casos, as reuniões não são utilizadas para reflexão e análise sobre as situações de trabalho, sobre as dificuldades encontradas pelos professores, nem visam à troca de experiências e a decisões tomadas de maneira conjunta.

O trabalho em equipe é o oposto daquele em que cada professor resolve tudo sozinho e pouco se comunica com os colegas sobre sua atividade. Supõe objetivos e metas coletivas e a responsabilidade individual de cada membro da equipe ao pôr as decisões em prática. As características seguintes ajudam a identificar, nas escolas, a existência do trabalho em equipe.

a) O grupo de profissionais assume disposições pessoais de construir conjuntamente uma equipe, tomar decisões coletivamente, pôr em prática o que foi decidido e fazer cada segmento realizar sua parte no conjunto da estrutura organizacional.
b) O projeto pedagógico-curricular é realizado com a participação e a colaboração dos membros da equipe, definindo a escola que desejam e o futuro que esperam dela. Há alto grau de envolvimento nos objetivos, na consecução das metas e, especialmente, nas ações práticas a ser conduzidas pela equipe.
c) Os problemas e dificuldades do trabalho docente são analisados e discutidos entre os profissionais, havendo troca de informações e de experiências e deliberações cooperativas sobre medidas e ações práticas. Há a preocupação de cada membro da equipe com os outros, o questionamento das consequências de suas ações

sobre os alunos e sobre os colegas. O grupo de profissionais reconhece que as pessoas são diferentes em suas qualidades e experiências pessoais, têm diferentes motivações e interesses, e que também varia o grau de envolvimento dos membros da equipe com o projeto da escola. Ao mesmo tempo, desenvolvem um esforço comum de levar em conta essas características e obter uma base mínima de consenso, para garantir a unidade do trabalho no âmbito da escola e com os alunos.

d) Há uma busca intencional de consenso sobre os problemas e soluções sem, todavia, esconder as diferenças, os interesses pessoais, os conflitos, as divergências, as relações de poder. A escola é lugar de debate entre interesses em jogo, em que se negocia continuamente a realidade, significados e valores. Ao mesmo tempo, é espaço de convivência de diferentes personalidades, diferentes visões de mundo, diferentes culturas; não há, pois, que esperar relações sempre harmoniosas. Por outro lado, respeitar a subjetividade e a identidade cultural não pode resultar em uma posição relativista em que tudo se aceita, sem definir princípios mínimos de convivência e trabalho. Uma equipe madura, na verdade, estimula a divergência, de modo que possa ser alcançada a melhor solução, cooperativamente.

e) Há o entendimento da equipe acerca das formas de gestão, admitindo que na estrutura organizacional existam papéis diferenciados (direção, coordenação pedagógica, docência, administração) com base em diferentes especialidades, embora todos devam atuar cooperativamente para a consecução dos objetivos de aprendizagem dos alunos. Nesse sentido, a coordenação pedagógica tem a responsabilidade de promover ações de desenvolvimento profissional, com a finalidade de ampliar conhecimentos, adquirir informações, aprimorar habilidades, de modo que todos possam participar, em condições mínimas de igualdade, nas discussões para a tomada de decisões.

f) Na perspectiva sociocrítica, os objetivos, as condições de funcionamento organizativo, as mudanças organizativas e pedagógicas devem estar subordinados a princípios e valores emancipadores, com os quais se superem as contradições e os bloqueios que impedem os indivíduos de desenvolver o próprio potencial e construir as próprias atividades. As práticas de gestão democráticas e emancipadoras são as que criam as condições promotoras do desenvolvimento humano, da reflexão, da autonomia. O desenvolvimento do impulso para a emancipação envolve situar a organização no contexto social mais amplo e analisar criticamente seu papel nessa situação.

A indicação dessas características sugere a adoção de uma concepção realista de organização escolar, considerando, ao mesmo tempo, os valores, os significados, as interpretações das pessoas em relação ao que precisa ser feito e os objetivos e exigências sociais impostas pela realidade. Ou seja, a escola pública brasileira tem compromissos com a população pobre e por isso precisa funcionar bem, de modo que todas as crianças e jovens recebam ótima escolarização.

Em síntese, a construção de uma equipe como comunidade democrática de aprendizagem considera a necessidade de explicitação de objetivos e meios e a importância dos aspectos culturais e subjetivos, mas atribui peso prioritário às exigências do contexto social e histórico da ação organizativa escolar. Adota-se, sim, uma visão compreensiva da organização como uma construção social, sem tomá-la como entidade objetiva e independente das pessoas, mas também se acredita que essa construção, em vez de ser processo livre e voluntário, é mediada pela realidade sociocultural e política mais ampla.

Há várias formas de trabalhar junto, umas mais formais (como as reuniões, os conselhos de classe, os cursos), outras mais informais (como as trocas de informações sobre alunos ou sobre o próprio trabalho e conversas na sala dos professores). A reflexão conjunta com base nas vivências pessoais pode constituir ajuda preciosa aos professores, porque possibilita que se apoiem uns aos outros. Com a orientação da coordenação pedagógica, e havendo um clima de colaboração, pode-se chegar à prática de os professores observarem as aulas uns dos outros e fazerem uma reflexão conjunta para se ajudarem reciprocamente.

2) *Construção de uma comunidade democrática de aprendizagem.* As mudanças na escola e nas motivações e disposições do grupo de profissionais, a fim de instituir uma cultura organizacional, dependem de a instituição constituir um lugar de aprendizagem ou uma comunidade de aprendizagem. Como temos insistido, a escola é o local de trabalho dos professores, no qual aprendem sua profissão. O trabalho conjunto

leva a formular expectativas compartilhadas em relação a objetivos, meios de trabalho, formas de relacionamento, práticas de gestão etc.

A expressão *comunidade de aprendizagem* está associada à ideia de participação ativa de professores, pedagogos e alunos – por meio de reuniões, debates, aulas, atividades extraclasse – nas decisões relacionadas com a vida da escola, com os conteúdos, com os processos de ensino, com as atividades escolares de variada natureza, com a avaliação. A comunidade deve ser o espaço público em que se discute o conhecimento, a organização curricular, as relações sociais, os modos e critérios de avaliação, as normas.

Esse caráter de diálogo e de compartilhamento de significados entre as pessoas da comunidade escolar possibilita à escola como um todo adquirir experiência, acumular recursos cognitivos e operacionais, construir competências coletivas. Ou seja, a instituição torna-se uma organização aprendiz, um espaço de aprendizagem contínua, em que a organização aprende com seus membros e vice-versa.

Esse modo de organizar a escola permite maior envolvimento dos professores com sua formação, porque podem discutir questões de seu trabalho com base em necessidades reais. Com isso, a cultura do individualismo cede lugar à da colaboração, as relações hierárquicas são substituídas pelo trabalho em equipe, a coordenação pedagógica torna-se atividade negociada com base em situações concretas da sala de aula (Thurler, 2001). Talvez o efeito mais promissor da construção da comunidade de aprendizagem seja ajudar os professores a atribuir sentido a seu trabalho, isto é, a incorporá-lo à sua subjetividade, a suas motivações psicológicas, sociais e políticas.

A formação de uma comunidade de aprendizagem requer a adoção de uma estrutura organizacional e de processos de gestão que valorizem a participação, mas também o desenvolvimento de competências de todos os membros da escola, tais como: capacidade de comunicação e expressão oral; facilidade de trabalhar em grupo; capacidade de argumentação; formas de enfrentar problemas e situações difíceis. Particularmente, requer dos dirigentes (diretores e coordenadores pedagógicos) capacidade de liderar e de gerir práticas de cooperação em grandes grupos, de modo que se crie outra cultura organizacional, ou seja, outra mentalidade de organização escolar.

Convém ressalvar que essas formas de trabalho coletivo sintetizadas na ideia de comunidade de aprendizagem precisam estar conectadas com o trabalho da sala de aula. Para pôr em prática uma comunidade de aprendizagem na sala de aula, os professores devem desenvolver as mesmas competências mencionadas acima, que se refletem nas maneiras de organizar a sala, relacionar-se com o grupo de alunos, ensinar, avaliar etc.

A construção de uma comunidade de aprendizagem requer:

- consenso mínimo sobre valores e objetivos;
- estabilidade do corpo docente e tempo integral numa escola;
- metas pertinentes, claras e viáveis;

- capacitação de docentes para o trabalho em equipe e para a aquisição de habilidades de participação;
- promoção de ações sistemáticas de formação continuada, para o desenvolvimento profissional.

A comunidade de aprendizagem pode ser um ponto de partida para que as escolas e seus profissionais se mobilizem para a superação de comportamentos muito comuns no ambiente escolar: o isolamento, o individualismo, a resistência a mudanças, o conformismo, a indiferença, o imobilismo.

3) *Promoção de ações de desenvolvimento profissional.* Ações de desenvolvimento profissional são as que se destinam à formação continuada do pessoal da escola, envolvendo os professores e os funcionários administrativos.

A formação continuada refere-se a: a) ações de formação durante a jornada de trabalho – ajuda a professores iniciantes, participação no projeto pedagógico da escola, reuniões de trabalho para discutir a prática com colegas, pesquisas, minicursos de atualização, estudos de caso, conselhos de classe, programas de educação a distância etc.; b) ações de formação fora da jornada de trabalho – cursos, encontros e palestras promovidos pelas Secretarias de Educação ou por uma rede de escolas.

A formação continuada é a garantia do desenvolvimento profissional permanente. Ela se faz por meio do estudo, da reflexão, da discussão e da confrontação das experiências dos professores. É responsabilidade da instituição, mas também do próprio professor. O desenvolvimento pessoal requer que o professor tome para si a responsabilidade com a própria formação, no contexto da instituição escolar.

4) *Envolvimento dos alunos em processos de solução de problemas e tomada de decisões.* Os alunos também têm uma presença significativa na comunidade de aprendizagem. Segundo Pérez Gómez (2000), toda aprendizagem relevante é processo de diálogo com a realidade expressa na cultura, aceitando e questionando, recusando e assumindo. Esse diálogo criador requer uma comunidade de aprendizagem, em que os estudantes estão ativamente envolvidos na elaboração e no desenvolvimento das decisões que dizem respeito à sua vida na escola, vivenciando práticas de reflexão e atuação, de debate e confronto de opiniões, com o respeito às diferenças individuais. *"Os alunos aprendem democracia vivendo e construindo sua comunidade democrática de aprendizagem e de vida"*, aprendendo a pensar e atuar por meio dos conteúdos escolares que lhes permitam transformar seu próprio pensamento e seus comportamentos (Pérez Gómez, 2000, p. 97).

As práticas de gestão incluem, pois, formas de participação dos alunos na vida da escola. Há boas razões pedagógicas para essa participação, mas há também razões sociais e culturais. Em decorrência das novas configurações da realidade social, econômica, política e cultural, têm incidido nas escolas problemas como o desemprego, a prostituição infantil, a violência entre gangues, o tráfico de drogas, o uso de armas, a liberação sexual, a desintegração familiar etc. Tais fatos, além de outras implicações, repercutem no aumento de problemas disciplinares, como comportamentos sociais inadequados, agressão verbal, desrespeito e ameaças a professores. Por outro lado, muitas escolas têm dificuldade de enfrentar essas questões, em razão do despreparo dos professores para exercer autoridade ou lidar com dilemas morais, da existência de professores inexperientes ou com formação pedagógica precária, da falta de integração com a comunidade, da não integração dos alunos na vida escolar e nos processos de decisão.

Essas novas realidades sugerem que alguns problemas incidentes nas escolas não se resolvem apenas com boas intenções, com mudanças curriculares ou novas metodologias. É preciso repensar práticas de gestão, novas formas de organização do trabalho escolar, incluindo o envolvimento dos alunos na organização da escola, para que possam exercer a democracia mediante a participação, a capacitação para tomar iniciativas, o confronto e a discussão pública de pontos de vista, o posicionamento sobre questões relacionadas à vida escolar, de modo que vivenciem processos democráticos de tomada de decisões. Mais concretamente, podem ser pensadas algumas medidas, tais como:

- promoção de encontros de orientação educacional grupal para conversação dirigida sobre questões de formação moral, relacionamentos, problemas típicos da juventude;
- envolvimento dos alunos na discussão de normas disciplinares, incluindo formas de prevenção de violência física e de agressões verbais, a fim de garantir um ambiente democrático e solidário na escola e possibilitar a convivência grupal;
- promoção de ações que fortaleçam os laços com as famílias e a comunidade;
- investimento em ações de capacitação dos professores para lidar com dilemas morais e com o manejo de classe, diante das novas atitudes que os alunos exibem na escola.

5) *Envolvimento dos pais na vida da escola.* O envolvimento dos pais na escola pode ocorrer de modo informal, no contato com os professores para acompanhamento do desempenho escolar dos filhos, e de modo mais formal, na Associação de Pais e Mestres e no conselho de escola.

   No primeiro caso, espera-se que os professores compartilhem sua responsabilidade pedagógica com os pais. A comunicação entre esses dois grupos ocorre geralmente na reunião de pais, cuja participação nas instâncias decisórias da escola constitui algo de suma importância. Todavia, deve-se definir claramente tanto as formas dessa participação como as de outras instituições e organizações da comunidade, uma vez que as responsabilidades e tarefas dos profissionais da escola (direção, professores, funcionários) são distintas daquelas das instituições da comunidade e dos pais. Não cabe a estes, por exemplo, interferir diretamente nas atividades de sala de aula. As formas de participação da comunidade devem estar subordinadas aos objetivos e tarefas da escola, à observância de certas normas e diretrizes próprias da instituição escolar.

6) *Fortalecimento de formas de comunicação e de difusão de informações.* As escolas continuam dando pouca importância à transparência nas decisões e ao aprimoramento das formas de comunicação com professores, alunos e pais. Referimo-nos a dois aspectos: a) a comunicação como qualidade e competência dos indivíduos, isto é, saber comunicar-se com os outros e ouvi-los; b) a comunicação como característica dos processos de gestão, uma vez que as

pessoas precisam estar informadas das diretrizes do sistema de ensino, do que acontece na escola, das normas e rotinas administrativas etc.

No primeiro caso, trata-se de um investimento intencional para melhorar a rede de relações na escola. Algumas mudanças nas relações são fáceis de ser aceitas, como a eliminação do autoritarismo, das decisões arbitrárias, da falta de respeito com os outros etc. Outras são mais difíceis, como o enfrentamento de conflitos e divergências, o tratamento igual aos alunos, preservadas as diferenças, a própria aceitação das inovações. As propostas aqui apresentadas sobre participação democrática, debate coletivo e público, comunidade de aprendizagem e cultura organizacional são formas concretas de produzir mudanças na mentalidade dos educadores e na comunicação.

A par da necessidade de aprimoramento das formas de comunicação de todos os membros da equipe, trata-se de instaurar práticas de gestão que sejam tornadas públicas e disponibilizar informações sobre decisões administrativas, orçamentos, atas de reuniões etc.

7) *Avaliação do sistema escolar, das escolas e da aprendizagem dos alunos.* As ações da escola no campo da avaliação educacional, voltadas para a formação continuada no contexto de trabalho, são de três tipos: avaliação do sistema escolar, avaliação da escola, avaliação da aprendizagem dos alunos.

O conceito de avaliação educacional, atualmente, abrange não apenas a aprendizagem dos alunos na sala de aula, mas também o sistema educacional e as escolas. Na avaliação dos sistemas de ensino, embora sejam igualmente aferidos os resultados obtidos pelos alunos (em geral mediante testes padronizados), o objetivo é realizar um diagnóstico mais amplo do sistema escolar em âmbito nacional ou regional, a fim de reorientar a política educacional, a gestão do sistema e das escolas e a pesquisa. No Brasil, foram adotadas, desde o início dos anos 90 do século XX, várias modalidades desse tipo de avaliação: o Sistema Nacional de Avaliação da Educação Básica (Saeb), o Exame Nacional do Ensino Médio (Enem), o Exame Nacional de Cursos – Provão (ENC). Alguns estados brasileiros também adotam modalidades de avaliação do sistema escolar.

A avaliação do sistema escolar, por meio da avaliação externa e/ou interna das instituições, desdobra-se em duas modalidades: a avaliação institucional (ou administrativa, ou organizacional) e a avaliação acadêmica ou científica, como as mencionadas. A *avaliação institucional* é função primordial do sistema de organização e de gestão dos sistemas escolares, podendo abranger também as escolas, individualmente. Essa avaliação visa à obtenção de dados quantitativos e qualitativos sobre os alunos, os professores, a estrutura organizacional, os recursos físicos e materiais, as práticas de gestão, a produtividade dos cursos e dos professores etc., com o objetivo de emitir juízos de valor e tomar decisões acerca do desenvolvimento da instituição. A *avaliação acadêmica* ou científica visa à produção de informações sobre os resultados da aprendizagem escolar em função do acompanhamento e da revisão das políticas educacionais, do sistema escolar e das escolas, com a intenção de formular indicadores de qualidade dos resultados do ensino.

Entre a avaliação do sistema e a avaliação da aprendizagem dos alunos está a avaliação da escola, que abrange o projeto pedagógico-curricular, a organização escolar, os planos de ensino e o trabalho dos professores. O objetivo dessa avaliação é aferir a qualidade de ensino e da aprendizagem dos alunos; para isso, busca-se perceber a relação entre a qualidade da oferta dos serviços de ensino e os resultados do rendimento escolar dos alunos. Nesse sentido, a avaliação da escola precisa considerar os elementos determinantes da qualidade da oferta de serviços de ensino e do sucesso escolar dos alunos, tais como: características dos alunos; rendimento escolar por classe; composição do corpo docente (tempo de trabalho, idade, currículo profissional); condições de trabalho e motivação dos professores; recursos físicos e materiais; materiais didáticos e informacionais. Tais dados já estão disponíveis na escola, é preciso organizá-los e analisá-los como prática de avaliação diagnóstica. Mas isso não é suficiente. Cumpre chegar até a sala de aula para obter conhecimentos mais precisos sobre os processos de ensino-aprendizagem, sobre as relações entre professores e alunos, sobre a qualidade cognitiva das aprendizagens, sobre as práticas de avaliação.

Aspectos a ser avaliados no âmbito da organização escolar:

a) dados estatísticos sobre a população escolar, reprovações, abandono da escola, situação socioeconômica dos pais etc.;

b) elaboração e desenvolvimento do projeto pedagógico-curricular;
c) aspectos da organização geral da escola, incluindo disponibilidade, organização, utilização dos recursos materiais e didáticos, instalações e equipamentos, atividades técnico-administrativas de apoio à sala de aula;
d) clima organizacional da escola (estilo de direção, qualidade das formas de organização, das relações humanas e das práticas participativas, envolvimento da equipe pedagógica e dos professores com os objetivos e ações da escola, ações de formação continuada de professores, funcionários e pedagogos, reuniões e outros tipos de contatos entre professores);
e) acompanhamento do rendimento escolar dos alunos;
f) avaliação da execução do projeto pedagógico-curricular;
g) avaliação de desempenho dos professores (qualidade das relações sociais e afetivas com os alunos, condições profissionais atinentes ao conhecimento da disciplina e dos métodos e procedimentos de ensino e de avaliação, gestão da classe em vários aspectos, como organização e desenvolvimento das aulas, qualidade da comunicação com os alunos);
h) estratégias de relacionamento com os pais e com a comunidade e as formas de comunicação e de atendimento.

Entre os procedimentos desse tipo de avaliação, mencionam-se reuniões pedagógicas mensais, encontros específicos de avaliação, questionários, entrevistas e estudos de caso.

A avaliação da aprendizagem escolar feita pelos professores constitui indicador efetivo do alcance dos objetivos e atividades estabelecidas no projeto pedagógico-curricular e nos planos de ensino. Os critérios de relevância da avaliação dos alunos devem centrar-se, portanto, em dimensões qualitativas e quantitativas, ou seja, melhor qualidade da aprendizagem para todos os alunos, em condições iguais. Desse modo, a justa medida da eficácia das escolas está no grau em que todos os alunos incorporam capacidades e competências cognitivas, operativas, afetivas e morais para sua inserção produtiva, criativa e crítica na sociedade contemporânea.

Compreendida nesses termos, a avaliação dos alunos pelos professores, em cada sala de aula, em hipótese alguma pode ser substituída pela avaliação do sistema de ensino. Ao contrário, esta é que deve buscar seus critérios de relevância na avaliação feita pelos professores, ou seja, estar a serviço da melhoria da qualidade cognitiva da aprendizagem.

Em síntese, serão inúteis as práticas democráticas de gestão, a descentralização, a avaliação institucional externa, a participação dos pais etc. se os alunos não aprimorarem sua aprendizagem, se não aprenderem mais e melhor. Sem indicadores reais do rendimento escolar dos alunos – se o aluno domina bem conceitos e habilidades, se demonstra competência na aplicação desses conceitos básicos, se desenvolveu habilidades de pensamento –, pouco se saberá sobre as competências profissionais dos professores. Não se trata, é evidente, de estabelecer diagnósticos apenas com base em resultados de desempenho do aluno, mas de pesquisar formas avaliatórias que contemplem conjuntamente aspectos do processo e dos resultados.

Admitindo que a justiça social, em termos de democratização do ensino, seja a qualidade cognitiva dos processos de ensino-aprendizagem e de seus resultados, é óbvio que as práticas de avaliação da aprendizagem precisam ser encaradas com maior seriedade. Para isso, é preciso que os educadores, além de considerarem a avaliação importante meio de diagnóstico de seu trabalho, saibam mais sobre a elaboração de instrumentos mais diretos de aferição da qualidade da oferta dos serviços de ensino, bem como da qualidade da aprendizagem do aluno que querem formar.

2. Competências profissionais do pessoal da escola

1) *Aprender a participar ativamente de um grupo de trabalho ou de discussão, a desenvolver competência interativa entre si e com os alunos.* O trabalho em grupo envolve um conjunto de habilidades, entre as quais relacionar-se bem com os colegas, ter disposição para a colaboração, saber expressar-se e argumentar com propriedade, saber ouvir, compartilhar interesses e motivações. Uma das formas de trabalho em equipe recomendadas é a reflexão conjunta dos professores sobre as próprias experiências profissionais, possibilitando apoio mútuo. Para isso, é preciso que estejam dispostos a compartilhar a própria experiência com os outros e ouvi-los sobre suas experiências.

   A competência interativa diz respeito às formas de comunicar-se e à capacidade de relacionar-se com as pessoas. Segundo Canário (1997), o professor é, em primeiro lugar, uma pessoa, o que significa que sua atividade se define tanto por aquilo que ele sabe quanto por aquilo que ele é. Por isso, ganha importância a competência interativa, em que se destacam as habilidades de comunicação, expressão e escuta. Nas palavras do autor:

> *reconhecer que a relação professor-aluno impregna a totalidade da ação profissional do professor implica reconhecer, também, que os professores necessariamente aprendem no contato com os alunos, e serão melhores professores quanto maior for a sua capacidade para realizar essa aprendizagem* (Canário, 1997, p. 12).

2) *Desenvolver capacidades e habilidades de liderança.* Liderança é a capacidade de influenciar, motivar, integrar e organizar pessoas e grupos, a fim de trabalharem para a consecução de objetivos. Em uma gestão participativa, não basta haver na equipe certas pessoas que apenas administrem a realização das metas, dos objetivos, os recursos e os meios já previstos. É preciso que se consiga da equipe o compartilhamento de intenções, valores e práticas, de modo que os interesses do grupo sejam canalizados para esses objetivos e várias pessoas possam assumir a liderança e desenvolver essas qualidades.

Estudos desenvolvidos pelo psicólogo alemão Kurt Lewin sugerem a ocorrência de três estilos de liderança, que contribuem para compreender a dinâmica interna das instituições. Esses estilos são o autoritário, o democrático e o *laissez-faire*. No estilo *autoritário* o dirigente decide, distribui tarefas, controla, sem participação da equipe na tomada de decisões. As relações interpessoais são precárias, o envolvimento das pessoas é reduzido e o grau de satisfação com o trabalho é baixo. No *democrático*, as

Expressão francesa que significa "deixar fazer" e designa uma prática de gestão de não interferência no trabalho dos outros, ou seja, de ausência total de coordenação e controle do trabalho e das pessoas.

decisões são tomadas com a participação das pessoas, discutindo-se os objetivos e as ações propostas pelo dirigente. Há boa integração entre os membros e boas relações interpessoais. No *laissez-faire*, o papel do dirigente é quase ausente, com fraca definição de objetivos e pouco empenho na organização e gestão das atividades. Por falta de coordenação, o grupo pouco se envolve com o trabalho e prevalece a tendência à formação de subgrupos isolados entre si.

Ainda conforme essa teoria, uma atitude autoritária pode gerar comportamentos de hostilidade, expressa ora em apatia, ora em agressividade ao dirigente; às vezes, a apatia em presença do dirigente transforma-se, em sua ausência, em agressividade. A atitude democrática, ao contrário, pode canalizar a agressividade para ações positivas, porque favorece a cooperação, a motivação e a autonomia.

A tendência atual é entender que as capacidades de liderança podem ser desenvolvidas por todos os membros da equipe escolar, seja pelo conhecimento, seja pela prática. Uma liderança cooperativa envolve determinados requisitos, como: capacidade de comunicação e de relacionamento com as pessoas; capacidade de escuta; capacidade de expor com clareza as ideias; capacidade organizativa (saber definir um problema, propor soluções, atribuir responsabilidades, coordenar o trabalho, acompanhar e avaliar a execução); compreensão das características sociais, culturais e psicológicas do grupo.

No exercício da direção ou da coordenação, o líder precisa saber articular responsabilidades individuais com a responsabilidade coletiva, como também lidar com conflitos e diferenças, pois a busca de consenso implica o debate e o enfrentamento de posições nem sempre homogêneas. Além disso, precisa ajudar as pessoas a sentir que aspectos importantes de seu ambiente de trabalho estão em suas mãos e que podem dar sua contribuição para modificá-los.

3) *Compreender os processos envolvidos nas inovações organizativas, pedagógicas e curriculares.* Pôr em prática a gestão participativa implica ter consciência de que as formas de organização mais comuns nas escolas são centralizadoras, burocráticas e inibidoras da participação. Por isso, é preciso mudar mentalidades, saber como introduzir inovações e como se instituem novas práticas.

A mudança de uma cultura organizacional instituída ou de representações que as pessoas têm sobre o funcionamento da escola é um processo complexo, no qual influem a história de vida, os modos de pensar e agir já consolidados, as atitudes de acomodamento, a resistência à mudança de práticas que a pessoa acha que estão dando certo etc. Portanto, a introdução de inovações precisa ser efetuada de modo planejado, cuidadoso, implicando ações e procedimentos muito concretos.

O modo de agir das pessoas está ligado a conceitos subjetivos, valores, opiniões, convicções, preferências e interesses ancorados em uma prática de muitos anos, sendo, portanto, de difícil mudança. Por isso, é necessário admitir que boa parte das inovações ou das mudanças que o sistema ou a direção querem introduzir na escola não reflete a ideia dos professores. Além disso, muitas vezes os professores estão cobertos de razão em suas atitudes de resistência. Pode ocorrer, por exemplo, que achem a ideia boa, mas discordam do momento ou do modo de decidir sobre ela, ou se lhe opõem por acreditarem que ainda não existem as condições necessárias para desenvolvê-la.

Seja como for, o melhor meio de promover a gestão participativa é instaurar a prática da participação em um clima de confiança, transparência e respeito às pessoas. Independentemente da importância de os membros da equipe tomarem consciência da necessidade da participação, é a prática que possibilita o alargamento dessa consciência e o sentido da participação na construção de nova cultura organizacional.

É necessário, para isso, que os dirigentes da escola busquem apresentar com muita clareza o que esperam da inovação que querem introduzir, mediante formas participativas de discussão e de tomadas de decisão. Ao mesmo tempo, devem considerar as inseguranças, as dificuldades, o medo de cometer erros com que as pessoas enfrentam a inovação, seja por causa da própria visão que têm da inovação, seja por causa do uso que pode ser feito dela.

4) *Aprender a tomar decisões sobre problemas e dilemas da organização escolar, das formas de gestão, da sala de aula.* Na prática, a gestão participativa é uma forma de integrar os membros da organização escolar nos processos e procedimentos de tomada de decisões a respeito de objetivos, critérios de realização desses objetivos e encaminhamento de solução para problemas. Tanto a solução de problemas como as decisões requerem alguns procedimentos, como o levantamento de dados e de informações sobre a

situação analisada, a identificação dos problemas e de suas possíveis causas, a busca de soluções possíveis, a definição de atividades a ser postas em prática, a avaliação da eficácia das medidas tomadas.

Para boa parte das decisões a ser tomadas no cotidiano da escola já existem normas, procedimentos e orientações aprovadas pelo grupo; trata-se simplesmente de assumi-las. Um diretor de escola não precisa convocar uma reunião para saber dos professores o que fazer com uma funcionária que faltou três dias sem avisar, porque essa ocorrência já está prevista nas normas. No entanto, em muitos momentos do cotidiano da escola, ocorrem acontecimentos e situações imprevisíveis, havendo, então, a necessidade de discussões e de tomadas de decisões coletivas.

5) *Conhecer, informar-se, dominar o conteúdo da discussão para ser um participante atuante e crítico.* A participação em um grupo e nas reuniões exige que os membros conheçam o assunto e se familiarizem com a problemática discutida. Há três campos de conhecimento sobre os quais os professores precisam estar muito bem informados: a legislação, os planos e diretrizes oficiais; as normas e rotinas organizacionais; as questões pedagógicas e curriculares. As escolas devem tornar disponíveis aos professores e ao pessoal técnico-administrativo os documentos básicos da legislação federal, estadual e municipal; entre eles, cópias da Lei de Diretrizes e Bases da Educação Nacional, do Plano Nacional de Educação, dos parâmetros curriculares nacionais, do regimento escolar.

6) *Saber elaborar planos e projetos de ação.* Participar da organização da escola e saber organizar seu trabalho na sala de aula são atividades que requerem capacidade e habilidades de planejamento. O projeto pedagógico-curricular e os planos de ensino precisam apresentar com clareza as funções sociais e pedagógicas da escola, os objetivos, os meios e as atividades. Cabe aos professores desenvolver competência para realizar diagnósticos, definir problemas, formular objetivos, gerar soluções e estabelecer atividades necessárias para alcançar os objetivos.

7) *Aprender métodos e procedimentos de pesquisa.* A pedagogia atual tem identificado a capacidade de pesquisar como uma das características profissionais dos professores, pois a pesquisa é uma das formas mais eficazes de detectar e resolver problemas. O professor-pesquisador é profissional que sabe formular questões relevantes sobre sua própria prática e tomar decisões que apresentem soluções a essas questões; para isso, necessita dominar alguns procedimentos básicos da pesquisa.

A pesquisa constitui modalidade de trabalho que colabora para a solução de problemas da escola e da sala de aula e tem como resultado a produção, por parte dos professores, de conhecimentos sobre seu trabalho. Articula de maneira muito proveitosa a prática com a reflexão sobre a prática, ajudando o professor a incrementar sua competência profissional, já que importa melhorar a qualidade das aulas para que a aprendizagem dos alunos seja mais efetiva.

Os passos de uma prática de pesquisa assemelham-se aos procedimentos mencionados para a formulação de projeto ou solução de problemas:

- identificar um problema ou tema com base em discussões, observações ou prática de ação-reflexão-ação;
- definir meios e instrumentos de busca de informações e de dados necessários, os quais podem ser a entrevista, os questionários ou uma pesquisa bibliográfica, a fim de avaliar se as ações produziram os resultados esperados;
- analisar os dados para identificar problemas, necessidades, alimentando o processo ação-reflexão-novas ações;
- propor ações e intervenções.

8) *Familiarizar-se com modalidades e instrumentos de avaliação do sistema, da organização escolar e da aprendizagem escolar.* A avaliação caracteriza-se sempre por ser uma visão retrospectiva do trabalho. É etapa necessária de qualquer plano ou projeto, no âmbito da escola ou da sala de aula. Todas as pessoas que trabalham na escola e participam dos processos de gestão e de tomada de decisões precisam dominar conhecimentos, instrumentos e práticas de avaliação. As reuniões e encontros específicos em que se realiza a avaliação da escola constituem espaços adequados para discutir se os objetivos pretendidos estão sendo alcançados e definir as ações e procedimentos necessários à retomada de rumo e as mudanças apropriadas para melhor promover a aprendizagem dos alunos.

As ações propostas e as competências profissionais dos integrantes da equipe escolar, ao mesmo tempo que são orientações a ser postas em prática no contexto do próprio trabalho, devem ser incluídas no currículo de formação inicial de pedagogos e professores.

Bibliografia

ABDALLA, Maria de Fátima B. *Formação e desenvolvimento profissional do professor*: o aprender a profissão (um estudo de caso em escola pública). 2000. Tese de doutorado – Faculdade de Educação, Universidade de São Paulo, São Paulo.

AMIGUINHO, Abílio; CANÁRIO, Rui (Org.). *Escolas e mudança*: o papel dos centros de formação. Lisboa: Educa, 1994.

BARROSO, João (Org.). *O estudo da escola*. Porto: Porto Editora, 1996.

CANÁRIO, Rui. A escola: o lugar onde os professores aprendem. In: CONGRESSO NACIONAL DE SUPERVISÃO NA FORMAÇÃO, 1., 1997, Aveiro. *Anais*... Aveiro, 1997.

CHIAVENATO, Idalberto. *Iniciação à organização e controle*. São Paulo: McGraw-Hill, 1989.

CISESKI, Ângela A.; ROMÃO, José E. Conselhos de escola: coletivos instituintes da escola cidadã. In: GADOTTI, Moacir; ROMÃO, José E. (Org.). *Autonomia da escola*: princípios e proposições. São Paulo: Cortez, 1997.

ESCUDERO, Juan M.; GONZÁLEZ, María T. *Profesores y escuela*: hacia una reconversión de los centros y la función docente? Madrid: Ediciones Pedagógicas, 1994.

FORQUIN, Jean-Claude. *Escola e cultura*. Porto Alegre: Artes Médicas, 1993.

GADOTTI, Moacir; ROMÃO, José E. (Org.). *Autonomia da escola*: princípios e proposições. São Paulo: Cortez, 1997.

GOOD, Thomas L.; WEINSTEIN, Rhona S. As escolas marcam a diferença: evidências, críticas e novas perspectivas. In: NÓVOA, António (Coord.). *As organizações escolares em análise.* Lisboa: Dom Quixote, 1995.

GRIFFITHS, Daniel E. *Teoria da administração escolar.* São Paulo: Cia. Editora Nacional, 1974.

LADERRIÈRE, Pierre. A investigação sobre a escola: perspectiva comparada. In: BARROSO, João (Org.). *O estudo da escola.* Porto: Porto Editora, 1996.

LIBÂNEO, José C. *Organização e gestão da escola.* Goiânia: Alternativa, 2001.

______. *Pedagogia e pedagogos, para quê?* São Paulo: Cortez, 1998.

LUCK, Heloísa *et al. A escola participativa*: o trabalho do gestor escolar. 2. ed. Rio de Janeiro: DP&A, 1998.

NÓVOA, António (Coord.). *As organizações escolares em análise.* Lisboa: Dom Quixote, 1995.

______. *Os professores e sua formação*. Lisboa: Dom Quixote, 1992.

PARO, Vitor H. *Administração escolar*: introdução crítica. São Paulo: Cortez, 1988.

______. *Por dentro da escola pública*. São Paulo: Xamã, 1996.

PERRENOUD, Philippe. *Práticas pedagógicas, profissão docente e formação*: perspectivas sociológicas. Lisboa: Dom Quixote: Instituto de Inovação Educacional, 1993.

PIMENTA, Selma Garrido. Formação de professores: saberes e identidade da docência. In: ______ (Org.). *Saberes pedagógicos e atividade docente.* São Paulo: Cortez, 1999.

ROMÃO, José E.; PADILHA, Paulo R. Diretores escolares e gestão democrática da escola. In: GADOTTI, Moacir; ROMÃO, José E. (Org.). *Autonomia da escola*: princípios e proposições. São Paulo: Cortez, 1997.

SACRISTÁN, J. Gimeno. Currículo e diversidade cultural. In: SILVA, Tomaz T.; MOREIRA, Antônio F. (Org.). *Territórios contestados*: o currículo e os novos mapas políticos e culturais. Petrópolis: Vozes, 1995.

THURLER, Mônica G. *Inovar no interior da escola.* Porto Alegre: Artes Médicas, 2001.

VALERIAN, Jean; DIAS, José Augusto. *Gestão da escola fundamental*: subsídios para análise e sugestões de aperfeiçoamento. São Paulo: Cortez: Unesco: MEC, 1997.

VAN VELZEN, Boudewijn; VELDHUYZEN, Loek van; MIOCH, Robert. *Pequenos passos rumo ao êxito para todos.* Texto de estudo utilizado em seminários pela Secretaria de Estado da Educação. São Paulo, 1997. Não publicado.

Leituras complementares

ANTUNES, Ângela. *Aceita um conselho?*: como organizar o colegiado escolar. São Paulo: Cortez, 2002. (Guia da escola cidadã, 8.)

APPLE, Michael; BEANE, James (Org.). *Escolas democráticas*. São Paulo: Cortez, 1997.

BARRETTO, Elba S. de Sá (Org.). *Os currículos do ensino fundamental para as escolas brasileiras.* São Paulo: Autores Associados: Fundação Carlos Chagas, 2000.

CANDAU, Vera M. (Org.). *Sociedade, educação e cultura(s)*. Petrópolis: Vozes, 2002.

CASASSUS, Juan. Onze dilemas com que se defrontam os estudos internacionais. In: SEMINÁRIO DE AVALIAÇÃO EDUCACIONAL, 1997, Rio de Janeiro. *Anais*... Rio de Janeiro, jan. 1997.

DEMO, Pedro. *Educação e qualidade.* Campinas: Papirus, 1994.

DE TOMMASI, Livia; WARDE, Mirian J.; HADDAD, Sérgio (Org.). *O Banco Mundial e as políticas educacionais.* São Paulo: Cortez, 1996.

FERREIRA, Naura S. C. (Org.). *Gestão democrática da educação*: atuais tendências, novos desafios. São Paulo: Cortez, 1998.

______ (Org.). *Supervisão educacional para uma escola de qualidade.* São Paulo: Cortez, 1999.

______; AGUIAR, Márcia A. S. *Para onde vão a orientação e a supervisão educacional?* Campinas: Papirus, 2002.

FREITAS, Luís C. *Crítica da organização do trabalho pedagógico e da didática.* Campinas: Papirus, 1995.

FRIGOTTO, Gaudêncio. *Educação e a crise do capitalismo real.* São Paulo: Cortez, 1995.

FUSARI, J. Cerchi. O planejamento do trabalho pedagógico: algumas indagações e tentativas de respostas. *Ideias*, São Paulo, nº 8, p. 44-53, 1990.

GANDIN, Danilo; GANDIN, Luís A. *Temas para um projeto político-pedagógico.* Petrópolis: Vozes, 1999.

GATTI, Bernadete. Enfrentando o desafio da escola: princípios e diretrizes para a ação. *Cadernos de*

Pesquisa-Fundação Carlos Chagas, São Paulo, nº 85, p. 5-10, 1993.

GHILARDI, Franco; SPALLAROSSA, Carlo. *Guia para a organização da escola.* Rio Tinto (Portugal): ASA, 1991.

HARGREAVES, Andy *et al. Educação para a mudança*: recriando a escola para adolescentes. Porto Alegre: Artes Médicas, 2001.

HYPOLITO, Álvaro M.; GANDIN, Luís Armando (Org.). *Educação em tempos de incertezas.* Belo Horizonte: Autêntica, 2000.

IMBERNÓN, Francisco (Org.). *A educação no século XXI*: os desafios do futuro imediato. Porto Alegre: Artes Médicas, 2000.

LIBÂNEO, José C. *Adeus, professor, adeus, professora?*: novas exigências educacionais e profissão docente. São Paulo: Cortez, 1998.

______; PIMENTA, Selma G. Formação dos profissionais da educação: visão crítica e perspectivas de mudança. *Educação e Sociedade*, Campinas, nº 68, 1999.

LIMA, Licínio C. *A escola como organização educativa.* São Paulo: Cortez, 2001.

LIMA, Sueli A. S. da Cunha. *Organização da escola e do ensino e atuação do diretor.* 1995. Dissertação (mestrado em Educação) – Faculdade de Educação, Universidade Federal de Goiás, Goiânia, 1995.

LINHARES, Célia (Org.). *Os professores e a reinvenção da escola.* São Paulo: Cortez, 2001.

MARTINS, José do P. *Administração escolar.* São Paulo: Atlas, 1991.

OCDE. *As escolas e a qualidade*. Rio Tinto (Portugal): ASA, 1992.

OLIVEIRA, Dalila A. (Org.). *Gestão democrática da educação*: desafios contemporâneos. São Paulo: Cortez, 1997.

OYAFUSO, Akiko; MAIA, Eny. *Plano escolar*: caminho para a autonomia. São Paulo: Cooperativa Técnico-Educacional, 1998.

PÉREZ GÓMEZ, A. I. *A cultura escolar na sociedade neoliberal*. Porto Alegre: Artes Médicas, 2000.

PIMENTA, Selma G. A construção do projeto pedagógico na escola de 1º grau. *Ideias,* São Paulo, nº 8, p. 417-24, 1990.

PRAIS, Maria de Lourdes M. *Administração colegiada na escola pública*. Campinas: Papirus, 1990.

RIOS, Terezinha. Significado e pressupostos do projeto pedagógico. *Ideias,* São Paulo, nº 15, p. 73-7, 1990.

SACRISTÁN, José Gimeno. *Poderes instáveis em educação*. Porto Alegre: Artes Médicas, 1999.

SANTOS, Marlene S. O. *Educação e poder local*. Cuiabá: Entrelinhas, 1997.

SERGIOVANNI, Thomas J.; CARVER, Fred. D. *O novo executivo escolar*: uma teoria de administração. São Paulo: EPU, 1976.

SILVA, Rinalva. *Educação*: a outra qualidade. Piracicaba: Unimep, 1995.

SILVA JÚNIOR, Celestino da. *A escola pública como local de trabalho*. São Paulo: Cortez; Campinas: Autores Associados, 1990.

SILVA JÚNIOR, Celestino da; RANGEL, Mary Silva (Org.). *Novos olhares sobre a supervisão*. Campinas: Papirus, 1997.

UNESCO; MEC. *Gestão da escola fundamental*. São Paulo: Cortez, 1997.

VASCONCELOS, Celso dos S. *Coordenação do trabalho pedagógico*: do projeto político-pedagógico ao cotidiano da sala de aula. São Paulo: Libertad, 2002.

VEIGA, Ilma A. (Org.). *Projeto político-pedagógico da escola.* Campinas: Papirus, 1995.

______ (Org.). *Caminhos da profissionalização do magistério.* Campinas: Papirus, 1995.

VIANNA, Ilca A. O. *Planejamento participativo na escola.* São Paulo: EPU, 1986.

José Carlos Libâneo, doutor em Educação, é professor da Universidade Católica de Goiás e pesquisador. Estudioso das áreas de teoria da educação, didática e organização do trabalho escolar, publicou os livros *Didática*, *Adeus, professor, adeus, professora?* e *Pedagogia e pedagogos, para quê?*, pela Editora Cortez, e *Organização e gestão da escola*, pela Editora Alternativa.

João Ferreira de Oliveira, pedagogo, mestre em Educação Brasileira pela UFG e doutor em Educação pela USP, é professor na Faculdade de Educação da UFG e no Programa de Pós-Graduação em Educação dessa universidade. Atualmente, exerce ainda o cargo de diretor da seção Goiás da Associação Nacional de Políticas e Administração da Educação (Anpae).

Mirza Seabra Toschi, graduada em Ciências Sociais e em Comunicação Social, mestre em Educação Brasileira pela UFG e doutora em Educação pela Unimep, é professora da Faculdade de Educação da UFG nas áreas de estrutura e funcionamento do ensino e organização do trabalho escolar, bem como no Programa de Pós-Graduação em Educação da universidade. É ainda vice-presidente da Anpae, região Centro-Oeste.